U0588445

城市群和城乡融合发展的理论与实践

武汉大学国家发展战略研究院◎著

人民出版社

目　录

上 篇
现代化的城市群与都市圈

—*1*—

构建粤港澳大湾区创新
生态系统的战略思考

湾区既是所在国参与国际竞争合作的重要平台，也是引领技术变革的领头羊和全球经济发展的重要增长极。据世界银行的统计分析，世界 500 强企业、创新公司、研发资源和专利大多集聚在湾区。粤港澳大湾区是我国首个国家层面确认的湾区，是由珠江三角洲的广州、深圳、珠海、佛山、东莞、中山、江门、肇庆、惠州 9 个城市和香港、澳门两个特别行政区组成的"9+2"湾区城市群。粤港澳大湾区于 2015 年在"一带一路"倡议中首次被正式提出，随后纳入国家"十三五"规划纲要。2017 年 7 月 1日，习近平主席亲自出席见证了《深化粤港澳合作推进大湾区建设框架协议》的签订，根据协议，粤港澳三地将在中央支持下完善创新合作体制机制，优化跨区域合作创新发展模式，构建国际化、开放型区域创新体系，打造国际科技创新中心。在"一国两制"的基础上，将粤港澳大湾区打造为世界一流的创新经济湾区，不仅有利于深化港澳与内地融合，助力"一带一路"纵深发展，还有利于带动珠三角区域产业转型升级，打造"全球生产中心+全球创新中心"，提升中国在全球价值链中的地位，为中国引领新一轮创新发展和经济全球化提供重要空间载体。

一、打造世界一流创新经济湾区需构建创新生态系统

将粤港澳大湾区打造为世界一流的创新经济湾区，需要粤港澳协同构建创新生态系统。创新生态系统强调创新活动的复杂性、动态性，以及创新主体之间、创新要素之间、创新主体与创新要素之间的非线性作用。Lundvall 于 1985 年首次提出创新系统（innovation system）的概念，认为创新系统本质上是具有社会性的动态系统，核心行为是互动学习。[①] 此后，学术界对创新系统的研究主要集中在国家创新系统和区域创新系统。2000年，LeeC-M 等所著的《硅谷前锋：创新和创业的栖息地》指出，要从生态学的角度来研究硅谷才能解释硅谷的成功。[②] 2004 年，美国总统科技顾问委员会（PCAST）首次提出"创新生态系统"（innovation ecosystem），认为占位不同但彼此相关的企业，在创新生态系统中通过协同整合创新资源，可以构建价值共创、共赢、共同演化的开放创新网络。[③] 在经济全球化以及新旧动能转换的背景下，世界各国日益重视创新生态系统的建设。随着创新驱动发展战略的深入实施，我国正在从创新系统范式向创新生态系统范式过渡。[④] 2017 年，李克强总理强调，我国要进一步培育融合、协同、共享的双创生态环境，着力营造公平竞争市场秩序，着力完善包容审慎监管制度，着力构建大中小企业融通发展的新格局，以新产业蓬勃发展、新动能持续壮大、新人才不断涌现，为经济转型升级提供有力支撑。我们认为，创新生态系统是由创新主体、创新要素以及创新环境构成的动态平衡系统。一个良好的创新生态系统有利于创新尤其是技术创新的密集涌现。[⑤] 美国旧金山湾区之所以被称为"世界科技湾区"，是因为其形成了

---

① Lundvall, B. A., "Product Innovation and User-Producer Innovation", Aalborg University, 1985.

② Lee, C-M, Miller, W., Hancock, M., Rowen, H. （ed.）, *The Silicon Valley Edge：A Habitat for Innovation and Entrepre-neurship*, Stanford：Stanford University Press, 2000.

③ 周任重：《论粤港澳大湾区的创新生态系统》，《开放导报》2017 年第 3 期。

④ 刘雪芹、张贵：《创新生态系统：创新驱动的本质探源与范式转换》，《科技进步与对策》2016 年第 20 期。

⑤ 柳卸林、马雪梅、高雨辰：《企业创新生态战略与创新绩效关系的研究》，《科学学与科学技术管理》2016 年第 8 期。

良好的创新生态系统，不仅有人才、资本、技术、信息等诸多创新要素集聚融合，各类创新主体高效联动，还有法治化、市场化的环境以及"敢于冒险、包容失败"的文化。

目前，我国大部分学者对区域创新生态系统的研究，主要是从一个省或者一个地区的角度，通过地方政府、企业、高校、科研机构以及中介服务机构的互动来提高该省或该地区的区域创新能力。① 粤港澳大湾区创新生态系统与一般的区域创新生态系统最大的差异在于，其跨越了三个行政区域、三个关税区，涉及两种制度以及多种法系，创新发展的制度环境更加复杂。为了进一步研究如何在复杂多样的制度环境下构建粤港澳大湾区协同创新的生态系统，近一年来，我们深入到深圳、广州、香港、澳门、珠海等地进行了实地考察研究。研究表明，粤港澳大湾区具备了打造创新生态系统的现实基础，但同时也存在着一些制约因素，亟须粤港澳通力合作，协同打造宜于创新的生态系统。

二、构建粤港澳大湾区创新生态系统的现实基础

构建一个良好的创新生态系统是一个十分复杂的系统工程，不仅需要各类充满活力的市场主体，也需要集聚资本、技术、人才、信息等各种要素，还需要支持创新创业的良好的"硬环境"和"软环境"。我们的调查研究表明，粤港澳大湾区已具备发展创新经济、构建创新生态系统的现实基础。

（一）经济规模庞大，创新活动有坚实的经济基础

与世界三大湾区相比，粤港澳大湾区经济总量规模较大，发展速度快，具备了开展创新活动的经济基础。2016 年粤港澳大湾区经济总量 1.34 万亿美元，超过东京湾区与旧金山湾区，GDP 增速达 7.9%，居四大湾区之首（见表 1）。从国内来看，粤港澳大湾区是我国最具有发展潜力的经济板块。粤港澳大湾区以不到全国 1% 的面积、近 5% 的人口，吸引了全国 1/5

---

① 苏屹、姜雪松、雷家骕等：《区域创新系统协同演进研究》，《中国软科学》2016 年第 3 期。

表1　四大湾区主要经济指标对比

	粤港澳大湾区	纽约湾区	东京湾区	旧金山湾区
面积（万平方公里）	5.6	2.15	1.36	1.8
城市数量（个）	11	31	10	12
人口（万人）	6800	6500	3500	760
GDP（亿美元）	1.34	1.5	1.3	0.8
占全国GDP比重（%）	12	8	26	4.3
GDP增速（%）	7.9	3.5	3.6	2.7
港口集装箱吞吐量（万TEU）	6520	465	766	227
机场旅客吞吐量（亿人次）	1.75	1.3	1.12	0.71

注：港口集装箱吞吐量、机场旅客吞吐量、人口为2015年数据，其他为2016年数据。

资料来源：港口集装箱吞吐量、机场旅客吞吐量来源于粤港澳大湾区研究院《粤港澳大湾区研究报告》，见 http://www.dawanqu.org/2017/7-17/3MMDE0MTRfMTQxMzc3Mg.html；其他指标来源于中国指数研究院《GDP直逼纽约湾区粤港澳大湾区时代来临》，见 http://news.fang.com/open/25358270.html。

的外商直接投资额，创造了占全国1/10的国内生产总值。庞大的经济规模和较强的发展潜力为创新产品的推广提供了广阔的市场，也为当地研发投入提供了有力保障。统计显示，粤港澳大湾区近10年来的R&D经费占GDP比重一直稳步上升，尤其是珠三角地区上升明显，2016年达到最高水平2.33%（如图1）。

（二）创新主体高度集聚，科技创新实力强

高校、高端研发机构、高技术企业是创新活动最主要的行为主体，是创新"发动机"。高校和科研机构是新知识产生的载体和创新人才集聚的地方，能够促进新技术和新企业的产生。粤港澳大湾区有173所高校，其中5所是世界100强大学，高于世界三大湾区（见表2）。同时，粤港澳大湾区集聚了一大批高水平的实验室与研究机构，基础研发能力较强。统计显示，粤港澳大湾区共有43个国家重点实验室，珠三角有201家省重点实

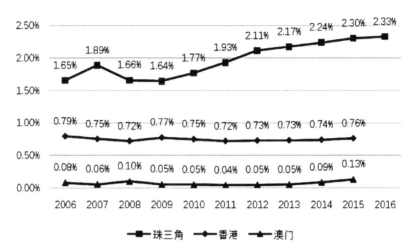

图 1　2006—2016 年粤港澳大湾区 R&D 经费占 GDP 比重

资料来源：珠三角的数据来源于历年《广东统计年鉴》；香港的数据来源于香港特别行政区政府统计
　　　　处，见 http：//www. censtatd. gov. hk/gb/？param = b5uniS&url = http：//www. censtatd.
　　　　gov. hk/home/indextc. jsp；澳门的数据来源于澳门统计暨普查局，见 http：//www. dsec.
　　　　gov. mo/Statistic. aspx？NodeGuid=dc9859c9-480f-4f5d-96ce-0e4242455672。

表 2　四大湾区创新主体与创新成果比较

指标	粤港澳大湾区	东京湾区	旧金山湾区	纽约湾区
高校数量（所）	173	120	73	227
世界 100 强大学数量（所）	5	2	3	2
福布斯 500 强公司数量（家）	16	60	22	28
发明专利总量（万件）	19.37	＼	5.55	＼

资料来源：高校、福布斯 500 强公司数量来自于中国指数研究院，见 http：//industry. fang.
　　　　com/market/research；发明专利总量来自于广州日报数据和数字化研究院发布的《粤港
　　　　澳大湾区协同创新发展报告（2017）》，见 http：//house. people. com. cn/n1/2017/
　　　　0630/c164220-29374515. html；世界 100 强大学数量来自于 QS World University Rankings
　　　　（2018），见 https：//www. topuniversities. com/university－rank－ings/world－university－
　　　　rankings/2018。

验室、64 家企业重点实验室，香港有 6 个国家工程技术研究中心香港分中
心。① 企业是创新活动最主要的参与者，是研发活动的主要投入者，也是

---

① 综合开发研究院课题组：《以"双转型"引领粤港澳大湾区发展》，《开放导报》2017 年
第 4 期。

技术创新的最大受益者。粤港澳大湾区拥有华为、腾讯、比亚迪、华大基因、大疆等一批领先世界的创新型企业，这些企业的 PCT 国际专利申请数量占了全国的一半，[①] 可以带动湾区企业整体创新水平的提升。其中，华为高度重视技术研发，2016 年研发投入破 700 亿元，入选波士顿咨询公司（BCG）公布的 2016 年全球创新企业 50 强。

（三）产业体系完备，有发达的制造业和现代化服务业

创新贯穿研发创造到商品化的全过程，需要完整的配套产业支撑。对比世界三大湾区，粤港澳大湾区拥有完备的产业配套体系。东京湾区以汽车、机械等制造业为主导产业，旧金山湾区以高技术产业为主导产业，纽约湾区则是金融中心、航运中心。而粤港澳大湾区不仅拥有金融、航运等服务业，还具备成熟的电子、装备等制造业。珠三角地区集聚了 449 家广东制造业 500 强企业，具有较强的制造能力。同时，粤港澳大湾区的产业体系呈现层次分明的梯形特征，既有通讯电子信息、新能源汽车、无人机、机器人等接近发达国家水平的高端产业，也有石油化工、服装鞋帽、玩具加工、食品饮料等传统产业，多样化、多层次的产业体系更容易形成融洽的产业关联，[②] 有利于形成高效的创新协作关系。

（四）开放、包容的环境，有利于激发创新活力

在生态系统里，小树苗能长成参天大树，离不开良好的自然环境。创新生态系统也是如此，良好的创新环境有利于催生更多创新成果，促进高技术企业诞生、成长。粤港澳大湾区拥有高度开放的创新环境，开放就是"引得进来，走得出去"，引得进国外新技术，去得了国际市场。香港国际化与市场化程度高，是大湾区走向世界、参与国际科技合作的"桥头堡"。澳门是我国最早对外开放的港口，与欧盟、葡语系国家联系密切，加入了106 项国际公约或多边条约，是引进发达国家先进技术的重要桥梁。粤港

[①] 刘雪芹、张贵：《创新生态系统：创新驱动的本质探源与范式转换》，《科技进步与对策》2016 年第 20 期。

[②] 李虹、张希源：《区域生态创新协同度及其影响因素研究》，《中国人口·资源与环境》2016 年第 6 期。

澳大湾区已成为国内外经贸以及科创合作与交流的重要交汇带，也是深化"一带一路"倡议的重要平台，有利于汇聚全国乃至全球的创新资源，同时也有利于推进创新企业以及科创成果"走出去"，激发区域内市场主体的创新活力。粤港澳大湾区开放程度高，汇聚了世界各国和全国各地的创新要素与创新主体，久而久之形成了包容性极强的"移民城市"与"移民文化"。深圳就是一个典型的移民城市，2017年深圳外来人口806万，占常住人口的比重67%，形成了开拓创新、务实肯干、公平竞争的移民文化，孕育出了"敢于冒险、追求成功、崇尚创新、宽容失败"的创新精神，① 为创新发展提供了有力支撑。

三、粤港澳大湾区构建创新生态系统的制约因素

一个健康的创新生态系统并非为了在原有网络形态上实现潜在产出的最优化，而是主张通过各主体间学习、互动实现优势互补、资源共享，构建知识网络，最终形成具有自适应、自调节和自组织功能的复合体。② 粤港澳三地在创新方面各有优势，但构建协同创新的生态系统仍需要克服一系列制约因素。

（一）产学研需要进一步深度融合，创新效率有待提升

虽然粤港澳大湾区已经具备研发、转化、生产各环节所需的产业体系，但各城市间缺乏科学合理的分工合作，导致产学研脱节，大大影响了创新效率的提升。香港全球顶级高校较多，基础研究能力较强，但制造业空心化严重，科技型企业数量较少，科研成果转化能力较弱。广州科教资源丰富，但科技型企业规模普遍较小，缺乏大型科技龙头企业，企业技术创新能力不足。深圳创新型企业较多，拥有华为、腾讯等龙头企业，科研成果转化能力较强，但缺乏高质量的研究型大学以及世界级的基础性、前

---

① 辜胜阻、杨嵋、庄芹芹：《创新驱动发展战略中建设创新型城市的战略思考——基于深圳创新发展模式的经验启示》，《中国科技论坛》2016年第9期。

② 陈健、高太山、柳卸林等：《创新生态系统：概念、理论基础与治理》，《科技进步与对策》2016年第9期。

沿性研发平台，知识创新能力不足。目前，三地主要以市场为导向的厂商间分散的、自发的合作为主，企业、高校和研发机构间缺乏深层次、高效的合作机制，尚未形成完整的创新链条，区域整体创新效率有待提升。

（二）大企业创造性有待进一步提高，中小企业自主创新能力不足

有研究表明，对于不同规模企业的技术创新似乎总是存在一个"两难问题"，即过度竞争、有限的资金及薄弱的技术基础使中小企业的技术创新难以在一个合理的经济规模内实现，市场垄断地位和企业组织刚性抑制了大企业的创新活力。[①] 湾区内部分大企业已形成稳定的盈利模式，缺乏创新动力，导致创新投入不足，设立研发机构的积极性不高。根据中国统计年鉴（2016）的数据显示，截至 2015 年底，珠三角规模以上工业企业设立研发机构的比例只有 10%，还不及全国 12% 的平均数，而江苏省的规模以上工业企业设研发机构的比例高达 36.5%。大多数企业技术进步仍然依赖国外技术引进，具有自主知识产权的核心技术相对缺乏。广东省公布的《关于"提振实体经济，推动广东制造业加快迈向中高端水平"专题调研报告》显示，广东省主导产业中拥有自主核心技术的制造业企业不足10%，关键技术和零部件 90% 以上依赖进口。同时，粤港澳大湾区有大量的中小企业，其中深圳就有近 170 万家中小企业。多数中小企业受制于人才、技术、资本等要素，没有能力进行自主创新，仍以模仿创新的模式进行"贴牌生产"，虽生产数量较多但仍不具备形成品牌的能力，无法实现利润最大化。[②]

（三）高端创新人才缺口大，技术创新后劲需进一步增强

人才是创新发展的第一要素。虽然粤港澳大湾区拥有香港大学、香港中文大学、中山大学、华南理工大学等国际国内知名高校，培养了众多人才，但区域内高端复合型人才、具有企业家精神的创业者以及具有工匠精神的高级技工和技术研发人员仍然缺乏。以科研人员为例，粤港澳大湾区

---

① 辜胜阻：《民营企业技术创新与制度创新探索》，科学出版社 2008 年版。
② 宋洋、王志刚：《珠三角制造业转型升级与技术创新路径研究——以新常态下 2010—2015 数据分析》，《科学管理研究》2016 年第 5 期。

近年来科研人员数量增长缓慢，增长率波动下行，甚至在 2015 年科研人员出现了负增长（见图 2）。我们的调查研究发现，主要有以下几方面的原因导致粤港澳"人才困境"。其一，由于受到两种体制的限制，创新型、技术型、知识型人才的跨区域流动存在障碍。科研经费无法跨境使用，限制了科研人员跨区域开展科创活动。三地职业技术资格不能互认，且香港居民在内地被视为"境外人员"，须在内地和香港同时交税，抑制了香港国际化创新人才到内地创新创业的积极性。其二，由于珠三角地区产业正面临转型升级，对创新型和技能型人才提出了更高的要求，而大湾区教育与培训体系滞后于产业转型升级的需求，难以培养出"对口"的创新型和技能型人才。其三，大湾区人才引进政策不完善，高房价以及外来人口难以享受和当地居民一样的教育、医疗等公共服务，导致海外高层次人才和国内行业高端人才"引不进、留不住"。

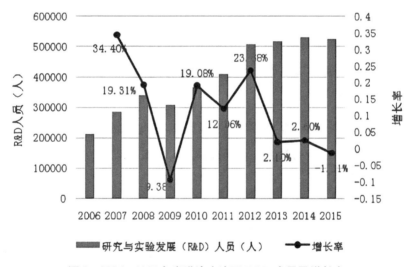

图 2　2006—2015 年粤港澳大湾区 R&D 人员及增长率

资料来源：珠三角的数据来源于历年《广东统计年鉴》；香港的数据来源于香港特别行政区政府统计处，见 http：//www. censtatd. gov. hk/gb/? param = b5uniS&url = http：//www. censtatd. gov. hk/home/indextc. jsp；澳门的数据来源于澳门统计暨普查局，见 http：//www. dsec. gov. mo/Statistic. aspx? NodeGuid=dc9859c9-480f-4f5d-96ce-0e4242455672。

（四）金融对创新活动的支持力度和金融市场互联互通的程度有待提升

技术创新具有高投入、高风险的特征，需要多层次的金融体系为其提供资金支持和分散风险。但目前，港交所上市公司中大部分为传统产业，新经济行业占比仅 3%，深交所新经济行业占比也仅为 12%，都远低于美国纳斯达克市场 60% 和纽交所 47% 的比例。[①]深交所的统计显示，深交所创业板上市企业数量只有 700 多家，规模较小，对高技术产业支持不足。分析其原因，主要是由于主板与创业板市场对企业的资本规模与盈利能力有着较高的要求，而科技型企业具有轻资产、高风险、收益来源不稳定的特征，难以达到主板和创业板的上市条件，市场高技术企业比例较低。同时，粤港澳大湾区现有的区域股权交易市场难以满足众多科技型小微企业的融资需求。珠三角有近两万家高技术企业，其中大部分属于小微企业，资金需求非常大。而深圳前海股权交易中心、广州股权交易中心等区域股权交易市场规模有限，大量小微科技型企业难以通过区域资本市场融资。此外，粤港澳三地金融市场互联互通的程度较低，香港金融机构进入内地市场的手续繁琐，导致内地高新技术企业难以充分利用香港专业化的金融服务。

（五）粤港澳三地的制度差异大，创新要素的自由流动与创新主体的合作需消除体制障碍

区域内创新合作的制度安排是创新要素自由流动、各创新主体协同共进的重要保障。由于粤港澳三地法律体系、行政制度存在明显差异，且跨境协调机制尚不完善，推高了人流、物流、资金流、信息流等要素流动的成本，不利于创新要素与创新主体的跨区域流动。首先，粤港澳三地分属不同的关税区，且城市间、地区间发展不平衡，诉求、利益也不尽相同，一定程度上阻碍了三地协同创新。其次，粤港澳三地所用法系不同，三地在立法、司法、执法方面存在较大差异，市场主体在三地开展创新合作存在法律不确定性。香港知识产权法律体系比较完备，覆盖了产权申报、评估、认定、保护、纠纷处理的各个环节，可以有效保护创新主体的合法权益，而内地的产权保护体系仍在完善中。此外，三地尚未形成科技创新的常态化合作机制，各城市创新发展的规划存在重叠交叉，易导致重复布

[①] 孙杰：《都在抢下一个 BAT 港交所这次放了个大招》，《中国证券报》2017 年 6 月 17 日。

局、重复建设，不利于充分利用有限的创新资源。

四、打造粤港澳大湾区创新生态系统的对策思考

创新生态系统本质上是由协同联动的创新主体、充裕且流动自由的创新要素以及良好的创新环境有机融合形成的动态系统。构建粤港澳大湾区创新生态系统，要在"一国两制"的基础上，通过产学研合作，提高科技成果的产业化率；通过大中小企业联动创新，增强创新主体的创新能力；通过人才引进和培育，释放更大的创新红利；通过完善金融体系，实现技术创新与金融创新"双轮"驱动；通过营造良好的创新环境，消除创新主体合作、创新要素流动的制度性障碍。

（一）在优势互补的基础上深化产业分工合作，建立一批区域技术创新合作平台，推进产学研深度融合，提升创新效率

根据专业化生产与地区产业发展关系理论，不同产业之间或同一产业内部在研发、生产、管理、营销等方面相互协作，可以实现"1+1>2"的效果。① 粤港澳三地在基础研究、科技成果转化、科技服务与产品生产方面各有千秋，资源互补性很强，需构建以市场为导向、企业为主体、产学研深度融合的科技创新合作体系，提升区域创新效率。要在总结已有产学研合作经验的基础上，通过完善城市产业分工合作机制，打造大湾区"研发—转化—生产"良性循环的区域科技创新产业链。在科技研发阶段，要充分利用香港和广州优质的高校资源，推进知识创新与技术研发，为湾区高技术产业和传统制造业转型升级提供科研支撑。在成果转化阶段，要充分发挥深圳高技术企业以及香港科技服务业的作用，提高湾区科技成果转化率。在科技成果产业化阶段，要利用广州、东莞、珠海等城市制造业发达的优势，将具有市场前景的科技创新产品批量生产。大疆创新科技有限公司是粤港澳产学研深度融合的一个很好的案例，其无人机的核心技术来源于香港科技大学的自动化技术中心，公司诞生、成长于深圳，充分利用

---

① 陈建军、刘月、邹苗苗：《产业协同集聚下的城市生产效率增进——基于融合创新与发展动力转换背景》，《浙江大学学报（人文社会科学版）》2016 年第 5 期。

了三地的产学研资源。目前大疆已发展为世界上最大的无人机公司，其民用无人机占据全球 70% 的市场份额。

要建立一批区域技术创新合作平台，促进高校、科研机构、企业在特定区域集聚并融合，共享创新资源。硅谷的"斯坦福工业园"是产学研合作平台的鼻祖，其融科学、技术、生产为一体，通过大力推进企业与高校合作，大量科研成果成功实现了产业化。"斯坦福工业园"培育了惠普、瓦立安、谷歌等科技型企业，成为了全世界尖端科技的中心。粤港澳大湾区要充分考虑到粤港澳三地发展的优劣势以及不同需求，以创新和科技为主轴，深入推进科技创新走廊、深港创新圈等创新合作平台的建设，着力吸引和集聚国内外优质高科技企业、高校和科研机构，为粤港澳大湾区打造世界科创中心提供有力支撑。香港和深圳已在落马洲河套地区共同建立了"港深创新及科技园"，深圳拟在此建设一批国家级实验室、重点实验室、工程研究中心，加强深港之间的产学研联动。香港特区政府投放了逾 180 亿港元，加强与内地机构合作，鼓励香港高校在河套区内设立分校、科研中心及产业化基地，推动科研成果在区内实现产业化。加快建设广深科技创新走廊，努力将其打造为大湾区创新合作平台的典范。广深科技创新走廊的一头一尾是广州和深圳，中间是东莞，三地联动发展实现了深圳创新型企业与广州高校资源的有效对接，不仅有利于缓解深圳科技创新缺地、缺大学和科研机构的问题，还有利于广州和东莞引进深圳创新型企业，带动产业转型升级。

（二）充分发挥湾区内科技大企业、互联网平台企业在区域科技创新中的"龙头"带动作用，提升中小企业自主创新能力，促进区域内大中小企业协同创新

大企业在人才、资金、技术、品牌、市场等方面具有明显优势，[①] 是推动技术变革的主力军。要激发大企业自主创新的活力和积极性，破解核心技术"受制于人"的困局。鼓励粤港澳大湾区的大企业加大创新投入，建立高水平的研发机构，健全组织技术研发、产品创新、成果转化的机制。企业要鼓励员工自主创新，允许员工利用一定的工作时间将创新的想

---

① 辜胜阻、曹冬梅：《"双创"培育新动能实现经济转型的战略思考》，《软科学》2017 年第 12 期。

法和方案付诸实践；对有贡献的管理者和骨干技术人员实行股权激励机制，提高科研人员研发的责任意识。中兴于2017年4月向公司董事、高级人员、科研人员、业务骨干等2000多人发放近1.5亿份的股票期权，有效提高了各类人才创新的积极性。中小企业机制灵活，对市场变化的反应灵敏，创新积极性较高，是创新创业的重要力量。要实施科技型小微企业培育工程，围绕各地特色优势产业，遴选一批创新实力较强、发展潜力较好的中小企业进行培育，助推重点产业的中小企业成长。加大对科技型中小企业的扶持力度，研究制定针对科技型中小企业的金融扶持、用地和税收优惠等政策，降低企业创新成本。

硅谷许多新技术和新公司的诞生，都来自大公司的"溢出"效应。要充分发挥湾区龙头科技大企业、互联网平台企业的创新溢出效应。一方面，要通过大企业精英离职衍生、裂变创业创新，形成一系列"创业系""人才圈"。在深圳南山区，从华为、中兴、比亚迪等高科技企业离职的人才，占该区创新创业者的比例高达70%。腾讯的"单飞企鹅俱乐部"是推动"裂变式创业"的重要平台，目前已有超过1.5万名"单飞企鹅"成为创业创新大军，创业创新项目覆盖了金融服务、本地生活、游戏、汽车交通、物流、教育等多个领域，增强了区域的创新活力。另一方面，要打造更多开放共享的创新平台，推动大企业创新资源对中小创新企业有序开放，鼓励企业开展联合技术攻关，促进科技大企业、龙头互联网企业与中小企业协同创新。要支持龙头大企业在关键技术研发突破、产业链完善延伸等方面与初创企业及其他中小微企业的交流与合作，加大对中小企业技术、人才、设备、资金等方面的支持力度，实现中小企业与大企业共荣共生。华为通过建立华为科技城，与供应链上的企业结成优势互补、资源共享、风险共担、盈利共享的利益共同体，有效带动上下游上千家企业发展。华为在2018年前投资6亿美元对5G的技术进行研发与创新，有效带动了上下游网络规划设计、频设器制造、SDN设备制造、传输及配套设备生产等相关企业的发展。

（三）坚持人才培养与引进"两条腿"走路，形成规模宏大、结构合理、素质优良的创业创新人才队伍，将大湾区打造为"创新人才高地"

中共十九大报告强调，加快建设创新型国家，要培养造就一大批具有国际水平的战略科技人才、科技领军人才、青年科技人才和高水平创新团队。粤港澳大湾区要以市场需求为导向，依托区域内众多高校，培养一批高水平的科技人才。鼓励国内有实力的院校与国际知名高校在粤港澳大湾区联合办学，打造高质量、国际化的湾区高校群，培养一批国际化创新型人才。清华伯克利深圳学院、深圳北理莫斯科大学、天津大学—佐治亚理工深圳学院等都是国内与国际高校联合办学，有利于大湾区引进国外优质的教育资源，加快大湾区教育国际化进程，培养复合型国际化人才。探索湾区内转学和学分互认机制，搭建跨区域人才交流平台，推动粤港澳大湾区的高校开展多层面、多领域的交流。要完善湾区内大学的创业创新教育体系，不仅要重视培养学生的创新能力与"工匠精神"，也要培养学生"精确操作的双手，准确度量的眼睛和缜密计算的大脑"。

要制定粤港澳大湾区的引才计划，建立更加科学、务实、完善的知识型外籍人才引进机制和技术移民制度体系，提升湾区对人才的吸引力。依托前海、南沙、横琴自贸区设立国际人才特区，探索建立海外科技人才进入粤港澳的绿色通道以及绿卡制度，简化外籍科技人才办理就业签证的程序，放宽入境时长，增加技术移民签证数量。粤港澳三地共同探索建立科研经费跨境使用的制度，便于科研人员跨境开展科研活动。高效有力地落实人才政策，实施高层次人才居住证制度，妥善解决引进人才的户口、医疗、子女教育等问题。深圳陆续制定了"孔雀计划""技能菁英"等人才专项计划，通过发放住房补贴、建设人才公寓等方式优化人才发展环境，引进海内外"高、精、尖、缺"人才。2017 年上半年，深圳引进人才 10 万余人，同比增长 30.41%。要共同培育大湾区"宽容失败、鼓励冒险、兼容并包、宽松创业"的创业文化和创新氛围，释放科技人才的创新潜能。

（四）完善面向创新的"正金字塔型"多层次资本市场建设，加强大湾区金融市场的互联互通，增强金融对创新的支持力度

没有金融创新支持的技术创新会出现"闭锁效应"，没有技术创新匹配的金融创新会沦为"无米之炊"。① 美国拥有包括纽约交易所、纳斯达

---

① 辜胜阻：《实施创新驱动战略需完善多层次资本市场体系》，《社会科学战线》2015 年第 5 期。

克、场外柜台交易系统和粉单市场在内的多层次资本市场，为不同阶段的高技术企业提供股权融资渠道。同时，美国的科技中心旧金山湾区拥有全国40%以上的风险资本，为技术创新与高技术企业提供强有力的资金支持。打造粤港澳大湾区创新生态系统，要完善面向创新的"正金字塔型"多层次资本市场建设，加强金融对技术创新的支持力度。要探索差异化的入市标准，提高技术专利、知识产权等无形资产在企业上市评价体系中的比重，增加资本市场中高技术企业的数量。要逐步推进创业板市场改革，提升其流动性。加快推进港交所创新板落地，为更多科技型中小企业提供服务。同时，完善粤港澳区域股权交易市场，逐步扩大市场规模，让三地投资者和投资机构的资金能为湾区科技型小微企业提供有效支持。积极扩大深圳创投对湾区的辐射力度，筛选湾区优质项目，加大对种子期和初创期的创业创新企业的金融支持。落实对天使投资和风险投资的税收优惠力度，吸引更多民间资本进入创投行业，壮大天使投资人队伍，推进技术创新与金融创新"双轮"驱动，实现产业链、创新链、资金链"三链融合"。

要协同湾区各城市，建设粤港澳核心金融圈，助力湾区创新经济发展。充分发挥香港"变压器""翻译器""转化器"的作用，减小内地与境外金融市场在金融基础设施、监管理念、监管方式等方面的差异带来的影响，推进内地高技术企业跨境融资。依托澳门自由港的优势，发展特色金融，关注融资租赁、资产管理等领域，打造中葡及"一带一路"沿线国家融资租赁平台。推动粤港澳大湾区金融市场双向开放与联通，实现金融产品互认、资金互通、市场互联。进一步完善深港通、沪港通、新股通等资本市场联通机制，让更多海外资金进入内地市场支持企业技术创新。进一步放宽香港金融机构进入广东市场的条件，让内地企业可以获得香港专业化的金融服务，推动内地企业开展国内外兼并重组和跨界并购。内地电脑制造商联想公司于2005年成功并购美国IBM公司的PC业务，非常重要的一个因素是香港麦肯锡、高盛等金融服务机构为其制定了专业化的并购方案。

（五）在互惠互利的基础上加强三地的制度衔接，打破人流、物流、资金流、信息流、技术流的体制性障碍，激发创新创业主体活力

我国著名经济学家吴敬琏先生在其编著的《制度重于技术》一书中强

调，推进创新发展，制度安排的作用重于技术演进自身。构建粤港澳大湾区创新生态系统，要加强三地间的制度对接，完善跨区域政府间的协商协调机制，促进粤港澳三地创新要素自由流动、创新主体互动融合。在"一国两制"的前提下，做好粤港澳三地协同创新的顶层设计，尽快制定粤港澳大湾区发展规划，加强各城市的协调与沟通，打造创新的利益共同体。在《深化粤港澳合作推进大湾区建设框架协议》的基础上，加快构建粤港澳科技合作的常态化机制，逐步统一市场准入、市场监管的相关制度，统一技术研发、使用、考核等标准，推动区域一体化发展。建立以地方政府为主导、中央政府参与的区域创新合作委员会，作为粤港澳大湾区创新合作的权威指导机构，协调和规范创新活动，保障和促进三地创新合作项目的实施。发挥粤港澳地区商会、协会、咨询机构和智库等中间组织的作用，鼓励企业界、劳工界、专业服务界、学术界等社会各界共商共议，共同促进大湾区各领域科技合作可持续健康发展。鉴于三地法律体系存在的差异，要建立跨境商事仲裁、粤港澳版权登记、司法协助合作、区际律师事务所等跨区域的法律服务组织与机构，为企业跨境创新与创业提供法律支持。通过逐渐消除行政壁垒，完善区际法制体系，打造粤港澳大湾区协调开放、竞争有序的营商环境，使创新要素自由且高效流动、创新主体跨区域深入合作。

（本文发表于《中国软科学》2018 年第 4 期。）

2

横琴粤澳深度合作区
创新驱动发展研究

2021 年 9 月 5 日《横琴粤澳深度合作区建设总体方案》出台，这是"一国两制"的新实践，不仅翻开了澳门发展"新的一页"，推动澳门更好融入国家发展大局，还能有效为新时代改革开放进行探路。粤港澳大湾区是习近平总书记亲自谋划、亲自部署、亲自推动的国家战略。有针对性地选取重大合作平台，谋划布局新兴产业，通过强化体制机制改革的创新力度，在重点领域及关键环节先行探索、积累经验，是统筹实现开拓创新与管控风险的积极稳妥选择，有利于"以点带面"，引领带动粤港澳全面深化合作，构建高水平全面开放新格局。① 横琴是粤港澳重大合作平台之一，具有独特的区位优势和先行先试的政策优势。作为珠海最大的海岛，横琴与澳门仅一河一桥之隔，经济发展的脉搏息息相通，是推进粤澳合作最便捷最适宜的新空间和对接珠三角、香港和澳门的经济门户。横琴粤澳深度合作区建设体现了体制机制创新的重大突破，通过在制度结合部进行制度现代化探索，推动粤澳两地规则深度衔接、机制深度对接、产业深度联动、风险深度防控、城市深度融合，有利于促进澳门经济适度多元发展，打造粤港澳大湾区建设的新高地，推动其取得新的更大进展。习近平总书

---

① 何立峰：《深化粤港澳合作 推进大湾区建设》，《求是》2021 年第 11 期。

记曾多次到横琴与澳门等地视察，就横琴开发建设和促进澳门经济适度多元发展，维护港澳长期繁荣稳定作出重要指示。"一国"是根，根深才能叶茂；"一国"是本，本固才能枝荣。坚守"一国"之本、善用"两制"之利，这是横琴粤澳深度合作区创新发展的"金钥匙"。合作区建设不是"独角戏""单人舞"，而应是"一河两岸"携手共跳"双人舞"。当前，横琴已成为连接国内大循环和国际大循环重要的一环，"一国两制"的交汇点，"内外辐射"的结合部。研究推进建设横琴粤澳深度合作区，做好粤澳合作开发横琴这篇"大文章"，具有重要理论价值和现实意义。

一、推进横琴粤澳深度合作区建设的战略意义

加快构建新发展格局是"十四五"时期经济社会发展最新的重大指导思想。构建新发展格局要坚持"有内有外""以内为主""内外互促"。[①] 建设横琴粤澳深度合作区可以"内联外拓"，将澳门"一国两制"和国际贸易自由港等优势与横琴的资源和空间等优势结合起来，促进澳门经济适度多元发展，推动形成更高层次、更高水平的开放型经济体制，加快"一带一路"建设和粤港澳大湾区一体化发展，增强国内循环和国际循环两个齿轮有机联动，共同为我国经济高质量发展提供动力。推进横琴粤澳深度合作区建设具有以下几方面战略意义。

（一）推动澳门更好融入国家发展大局，促进澳门经济适度多元化发展，巩固提升竞争优势

澳门回归 20 多年来，充分利用"一国两制"的制度优势和发展机遇，主动融入国家重大战略部署，经济社会实现了跨越式发展，取得了举世瞩目的成就，成为全球最富裕的地区之一。对于一个国家或经济体而言，经济多元化或专业化程度取决于其资源禀赋、市场容量、所处的经济发展阶段以及参与国际分工的程度等。[②] 澳门是典型微型经济体，产业结构较为

---

① 政武经：《关于统筹发展和安全问题的思考》，《人民论坛》2020 年第 33 期。
② 毛艳华：《澳门经济适度多元化：内涵、路径与政策》，《中山大学学报（社会科学版）》2009 年第 5 期。

单一，长期以来呈现博彩业"一业独大"的局面。2019 年，澳门博彩及博彩中介业从业人员占比超过 20%，博彩业占澳门本地生产总值比重超过 50%（见图 1），2019 年政府财政收入近 80% 来自博彩直接税（见图 2）。

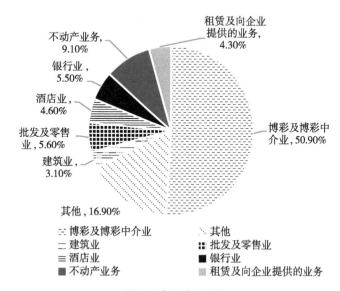

图 1　澳门产业结构

资料来源：《澳门经济适度多元发展统计指标体系分析报告 2019》，澳门特别行政区政府统计暨普查局。

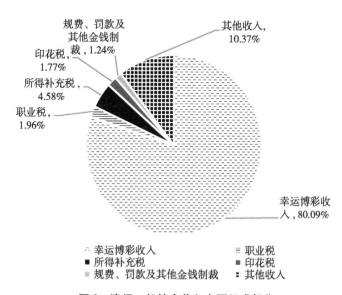

图 2　澳门一般综合收入主要组成部分

资料来源：《澳门统计年鉴 2019》，澳门特别行政区政府统计暨普查局。

博彩业受外部因素影响较大，较为单一的产业结构致使澳门经济的抗风险能力较弱，在外部环境变化时易遭受冲击。新冠肺炎疫情在全球范围内大流行，加剧了世界经济复苏的不确定性，给澳门带来了严峻考验和挑战，倒逼澳门加快经济适度多元发展的步伐。据澳门统计暨普查局统计，2020年澳门入境旅客同比下跌85%，博彩服务出口及其他旅游服务出口分别下跌80.4%及73.4%，全年经济实际缩减56.3%，本地居民失业率上升1.3个百分点。

从"一元独大"转向"多元并进"，实现经济适度多元是促进澳门经济社会健康可持续发展的必然选择，有利于增强澳门经济社会韧性，符合澳门社会的长远利益。[①] 受制于城市发展空间、人才引进不易等，澳门在丰富产业结构、推动经济适度多元发展的道路上面临不少困难和挑战。澳门是全球人口密度最高的城市之一，土地资源比较稀缺，对建设具有国际先进水平的宜居、宜业、宜游城市产生了明显制约。此外，澳门人力资源供给和需求不匹配，具有劳动力人口总量不足，高端人才匮乏等特征，难以适应经济社会发展的需要。[②] 横琴有较大的开发潜力，土地面积为澳门的3倍多，人口保持高速增长态势，第七次全国人口普查数据显示，全区常住人口约为5.3万人，10年人口年平均增长率超过16%。建设横琴粤澳深度合作区，可以通过资源整合打开澳门发展的物理空间，助力澳门"借地突破""借人突破"，解决澳门在发展过程中所面临的深层次矛盾和问题，为澳门进一步在开放共融、互利合作中实现经济适度多元提供新路向、新空间和新动力。

（二）进一步释放粤港澳大湾区发展潜能，提升科技创新能力，增强产业发展动能，以区域"微循环"促进国内经济大循环，推动区域经济一体化

合作区建设可以有效激发澳门—珠海极点在粤港澳大湾区发展中的引领作用，充分发挥澳门自由港和珠海特区的有利条件和比较优势，为以都

---

① 盛力：《回归后的澳门经济发展：成就、经验与展望》，《人民论坛》2020年第1期。
② 齐冠钧：《澳门经济适度多元化发展研究——基于〈粤港澳大湾区规划纲要〉的视角》，《国际经济合作》2019年第2期。

市圈和城市群为枢纽的经济循环系统赋能，培育新的增长极和发展引擎，促进珠江西岸地区发展提质加速。湾区经济往往呈现"多圈、多核、叠合、共生"的城市群经济形态，通过多个枢纽和平台，一个或多个都市圈的集聚辐射作用，形成强大的扩散效应，推动区域经济的发展。[①] 核心城市的集聚和扩散效应影响着都市圈其他城市，在都市圈和城市群的发展过程中扮演着十分重要的角色。澳门为粤港澳大湾区四大中心城市之一，是区域发展的核心引擎。珠海是珠江口西岸都市圈的核心城市，是湾区的重要节点城市。广东省明确提出要将珠海打造为区域重要门户枢纽，加快建成珠江口西岸核心城市和沿海经济带高质量发展典范。珠海有着较好的经济发展基础，2019 年人均地区生产总值超过 17 万元，在珠三角九市中位列第二（见图 3）。同时，珠江口西岸都市圈经济体量、人口规模相近，圈

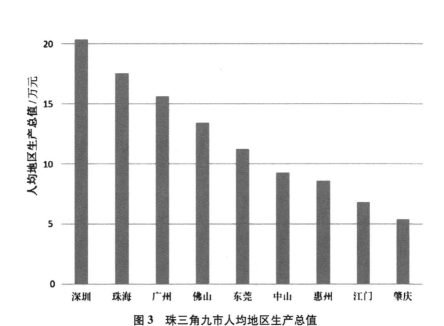

图 3　珠三角九市人均地区生产总值

资料来源：《2020 年广东统计年鉴》，广东省统计局。

---

① 卢文彬：《湾区经济：探索与实践》，科学社会文献出版社 2018 年版。

内城市结构梯次不明显。珠海市城市能级量级偏小，城市影响力、区域辐射力较弱，地区生产总值在珠三角九市中位列第六（见图4），作为珠江口西岸核心城市的功能需要进一步强化。

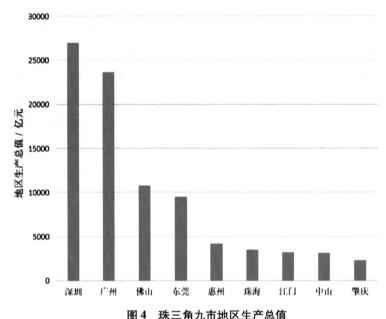

图4 珠三角九市地区生产总值

资料来源：《2020年广东统计年鉴》，广东省统计局。

都市圈竞争力培育的关键在于将经济发展的模式由要素驱动、投资驱动转变为创新驱动，形成持续的创新能力。要实现创新驱动，大力发展战略性新兴产业，进一步推动城市产业升级和结构调整是必经之路。根据《广东省制造业高质量发展"十四五"规划》，十大战略性新兴产业和十大战略性支柱产业分别有10项和9项产业布局在珠海。建设横琴粤澳深度合作区可以增强中心城市与节点城市的互动合作，发挥澳门的科教研发优势，依托珠海等珠江西岸城市制造业基础，加快科技成果的转化应用，提高粤澳两地资源要素和产业发展的互补性、协调性，促进创新链与产业链深度融合，推动产业集聚和创新发展，提升澳珠极点辐射带动能力，牵引珠江口西岸产业竞争力提高。城市群和都市圈是优质生产要素的汇聚平台，合作区的发展将进一步畅通澳门和内地要素流通的通道，同时也可以依托合作区承接港深产业辐射和要素溢出，推动珠江口东西两岸融合互动，促进珠江口西岸都市圈与广州都市圈、深圳都市圈协同发展，实现"两廊两点"深度对接，构建区域经济发展新轴带，促进粤港澳大湾区均衡发展。

（三）丰富"一国两制"新实践，以内生强循环主动选择和推动经济全球化，开辟扩大国际经贸合作"新通道"，在扩大开放合作的同时增强安全性和稳定性

在构建新发展格局中，统筹好发展和安全相互支撑，立足开放环境强化内外循环的互促互进，国家安全能力才会提高。[①] 维护国家安全是"一国两制"的核心要义。在坚持维护国家主权、安全和发展利益的大前提下，"一国两制"在澳门取得了巨大的成功，"爱国爱澳"的社会基础愈发稳固，澳门已经发展成为政治稳定、社会和谐、经济繁荣、文化多元的国际知名城市，被国际社会誉为"世界最安全的城市之一"，具备比较和谐稳定的发展环境和营商环境。

"一国两制"赋予澳门对外交往独特优势，改革开放以来，香港、澳门一直是内地最大的投资来源地。澳门制度规则与国际高度接轨，作为国际自由港，澳门可以实现人员、商品、资金和信息的自由流动，无外汇管制，作为单一关税区还可单独签署经贸协议。澳门实行简单及低税率的税制，拥有较为被国际社会承认的法律体系和公开透明的市场机制，营商环境较为开放和安全。[②] 澳门在对外经济交流与合作方面一直奉行"远交近融"的发展战略，在"一国两制"框架下，严格按照《澳门基本法》的有关规定，不断发展国际双边和多边合作关系，努力拓展同世界各国和地区在经贸、文化等方面的交流与合作。[③] 葡语国家分布在欧洲、亚洲、非洲、南美洲等地区，人口超过 2.6 亿人，澳门与其有着紧密且广泛的联系，是中国连接葡语国家乃至全球的独特纽带。2019 年，澳门吸引葡语系国家、欧盟国家、"一带一路"国家和地区的直接投资累计总额及直接投资

[①] 冯维江、张宇燕：《新时代国家安全学——思想渊源、实践基础和理论逻辑》，《世界经济与政治》2019 年第 4 期。

[②] 米健：《粤港澳大湾区建设与澳门未来发展》，《行政管理改革》2019 年第 12 期。

[③] 叶桂平：《次国家行为体的对外关系研究——以澳门特别行政区为例》，《世界经济与政治》2013 年第 2 期。

流量较 2018 年显著提升（见表 1）。建设横琴粤澳深度合作区可以探索建立具有包容性、引领性的制度架构，为后发区域的发展提供示范。打造结合"两制"优势的高水平开放区，服务内地"引进来"和"走出去"的双向交流平台，促进我国经济内循环和外循环良性互动，通过均衡经济发展极点和重大生产力布局，在扩大开放合作的同时增强安全性和稳定性，维护国家总体安全。

表 1 按地区划分澳门外来直接投资

	累计总额（百万澳门元）			流量（百万澳门元）		
	2018 年	2019 年	增加值	2018 年	2019 年	增加值
欧盟	15565	18073	2508	25	1991	1966
葡语系国家	9162	9747	585	275	554	279
一带一路国家/地区	11337	12900	1563	714	719	5
泛珠三角九省区	4243	3865	−378	567	1019	452

资料来源：《直接投资统计》，澳门统计暨普查局。

二、推动横琴粤澳深度合作区创新驱动发展的对策建议

建设横琴粤澳深度合作区应充分发挥两地优势，统筹利用国内国际两个市场、两种资源。横琴粤澳深度合作区要以创新为第一动力，构建科技、教育、产业、金融紧密融合的创新体系，破除制约要素合理流动的堵点，促进人才、技术、资本、数据等创新要素的高效配置，主动融入全球创新网络，打造国内国际双循环相互促进的重要联接点。

（一）推动国际科技合作，依托澳门已有的国家重点实验室、粤澳联合实验室，建设重大科技创新平台，促进产学研多主体协同，打造粤澳横琴科技创新极点

应当着力将横琴粤澳深度合作区建设成为粤港澳大湾区打造国际科技

创新中心的关键极点，进一步提升广珠澳科技创新走廊的要素集聚效能，促进"两廊两点"建设。

要立足横琴粤澳深度合作区当前发展的迫切需求，兼顾长远发展规划，前瞻谋划和系统部署一批重大科技基础设施。重大科技基础设施建设可以引领前沿科技探索、带动新兴产业发展、汇聚产业创新人才。充分发挥澳门国家重点实验室的科技引领作用，用足用好澳门及珠海既有产业基础，围绕制约澳门产业适度多元发展的技术瓶颈，积极争取一批国家级重大科技基础设施落地横琴，布局一批大科学计划与大科学工程，提升重大科创平台和大型基础设施共建共享水平。

要依托澳门的高等院校加快建设高质量的产学研合作平台和协同机制，加快在创新链上形成优势互补格局，尽快塑造示范引领效应，进而牵引更多创新主体进行深度的创新协作和资源整合。"斯坦福工业园"融科学、技术、生产为一体，通过构建大学、科研机构与企业的紧密协同创新关系，促进大量科研成果产业化，成就了硅谷的创新奇迹。澳门高校基础研究能力较强，但缺乏有效的科技成果转化平台，技术创新的产业化应用空间不足。解决这一问题是横琴粤澳深度合作区建设的重大契机和潜能所在，要充分考虑到粤澳两地发展的优劣势以及不同需求，疏通连接基础研究"最先一公里"和成果转化、市场应用"最后一公里"的快车道，形成经济发展与科技创新互动循环、互为支撑的生态格局。澳门现有的 4 所国家重点实验室皆先后在横琴建立分支机构，产学研示范基地也取得了积极进展，大量创新创业项目在横琴孵化集聚。要进一步吸引和集聚国内外优质高科技企业、高校和科研机构，引进相关科技成果在横琴转化和产业化。推进粤澳联合实验室建设，鼓励企业、大学、科研机构通过技术入股以及产业技术创新战略联盟等多样化形式创新合作，① 共建共享研发机构、科研设施与仪器，协调完善合作过程中的风险分担和利益分享机制。构建技术创新与转化合作中心，搭建"科学家、工程师、企业家"对接平台和各类科技创新服务平台。

---

① 辜胜阻、曹冬梅、杨嵋：《构建粤港澳大湾区创新生态系统的战略思考》，《中国软科学》2018 年第 4 期。

（二）引领人才体制机制改革，坚持人才培育和引进"两条腿"走路，推进高等教育国际化，支持引进世界知名大学，大力吸引国际化"高精尖缺"人才，建设海外人才离岸创新创业基地

硬实力、软实力，归根到底要靠人才实力。高校和科研机构是新知识产生的载体和创新创业人才集聚的重地，是孕育科学家与企业家的摇篮，是创新链的重要源头，合作区建设要着力打造引才、聚才、育才、用才的良好环境，促进教育链、人才链、产业链、创新链有效衔接。

要充分发挥澳门现有高等学校作用，利用好与全球高等院校之间建立的联系，引进全球优质教育资源，打造"本土留学"品牌，满足内地对国际化高等教育的需求。重大科技基础设施具有强大的人才集聚能力、人才承载能力和人才造就能力，依托科技实验室、大科学装置等"筑巢引凤"是国际上人才吸引和培育的重要策略。① 支持港澳高校以"一校两区"模式和"双聘教授"机制，共建优势学科、创新中心、联合实验室和研究中心，探索实施更灵活的交换生安排等方面的合作交流。澳门大学横琴校区建设不仅扩大了澳门高校办学空间与规模，开辟了澳门高等教育发展的新局面，也推动了澳门高校相关科研成果在内地进行转移、转化并向大湾区辐射。②

营造"林秀鸟自来"的人才发展环境，积极完善人才制度，打造"国际人才岛"，实现人才"引得进、留得住、发展好"。要进一步提高国际化高端人才进入合作区的便利程度，优化知识型外籍人才引进机制和技术移民制度体系。推进珠澳两地职业资格互认，允许科研经费跨境使用，打造人才通关绿色通道。建立符合国际惯例的高端人才评价体系和激励保障机制，完善创新人才竞争机制。对高端人才给予更大力度税收优惠，对重点科研项目进行经费支持。打造优质创新创业载体，出台更多支持举措促进港澳青年在横琴创新创业，探索延伸拓展港澳原创科研优势新举措，促进

---

① 王贻芳、白云翔：《发展国家重大科技基础设施　引领国际科技创新》，《管理世界》2020年第5期。

② 庞川、林广志、胡雅婷：《回归以来澳门高等教育发展的成就与经验》，《华南师范大学学报（社会科学版）》2019年第5期。

含"科"量高的新兴产业蓬勃发展。据统计,截至2021年3月底,横琴累计培育港澳青年创业项目613个,其中澳门项目524个,比2019年底增长126.8%。完善人才住房、子女教育等服务保障,为高端人才到横琴生活提供更加优质的服务,妥善解决引进人才的后顾之忧。

(三)创新驱动产业适度多元和经济转型升级,为澳门产业发展开辟新空间、创造新机遇,聚焦澳门优势彰显"特而精",发展高端制造产业和澳门品牌工业,高水平建设横琴国际休闲旅游岛,壮大经济发展新引擎

建设横琴新区的初心就是为澳门产业多元发展创造条件。发展有利于促进澳门经济适度多元的新产业是横琴粤澳深度合作区建设的重点任务。要围绕澳门"一中心、一平台、一基地"的目标定位,立足于粤澳的资源禀赋和发展基础,聚焦优势领域发展新产业,打造澳门经济适度多元发展的新平台,推动产业链上下游各大中小企业协同参与合作区建设,形成更加均衡的产业发展格局。

丰富澳门世界旅游休闲中心内涵,统筹利用澳门丰富的历史文化旅游资源优势以及横琴优良的自然生态环境和土地空间等优势,发展主题多样、特色多元的综合旅游服务,开发"一程多站"等高品质旅游产品,高水平建设"澳门—横琴"融合互补、具有"一河两岸"特色的横琴国际休闲旅游岛。大力发展"旅游+"产业,促进旅游产业与康复医疗、休闲养生等大健康产业融合发展。推进海洋科技研发创新,强化海洋渔业种质资源保护和开发,培育壮大海洋生物医药产业,发展海洋渔业、海水养殖、海产加工,打造特色化海洋产业集群,推进与"海上丝绸之路"沿线国家和地区的海洋产业合作。依托澳门建设世界旅游休闲中心的契机,举行具有国际影响力的品牌会展活动,支持澳门商贸会展产业的发展。大力发展中医药等澳门品牌工业,构建具有重要国际影响力的中医药创新研发和产业发展高地,积极参与中医药国际标准建设,推动中医药产品和中医药文化"走出去"。

数字经济是第四次工业革命的重要基石。横琴背靠粤港澳大湾区,广阔而丰富的应用场景为其数字经济发展提供了市场基础。完善联通横琴和澳门的数字基础设施,加快国际互联网数据专用通道建设,扩大基础公共信息数据有序开放，促进国际互联网数据安全有序流动。要围绕产业链部署创新链、围绕创新链布局产业链，推进人工智能、5G、大数据等数字技术产业化，支持建设国家人工智能超高速计算中心和区块链超级节点，打造具有国际竞争力的数字产业集群。以产业集群促进区域创新体系发展，整合科技力量攻关供应链中"卡脖子"难题，大力发展高端制造业，进一步固链、补链、延链、强链，提升产业链供应链安全性和竞争力。智慧城市是城市治理的新模式，是城市转型与经济发展的转换器，智慧城市建设必须依托技术创新和高新技术产业的发展。①澳门大学获批建设智慧城市物联网国家重点实验室，主要开展与智慧城市相关的物联网技术研究，为智慧城市发展提供先进技术保障。要建设数字社会、数字政府，加快新型智慧城市建设进程，将新一代信息技术运用到城市规划、建设、管理和服务，推动社会治理数字化转型和智能化升级。

（四）推动现代金融产业高质量发展，有序推进金融开放创新，实行与香港、上海、深圳等金融中心的错位发展战略，创新发展财富管理、债券市场、融资租赁等金融业态

金融活则经济活，世界主要的湾区城市群基本形成了以"金融+不同的湾区优势产业"的发展模式。横琴粤澳深度合作区发展区域金融业务要突出特色，走错位发展的路径，围绕服务实体经济和支持特色产业，打造聚引国际金融资源"引力场"。

"东西兼融"是澳门作为中葡"金融平台"所具备的显著特点。把握区域性金融服务平台定位，借助"一带一路"完善面向葡语国家、非洲、欧洲、拉美和东盟等地的金融服务。充分利用对接葡语国家的市场优势，打造中葡金融服务平台以及中葡人民币清算中心，为葡语国家和"一带一路"沿线国家及地区的企业提供金融服务，促进经济交流与贸易往来。支持开展跨境人民币结算业务，鼓励各类主体在跨境投融资活动特别是创投活动中更多使用人民币，助推人民币国际化进程。

大力支持金融科技发展，推进绿色金融服务平台建设。支持金融服务

① 辜胜阻、王敏：《智慧城市建设的理论思考与战略选择》，《中国人口·资源与环境》2012年第5期。

与大数据、云计算、人工智能和区块链等技术融合发展，提高传统金融业务的效能。完善绿色金融基建，充分利用澳门的中葡平台优势，推动大湾区与海外的绿色金融市场互联互通，积极引进海外绿色金融发展机构。

创新发展资产管理、财富管理、融资租赁、VC/PE 等现代金融。促进各类金融机构规范开展资产管理业务，满足企业资产管理的多元化需求。围绕高净值人群、高端消费者的财富管理需求进行金融服务产品创新，打造富有特色的"财富管理岛"。降低中资、外资融资租赁机构在合作新区设立融资租赁机构和开展相关业务的门槛，引导融资租赁机构扩大服务中小微企业的业务规模。探索利用互联网技术开展线上融资租赁业务，支持保险、信托、证券、银行等多元化金融中介开展合作租赁业务。吸引风险投资、股权投资机构进入，积极营造适宜创业风险投资发展的文化氛围。

（五）推动基础设施"硬联通"和规则机制"软联通"，营造全球投资者青睐的营商环境，用好深、港的外溢效应，打造琴澳一体化高水平对外开放门户枢纽，在"双循环"中更好统筹发展与安全

开放是横琴的使命，也是横琴的发展基因。横琴粤澳深度合作区要承担起双向开放的使命，建设与澳门一体化的高水平开放新体系，对标国际先进经贸规则，促进贸易和投资活动自由化、便利化、规范化，健全外商投资和对外投资促进体系，加快高质量"引进来"和高水平"走出去"步伐。

持续打造市场化、法治化、国际化营商环境，采用更具竞争力的税制、吸引更多国际化人才，更加高效便利地集聚各类创新要素，有效支撑区域产业创新发展。澳门高度开放的自由港和关税独立区对吸引外商投资和开展经贸合作有着独特优势。要建立与澳门衔接，与国际接轨的监管标准和规范制度，转变政府职能，降低市场交易成本，① 贯彻"非禁即入"的高度便利的市场准入制度，引进国内外知名外企、民企和国企。推进制度创新，加快推动横琴分线管理改革，推进要素流动畅通、科研设施联通、创新链融通、人员交流顺通。主动对接 RCEP 等高标准国际经贸规则，

---

① 石佑启、陈可翔：《粤港澳大湾区治理创新的法治进路》，《中国社会科学》2019 年第 11 期。

率先建设更高水平开放型经济新体制。① 加大税收优惠力度，打造税收洼地，推动"财气"和"人气"集聚。依托口岸窗口的区位优势发展总部经济，不断完善商业配套设施，吸引国内企业和跨国公司在横琴设立总部。② 搭建多层次的商贸交流平台，共同开拓"一带一路"建设市场，助力澳门建设海上丝绸贸易物流中心和重要的交通枢纽。继续发挥澳门国际联系广泛的优势，扩展与葡语国家商贸合作服务平台功能，分别通过葡萄牙、巴西、莫桑比克及安哥拉扩展欧盟、拉美、非洲市场，深化经贸往来与交流合作，充分利用中欧投资协定的政策红利，加强中欧绿色和数字经济等领域的合作。依托港澳优势，建设企业"走出去"的窗口和综合服务平台，为国内企业拓展国际市场提供法律、知识产权等咨询服务，助力中国企业开辟海外市场。

推进边境口岸"单一窗口"建设、通关便利化、跨境电子商务等新商业业态和新贸易模式等方面的多样化探索，建设跨境经贸合作网络服务平台，推动传统贸易数字化转型。依托国家级跨境电商综合试验区产业园区，积极打造服务澳门中小企业、面向国际的跨境电商平台。加强交通基础设施互联互通，提升机场港口国际化枢纽功能，充分用好深圳等地的外溢效应。以现代物流业聚集区的建设为突破口，充分发挥港珠澳大桥连接香港机场和珠海、澳门三地物流的纽带作用，构建粤港澳全球供应链管理中心的重要载体，打造区域商贸物流中心和国际贸易分拨中心。

三、结语

我国已经步入全面建设社会主义现代化国家的新发展阶段，横琴将成为我国深化改革扩大开放、践行新发展理念、构建新格局的重要一极。横琴是澳门对接国内国际双循环、参与粤港澳大湾区和"一带一路"建设的关键的站点，承载着丰富"一国两制"实践内涵、支持澳门融入国家发展

---

① 陈晖：《商事制度改革成效与完善对策——以珠海横琴新区为例》，《经济纵横》2017年第2期。

② 唐少清、谢茜、詹细明：《基于粤港澳大湾区中的横琴支点分析》，《中国软科学》2020年第1期。

大局的新的重要战略使命。建设横琴粤澳深度合作区一方面有利于保持澳门长期繁荣稳定,提升珠澳极点的发展能级量级,优化功能布局,带动珠江口西岸发展并辐射内地,引领粤港澳全面深化合作,推动形成区域协调发展新格局。另一方面,建设开放型经济新体制和国际经济合作新平台,在重点领域和关键环节先行探索,为国家推进制度型开放进行压力测试和积累经验,横琴肩负着为改革开放探路的重任。要紧紧围绕促进澳门经济适度多元发展这条主线,做好加快横琴粤澳深度合作区建设这篇大文章,打造促进澳门经济适度多元的新平台、便利澳门居民生活就业的新空间、丰富"一国两制"实践的新示范、推动粤港澳大湾区建设的新高地。当前,应抓好主要任务,立足粤澳资源禀赋和发展基础,坚持创新驱动发展,大力发展新技术、新产业、新业态、新模式,构建科技、教育、产业、金融紧密融合的创新体系。要推进琴澳一体化,建立共商共建共管共享的体制机制,最大程度调动双方的积极性,破除阻碍要素流动的制度"藩篱",打造国内国际双循环相互促进的重要联接点和"一国两制"实践新示范。要推动科技创新协同化,促进两地产学研用多主体高效协同,打造粤澳横琴科技创新极点,助力粤港澳大湾区国际科技创新中心建设。要加快高端化人才培养与引进,吸引国内外知名大学和特色学院合作办学,建立高端人才离岸创新创业基地,积极构建具有国际竞争力的人才制度,引聚国际化高精尖缺人才。要促进澳门经济适度多元化,聚焦优势特色产业,助力澳门"一中心、一平台、一基地"建设,坚持创新驱动产业升级,支持澳门巩固提升竞争优势,更好融入国家发展大局。鼓励金融发展特色化,加快建立离岸金融市场,建设区域性金融服务平台,推进跨境金融、绿色金融、科技金融发展,走错位发展的路径,服务实体经济和支持特色产业。提升国际化水平,加强与"一带一路"倡议有效衔接,发挥澳门"精准联系人"的优势,搭建多层次的商贸交流平台,建立与国际高标准投资和贸易规则相适应的高水平开放规则体系,在高水平对外开放中统筹好发展与安全。

（本文发表于《中国软科学》2021 年第 10 期。）

—3—

经贸摩擦背景下的
粤港澳大湾区创新发展

一、引言

中美经贸关系是两国关系的"压舱石",也是维持世界经济稳定健康发展的"助推器"。当前中美经贸关系日趋紧张,美国以中美贸易失衡的"吃亏论"为由挑起经贸摩擦。从提高对华商品关税到实施技术封锁、再到对华高科技企业实行"长臂管辖",科技竞争已成为中美两国经贸摩擦主要的角力场。中美经贸摩擦不仅会损害两国利益,也会给全球经济带来诸多不确定性因素。

随着世界多极化、经济全球化的深入发展,各国深度融入全球价值链分工体系中,成为国际生产网络和产业体系中不可或缺的重要节点,形成了"你中有我,我中有你"利益交融的格局。① 多年来,中国坚持"引进来"和"走出去"相结合的对外开放战略,顺应全球化发展趋势,积极参与国际生产分工与合作,中美两个大国在贸易和投资等领域的合作取得了丰硕成果,形成了优势互补、互利共赢的紧密关系。2018 年中美双边贸易规模已超过 6300 亿美元,双向投资存量超过 2400 亿美元。中美贸易顺差

---

① 王中美:《新南北矛盾与多边体系的困境》,《国际经贸探索》2019 年第 4 期。

虽在中国，但大部分利益在美国。中美经贸合作有力推动了美国经济增长，为美国企业创造了大量商机和利润，有效增加了就业机会、提高了消费者福利、促进了美国经济结构升级转型。据估算，2015 年美国从中国进口提升了美国国内生产总值 0.8 个百分点，美国对中国出口和中美双向投资提升了美国经济增长率 1.2 个百分点。[①] 目前美资企业在华年销售收入达 7000 亿美元，利润超过 500 亿美元。[②] 据美中贸易全国委员会统计，2009 年至 2018 年 10 年间，美国对华出口支撑了超过 110 万个美国就业岗位。[③] 同时，中国凭借劳动力比较优势提供了大量物美价廉的产品，降低了美国消费者的生活成本，为美国民众带来了实实在在的利益。据统计，自加入世贸组织后的 10 多年间，中国商品为美国消费者节省开支达 6000 多亿美元。牛津研究院估计，美国自中国进口低价商品在 2015 年帮助美国降低消费物价水平 1%—1.5%。[④] 此外，在全球价值链视角下，美国依然是受益者。美国占据价值链"微笑曲线"的两端，控制了专利技术、核心零部件以及研发设计、营销网络等高附加值环节，获取了价值链上大部分商业利益；而中国处于全球产业链和价值链的中低端，在国际分工与价值创造中所能获得的附加值较少。以苹果手机为例，美国的苹果公司凭借其掌握的核心技术、知识产权和市场营销网络，获取价值链上 40% 左右的利润，而中国企业仅获取了价值链上 5% 的利润。[⑤] 中美之间经贸合作带来的互利共赢是任何人都无法否认的，中美经贸摩擦中美方"吃亏"、中方"占便宜"的论调并不能站住脚，中美经济无法轻易"脱钩"。

面对经贸摩擦，各国不能持有文明冲突、冷战思维、零和博弈等陈旧思维；保护主义、单边主义、以邻为壑的措施，不仅违反了国际规则，使多边贸易体制和国际贸易秩序受到冲击，而且破坏了全球供应链、产业链、价值链，影响了全球范围内正常的贸易往来和资源配置。单边主义和保护主义的遏制行为甚至会产生"飞去来器"效应，贸易战的"回旋镖"

---

① 《关于中美经贸摩擦的事实与中方立场》，新华网，2018 年 9 月 24 日。

② 人民日报钟声：《谁在"为赋新词强说愁"——"美国吃亏论"可以休矣》，人民网，2019 年 5 月 14 日。

③ 美中贸易全国委员会：《2019 年各州对华出口报告》，美中贸易全国委员会官网，2019 年。

④ 商务部：《关于美国在中美经贸合作中获益情况的研究报告》，新华网，2019 年 6 月 6 日。

⑤ 倪月菊：《中美经贸摩擦——美国吃亏了？》，《人民日报（海外版）》2018 年 9 月 27 日。

会伤及自身，使其本国利益受损，最终导致"两败俱伤"。假设在极端情况下，中美如果无法达成和解协议，根据模型推算，大概会让中国经济增长速度降低0.5个百分点，美国增长速度降低0.3个百分点。[①]美国企业警告，如果对3000亿美元的中国产品加征25%的关税，可能使美国200多万个就业岗位受到冲击，将会导致每个普通的美国四口之家增加超过2000美元的生活成本，使美国国内生产总值降低1.0%。[②]经贸摩擦还将引发链式反应，使全球价值链分工体系上的各国利益受损，使世界经济陷入衰退危机。为了维护两国利益、推动世界和平繁荣发展，中美应该求同存异、相互促进、共同发展，做全球化的维护者、国际社会的建设者、全球治理的架桥者。

在新一轮科技革命加速演进、各国科技竞争升级和经济激烈角逐的背景下，推动创新驱动发展，加强核心技术的协同攻关将是中国面临的"必答题"和"抢答题"。粤港澳大湾区作为我国实施创新驱动发展战略的重要引擎，有必要也有可能建设成为全球科技创新高地，这对我国建设科技强国、应对"科技战"具有重要战略意义。

二、应对"科技战"亟须把大湾区建成全球创新高地

（一）粤港澳大湾区是应对"科技战"的创新高地

科技是第一生产力，是决定国家实力、改变国运的关键，对于培育经济发展新动能、提升我国国际地位、保障国家综合安全具有重要作用。新一轮科技革命和产业革命将对世界政治和经济格局带来颠覆性影响，诸多国家纷纷推进科技研发，力争抢占前沿技术创新的制高点。近年来，我国科技发展取得突破性成果，科技创新能力大幅提升，实现了从"全面追赶"迈向"跟跑、并跑、领跑"并存的新阶段。部分高科技产业在全球具备了较强的竞争力，通讯设备、集成电路、人工智能等重要领域取得了关

---

① 林毅夫：《中国的新时代与中美贸易争端》，《武汉大学学报（哲学社会科学版）》2019年第2期。

② 《超600家美国企业上书特朗普，别打了！》，环球网，2019年6月14日。

键进展，尤其是 5G 技术的率先突破将使我国成为新一代无线技术的"先行者"。对美国而言，我国的科技进步和经济发展威胁到了其在科技创新领域的霸主地位，美国对"中国制造 2025""中国技术崛起"的警惕与焦虑情绪日渐加深。

随着中国经济结构的转型升级和在全球价值链地位的不断攀升，中美经贸关系逐渐发展成为以科技竞争为主的战略关系。从 2018 年的中兴事件到华为被纳入"实体名单"，中美贸易战有向"科技战"演化的趋势。从美国"301"调查单方认定结果后加征关税的清单来看，1300 多项加征税目几乎全部集中在与"中国制造 2025"相关的战略性新兴产业上。[1] 2018年，美国国会通过《出口管制改革法案》《外国投资风险审查现代化法案》，发布 14 类前沿技术封锁清单，对生物技术、人工智能和机器学习等进行出口管制，还重点审查 27 个核心高科技行业的外商投资，尤其是以"国家安全"名义，严格限制中国公司并购美国高新技术企业。截至 2019年 5 月 17 日，中国 261 家企业被列入美国出口管制"黑名单"，占美国实体清单总数的 21.9%。[2]

"科技战"虽然使我国企业短期内面临核心技术"卡脖子"的威胁，但也形成了推动国内自主创新发展的倒逼机制，将极大激发我国多个领域核心技术创新的内生动力，使我们看到"危"与"机"并存。2019 年 5月，习近平总书记在江西考察并主持召开推动中部地区崛起工作座谈会时提出"最重要的是做好自己的事"，为当前如何战胜来自国内外各种重大风险和挑战指明了方向。发展是第一要务，人才是第一资源，创新是第一动力。应对中美"贸易战""科技战"，我们要保持战略定力，做好战略研判，适应国际形势新变化，持续深化改革，坚持实施创新驱动发展战略，提升国家创新体系的整体效能，加快实现核心技术自主可控。2019 年 2月，中共中央、国务院印发的《粤港澳大湾区发展规划纲要》指出大湾区要建设为全球科技创新高地。作为我国科技创新的前沿阵地，粤港澳大湾区也在"科技战"中首当其冲。被美国重点"围堵"的华为、大疆等高科技企业都诞生于大湾区，这从侧面反映了粤港澳大湾区在应对"科技战"、

---

[1] 彭乐乐、盛沛云：《论美国对华贸易战的真实意图》，《当代经济》2018 年第 20 期。
[2] 《不惧扼制 不懈创新 制胜科技角力场》，《光明日报》2019 年 5 月 30 日。

掌握科技竞争新优势中处于"桥头堡"和"领头雁"的战略地位。新一轮科技革命和产业变革为湾区赋予了引领创新发展的时代使命,中美经贸摩擦与科技竞争也提高了大湾区创新发展的紧迫性。推动粤港澳大湾区建设成为全球科技创新高地,有利于推进我国创新驱动发展战略,为科技创新提供重要的空间载体,助力我国在"科技战"中化"危"为"机"。

(二)粤港澳大湾区建成创新高地优势显著

粤港澳大湾区是兼具"金融—科技—制造"特色的潜力巨大的综合性湾区,汇集了全球创新资源,拥有开放包容的创新环境和"一国两制"的制度优势,具备在新技术领域实现"弯道超车",在国际前沿领域的无人地带"换道超车"的条件。大湾区科教资源充沛、创新主体活跃、产业体系完备、资本要素充足,创新链、产业链与资金链联动为建设全球创新高地注入了强大动能。[①]

粤港澳大湾区创新主体丰富且活跃,拥有一大批高校院所、创新性国际化领军人才和优质企业。《2018年全球创新指数报告》显示,粤港澳地区的创新指数位列世界第二。高校、科研院所、高技术企业是产业技术创新活动最主要的行为主体,是创新"发动机"。粤港澳大湾区科教资源丰富,人才储备充足,聚集了170多所高校、40多个国家重点实验室,发挥了创新源头的引领带动作用;同时还有20家世界500强企业和约4.3万家国家级高新技术企业,推进了科技成果的转化运用。据广东省社会科学院发布的《粤港澳大湾区建设报告(2018)》显示,大湾区研发经费支出占GDP比重达2.7%,和美国、德国处于同一水平。[②] 大湾区内活跃着一批领先世界的创新型企业,华为、腾讯、比亚迪、华大基因、大疆等企业的PCT国际专利申请数量占全国56%,[③] 带动了湾区企业整体创新能力的提升。华为多年来始终聚焦主业发展,以应用牵引深耕核心技术研发,以股权激励调动员工创新活力,坚持开放创新的同时,做到居安思危、有备无

---

① 辜胜阻、曹冬梅、杨嵋:《构建粤港澳大湾区创新生态系统的战略思考》,《中国软科学》2018年第4期。

② 广东省社会科学院:《粤港澳大湾区建设报告》,社会科学文献出版社2018年版。

③ 周任重:《论粤港澳大湾区的创新生态系统》,《开放导报》2017年第3期。

患，在许多国际前沿技术领域取得了重大突破，成为了大湾区创新型企业的一面旗帜。

粤港澳大湾区产业体系完备，战略性新兴产业群初步形成，科技成果转化能力强。科技创新需要完整的配套产业作为支撑。粤港澳大湾区拥有完备的制造业产业链，广州、深圳、香港、澳门等城市各具产业特色，形成了融洽的产业分工格局和紧密的协同创新关系。广州是教育文化中心、先进制造业基地、国际商贸中心，是辐射内地的桥梁和纽带，发挥着核心引擎和综合交通枢纽的作用；深圳是世界领先的科创中心，是创新型经济的"龙头""主引擎"和"领头羊"；香港国际化、市场化水平高，拥有专业化的现代服务业体系。"广深港澳"科技创新走廊将核心城市串联起来，打造产业合作平台，撑起了大湾区创新发展的脊梁。大湾区有 270 个产业集群，覆盖 330 个专业市场，初步形成了以战略性新兴产业为先导、先进制造业和现代服务业为主体的产业结构，给科技成果的转化提供了巨大的市场。广州设立 3 大百亿元级基金，重点支持"IAB"（新一代信息技术、人工智能、生物医药）产业的发展。

粤港澳大湾区资本要素充足，有助于发挥金融服务创新发展的功能。金融稳，经济稳；金融活，经济活。大湾区分布着深交所、港交所两大证券交易所，连接着国际国内两大资本市场，充足的资本要素为大湾区创新型企业融资提供了便利。香港作为全球金融中心、离岸人民币交易中心，具有统筹国内国际创新要素的双向枢纽功能，发挥着"翻译器""转换器""变压器"的作用，有利于推进湾区内高技术企业跨境融资，加速汇聚全球创新资本，为大湾区发展增添动力。股权投资是一把打开创新发展之门的"金钥匙"，粤港澳大湾区是全国股权投资行业最活跃、最集中的地区之一，深圳和广州是大湾区风投的"双子星"，股权投资机构数、注册资本和人员规模等方面处于全国领先水平，有效推动了湾区创新发展。

三、创新高地建设需要金融创新与技术创新双轮驱动

惟创新者进，惟创新者强。创新是大湾区经济可持续发展的必由之路，高效完善的科技金融体系则是实现湾区创新发展的重要引擎。纵观世

界其他三大湾区发展历程，都离不开科技金融的支持：旧金山湾区形成了完善的风险投资体系，实现了从淘金胜地到科技硅谷的涅槃；纽约湾区以发达的金融业和制造业为支撑，发展成为"金融中心+科技创新中心+创意文化中心"；东京湾区加强产融结合，建立了"先进制造中心+科技创新中心+金融中心"。[①] 湾区金融发展具有较强的产业带动能力、财富聚集功能和资源配置能力，成为引领全球技术变革、带动世界经济金融发展的重要增长极和核心动力源。[②] 创新始于技术，成于资本。粤港澳大湾区要坚持"金融创新"与"技术创新"双轮驱动、同频共振，深化金融供给侧结构性改革，打造与新形势下创新发展需求相适应的科技金融体系，为粤港澳大湾区创新型企业提供全周期、高质量的金融支撑。

（一）发展股权投资，以资本为纽带推进投资家与企业家、科学家的深度合作

要高度重视和持续壮大股权投资（VC/PE），拓宽股权投资的资金来源渠道，营造宽松的投资环境，加大对基础性、源头性和关键领域技术创新的支持力度。

发展股权投资可以有效促进粤港澳大湾区创新资本形成，筛选、发现和孵化出一批有潜力的中小创新型企业，集成并重组各类创新要素，提升湾区创新活动的效率，加快形成科技创新高地。高风险、高回报的创新企业与追求高增长潜力、高资本收益的风险投资高度契合，这两者的融合是促进技术创新的关键。20 世纪 90 年代初，在各地邮电系统支持下成立的莫贝克公司，筹集了大量风险资本，不仅帮助华为早期度过了资金链断裂的危机，还为其技术创新提供了强大的资金保障。

当前，募资难题是制约中国股权投资发展的"拦路虎"，2018 年中国股权投资基金募资总额同比下降了 25.6%。要进一步推进投资主体多元化，让各类支持创新的资本源泉充分涌流。发达经济体的股权投资来源具有多样性，保险公司、养老基金、主权基金、捐赠基金和股权投资母基金

---

① 王应贵、娄世艳：《东京都市圈人口变迁、产业布局与结构调整》，《现代日本经济》2018 年第 3 期。

② 逯新红：《粤港澳大湾区金融合作背景和战略意义》，《金融与经济》2017 年第 7 期。

等机构投资者是重要的出资主体，资金体量大、投资期限长和追求长期回报是这类机构的主要特征。公共养老金与企业年金是美国的 VC/PE 重要的资金来源，而在金融体系以银行为主导的欧洲，股权投资的主要资金来源还包括银行和保险等机构投资者。要引导各类资金进入大湾区股权投资市场，允许保险资金、养老金等中长期资金以合适的方式参与风险投资活动，促进形成更多稳定的创新资本。要适度降低银行、保险等金融机构进入股权投资领域的门槛，减少投资限制，并完善风险担保等配套措施。公司风险投资（CVC）是股权投资的重要形式，能有效利用企业资金投资相关领域的创新项目或企业，大力促进风险投资发展。由于母公司和创业公司之间技术契合提升了风险容忍度，以及独特的组织结构和薪酬结构，CVC 在培育创新方面可能优于独立型风险投资 IVC。① 要鼓励大企业结合公司战略积极从事企业风险投资活动，将其闲置在金融账户中的资本投入实体经济，有力支持上下游产业链优质创新创业项目和企业。尤其是要鼓励传统企业通过 CVC 突破原有经营业务限制，探索新领域和拥抱新经济，培育新的发展动能，实现传统产业的提质增效、优化升级。

同时，要发挥政府引导基金的引领带动作用。风险投资有利于推动技术创新和产业升级，但目前我国的风险投资对种子期创新型企业的支持力度不够。要通过"政府领投，社会资本跟投"的模式，让更多"闲钱"投资科技创新领域；引导股权投资阶段前移，更多支持基础性、源头性和关键领域技术；重点关注集成电路、新能源、新材料、生物医药等关键性技术创新，培育更多优质的创新型企业和项目。粤港澳大湾区股权投资发展处于全国领先地位，能为科技创新中心建设提供重要的金融支持。其中广州高度重视股权投资对科技创新的重要作用，出台了《广州市促进科技金融发展行动方案（2018—2020）》，将 50 亿元科技成果产业化引导基金通过母子基金架构引导放大至 200 亿元以上，带动 1000 亿元社会资金投入科技成果产业化及科技企业孵化，着力打造具有国际影响力的风投创投中心。深创投是湾区股权投资领域的"领头羊"，20 年来投资项目近千个，

① Chemmanur, T. J., Loutskina, E., Tian, X., "Corporate Venture Capital, Value Creation, and Innovation", *The Review of Financial Studies*, 2014, 27 (8).

其中 145 家被投企业分别在全球 16 个资本市场上市，251 个项目已退出。[①]

要以资本为纽带推进投资家与企业家、科学家的深度合作，创新人才激励机制，营造宽松的发展环境，以港澳为窗口在更广阔的全球人才网络中发现、培养和引进创新人才。

市场价格机制运转的微观基础是市场参与者对市场机会的"警觉"与把握，市场中各种要素不会自发地组合，需要依靠微观主体根据所获信息进行决策后来进行组合和配置，这意味着"人"在开展"创造性破坏"的创新活动、[②] 实现资源最优配置与帕累托改进中发挥了关键作用。"人才是第一资源"，粤港澳大湾区建设全球创新高地要高度重视和充分发挥"人"的作用，才能实现大湾区创新发展水平的最大化。其中，风险投资家、企业家和科学家是大湾区创新发展必不可少的三类关键人才。要完善创新人才的激励机制，将资本作为联通投资家、企业家、科学家的纽带，激发各种创新人才的活力。华为通过股权激励的"金手铐"吸引了大量优秀人才，打造了囊括 700 多位数学家、800 多位物理学家、120 多位化学家、6000 多名基础研究专家和 6 万多名工程师的强大研发系统，成功在部分核心技术领域抢占科技创新的制高点。

要培育和引进专业化、高水平的股权投资人才。风险投资家在风险投资事业中是决定成败的关键人物，他们应当能够"支持创新者创兴中华之业，帮助投资人投高技术之机"[③]。要依托湾区科教与金融资源优势，培养一批掌握高技术专业知识、精通经济金融和法律法规、擅长企业管理和项目运作的高水平风险投资家。同时，还要利用好港澳地区与国际市场联系紧密的优势，在更广阔的范围内引进国际化人才，助力大湾区科技创新高地建设。要以税收优惠为风险投资者家营造良好的发展环境，实现"放水养鱼"，壮大风险投资的人才队伍与股权投资的规模。要借鉴美国、欧洲和日本等的股权投资税收优惠政策和经验，探索实行具有中国特色的"天使税制"：试点风险投资按持有时间实施渐进税率，持有时间越长，纳税

① 《捧回多个大奖，他们是创投行业优秀领航者!》，深圳新闻网，2019 年 5 月 30 日。
② Schumpeter, J., A., *The Theory Of Economic Development*, Cambridge, MA: Harvard University Press, 1912.
③ 成思危:《对进一步推动我国风险投资事业发展的几点意见》，《经济界》1999 年第 4 期。

比例越低，鼓励长期投资；在部分核心技术创新领域，试行将股权投资的项目失败损失按合理比例纳入税收抵扣，解决风险投资家的"后顾之忧"，增强投资动力。

（二）持续深化资本市场改革，打造互联互通的国际金融枢纽

强化股权投资与资本市场的连接机制，深化资本市场各项基础性制度改革，以科创板和注册制增量改革打开存量改革空间。

资本市场是重要的直接融资渠道，是实现金融资源高效配置的重要场所，同时也是 VC/PE 退出的重要通道。要坚持以改革开放推动大湾区资本市场高质量发展，提升运行效率和吸引力，让更多境外上市的优质创新企业回归。紧抓科创板增量改革的重要机遇，加快市场化、法治化、国际化改革步伐。科创板是资本市场改革的"试验田"，在上市条件、退市规则、交易和定价机制、信息披露等关键性问题上进行了重大创新。VC/PE 为科创板培育了一批优质的后备企业。截至 2019 年 5 月 22 日，共有 110 家科创板申报企业获受理，超过 650 只私募股权创投基金携逾 330 亿元本金参股，超八成企业具备 VC/PE 支持的背景。[①] 要进一步落实和细化科创板各项规则，让科创板成为中国资本市场向价值投资导向转变的引领者，牢牢把握科创板支持实体创新的重大使命，引导投资者关注科创企业创新活动的长期价值。以科创板制度创新补齐我国资本市场支持科技创新的短板，为湾区创新发展培育一批有实力、有技术的创新型企业，推动经济发展向创新驱动转型。

同时，要通过注册制改革"还权于市场"，以市场化、便利化为导向，降低 VC/PE 通过 IPO 退出的制度性门槛，缩短创投机构退出的时间，让更多优质科创企业获得进入资本市场公平竞争、发展壮大的"入场券"。同步完善资本市场退市制度，形成一个"有进有出"的资本市场，避免出现"劣币驱逐良币"的现象，让市场机制在发掘创新价值、筛选创新型企业、配置创新资源中发挥决定性作用，让金融资源更多地流向创新效率更高的科创企业。要贯彻以信息披露为核心的监管理念，健全适应创新型企业的披露规则体系，有效识别科技"伪装"，让科创企业的证券价格反映

---

① 张姝欣、程维妙：《科创板背后：超 330 亿创投资金"加持"》，人民网，2019 年 5 月 24 日。

其真实的创新价值，提高湾区上市企业的质量。① 要以"严刑峻法"来实现资本市场"激浊扬清"，在减少行政干预的同时，更需要加大对违法违规行为的惩处力度，提高违法犯罪的成本，保障湾区市场秩序。优化并购重组的制度设计，降低审批门槛，简化审查手续，缩短并购重组的周期，让湾区各类创新型企业通过并购重组登陆资本市场。

要充分利用湾区各中心城市金融资源优势，实现区域金融市场合理分工、协调发展，打造互联互通的国际金融枢纽，为粤港澳大湾区技术创新提供优质的金融服务。

在金融规划方面，《粤港澳大湾区发展规划纲要》对各大中心城市提出了不同的发展方向：广州要"建设区域性私募股权交易市场，完善区域性股权交易市场体制机制，提升区域性股权交易市场活跃性"，深圳要"依规发展以深交所为核心的资本市场"，港澳则要着力打造国际化金融中心。要完善湾区内各地区在金融发展上的分工合作，充分发挥比较优势，以差异化发展路径打造错位竞争、优势互补的发展格局，满足湾区内不同类型、不同规模和不同发展阶段的创新型企业多样化的金融服务需求。要蹄疾步稳地推动大湾区金融业双向开放，深化金融跨域融合，打破资本要素在行政区划间流动的"玻璃门"。交易所是湾区汇聚金融资源、沉淀创新资本的枢纽，要充分利用湾区聚集深交所、港交所两大交易所外引内联的独特优势，以"深港通""沪港通""债券通"等机制促进湾区资本市场互联互通，并进一步探索其他衍生金融工具联通发展。借鉴港交所在对标国际标准和改革创新的经验优势，深化交易所制度改革，扩大湾区资本市场对创新型企业的包容性和适应性。要重点发挥香港国际金融中心优势和"超级联系人"的作用，利用好香港充裕的资本来源、规范的金融制度、成熟的金融基础设施建设、发达的金融服务、开放自由的金融环境，化解中国内地市场和全球市场在监管规则、基础设施等方面的差异，加速汇聚全球创新资本，为大湾区发展增添动力。

（本文发表于《国际经贸探索》2019年第9期。）

---

① 辜胜阻：《实施创新驱动战略需完善多层次资本市场体系》，《社会科学战线》2015年第5期。

—4—
创新型城市建设的 "深圳模式"

一、创新型城市与创新型国家

国家 "十三五" 规划纲要提出创新发展理念，指出创新是引领发展的第一动力，要塑造更多依靠创新驱动、发挥先发优势的引领型发展。实施创新驱动发展战略，有利于打造发展新引擎，推进供给侧结构性改革，是适应中国经济发展新常态和全面深化改革的必然要求。① 实施创新驱动发展战略，要打造区域创新高地，形成一批带动力强的创新型省份、城市和区域创新中心。建设创新型城市是创新驱动发展战略的重要组成部分，也是建设创新型国家的重要突破口和切入点。

国家发改委在 2010 年发布的《关于进一步推进创新型城市试点工作的指导意见》中将创新型城市定义为：自主创新能力强、科技支撑引领作用突出、经济社会可持续发展水平高、区域辐射带动作用显著的城市。创新型城市是以创新为核心动力驱动城市经济发展，通过技术、制度、文化等各方面的创新，创造新知识、新技术、新生产组织方式等，形成新的产业增长极。创新型城市具有良好的创业创新文化氛围和宽松开放的制度环境，能够集聚优秀的创新人才，有完善的金融支持体系和一批实力雄厚的

---

① 白惠仁：《创新应驱动何种发展》，《科学学研究》2015 年第 9 期。

创新型企业。① 创新型城市具有辐射带动作用，能够引导创新要素聚集流动，有效配置创新资源，在区域经济发展中起领头作用。国家发改委从 2008 年将深圳列为首个国家创新型城市试点开始，在 2008—2013 年间共批准了 57 个创新型城市试点，这是中国通过创新型城市构建区域创新体系、建设创新型国家的生动体现，北京、上海、深圳、杭州、广州等城市纷纷提出建设创新型城市的目标，大力推动创新发展，加快产业创新升级。深圳作为首个国家创新型城市试点、首个以城市为单元的国家自主创新示范区，创新型城市建设成果显著，实现了创新要素和创新资源向企业集中的格局，形成了城市创新发展的"深圳模式"。研究借鉴深圳模式，对于创新型城市建设和创新驱动发展战略实施都具有重要的现实意义。

二、创新型城市建设的"深圳模式"

深圳把创新驱动作为城市发展的主导战略，大力推动科技创新与大众创业万众创新有机结合，在全国率先实现了创新驱动。2016 年第一季度深圳生产总值 3887.90 亿元，同比增长 8.4%，分别高于全国、广东省增速 1.7 个和 1.1 个百分点，全市新兴产业增加值达到 1555.16 亿元。深圳科技进步贡献率已提升至 60%，提前实现了国家"十三五"规划提出的目标，逐步实现了从应用技术创新向关键技术、核心技术、前沿技术创新的转变。2013—2015 年每年全社会研发投入经费占 GDP4% 以上，远远超出 2% 的全国平均水平。2015 年深圳专利申请总量突破 10 万件，平均一天产生 46 件发明专利，创新能力摇摇领先（见图 1）。领先的技术创新水平使深圳的产业发展实现"三个 70%"：先进制造业占规模以上工业增加值比重达到 76%，先进制造业和现代服务业占 GDP 比重超过 70%，现代服务业占服务业比重近 70%。深圳已经成为中国战略性新兴产业规模最大、集聚性最强的城市，产业总规模超过 2 万亿元，形成了从原材料到生产组装完整的创新产业链。深圳的创新能力和创新效率显著提升，蜕变为"创新

---

① 童纪新、李菲：《创新型城市创新集聚效应比较研究》，《科技进步与对策》2015 年第 10 期。

之都",其创新驱动发展的经验对中国其他城市和地区具有极大启示作用。

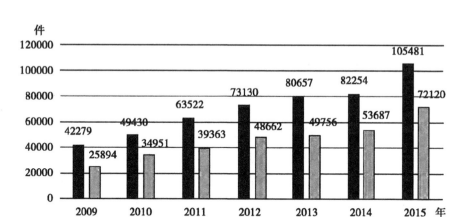

图1 深圳市 2009—2015 年专利申请授权情况

资料来源:《2015 深圳统计年鉴》《深圳市 2015 知识产权发展状况白皮书》。

(一)深圳是最典型年轻的移民城市,移民文化有利于孕育"敢于冒险、追求成功、崇尚创新、宽容失败"的创业创新精神

移民文化是指移民社会特有的文化形态,移民社会是指那些外来人口占社会总人口的比重在 50% 以上,且外来人口影响社会生活的各个方面的地区。2015 年深圳非户籍人口 782.9 万人,占常住人口的 67.84%,外来移民深刻影响着深圳社会发展的各个方面,形成了开拓创新、务实竞争的移民文化,孕育出"敢于冒险、追求成功、崇尚创新、宽容失败"的创业创新精神,为创新型城市建设提供最根本支撑。创业者到深圳,基本上无亲无靠,只能靠自己独立打拼,形成了吃苦耐劳、不断创新的进取精神。深圳的人口高度流动性致使他们每天都要和不同的人打交道,逐渐养成了兼容并包的心态以及在竞争中重合作的协同意识。深圳移民文化孕育出"鼓励冒险、宽容失败"的价值观,尊重人才、能力至上的人力资源理念和宽松自由、快乐创业的氛围,让人们敢于创新。深圳创客队伍日益壮大,形成了一批国内外知名的创客机构,形成了优质的创客文化和极客精神。

（二）深圳创业创新呈现多元化主体，各类创业创新人才集聚深圳，形成创业"新四军"

人才是深圳创业创新最活跃的因素和建设创新型城市的核心要素。深圳积极引进各地高校研究生院落户，建立"虚拟大学园"，制定"孔雀计划""千人计划"，吸引海内外各类创业创新人才，形成了创业"新四军"。一是以"千人计划"为代表的海归系。深圳海外留学人员众多，他们具有广阔的国际视野和开拓创新精神，为深圳带来国外尖端的科学技术和先进的公司管理经验。由毕业于斯坦福大学等的美国海归博士团队创立的深圳柔宇科技，在引进国外先进技术基础上自主研发，成立不到三年融资额超过 12 亿元，估值突破 10 亿美元。二是以"孔雀计划"为代表的国内南飞人才创业的"孔雀"系。他们大多是来自内地研究机构的科技人员，被深圳"政策洼地"所吸引。例如华大基因研究所选择南下深圳创业，构建了从基因组为基础的科学发现到技术发明到产业发展"三发"联动的自主创新模式。三是以"创二代、新生代"为代表的深商系。他们有一定的创业基础和创新资源，能够从事更高层次的创新研究。四是以腾讯、华为等为代表高科技企业"裂变"创业系。"裂变"创业系在大企业中积累了一定的专业知识、经营管理经验和人脉，拥有丰富的创业资源，能快速裂变出一批创新型企业。"单飞企鹅俱乐部"是腾讯离职员工孵化梦想的平台，目前已有数以万计的"单飞企鹅"成为创新创业大军。

（三）在深圳，创业与创新、创投形成"铁三角"，资本市场成为创新活动的重要融资场所，实现了技术创新与金融创新的"双轮驱动"

技术创新需要大量的研发投入、人力资本投入和物资投入等，且面临技术风险、市场风险、管理风险、产品风险等不确定因素，需要金融创新提供融资服务、分散创新风险。深圳已逐步建立适应创新发展需求的金融支持体系，成为全国本土创投最活跃、创投机构数量最多、管理本土创投资本总额最多、创业氛围最好的地区之一，形成风险投资到创业板完整的"创投资本链"，被称为"创投之都"。深圳创投机构发展迅速，截至 2016 年 5 月，已有 4.6 万家 VC 和 PE 机构，注册资本超过 2.7 万亿元，占全国的三分之一。同时,深圳政府积极设立创业创新引导基金,引导更多民间资本流入创新领域。据有关预测,深圳市政府 2015 年设立的 400 亿元创业创新引导基金和新兴产业引导基金将发挥杠杆作用,撬动 5000 亿元资金。资本市场为深圳创新型企业提供了重要的直接融资,2015 年深圳上市公司 202 家,占广东省的 47.6%,境外上市企业 321 家,中小板和创业板上市企业数量连续 9 年居大中城市首位。

(四)深圳形成了以企业为主体、以市场为导向、产学研一体化的自主创新模式,有效避免科技和经济"两张皮"的问题

企业作为创新活动的主体能够将技术创新与市场需求紧密结合,高效利用创新资源,加速创新资源转化为经济发展成果。企业是深圳创新发展的主体,截至 2015 年底,深圳有高新技术企业 7364 家,超过 3 万家科技型创新企业,占广东省科技型企业总数的 60%。深圳企业的创新"主角"地位主要表现在四个方面:研发机构主要设立在企业,研发人员集中在企业,研发资金主要来源于企业,发明专利大多数出自于企业。企业的创新主体地位不断强化,企业的科技研发活动规模、创新投入、创新水平逐年提升(见表 1)。从上世纪 80 年代的"80 后"企业华为、中兴,到"90 后"企业腾讯、比亚迪,再到"00 后"企业大疆、华大基因,"10 后"企业光启、柔宇科技等,深圳不同时期各具特色的创新型企业,构成了创新

表 1　深圳市大中型工业企业科技活动

	2009	2010	2011	2012	2013	2014
企业科技活动人员(人)	161958	225999	218880	257006	239894	257100
科技项目经费内部支出(万元)	3097008	3954089	4645789	5300926	6092225	7875367
R&D 占主营业务收入的比重(%)	1.99	1.64	2.2	2.46	2.71	2.79
科技活动项目数(项)	10659	17277	11947	12806	14369	14899
新产品产值(亿元)	2648.81	5113.65	5583.37	6010.54	6010.54	6663.94

资料来源:《2015 深圳统计年鉴》。

发展的主体。深圳形成了以市场需求为导向、产学研一体化的自主创新模式,利用互联网平台、云计算、大数据模型等新技术,依托华为、腾讯、华大基因等科技型龙头企业,组建了 45 个产学研联盟,培育了光启研究院、中科院深圳先进院等 70 家集基础研究、应用研究和产业化于一体的新型研发机构,为创新型城市建设奠定坚实的基础。

(五)深圳有充满活力而又高度开放的市场化和国际化的创业创新环境,政府高效开明,企业奋发向上

建设创新型城市需要营造良好的创业创新环境,让市场发挥配置资源的决定作用。深圳特区作为国家经济改革的试点,具有开放、公平的市场环境和较为完善的市场机制。深圳特区拥有制定地方性法规的权利,能够自主确立经济发展方式并根据自身发展情况为创业创新提供配套支持,为创新型城市建设提供宽松的制度环境。深圳政府积极减少对市场微观事务的管理和干预,致力于为创业创新提供高效服务。2015 年深圳在全国率先实行"多证合一、一照一码"的商事登记制度,提高了行政效率。[1] 深圳特区毗邻香港,与国际市场接轨,并积极构建"深港创新圈",鼓励企业"走出去",利用香港丰富的贸易、金融和教育资源,引进国际先进的科学技术和管理模式。深圳高度开放的市场化和国际化创业创新环境有助于"倒逼"企业提高自主创新能力。2015 年深圳市 PCT 国际专利申请达 13308 件,占全国申请总量 46% 以上,连续 12 年居全国大中城市首位。[2]

三、基于深圳模式的创新型城市建设的对策思考

通过对深圳模式的研究,要从培育创业创新文化、吸引优秀创新人才、推动金融创新与技术创新"双轮驱动"、强化企业的创新主体地位、营造良好的创新环境等方面着手,协同推进创新型城市建设。

---

[1] 严国锋:《浅析深圳转型成功对苏州的借鉴意义》,《统计科学与实践》2015 年第 11 期。
[2] 王炳林、郝清杰:《创新是引领发展的第一动力》,《经济日报》2015 年 12 月 18 日。

（一）培育"宽容失败、鼓励冒险、兼容并包、宽松创业"的创业创新文化，营造鼓励创业创新的社会氛围

良好的创业文化和创新氛围有利于激发企业创新的内在动力，指导原始创新形成，是建设创新型城市的重要保障。要推进停薪留职、弹性学制等有利政策的落实，鼓励有技术、懂市场的技术人才和管理人员离职创业。政府在执法、监管、行政审批等方面对创业创新过程中出现的新事物、新模式、新业态要持包容、鼓励的态度，对产业初创期的新业态适度监管，预留一定发展空间，对新生产模式企业制定新的管理办法。[①] 弘扬创客文化、极客精神，拓展创新的范围，从科技创新、企业创新延伸到生活的各个方面，不断突破固有模式。培育创业创新文化，要实现从"官本位"向"商本位"的思维转变，摒弃过去墨守成规、小富即安的思想，鼓励创新，宣传合作共赢的理念，培养注重长远利益的眼光。此外，诚实守信也是创新文化中的一个重要方面，要构建社会信用体系，加大对失信行为的处罚力度，为创业创新发展营造良好氛围。

（二）构建有效的人才激励机制，引进和培养"高、精、尖、缺"创新人才，打造区域性人才高地，引进一流大学和国际高端智库，解决创新链上游"短板"问题

创新驱动归根到底是人才驱动，人才是支撑创新发展的第一资源。有效的人才激励机制能激发微观主体创新活力，提高企业创新水平，加速城市创新发展。要对科研人员"松绑""减负"，建立合理的激励机制调动科技人员的积极性，提高科研人员的社会地位和话语权，建立科学合理的人才考核机制，充分激发科研人员参与深层次创新活动的主动性和积极性。要构建创新人才的股权激励机制，对有贡献的管理者、骨干技术人员提供股权奖励，提高科研人员的责任意识和研发积极性，保持科研人员在企业工作的长期性和稳定性，实现创新的可持续性和连续性。要积极引进高端国际智库和重点高校，培养"高、精、尖、缺"人才，建立国家重点实验

---

① 陈向军、陈金波：《创新创业文化及其发展》，《宏观经济管理》2015 年第 9 期。

室、国家重点科研基地和各类技术研发中心，引进重大科研项目，吸引多元化创新人才集聚。① 进一步完善引进人才的后期跟踪服务机制，妥善解决引进创新人才的户口、医疗、子女教育问题，留住创新人才。建立覆盖整条创新链的产业研发网络，强化高校、智库和科研院所的集聚效应，促进人才的自由流动。要妥善化解创新型城市建设中的空间制约问题，避免过高的房价对创新人才产生"挤出"效应，适当扩展城市可居住范围，建立便捷快速的交通网络，鼓励人们将居住范围延伸至周边城市、乡镇，加大对创新人才、科技人员保障住房的供给力度和住房补贴的发放力度。

（三）更好发挥直投基金作用，大力发展天使投资和风险投资，构建创业、创新和创投"铁三角"，发挥资本市场优势，实现技术创新与金融创新"双轮驱动"

建设创新型城市要实现技术创新与金融创新"双轮驱动"，构建创业、创新和创投"铁三角"，利用直投基金中的天使投资将金融创新的范围延伸至"最先一公里"，同时还要引导和支持技术创新活动与资本市场有效对接，让金融资本分散创新的高风险和分享创新成功的高回报。要建立覆盖企业生命周期的股权投资链条，加强最前端建设，关注种子期、初创期的创新型企业，壮大天使投资人队伍，扩大 VC/PE 等机构的数量和规模。② 大力发展直投基金，激发民间资本参与创业创新的积极性。合理利用政府创投引导基金，充分发挥基金的示范效应和杠杆效应。要完善多层次"正金字塔"式资本市场的制度建设，鼓励企业进入资本市场进行直接融资。要发挥资本市场服务创业创新的功能，鼓励主板、中小板、创业板上市企业面向创业项目并购重组，在完善主板、中小板和创业板建设的基础上，积极推动新三板进一步扩容，夯实资本市场体系的"塔基"。要积极探索发展股权众筹等融资新模式，降低企业融资门槛。要推进股权众筹与众创空间有效对接，为初创企业提供一站式服务。

---

① 曲泽静、张慧君：《新常态下价值链升级的创新驱动系统研究》，《技术经济与管理研究》2016 年第 1 期。
② 张岭、张胜：《金融体系支持创新驱动发展机制研究》，《科技进步与对策》2015 年第 9 期。

（四）激发企业家精神，发挥企业家才能，激励企业加大创新投入，进入创新链和价值链的高端，靠创新占领产业制高点

企业家是企业技术创新活动的灵魂，要进一步激发企业家创新精神，把握企业家的成长规律，营造尊重和理解企业家的社会氛围，维护企业家的合法权益。壮大企业家阶层，激发草根创业和精英创业等多元创业创新主体活力，通过市场优胜劣汰培养出一批具有实践经验、战略意识、注重创新的新生代企业家，充分发挥企业家在建设创新型城市中的领头人作用。企业家要充分发挥自身才干，鼓励企业加大创新资源投入，引进和学习先进技术，优化管理经营模式，研发出高科技、高附加值的创新产品，实现企业的生产方式的创新驱动。建立以企业为创新主体、以市场为导向的高效产学研机制，鼓励和支持企业与高校、科研机构间建立多渠道、多形式的紧密合作关系，结合二者优势，联合开展创新活动，加速实现知识创新—技术创新—创新产品的转化过程，提高创新效率。[①] 做好产业的顶层设计，优先布局具有市场前景、发展潜力、高附加值的战略性新兴产业，进入全球创新链和价值链高端。

（五）营造"实业能致富，创新至大富"的创业创新环境，通过"组合拳"切实降低实体经济成本和创业门槛，加强知识产权保护，让创新活力竞相迸发

创新发展中，营造环境重于集聚要素，制度创新重于技术创新，作为创新"软件"的创业创新文化和知识产权重于设备厂房"硬件"。[②] 因此，建设创新型城市不仅要为创业创新提供基础设施、创业创新基地、高新技术园区等配套的"硬环境"，还要提供优惠的税收政策、知识产权保护政策、创业创新扶持政策等制度"软环境"。要加大财税支持创业创新的力度，采取多种方式减轻实体企业税负。扩大小微企业减税范围，适当延长

---

① 刘志彪：《在新一轮高水平对外开放中实施创新驱动战略》，《南京大学学报》2015 年第2 期。

② 辜胜阻、李洪斌、王敏：《构建让创新源泉充分涌流的创新机制》，《中国软科学》2014年第1 期。

优惠期限，"少取多予"，对创业早期和新兴产业的初创企业免征、减征所得税，提高创业创新的投资回报率。规范政府收税、收费行为，简化税收征管程序与规则，加强落实税收优惠政策，降低企业的制度性交易成本和隐性成本，让企业"轻装上阵"。要营造有利于创业创新的法治环境，完善相关法律法规，降低创业创新的法律政策风险。深化政府行政改革，加大简政放权力度，进一步推进商事制度改革，逐步消除某些行业的进入壁垒，大力降低创业门槛。完善知识产权保护制度，建立知识产权服务体系，树立专利意识，弘扬执法维权行为，严厉打击侵权违法行为，切实保护创新者的利益。① 要加大对创业创新的扶持力度，扩大对创业扶持的范围，提高对科技型中小企业的资助力度，通过政府对企业创新产品实施"首购"政策和"优先购买"政策建立利益补偿机制，消除企业创新的市场风险。

四、结论与启示

创新型国家的建设要落脚到创新型城市的建设。通过对创新型城市建设中的深圳模式的研究，发现建设创新型城市的关键是形成支持创业创新的生态系统。创业生态系统主要由"创业者"、各类"资源"以及"政府支持与鼓励"三大部分组成，概括来说，就是创业主体、创业要素以及创业环境，三者构成了彼此依存、相互影响、共同发展的动态平衡系统。② 深圳在创新型城市的建设中，各类创新要素全面互动和正向激荡，逐渐形成了一个创业创新生态系统。深圳开拓创新、艰苦奋斗的移民文化孕育了"勇于冒险、敢于创新"的创业创新精神，形成了有利于大众创业万众创新的文化氛围；有效的人才政策吸引了海内外优秀创新人才加入创业大军，为市场注入活力；活跃的创投机构和逐步完善的资本市场为创新提供了有力的金融支持。深圳形成了"顶天立地"的大企业和"铺天盖地"的小微企业，除了有华为、中兴、腾讯、比亚迪等创新型大企业外，还有近

---

① 宋河发、沙开清、刘峰：《创新驱动发展与知识产权强国建设的知识产权政策体系研究》，《知识产权》2016 年第 2 期。

② 辜胜阻、李睿：《以互联网创新引领新型城镇化》，《中国软科学》2016 年第 1 期。

110万家小微企业,占全市企业数的90%以上,拉动了60%以上的GDP。深圳创客空间蓬勃发展,各类创新要素有效集聚,为初创企业提供创业服务。深圳政府积极出台一系列鼓励创业创新的政策措施,涵盖市场准入、企业融资、创业培训、创业园区建设、创新成果购买等创业创新的各个环节,有利于构建创新发展的良好环境。

在建设创新型城市的过程中,要根据自身发展条件,构建具有地方特色的创业创新生态系统,努力实现创新主体、创新要素和创新环境的高效配合。创业创新生态系统是由多种创新环境要素和创业主体共同构成的,具有动态性、多样性、整体性、平衡性、共生性等特征的有机生态体系。创业创新文化是"空气",创新创业人才是"根",龙头科技企业是"主干",小微科技企业是"叶",制度环境、政策支持等就是"阳光雨露"。建设创新型城市,要弘扬"鼓励创新、宽容失败"的创业创新文化,对待创业创新的新事物要采取宽容的态度;要构建有效的人才激励机制,形成"政策洼地"和"服务高地",吸引高端创新人才集聚,引进先进的科教资源,培养本土创新人才;要大力发展创投机构,规范发展股权众筹,实现众筹、众创和众包的有效联动,完善多层次资本市场,实现资金与社会需求的有效匹配。在企业方面,要激发企业家精神,推动不同规模企业联合创新,扬长避短,优势互补,发挥科技大企业的"龙头"作用,带动产业链上下游中小企业创新发展。全面推进众创空间建设,加速创业项目孵化。要落实创业创新的扶持政策,完善技术市场、人才市场、信息市场、产权交易市场等生产要素市场体系,提供集成化、规模化、专业化的囊括企业整个生命周期的科技中介服务,降低实体经济创业创新成本。多种创新环境要素和创业主体同频共振,形成综合的创业创新生态系统,实现城市经济发展的创新驱动。

(本文发表于《中国科技论坛》2016年第9期。)

—5—

京津冀协同发展中的人口问题研究

京津冀地区是我国最具国际影响力城市群和最重要的经济区域之一，也是我国城市最密集的区域之一。这一区域有 42 个市辖区，21 个县级市，108 个县。京津冀城市群协同发展对于促进区域产业结构升级，优化资源配置，提升城市群竞争力具有重要意义。在京津冀区域快速发展的过程中，人口是制约发展进程的关键因素，深刻影响着区域发展效率和发展潜力，全面了解京津冀人口面临的问题，提出京津冀人口发展优化的对策建议十分重要和紧迫。京津冀人口问题主要表现在人口过度集中在特大城市、特别是中心城区与人口老龄化两个方面。合理有效地解决京津冀发展中面临的人口问题对促进京津冀协同发展，提升区域经济活力与竞争力有重要的战略意义。

一、京津冀城市群发展面临的第一个突出的人口问题是如何优化城市规模结构，避免人口过度集中在特大城市

京津冀协同发展重在发挥中心城市的辐射作用，以大带小，实现城市群内大中小城市协调发展，在疏解北京非首都功能的同时，疏解产业和人口，切实缓解北京严重的"大城市病"。

京津冀地区土地面积 21.6 万平方公里，占全国面积的 2.3%。2014

年，京津冀地区常住人口 1.11 亿人，占全国的 8.1%。其中，北京人口高度聚集，人口密度为 1311.1 人/平方公里，为全国平均水平（142.1 人/平方公里）的 9 倍以上。① 北京区域面积仅占京津冀城市群面积的 7% 左右，常住人口却占区域的 20% 左右，并且过度集中在北京中心城区，造成北京市房价高企、交通拥堵、空气污染严重、社会治理难度加大等问题，"大城市病"日益严重。究其原因是京津冀城市群内各城市产业发展相对独立，发展不平衡，造成京津冀城市群城市规模结构失衡，特大城市人口与资源环境承载能力不相匹配，宜业、宜居的小城市发展不足，成为最大"短板"。京津冀空间布局要构建"一核、双城、三轴、四区、多节点"的"正金字塔"型的城市规模结构体系，为人口合理分布提供必要的载体。

——解决北京人口膨胀需要把疏解非首都功能与疏解产业相结合，积极引导产业转移，协同构建产业体系。要按照北京市有序转移、周边地区积极承接的思路，以达到疏解人口，治理"大城市病"，实现协同发展的目标。京津冀城市群应具备分工合理，相互补充的产业体系，实现大中小城市协调发展。北京市要利用市场"无形之手"和政府"有形之手"将一般性制造业、区域性物流基地和区域性批发市场等不符合首都城市战略定位的功能和产业有序转移到周边地区。这样一来，既可以降低相关企业的运营成本，又可以为周边经济落后的地区带来一定的产业基础，带动人口转移。据统计，北京大红门服装市场迁至河北，可带动约 5 万余家商户，相关行业超过 10 万人转移。疏解一般性产业后的新北京应插上"互联网+"和"绿色低碳"的翅膀，具备代表国家参与国际竞争的高端产业，成为区域创新的"高地"。天津市要充分利用其制造业基础雄厚与出海港口的优势，发展中高端的金融、商贸、中介、保险、物流、信息技术等生产型服务业，发挥区域"增长极"功能。河北要用壮士断腕的决心和勇气，调整产业结构，淘汰高污染落后产能。一方面，健全污染企业退出机制，加快淘汰低效率、高污染企业；另一方面，大力发展现代服务业和战略性新兴产业，推进产城融合，吸引人口在本地就业定居。要积极引导部分教育、医疗机构等公共资源以及部分行政性、事业性服务机构向周边环

---

① 北京市统计局、国家统计局北京调查总队：《京津冀协同发展稳步推进产业、交通、生态一体化初见成效》，北京市人民政府网站，2015 年 7 月 9 日。

境较好的区域合理转移。周边地区要制定适宜当地实际的产业政策，积极承接北京市转移的相关功能，提高本地区的吸引力和竞争力，吸引人口流入。

——缓解北京由于人口膨胀导致的"大城市病"要科学规划城市、产业、生态之间的关系，构建一批依托中心城区，既受中心城区的辐射，又与中心城区相补充的卫星城，缓解中心城区人口压力。纽约、芝加哥、东京、巴黎等国际大都市的城市建设经验证明，以大城市为中心、以众多中小城镇为卫星城形成的大都市圈能够实现大城市与中小城市的优势互补，有效发挥集聚效应。北京市城市功能都集中在中心城区，是典型的单中心结构。① 应结合城市规划和城市建设，积极构建"多核多中心多圈层"的城市结构，建设一大批卫星城镇，替代原来"摊大饼"式的扩张方式。卫星城应具备市民生活所需的上学、就医、交通、购物、休憩等相应配套的设施，鼓励市民在生活压力较小的卫星城生活，缓解中心城区的人口压力。2015年7月，北京正式提出聚焦通州，加快市行政副中心的规划建设。要积极推进交通设施建设，构建互联互通的交通体系，让市民在中心城区与卫星城之间的通勤更加便利。河北省要积极促进"环首都经济圈"建设，利用地理位置相邻的区位优势，打造环北京周边卫星城。

——河北要借力城市群中核心城市的辐射带动作用，把河北省作为小城市培育的"主阵地"，建设一批宜业、宜居的小城市，夯实城市群金字塔"塔基"（见图1）。最近召开的中央经济会议指出："特大城市要加快疏解部分城市功能，带动周边中小城市发展"。未来京津冀城市群城镇化的主要空间不在京津，而在河北。河北省地域广阔，但每年有大量人口流向北京且呈上升趋势，据统计，截至2014年初，河北籍在京流动人口数为181.97万人，占北京市流动人口总数的22.69%。② 要构建合理的城市结构体系，培育一大批小城市，让河北流动人口实现就地城镇化。小城市在户籍制度改革和公共服务均等化方面更容易取得突破，转移人口更容易获得基本的社保、医疗、教育、保障性住房等公共服务。小城市有助于农民在家门口获得稳定的就业、基本的城市公共服务和城市的生活方式，实现农

---

① 辜胜阻、何峥：《探索中国特色治理"大城市病"路子》，《人民日报》2015年10月29日。
② 殷星辰等：《北京社会治理发展报告（2015—2016）》，社会科学文献出版社2016年版。

民工"市民梦""安居梦""创业梦"三大期盼,提升转移人口幸福感。河北城镇人口增长潜力最大的地方在县城和特大镇。河北有 135 个县市,城区平均人口规模 11 万人,20 万人口以上的县城只有 12 个,还有很大的潜力,要依托县城,做大县城,高度重视县城在城镇化中的重要作用。各县城应根据资源禀赋和区位特点,明确一个最有基础、最有优势、最有潜力的产业作为主攻方向,错位发展,做强县城,吸纳本省流动人口在县城定居。

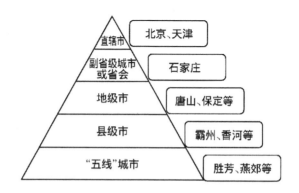

图 1   京津冀城市群城市等级图

此外,还要选择一批发展较好的特大镇如怀安县左卫镇、卢龙县石门镇、霸州市胜芳镇、枣强县大营镇等进行"五线"城市培育工作,应从"正名""扩权""强基""赋能""改制""控本"六个方面入手。"正名"是要克服特大镇由"镇"向"市"转变的制度瓶颈,赋予特大镇一个合适的"身份"。"扩权"就是要扩大特大镇的行政管理权限,赋予其部分县级行政管理权限。"强基"是要巩固特大镇产业基础,完善基础设施硬件和公共服务软件。"赋能"是要赋予特大镇相应的城市管理职能,完善城市功能。"改制"是要推进行政管理体制改革,创新行政管理机制。"控本"是要求在镇改市的过程中严格控制成本,防止行政成本的大幅增加。①

---

① 辜胜阻、吴永斌、王建润:《"五线"城市培育的思考与战略对策》,《中国人口科学》2016 年第 6 期。

二、京津冀城市群发展面临的第二个突出的人口问题是如何积极应对人口老龄化

京津冀协同发展要充分发挥三地现有优势，探索社会养老服务资源共建共享，加快三地养老服务体系的"硬件"和"软件"的一体化协同发展。

人口老龄化趋势对京津冀城市群发展提出了挑战。2015 年京津冀 65 岁及以上老年人口已超 1117 万。京津冀城市群作为我国人口最密集的地区之一，人口老龄化的压力日益凸显，老年人的比例不断上升，决定了京津冀三地协同发展养老服务业的迫切性。其中，北京的人口老龄化形势最为严峻。截至 2015 年底，北京市 60 岁及以上户籍老年人口约 315 万，占总人口的 23.4%，人口老龄化程度居全国主要城市前列。北京市民政局预测到 2030 年，北京将达到重度老龄化，户籍老年人口占比超过 30%，到 2050 年，户籍老年人将超过 630 万，北京将进一步迈入超老龄化社会。[①] 同时北京市高龄化、失能化的老年群体不断扩大，长期照护保障体系也面临着严峻挑战，2015 年全市不能自理老年人的比例为 4.78%，仅海淀区失能失智老人就达到老年人口总量的 16%，其中重度失能老人达到 2 万人左右。天津市与河北省的人口老龄化情况也不容乐观，天津市截至 2015 年底，人口老龄化程度超全国平均值，在上海、北京之后，位列全国第三。

——人口老龄化形势对京津冀区域现有养老服务体系构成重大挑战，加快落实京津冀养老服务协同发展体系和机制迫在眉睫。其中，北京的人口老龄化与养老服务供需矛盾最为突出，现有的养老服务体系难以适应人口老龄化形势，仅以养老床位为例，按照国际通行的 5% 老年人需要机构养老这一标准，北京至少需要 15.7 万张养老床位，但目前北京的养老机构共有 12.3 万张床位（含在建），预计到 2020 年北京也只能提供 15 万张左右的床位，养老床位供需矛盾明显。河北环绕北京和天津，地理位置优越，土地资源和人力资源优势明显，有能力承接北京养老服务业。京津冀

---

① 童曙泉、王天淇：《北京超老龄化将持续 50 年以上》，《北京晨报》2016 年 5 月 5 日。

可以实现优势互补、资源共享，提高三地养老服务供给保障与应对人口老龄化的综合实力。京津冀养老服务协同发展一方面有利于解决现有养老机构用地难、用人难的问题，降低养老机构的运营成本，从而降低老年人的养老成本，缓解北京的"养老难题"；另一方面，有利于带动河北相关产业的发展，推动河北养老产业链的创业创新，带动关联产业发展，促进当地就业，培育河北经济增长点。

当前，京津冀三地协同发展养老服务存在诸多瓶颈。一是养老需求和供给的错配缺配。一方面北京养老服务需求大，但北京养老服务费用高，物价水平高，致使北京的养老成本过高，大多数老年人难以承受。据调查，综合考虑交通、医疗与价格等因素后，超过五成老年人愿意迁往河北异地养老，另一方面河北地区养老服务市场尚未发育成熟，尤其是养老服务人才队伍建设不能满足京津地区老年人口的较高层次的养老需求。二是三地养老保险制度、医养结合的制度机制还不完善。养老服务机构扶持政策未实现京津冀三地统一化，老年人的床位运营补贴与户籍绑定，异地接续有失公平，如河北部分床位补贴河北籍老年人口，对于入住的京津地区的老年人的扶持政策则相对较弱。三是养老资源互补和利益共享的协调机制尚未理顺和建立，养老服务合作出现"政府热、市场冷"的现象，在区域层面全面放开养老服务市场、协同发展养老服务的政策支持尚未真正落地，市场投资主体积极性依然不高。

——京津冀养老服务一体化发展依赖于科学合理的养老服务体系构建，需要界定好区域内政府、家庭、市场、社会的功能与边界，形成各方责任共担、合理分工、优势互补的发展框架（见图2）。人口老龄化是一个全国性的问题。国家提出"十三五"期间要构建居家为基础、社区为依托、机构为补充、医养相结合的养老服务体系，更好满足老年人养老服务需求。京津冀构建科学合理的养老服务体系必须正确处理政府、家庭、市场、社会等参与主体的关系，坚持各主体有所为有所不为，推动三地协同的养老产业和养老事业可持续发展。政府与市场在推动京津冀养老服务一体化中发挥着关键作用。政府是京津冀养老服务一体化制度设计、政策支持的主导力量，市场是满足京津冀多层次养老服务需求的主体力量，进一步向投资主体全面开放养老服务市场、引导支持社会力量举办养老机构是扩大京津冀养老服务供给的根本措施。家庭是解决京津冀养老问题的第一支柱，同时要发挥好社会组织在构建与京津冀老龄化形势相适应、与京津冀经济社会发展相协调的养老服务体系中的重要补充作用。要坚持三地"优势互补、互利共赢、共建共享"的原则，强化符合京津冀标准的养老服务发展顶层设计，加快制定与落实养老服务协作发展总体规划，形成涵盖土地、资金、人力资源培训以及配套产业发展等因素在内的综合支持政策体系，河北应发挥好土地、人力资源的优势，京津两市重点考虑资金、技术的要素，而交通设施、产业链支持以及医疗资源等要素，则需要三地共同合作予以考虑，[①] 避免盲目投入、各自为政、恶性竞争。

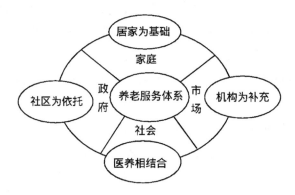

图 2　我国的养老服务体系构成

——要加快三地社会养老服务制度、标准、设施与人才队伍建设的一体化，发挥河北承接京津养老服务的比较优势，鼓励有实力的养老机构走跨区域的品牌化和连锁化的发展道路。进一步打破政策制度的阻碍，完善养老服务相关的法律及相关政策制度，加快制定养老服务机构建设、运营管理的统一标准，建立和完善市场准入和监管规则，确保养老服务质量，为京津冀养老服务机构发展提供公平的竞争条件和经营环境。要引导京津两地养老服务技术和管理资源向河北疏解，提高河北科研水平和医疗养老水平，增强京津科技资源对于河北养老服务产业发展的支持力度，充分发挥河北承接京津养老服务的比较优势。京津两地医疗资源充裕，而河北优

---

① 孙健夫、戴璐玮：《京津冀养老服务业协同发展的环境、目标与原则》，《经济研究参考》2015 年第 63 期。

质医疗资源相对较少，要推动京津两地优质的医疗资源按照不同的模式向河北转移，包括定期的门诊服务和医护人员的技术培训、三地医院之间的紧密型合作等。要加快实现三地在养老服务项目审批、建设用地、配套设施建设资金投入及补贴、税收减免免征、登记管理等财税金融政策共享，保证承接的养老服务机构能够享受同等的经营待遇和财税优惠。加快形成多种形式的养老服务产业集群，推动养老机构跨区域建设，鼓励有实力的养老企业走跨区域的品牌化、连锁化发展道路。深化三地养老服务人才队伍建设合作，促进人才交流，经验共享，增强服务人员的专业性，积极构建面向京津冀三地的养老护理人才信息管理和服务平台。

——要推进京津冀医养结合，完善京津冀三地医疗卫生机构与养老机构合作机制，形成民政、卫生、社保、财政、物价等多部门联动格局。加快推进医疗和养老产业的相互对接，形成多部门工作协调机构和政策配套联动机制，完善养老、医疗监管环节，促进医疗卫生和养老服务资源有序共享。支持养老机构开展医疗服务，支持医疗卫生机构与养老服务融合发展，鼓励社会力量兴办医养结合机构，增加养护型、医护型养老床位，推动医疗卫生服务延伸至家庭与社区。京津两地医疗资源充裕，而河北优质医疗资源相对较少，要出台相关扶持政策，推动京津两地优质的医疗资源按照不同的模式向河北转移，鼓励三地通过共建养老医疗机构、养老院和护理院的对接、定期的门诊服务和医护人员的技术培训等方式，加强三地医疗机构之间合作。要解决好三地在就医、养老保障、医疗保险等方面的行政制度壁垒，提高统筹层次，破解跨区域老年福利和养老服务方面的身份和户籍障碍，保证政府发给老人的养老福利待遇跟着老人一起走，推动医疗保障、养老保险的区域统筹和无障碍转移接续，重点解决好异地养老医保结算难的问题。①

（本文发表于《经济与管理》2017年第1期。）

① 刘海云、谢会冰：《以促进公共服务均等化推动京津冀协同发展——2015年京津冀协同发展正定论坛会议综述（一）》，《经济与管理》2015年第6期。

—*6*—

京津冀的城镇化与工业化协同发展

在 2014 年全国两会前夕，习近平总书记在严重雾霾天气之时视察北京，并主持召开了京津冀协同发展工作座谈会，将京津冀协同发展提升到重大国家战略的高度，提出各地要自觉打破"一亩三分地"的思维定势，实现优势互补、良性互动、共赢发展，并就推进京津冀协同发展进行了具体谋划和部署。京津冀协同发展，不仅有利于治理大气污染，保障居民的身体健康，提升生活品质，而且有利于促进京津冀地区产业布局优化与城市功能调整以及人口的合理均衡分布，对推动京津冀地区健康可持续发展具有重要意义。本文以北京和河北为例，在分析京津冀当前发展过程中面临的产业、人口、资源与环境等问题基础上探讨京津冀协同发展的意义，并就如何推进京津冀协同发展提出相应的对策建议。

一、京津冀协同发展的战略意义

当前，京津冀城市群是我国最重要的政治、经济、文化与科技中心，拥有完整齐备的现代产业体系，也是国家自主创新战略重要承载地。[①] 但同时，京津冀三地之间发展严重不平衡，造成产业和人口分布与地区资源、环境的承载能力不匹配，进而产生一系列经济、社会、生态问题。世

[①] 首都经济贸易大学课题：《扎实推进京津冀协同发展》，《经济日报》2014 年 4 月 1 日。

界上一些其他大城市，如纽约、伦敦、东京等，都经历过人口快速增长时期。相比这些大城市，北京的人口增长呈现更为明显的"速度快，规模大"特点。纽约、伦敦、东京三个城市人口规模的快速增长分别持续了50年、50年和20年，人口增量分别为502万、390万和513万，而北京在2000—2013年的13年间，人口增长了752万。① 人口急剧膨胀也产生了资源紧张、环境污染、交通拥堵、房价高企等"大城市病"。环境污染问题最明显的就是日益严重的雾霾天气。2013年监测结果表明，北京市全年优良天数加起来共有176天，尚不足总天数的一半，重度污染以上的天数累计有58天，占到全年天数的15.9%，平均每6—7天就有一次重度污染。国际卫生组织数据显示，北京PM10浓度在全球1600个城市中仅排名1461位。目前，北京的机动车保有量已经超过500万辆，有研究表明，北京大气污染来源中，在本地污染源中机动车污染贡献20%以上，是雾霾天气的第一大"内部贡献者"。资源紧张方面最突出的是水资源的短缺。北京是一个水资源比较稀缺的地区，近些年来随着工业发展和人口急剧膨胀，工业用水和生活用水量持续增加，造成了北京供水持续紧张。近十年来，北京每年形成的水资源量平均只有21亿立方米，而年用水总量达36亿立方米。巨大的用水缺口，只能通过外省调水和超采地下水来缓解。北京人均水资源量减少到不足200立方米，不到全国平均水平的1/10，只有世界的1/40，是极度缺水区。河北产业发展滞后，城市功能弱，基础设施与公共服务不完善，对产业和人口的吸引力不足，城镇发展严重滞后，形成"环首都贫困带"现象。有数据表明，在京津周围的河北省辖区内，分布着32个贫困县、3798个贫困村，贫困人口达到272.6万。② 同时，河北又过度依赖重工业发展，消耗了大量的煤炭资源，造成大量的污染排放，也加剧了京津冀区域的大气污染。

京津冀三地在地理上紧密联系，人口、资源、环境等问题相互交织，要解决三地发展过程中的各种难题，需要三地密切合作，相互配合，实现协同发展。在人口方面，北京一直在努力通过控制人口进入的方式来控制人口规模，但效果并不理想。2010年第六次全国人口普查结果显示，北京

---

① 李铁、范毅、王大伟：《北京人口调控该往哪走》，《光明日报》2014年5月27日。
② 天津经济课题组：《京津冀一体化的综述与借鉴》，《天津经济》2014年第4期。

市常住人口为 1961.2 万人,提前 10 年突破了 2020 年常住人口总量控制在 1800 万人的目标,而且目前人口仍然保持快速增加的势头。因此,治理北京"大城市病"关键在于疏解北京人口,而不是试图通过行政控制的手段阻止人口流入。人口往哪里疏解?这就需要北京周围的河北中小城市来承接。对于河北而言,环首都的大量中小城市如何摆脱贫困?这也需要北京的辐射带动作用,为城市与产业发展提供技术、管理、金融、物流等生产性服务。河北还可以通过合理承接北京的部分产业转移来加快产业发展与产业结构转型升级。

推动京津冀协同发展,加强北京与河北中小城市的联系,发挥北京对河北中小城市的辐射带动作用,促进北京与河北中小城市和小城镇的协调互动发展,有利于构建梯度有序、分工明确、优势互补的区域城镇布局结构体系,促进京津冀三地健康可持续发展。合理有序的城镇体系有利于促进人口在京津冀城市群内的合理均衡分布,实现人口与资源、环境的协调可持续发展,有效缓解北京因人口过度膨胀而产生的交通拥堵、空气污染、房价高企等"城市病",并带动河北中小城市集聚人口。合理有序的城镇体系还有利于促进京津冀城市群内大中小城市根据各自的产业比较优势进行产业链分工合作,形成区域内高效的产业分工体系,促进各城市的产业快速发展和产业竞争力的提升。

二、推动京津冀城镇化与工业化协同发展的对策思考

中共十八届三中全会最大的理论创新是重新塑造政府与市场的关系,使市场在资源配置中起决定性作用,构建"市场主导、政府引导"的发展模式。促进京津冀协同发展需要政府"有形之手"和市场"无形之手"的有效配合。要充分发挥市场在区域资源配置中的决定性作用,促进人流、物流、资金流、信息流等要素流在区域内的自由流动,提高区域资源的利用效率。政府要发挥好协调引导作用,做好区域发展战略与功能定位、产业发展规划、产业环保标准与环保法规制定、基础设施与基本公共服务建设以及相关的协同发展政策的落实等方面的工作,保证市场机制的有效发挥。

雾霾天气是京津冀共同面临的最为严重的问题之一，京津冀协同发展要以雾霾治理为突破口。京津冀地区大气污染治理是一项系统工程，治理的难点在于不仅各地自身空气污染情况不容乐观，而且存在日益显著的区域传送和相互影响特点。有数据显示，北京 PM2.5 主要污染物来源区域输送占 25%左右。在特定气象条件下，区域输送可能达到 40%左右。因此，在京津冀地区大气污染治理问题上，各地都无法独善其身，必须通力合作，构建京津冀协同发展长效机制，有效治理大气污染。我国大气严重污染的深层次原因在于粗放的工业化消耗了大量能源资源造成巨量的污染物排放，和失衡的城镇化发展模式造成特大城市人口过度膨胀。① 推进京津冀协同发展和雾霾治理，要加快区域产业布局和产业结构调整与优化升级，积极淘汰落后产能；要以京津冀城市群建设为载体，促进首都非核心功能向外疏解，优化京津冀城市群空间布局，实现区域均衡发展；构建京津冀协同发展与生态建设的顶层设计及其组织体系，保障大气污染治理行动的顺利推进。

（一）推动京津经济结构高端化，推进首都环境友好型产业向河北转移的同时大力淘汰落后污染产能，使河北产业结构调整有"退"有"进"，带动京津冀整体产业结构优化升级

工业及能源污染一直是京津冀大气污染的重要"贡献者"。京津冀区域内钢铁、水泥、有色金属等重点工业行业是大气污染物排放的重点行业。特别是河北，长期以重化工为主的粗放型发展模式，使其贡献了区域内绝大部分的重工业产值和能源消耗，河北煤炭消费占京津冀地区全年燃煤总量的 80%，对京津冀大气污染影响显著，产业升级优化也面临艰巨的挑战。要统筹协调京津冀区域发展及经济定位，转变产业资源过度集中首都地区的现状，促进首都产业资源合理向外转移。要利用京津冀地区产业发展的梯度差异和资源的互补性，促进区域范围内的资源流动和产业整合，实现三地产业的错位发展和产业链对接，共同打造京津冀主导优势产

---

① 辜胜阻、郑超、方浪：《城镇化与工业化高速发展条件下的大气污染治理》，《理论学刊》2014 年第 6 期。

业链。① 要加快推进产业对接协作，进一步理顺三地产业发展链条，形成区域间产业合理分布和上下游联动机制，发挥各自产业比较优势，不搞同构性、同质性发展，实现区域产业合理布局与整体优化升级。要逐步改变北京"大而全"的经济体系，重点发展生产性服务业、高端服务业、高新技术产业，大力推进首都产业的高端化、服务化、低碳化。天津要按照打造北方经济中心、国际航运、国际物流中心的功能定位，充分发挥港口、制造业、滨海新区综合改革先行先试等比较优势，重点发展科技创新、金融及电子信息等产业，打造高新技术产业高地。作为首都北京的重要邻省，河北省要把淘汰自身落后高污染产能与合理承接首都产业转移相结合，改变原有偏重的产业结构，处理好"退"和"进"的关系。一方面，要严格市场准入制度，遏制地方政府与企业扩张冲动，不得以任何名义、任何方式核准、备案产能严重过剩行业新增产能项目。支持技术先进企业兼并落后企业，对规模小、重复性高的企业进行有效整合；将市场倒逼机制与激励机制结合起来，促进企业加快技术创新和产业升级；要大力支持过剩产能企业走出去，完善激励企业开展海外拓展的扶持机制；完善企业退出机制，加快淘汰产能效率低、污染严重的企业。另一方面，要合理承接首都产业转移，按照"主体产业配套、新兴产业共建、一般产业互补"的思路，利用首都先进的技术条件，发展低能耗低污染的战略性新兴产业，形成环首都高端产业圈，促进产业升级和产城融合。产业项目在转移过程中要积极寻求转型发展，要通过生产流程再造、生产设备更新等技术、管理手段提高能源资源利用效率，降低污染排放，提高绿色发展水平。这样，河北承接首都产业转移就不会增加新的污染排放，可以避免污染的转入，还有利于促进河北产业转型升级，实现京冀合作共赢发展。河北还应发挥北京高技术产业发展水平高的特点，围绕北京对周边地区的技术外溢，将河北环首都地区逐步发展成为北京的科技成果转化基地和高端制造业基地。要加快推进现代物流、旅游休闲、文化创意、健身疗养及文化教育等高端服务业向环首都地区的疏解，使环首都地区成为满足北京养老、医疗、休闲、教育等服务需求重点区域。

---

① 祝尔娟：《京津冀一体化中的产业升级与整合》，《经济地理》2009 年第 6 期。

（二）促进首都非核心功能向京外疏解，把疏解人口、疏解产业项目和疏解城市功能相结合，促进京津冀空间布局优化，有效缓解北京人口过度膨胀，实现区域均衡发展

疏解北京人口必须与疏解城市功能相结合，以功能疏解带动人口疏解。北京要明确其政治中心、文化中心、国际交往中心、科技创新中心的战略功能定位，大力促进首都非核心功能向京外疏解。通过城市群建设，发展大城市的卫星城，吸引人口向卫星城市转移，进而疏解大城市人口压力是一种行之有效的途径，已在很多国家的大城市地区得到推行，像日本、韩国、英国、法国、美国等国家在其首都地区都采取过此措施。例如日本东京，上世纪五六十年代也遭遇过首都功能过度集中于城市中心区而出现严重的交通拥堵"大城市病"，其解决办法是在首都周边建设副中心和新城，通过立法来转移部分政府机构和研究机构，并吸引企业入驻，从而有效疏解了首都功能，治理了首都的"大城市病"。卫星城市有多种形态，如卧城、工业城、科学城、多功能卫星城等形态。北京也需要立足发展现状科学发展多种功能形态的卫星城，吸引市区人口向卫星城转移，缓解市区巨大的人口压力。要加快北京的卫星城建设，将紧邻北京的一些河北中小城市纳入北京卫星城建设范围以内，增强北京对卫星城市的辐射带动作用，既起到疏解北京人口的作用，又能改变环首都"灯下黑"局面。基础设施特别是交通、通讯等基础设施是提高城市之间互联互通水平，强化城市间分工合作的基础。东京发展首都副中心给我们的一个重要启示是交通基础设施是城市副中心汇聚人气、有效承接主城部分职能和分担主城服务功能的最基础条件，特别是对特大城市而言，多条轨道交通（地铁和轻轨）的交叉往往是城市副中心成长的首要推动力。[1] 促进京津冀协同发展也需要完善的交通基础设施作为支撑。目前，北京周边存在的大量"断头路"现象，严重阻碍了北京与河北中小城市的交流与联系，制约了京津冀协同发展。要协调京涿（涿州）、京廊（廊坊）、京燕（燕郊）、京固（固安）城市轻轨项目，加快进京、环京高速公路网建设，打造10分钟到

---

[1] 马海涛、罗奎、孙威、王昱：《东京新宿建设城市副中心的经验与启示》，《世界地理研究》2014年第3期。

半小时交通圈，引导北京市区人口向周边卫星城镇合理转移和稳定居住，缓和北京市区人口膨胀压力，并带动卫星城镇聚集人气。在市场经济背景下，人口流动更多的是一种物质和精神利益导向，人口会向工作机会多，发展潜力大，子女教育、医疗、养老等基本公共服务完善的地区流动。京津冀区域人口分布严重失衡的一个重要原因就是北京的就业机会、基本公共服务资源比河北好。因此，要积极推进京津冀地区基本公共服务均等化，使卫星城享受和北京平等的基本公共服务，增强北京卫星城的吸引力。

（三）完善京津冀在协同发展中治理生态环境的顶层设计，重点针对大气污染及水资源短缺问题，构建京津冀大气污染联防联控的高层协调机制，建立节约生产生活用水的激励约束机制，促进京津冀在协同发展中有效解决生态环境问题

治理大气污染是当前京津冀协同发展过程中最迫切的任务之一。京津冀协同治霾过程中会涉及企业和机构在地区之间的转移问题，这会影响到转出地政府的 GDP 和税收收入，从而降低地方政府合作的意愿与积极性。做好大气污染联防联控的顶层设计，可借鉴德国鲁尔工业区污染治理的经验，由联邦、州和市三级政府共同参与鲁尔区的改造工作，并成立鲁尔煤管区开发协会，作为鲁尔区最高规划机构，统一指挥、形成合力。建议不断完善由中央政府领导牵头、区域内各地人民政府共同参与的京津冀大气污染治理联席会议制度，作为区域空气污染防治工作的最高协商与决策机构，为京津冀及周边地区大气污染防治工作的联动协作提供有效的制度保障。在共同协商的框架下，重点构建区域大气污染任务分担机制与治理监督机制。要按照"共同但有区别的责任"原则合理确定各地区所承担的大气污染治理任务与实施路线图，依据所承担任务合理分配对各省市的财政、信贷支持力度。为避免地方政府由于自身发展需求而造成区域环境污染的短视行为，首先应加大中央政府对地方政府的监督力度，督促地方政府定期递交空气环境标准的执行细节。其次，还应完善包括人大、检察机关、法院、公众、公民团体、企业等"第三方主体"监督机制，构建企业、政府与"第三方主体"各司其职的制衡体系，加强"第三方主体"对污染治理的有效监督和约束。要尽快形成区域性空气污染防治法规，对污染排放标准与处罚标准采取统一标准，防止污染企业在区域内转移，采取各省市联合执法行动，统一执法尺度，以此加大对区域内污染违法行为的查处力度和效率。要依据生态补偿机制原理，多渠道扩容京津冀大气污染防治专项资金，发挥政府投入的示范和先导作用，广泛吸纳社会资本，建立多元空气污染防治成本分担机制，支持落后污染产能的淘汰，扶持分流下岗职工再安置和再就业。

针对目前京津冀地区的水资源短缺问题，坚持以水定城、以水定地、以水定人、以水定产的原则，缓解目前经济社会发展需求与水资源储量不匹配的现状。要健全有效的激励和约束机制，实施财税、信贷和政府优先采购等方面的政策措施，鼓励企业采取绿色生产方式，尽可能减少工业用水消耗；对耗水量大的企业生产进行约束，增加其运行成本，倒逼耗水量大企业减少用水消耗。要建立反映环境要素稀缺程度的价格机制，最大限度地利用经济手段增强全社会节约用水的内生动力。要进一步增强公民节水意识，将节水意识上升为公民意识，将节水行动普及为公民行动。加大对节水产品的补贴力度和信贷支持，鼓励消费者购买和使用节水产品，促进公民逐步树立环保节水消费模式，逐步减少公民生活用水量。

（本文发表于《经济与管理》2014 年第 4 期。）

───7───
浙江城镇化模式的
六大特征与转型升级

城镇化是现代化的必由之路，也是促进我国经济社会持续健康发展的强大引擎。改革开放以来，我国城镇化取得了举世瞩目的成就，据统计，城镇常住人口从 1978 年的 1.7 亿人增加到 2016 年的 7.9 亿人，城镇化率提高了近 40 个百分点，城市基础设施显著改善，公共服务水平明显提高，城乡居民生活水平全面提升。浙江是我国东部沿海地区的经济强省，伴随着工业化的推进，浙江在城镇化道路上进行了卓有成效的探索，走出了具有浙江特色的城镇化道路，其城镇化进程走在了全国前列。浙江于 2010 年开始的小城市培育工作是对新型城镇化道路的又一次积极探索，对我国城镇化发展及道路选择具有重要的参考意义。本文在分析浙江城镇化特征的基础上提出了推进浙江城镇化转型升级的对策建议，并就当前浙江城镇化进程中的小城市培育问题进行重点讨论。

一、浙江版城镇化模式的六大特征

改革开放初期，浙江城镇化率尚低于全国平均水平，但随着经济的快速发展，浙江城镇化水平迅速提高。2016 年，浙江城镇化率（67.0%）已高出全国平均水平（57.35%）约 10 个百分点（见图 1）。改革开放以来，浙江城镇化进程可分为三个阶段：第一阶段（1978—1997 年），以乡镇企

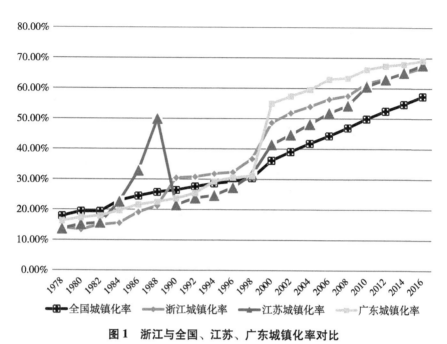

图1 浙江与全国、江苏、广东城镇化率对比

资料来源：全国与各地历年统计年鉴、国民经济和社会发展统计公报和《浙江城市化30年》。

业崛起带动小城镇发展为主。农村工业化带动了一大批各具特色的小城镇兴起与发展，成为此阶段浙江城镇化的主要动力。同时，大中城市也大力培育和发展各具特色的产业，促进了城市经济发展。这一阶段，浙江城镇化率从14%提高到35.6%。第二阶段（1998—2005年），以大中城市发展和重点小城镇规模扩张为主。经过前20年的发展，浙江小城镇数量快速增长，于1998年达到顶峰1006个，但众多小城镇普遍存在规模小、层次低的问题。同时大中城市发展相对较慢，要素集聚和辐射带动能力弱，严重影响了浙江城镇化进程。为此，1998年浙江提出"要不失时机地加快城市化进程"。此后，浙江大中城市进入快速发展阶段，城市竞争力大大增强，一批优势较为突出的重点小城镇取得了较大发展。这一阶段，浙江城镇化率迅速提高，从1998年的36.8%提高到2005年的55%。第三阶段（2006年以来），大中小城市协调发展与小城镇培育同步推进。2006年8月，浙江召开了全省城市工作会议，在全国率先提出走"新型城市化"道路，促进大中小城市和小城镇协调发展，浙江城镇化进入新的发展阶段。目前，浙江"三群四区七核五级网格化"的省域空间结构不断优化，由长三角区域中心城市、省域中心城市、县（市）域中心城市、重点镇和一般镇构成的五级城镇体系日趋完善，特别是通过小城市培育，初步形成了大中小城市和小城镇协调发展的格局。本文认为，浙江城镇化取得的成就与浙江特色的城镇化模式密不可分，浙江城镇化模式具有六大重要特征。

（一）城市群核心城市的溢出效应显著

浙江城镇化是在中国最具活力的世界级城市群——长三角城市群中进行的，深受城市群核心城市和大城市辐射影响。长三角城市群的整体城镇化水平较高，目前长三角城市群城镇分布密度高达每万平方公里 80 多个，是全国平均水平的 4 倍左右（数据来源于《长江三角洲城市群发展规划》）。长三角城市群的核心城市——上海是全国经济中心，也是长三角地区的增长极，通过溢出效应对周边地区产生了强大的辐射和带动作用。由于紧邻上海，浙江坚持"接轨大上海，融入长三角"战略。位于浙北地区的嘉兴是浙江接轨上海的"桥头堡"，嘉兴平湖在接受上海外资的溢出效应后迅速发展成为全国最大的工作服出口基地。上海一直是浙江乡镇企业的重要技术来源地，上海的许多"星期天工程师"到浙江乡镇企业"兼职取酬"，有效解决了浙江技术力量匮乏的难题。上海市场也成为浙江企业向全国市场甚至海外市场渗透的跳板，同时，来自全国各地甚至全世界的市场信息通过上海流向浙江企业，推动了浙江企业的发展。此外，上海产业结构调整为浙江产业发展提供了机遇。20 世纪 90 年代后，上海部分轻工业成为产业结构调整的对象，浙江主动承接上海产业转移，其轻工业取得了较快发展。

（二）自下而上的城镇化，内生动力明显

农村工业化成为浙江农村城镇化的主要动力，形成了一大批实力较强的小城镇。20 世纪 50 年代以来，中国城镇化出现了两种截然不同的制度变迁模式：自上而下的城镇化和自下而上的城镇化。自上而下的城镇化是一种政府包办型的强制性制度变迁模式，自下而上的城镇化是一种由市场力量诱导的自发型的诱致性制度变迁模式。[①] 改革开放初期，浙江的城镇

---

① 辜胜阻、李正友：《中国自下而上城镇化的制度分析》，《中国社会科学》1998 年第 2 期。

化模式是一种典型的自下而上的城镇化，已经形成的中心城市并没有向外围农村显著扩张，反而随着农村工业化的推进，涌现出众多人口密集、经济发达的小城镇。经济的发展为城镇化提供了充足的物质保障，来自企业的税收以及民间资本为基础设施建设和公共服务供给提供了资金支持，一批依靠农民自身力量建造的小城镇开始崛起。这种民间发动的自下而上的城镇化模式是浙江城镇化的重要特征，并成为浙江城镇化加速发展的基本动力，其中以"中国农民第一城"苍南县龙港镇最为典型。建镇之初，龙港仅有几个小渔村、几千人口。建镇以来，龙港依靠户籍改革、土地有偿使用制度和发展民营经济三大举措，创造性地解决了小城镇人口如何集聚、建设资金从哪里来和经济如何发展三大问题。经过30多年的发展，龙港实现了从"小渔村"到"农民城"到"产业城"再到"小城市"的"三级跳"，走出了一条主要靠农民造城的城镇化之路。浙江和河北分别为长三角城市群和京津冀城市群的重要省份，两省各有19个县级市，本文以经济发展、社会发展和生态环境3个一级指标和18个二级指标（见表1）为基础构建了城镇化和非农化发展指数测度模型，对二者进行比较分析。

表1　城镇化和非农化发展质量指数测度模型指标

经济发展	非农化率（%） 第三产业增加值占 GDP 比重（%） 人均 GDP（元） 人均财政收入（元） 规模以上工业产业（万元） 规模以上企业主营业务收入（万元）
社会发展	中小学生师生比（%） 每万人医院卫生院技术人员数（人/万人） 人均公共图书馆图书藏量（册） 建成区供水管道密度（公里/平方公里） 人均道路面积（平方米） 建成区排水管道密度（公里/平方公里）
生态环境	污水处理率（%） 人均公园绿地面积（平方米） 建成区绿化覆盖率（%） 生活垃圾处理率（%） 氮氧化物排放量（吨） 烟（粉）尘排放量（吨）

注：测度工具为信息熵、TOPSIS 模型。

资料来源：2015 年与 2016 年《中国城市统计年鉴》。

比较结果如图 2 所示。从县级市总城镇化和非农化发展指数看,浙江(0.4238)是河北(0.2667)的 1.59 倍。从各县级市排名看,前 10 个中有 9 个位于浙江,河北仅有迁安入围,居第 8 位;而后 10 个全部位于河北。显然,浙江城镇化和非农化发展水平明显高于河北,原因主要有两个:一是区位优势,如位居第 2、3、4 位的浙江海宁、桐乡、平湖都紧邻长三角城市群核心城市上海。二是自下而上的城镇化使得县域经济拥有坚实的产业基础,如位居第 5 位的浙江诸暨许多小城镇产业基础扎实,带动了县域经济发展。

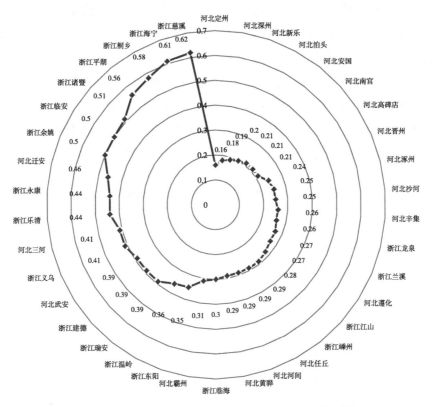

图 2   浙江与河北县级市城镇化和非农化发展指数测度

（三）劳动力就地城镇化

浙江城镇化进程中农业转移人口非农化和基本公共服务均等化,有效加速了浙江人口就地城镇化进程。先进工业化国家的城镇化主要表现为单一的农村人口向城市转移的过程。而我国的城镇化进程中既有农村人口向城市的异地转移也有农村劳动力的就地转移。在浙江城镇化进程中，就地城镇化现象非常显著。就地城镇化即农村人口向县域范围内的城镇集中和农业人口就地转移为非农业人口。[①] 浙江县域经济发展为本区域内的农业人口提供了大量就业机会，使其在家乡就能拥有稳定的非农就业。现代交通和通信技术的发展使得人流、物流、信息流大大加快，相对分散的农村也能产生资源的集聚效应。浙江通过实施"乡村康庄""千村示范万村整治"大幅提高了农村等级公路通村率，网络信号也基本实现了全省农村全覆盖。同时，随着经济的发展和财政收入的增加，农村的基础设施和公共服务不断完善，为就地城镇化提供了重要保障。

（四）浙江产城融合明显，城镇化的产业支撑坚实

浙江经济发达，拥有一批产业集群和专业市场，增强了城镇化就业吸纳能力。产业发展是城镇化的基础，稳定的就业是吸引外来人口和留住本地人口的根本方式。改革开放初期，浙江的产业结构以农业为主。据统计，1979 年，浙江第一产业比重高达 42.8%，超过全国水平（31.3%）11.5 个百分点。此后，随着浙江经济发展，二、三产业比重不断提高，形成了一批年产值几十亿元甚至上百亿元的产业集群和一批发展基础较好的专业市场，这些产业集群和专业市场大多属于劳动密集型产业，吸纳了大量农业转移人口。人口的集聚进一步促进了村镇地区运输、信息、商业服务等第三产业的发展，创造了更多非农就业机会，成为城镇化的重要支撑。此后，随着大中城市的发展，浙江经济中重工业和现代服务业的比重不断提高并超过轻工业的比重，逐步形成了以杭州湾、温台沿海和金衢丽三大产业带为主体的产业格局。

（五）注重推动城乡一体化

浙江城镇化突出城乡协调发展，着力缩小城乡收入差距，统筹城乡发展、助力乡村振兴。浙江在城镇化进程中重视县域经济的发展，劳动力、

---

① 辜胜阻、易善策、李华：《中国特色城镇化道路研究》，《中国人口·资源与环境》2009年第 1 期。

技术、资本、信息等要素在城乡之间流动比较顺畅，城乡一体化进展较快。同时，浙江通过规划编制、市场建设及产业分工等措施引领城乡协调发展，推动城市基础设施和公共服务向农村覆盖，有效促进了城乡融合发展。"藏富于民"是浙江的"金字招牌"，浙江城乡居民收入多年稳居全国各省区首位，且城乡收入比远低于全国平均水平（见图3），已成为全国城乡均衡发展最好的省份之一。这得益于浙江绝大多数农村劳动力已从农业转移至非农产业，工资性收入成为农民收入的主要组成部分。当前，浙江开展的小城市培育工作完善了试点镇的城市功能，增强了其对周边农村地区的辐射带动作用，有利于进一步加快城乡一体化进程。

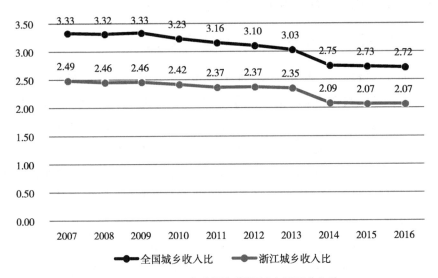

图3　2007—2016年全国与浙江城乡居民收入比

资料来源:《国民经济和社会发展统计公报》与《浙江省国民经济和社会发展统计公报》。

（六）人口城镇化、经济市场化与市场民营化形成良性互动

人口城镇化为经济市场化带来了大规模的劳动力供给与市场需求，经济市场化、市场民营化则为人口城镇化提供了更多的非农就业机会与民间资本支持。浙江民营经济发达，经济市场化程度高，城镇化进程也具有鲜明的市场化特色，呈现出人口城镇化、经济市场化与市场民营化互动的局面。一方面，经济市场化改革带动了浙江经济的发展，为转移人口创造了

大量的就业机会，推动了城镇化进程。尤其是温州、台州等地的许多小城镇建设了一批专业市场，并通过专业市场带动发展成为中小城市。另一方面，人口城镇化为经济发展带来了劳动力等要素供给，也带来了衣食住行等各类市场需求，既能刺激投资，又能拉动消费，成为推动经济发展的重要引擎。义乌坚持"兴商建市"发展战略，培育出了全球最大的小商品市场，并在小商品市场的带动下逐步从一个县级小城市发展成为了一个区域性大城市。

二、六大举措推进浙江城镇化的升级版

目前，我国正处于经济转型、城镇化升级发展的关键时期。《浙江省新型城市化发展"十三五"规划》为"十三五"期间浙江城镇化发展提出了具体目标（见表2）。其中，常住人口城镇化率（70%左右）和户籍人口城镇化率（55%左右）均高出全国目标10个百分点，这对于当前城镇化水平已相对较高的浙江来说是一个不小的挑战。本文认为，当前推进浙江城镇化健康发展要有"升级版"，建议以六大举措推进浙江城镇化转型升级。

表 2　浙江城镇化与全国城镇化 2015 年发展状况和 2020 年目标对比

指标	2015 年		2020 年	
	全国	浙江	全国	浙江
城镇化水平				
常住人口城镇化率（%）	56.1	65.8	60 左右	70 左右
户籍人口城镇化率（%）	39.9	51.2	45 左右	55 左右
基本公共服务				
农业转移人口随迁子女接受义务教育比例（%）	—	>80	>=99	100
基本养老保险参保率（%）	85 左右	81.9（农民工）	>=90	95
基础设施与环境				
县城以上城市污水处理率（%）	85.22	91.33	95	95

续表

指标	2015 年		2020 年	
	全国	浙江	全国	浙江
城市社区综合服务设施覆盖率（%）	82（2016 年）	90	100	100
农村生活污水有效治理建制村覆盖率（%）	—	78	—	90
农村生活垃圾减量化资源化无害化处理建制村覆盖率（%）	—	16	—	50
资源消耗				
万元生产总值耗地量（平方米）	28.43	27.8	—	20.8
盘活城镇存量建设用地面积（万亩）	—	8.50	—	40

资料来源：《国家新型城镇化规划（2014—2020 年）》《国家新型城镇化报告 2015》《浙江省新型城市化发展"十三五"规划》。

（一）要更好地融入长三角城市群，承接核心城市的辐射，在增强中心城市竞争力的同时促进城市群中小城市发展壮大，优化城镇体系和空间布局

在城市群中，大城市的集聚效应与扩散效应将周围中小城市融入城市群发展体系内，有利于实现不同规模城市的合理分工与协调发展。长三角城市群是浙江打造"升级版"城镇化的主平台。浙江要进一步融入长三角城镇体系，依托良好的区位优势，主动承接上海的辐射与带动，积极参与长三角地区的合作与交流，共同把长三角城市群建设成为具有全球影响力的世界级城市群。一方面，要继续增强中心城市的竞争力，加快集聚高端要素、高端产业。当前区域竞争中，是否拥有极核功能十分突出的中心城市已成为区域能否具备竞争优势的关键所在，提升中心城市的竞争力对带动全省城镇发展至关重要。另一方面，要利用核心城市和大城市功能疏解的机遇，促进周边中小城市和小城镇发展壮大。中小城市和小城镇要主动参与承接大城市产业和人口转移，形成"趋同求异、扬长避短、优势互补"的合作竞争格局。要以城市群为主平台加快培育新生中小城市，改变城镇结构失衡的现状。

（二）实施创新驱动战略，迎接新工业革命浪潮，推动传统优势产业转型升级，加快形成现代产业集群，助力企业不断走向全球产业链和价值链的中高端

改革开放以来，"块状经济"是支撑"浙江模式"发展的重要产业组织形态，但这些"块状经济"主要是低附加值的传统产业，总体上处于产业链和价值链的低端。2008 年，浙江作出加快"块状经济"向现代产业集群转型升级的重大战略决策，"块状经济"发展呈现出了新的趋势，竞争力有所增强。但其依赖低端产业、低成本劳动力和资源环境消耗的格局并没有根本改变，企业规模小、创新能力弱等问题仍然存在。浙江经济尤其是其县域经济中传统产业比重较大，必须加快传统产业的改造升级，推动传统制造业从低端向高端转型。要推动产业集聚发展，形成产业集群，避免分散工业化带来的效率不高与资源浪费问题。通过优惠政策吸引企业向产业园区集中，有效提升产业的竞争力与资源利用效率。要实施创新驱动战略，形成以技术、产品、品牌、质量、服务为核心的新优势。要实施人才战略，培育创新团队，推进产学研融合，鼓励以企业为主体、市场为导向、联合高校科研机构的利益共享、风险共担的产业技术创新联盟建设。当前，新一代信息技术与制造技术的融合已成为促进制造业转型升级的新动力，要抓住新工业革命的历史机遇，推动信息化和工业化深度融合，鼓励企业实施"机器换人"战略，加快"浙江制造"向"浙江智造"转型。

（三）坚持人本原则，善待进城务工经商的外来人口，推进城镇公共服务特别是外来人口子女义务教育逐步均等化，提升城镇新居民的归属感和获得感

新型城镇化的核心是以人为本，重点是解决农民工的市民化问题。浙江是农民工流入大省，大量外来人口虽然实现了非农化，但还没有实现市民化。加快推进农业转移人口市民化，要稳步推进户籍制度改革，逐步推进基本公共服务向城镇常住人口全覆盖。《浙江省新型城市化发展"十三五"规划》中提出，到 2020 年要实现农业转移人口随迁子女 100% 接受义务教育，公共教育服务均等化有利于提高外来人口归属感。要鼓励外来人

口积极参与职业教育与培训，保障转移人口能够拥有稳定就业，使其能够更好地融入城市。在小城市培育过程中，诸暨市店口镇坚持"以人为本"，推进"人的城镇化"，实现了"城镇化"和"服务均等化"同步提升。通过实施就业、创业、教育、医疗、住房、养老、基本生活保障等"八大社会体系"为主要内容的公共服务均等化策略，推进"本地农民市民化、外来人口本地化"，促进了人口集聚与产业发展、城市建设的良性互动。

（四）坚持城镇化的绿色、低碳、集约发展，处理好"绿水青山"与"金山银山"的关系，实现城镇化从褐色发展向绿色发展转变

传统的城镇化发展模式带来了大量资源消耗与严重的环境破坏，新型城镇化必须实现绿色转型。目前，一些资源消耗和污染较为严重的传统工业仍在浙江经济尤其是县域经济中占有较大比重，对区域生态环境特别是水环境构成严重威胁。浙江城镇化要实现绿色发展，必须处理好经济发展与生态环境之间的关系，既要"绿水青山"也要"金山银山"。要对传统产业进行技术升级改造，对能耗高、污染严重、转型困难的低端产业逐步淘汰，积极引进、培育、发展环境友好型产业，从根本上缓解环境压力。同时，加大对环境保护项目的投资力度，加快绿色低碳城市建设，进一步推进"五水共治"和大气污染防治工作。针对自然资源丰富但经济发展相对落后的地区，要依托优势生态资源，重点发展旅游度假、生态农业等产业，在保护好生态功能区环境的同时提高经济发展水平与城镇化水平。

（五）要打造良好的创业创新生态系统，建设创业创新平台，培育"双创"特色小镇，推进城市经济的转型升级

当前，浙江要适应并引领经济新常态必须优化实体经济发展环境，进一步推进创业创新。要营造更加优良的创业创新环境，充分发挥特色小镇在"双创"和培育新的增长极中的作用，吸引创业创新要素集聚，激发各类创业创新主体活力。首先，要推进政府"放管服"改革，营造公平竞争的市场环境、公正有效的制度环境和"敢于创新、勇于创业"的"双创"文化氛围，要建立创业创新容错机制，培育宽容失败、允许试错、鼓励冒险的创业文化，激发创业创新主体的内生动力。要完善创业创新的服务体系，不仅要加大对创业创新型企业公共服务的供给，搭建创业创新平台，打造一批众创空间，还要鼓励创业创新服务业发展，为创业创新提供市场化的服务。其次，要积极引进人才、资本、技术等创业创新要素，发挥要素集聚效应。要提升浙江对优秀人才的吸引力，加快引导浙商回归。企业家往往具有丰富的要素资源，能够给浙江带来人才和资本。要构建适宜创业创新的金融体系，为中小企业解决融资难、融资贵难题。最后，既要大力支持"精英"创业联动创新，又要重视"草根"创业带动就业。各类主体的创业创新既能推动产业转型升级，成为稳增长的重要支撑；也能吸纳大量就业，成为稳就业的重要保障。

（六）要推进智慧城市建设，实现城镇化和信息化的深度融合，实施"互联网+公共服务"，提升城市功能

智慧城市建设实质上是一场以信息产业再升级和信息技术创新引导的生产、生活以及管理方式的变革，有助于提高城市管理效率，改进公共服务，完善城市建设。浙江是我国率先开展智慧城市建设的省份之一，自2011年到2014年，已经开展了三批共20个智慧城市建设示范试点项目，覆盖了交通、就医、安居等民生领域，取得了良好效果。当前，浙江要扩大智慧城市从"概念"走向"应用"的范围和领域，大力推进城镇化与信息化的深度融合。要加强通信网络和互联网基础设施建设，特别是要改变农村信息基础设施薄弱的现状，逐步实现农村基础网络的全覆盖，缩小城乡的数据鸿沟。要加快新一代信息技术与城市管理的融合，构建城乡一体、优质均衡的社会公共服务体系。要创造出更加多样化、个性化的智慧应用，深化智慧城市示范试点项目建设，复制推广一批成熟的智慧应用。

三、以小城市培育推进浙江城镇化转型升级

特大镇是城市之"尾"，农村之"首"，是城乡一体化的"桥梁"。小城市培育是浙江新型城镇化战略的重大举措，也是推动城镇化转型升级的重要引擎。通过开展小城市培育试点，着力破解特大镇所面临的发展难题，能够补齐小城市发展的"短板"，为特大镇的发展开辟更加广阔的空

间，优化城镇规模结构体系和城乡空间布局，破解"半城镇化"难题。培育小城市还有利于以城镇化拉动内需，扩大民间投资、稳定经济增长。

（一）小城市培育的浙江实践

2007 年，浙江全面启动了"中心镇培育工程"，推进"强镇扩权"改革。通过"中心镇培育工程"，浙江涌现出一批经济实力强，已初步具有小城市形态的特大镇。但受现有体制机制的约束，这些特大镇依旧是建制镇的农村经济型管理体制，在机构设置和管理权限上存在诸多制约，"镇大权小""责大事多""人多钱少"的困境依然存在。同时，浙江城镇体系面临着镇多城少、城镇结构失衡问题（见表3）。加快培育新生中小城市、优化城镇体系已成为推进浙江城镇化的必然选择。

表 3　浙江城镇体系

行政区划层级	城镇体系	备注
省级	省、自治区、直辖市	浙江省
	城市群	环杭州湾城市群、温台沿海城市群、浙中城市群
地级以上	副省级城市	杭州市、宁波市
地级	地级市	嘉兴市等9个
县级	县、县级市	苍南县、义乌市等50多个
	小城市培育试点镇	龙港、店口、瓜沥等三批小城市培育试点镇共69个
乡镇级	一般乡镇	共500多个

为进一步破解特大镇的发展难题，加快特大镇向小城市转型发展，缓解大城市发展压力，破解发展空间不足问题，浙江于2010年开展第一轮小城市培育试点工作，在地权、财权、事权等方面出台一系列支持政策。随后，又分别于2014年、2017年开展了第二轮、第三轮小城市培育试点工作。已经完成的两轮小城市培育工作取得了显著成果。经济社会发展方面，试点镇各项经济指标高速增长，居民收入及城镇化发展水平显著提高。体制机制改革方面，各级政府从事权、财权、人事权等方面推进改革，赋予试点镇城市建设和管理权限，一定程度上破解了试点镇"小马拉

大车"的体制约束,激活了小城市改革与发展的活力。城市功能和公共服务方面,试点镇着力构建现代城市管理服务体系,推进试点镇政府由农村管理为主向服务型政府的转变。同时,充分发挥当地民间资本雄厚的优势,创新投融资体制机制,通过政府与民间投资合力,新建一批基础设施,使试点镇的城市功能不断完善。

(二)小城市培育试点镇的不同发展模式

在小城市培育过程中,各试点地区从自身经济社会发展的基础出发,大胆创新,探索出了独具特色的小城市培育模式,为全省乃至全国小城市培育提供了宝贵经验。浙江发改委总结了小城市培育的 8 种模式:"民资建城——横店模式""产城融合——织里模式""小县大城——云和模式""建管并重——柳市模式""古镇新城——塘栖模式""以人为本——店口模式""生态主导——开化模式""均衡发展——姚庄模式"。[①] 本文在系统研究的基础上,将浙江小城市培育试点分成三大类型、十一个子类(见表4)。

表4　小城市培育试点发展模式研究

划分标准	含义	试点
一、按发展动力划分		
大城市辐射型	接受周边大城市辐射和带动作用,吸引人口、资金、技术的流入。	瓜沥镇等
内生自发型	通过产业集聚、民资建城、自下而上的方式谋发展。	龙港镇等
生态功能区县城型	承担着重要生态功能,开发活动受到严格限制,注重协调经济发展与环境保护。	淳安县千岛湖镇(县城)等
二、按主导产业划分		
工业主导型	以工业为主导推动当地经济社会的发展。	柳市镇等
专业市场带动型	以专业市场为纽带,带动临近小城镇的工业化和城镇化。	织里镇等
文化旅游型	利用特色资源发展文化旅游产业。	佛堂镇等
综合开发型	各产业协调均衡协调发展。	鳌江镇等

---

① 《浙江省新型城市化发展"十三五"规划》,浙江省发改委网站,2016 年 8 月 17 日。

续表

划分标准	含义	试点
三、按要素划分		
异地转移型	注重公共服务全覆盖的共享发展。	店口镇等
就地转移型	以县城为增长极带动县域集聚发展。	云和县县城等
民资驱动型	利用民间资本的创新发展。	横店镇等
土地改革拉动型	深化土地改革的集约发展。	姚庄镇等

资料来源：辜胜阻、吴永斌、王建润：《"五线"城市培育的思考与战略对策》，《中国人口科学》2016 年第 6 期。

（三）进一步推进小城市培育的政策建议

当前，浙江城镇化进程中如何进一步推进小城市培育工作？本文在调查研究的基础上，根据当前小城市培育发展的理论与实践，提出如下建议：

强基

坚持以人为本、产业兴城，夯实基础设施"硬件"和公共服务"软件"。目前，农民在小城市落户意愿不高的主要原因是小城市与大城市在基础设施、公共服务、就业机会等方面存在差距。因此，必须坚持产城融合，不断夯实小城市的产业基础，以产业发展吸引人口集聚。同时，还要加快完善基础设施和公共服务，不断提升城市基础设施服务水平，加快实现基本公共服务常住人口全覆盖，解决好转移人口医疗、住房、随迁子女教育等问题。在此过程中，既要改革财政转移支付制度，为夯实城市"软硬件"基础提供财力保障；又要大力发展 PPP 模式，形成政府与民间力量共同投资城镇化的格局。

扩权

推进强镇扩权改革，赋予其部分县级行政管理权限，提高城市治理能力。《国务院关于深入推进新型城镇化建设的若干意见》明确指出：开展特大镇功能设置试点，以下放事权、扩大财权、改革人事权及强化用地指标保障等为重点。为此，一要下放事权。根据权责对等、科学合理的原则，按照可下放、可承接的要求，下放行政管理、行政审批、行政执法等县级权限给小城市。二要改革人事权。激发干部队伍活力，给其对干部任免、调整、考核管理的建议权。三要扩大财权。要推进财税分成体制改革，适度提高小城市对税收的分成、共享比例，建立财政返还制度，为城市建设提供资金保障。

赋能

赋予特大镇相应的城市管理职能，完善其城市功能。小城市培育要坚持"建设城市、管理市民"思路。要赋予小城市相应的城市管理职能，完善社会治安管理、公共卫生和环境保护管理、城市规划管理、公共教育和公共文化管理、公用事业管理等职能，逐步从乡镇管理体制中脱离出来。要加快完善小城市功能，注重规划先行，为小城市发展制定总体规划和控制性详细规划，保障小城市管理能力与城市规模相匹配。

改制

推进行政管理体制改革，创新行政管理机制，提高行政服务效率。在小城市培育中，要创新行政管理体制，横向推进"大部制"改革，纵向推进扁平化管理，实现"小政府，大服务"。"大部制"改革将职能相近的部门、业务范围趋同的事项相对集中，由一个部门统一管理，提高行政效率，降低管理成本。扁平化管理大大减少中间环节，形成更为流畅的管理系统。在行政体制改革过程中，要深化权力清单制度建设，理顺部门与部门之间的权力界限，最大限度地避免"监管时多头管理，问责时互相推诿"的局面。

控本

避免走升格、翻牌，大幅度增加管理人员的老路子，严格控制行政成本。小城市培育要解决好镇改市过程中行政成本增加的问题，建立一套成本低、管理新、效率高的新型管理模式。要坚持创新行政管理体制和降低行政管理成本与设市联动，逐步下放审批权限，简化审批环节，优化审批服务，提高审批效率。要构建科学合理的人才培养和引进体系，打造管理人员精简高效的行政管理模式。一方面要深挖内部潜力，通过加强培训等方式，高效利用现有人员；另一方面通过聘用协管人员以满足公共管理服务需求。另外，要积极培育发展社会组织，建立政府向社会购买公共服务机制，让更多的社会力量和民间资本组织参与城市公共管理和基础设施建设。

正名

要让一部分人口规模较大、经济实力较强的试点镇实现由"镇"到"市"的改变，"名正"则"言顺"。当前，一些特大镇已经成为实际意义上的小城市，但受相关法律限制，提升这些镇的行政级别有实际困难，而这些特大镇又确实需要城市身份，以往扩权强镇的改革已经不能适应实际要求，需要尽快解决"正名"问题。特大镇改市，既不能将其"矮化"为镇级市，也难以将其升级为县级市。要大胆探索特大镇新型设市模式，如采用省辖县代管的模式，将经济指标继续统计在原有县域内，而土地指标、财政转移支付等则由省级政府单列管理，这有利于处理好"市"和"县"之间的关系。可考虑在突破体制机制约束之前，先为特大镇更换名称，实现由"镇"向"市"的转变，发挥小城市吸引人才与招商引资的作用。

四、研究结论

浙江城镇化最大的特点是产城融合，人口城镇化、经济市场化与市场民营化协调均衡发展，是一种典型的靠民营经济推动的自下而上的城镇化模式。改革开放以来，浙江基于自身经济社会发展实际，在城镇化路径、模式、制度等方面进行了大量探索，城镇数量大幅增加，城镇化水平显著提升，城市功能不断完善，城镇体系进一步优化。本文认为，浙江城镇化模式特色鲜明：充分发挥长三角城市群核心城市上海的辐射带动作用；城镇化进程中充分发挥民企、民资的作用，实现人口城镇化与就业创业民营化的有效结合，建设了一批特大镇，属于典型的自下而上的城镇化模式；推动农民就业非农化和外来人口公共服务均等化，实现了劳动力就地城镇化；形成了一批有特色、有竞争力的产业集群，城镇化拥有坚实的产业基础；注重城乡一体化，城乡居民收入差距小，农村现代化水平高；人口城镇化与经济市场化、市场民营化互动协调发展。

浙江采取了以小城市培育试点为重点，培育更多新生中小城市的措施，这对浙江实施均衡城镇化战略、推进新型城镇化健康可持续发展具有重大战略意义。一是有利于通过优化制度供给，加大土地、资金等要素供给，缓解特大镇发展面临的体制机制与要素制约，推进城镇化提质增效。二是有利于夯实城镇规模体系的"塔基"，释放小城市发展潜力与活力，缓解大中城市发展压力，实现大中小城市和小城镇协调发展。三是有利于转移人口更好地享受城市优质的公共服务与城市文明，实现农业转移人口就地市民化，避免"半城镇化"引起的诸多社会问题，提升转移人口幸福感。四是有利于强化城乡之间的联系，推进农业现代化、工业化和新型城镇化有机融合，实现以工促农、以城带乡、城乡一体化发展。五是有利于以城镇建设为机遇拓宽民间资本投资空间，以消费升级为契机挖掘农村消费潜力，进而以稳定投资、扩大内需促进经济持续增长。

党的十九大报告提出，要以城市群为主体构建大中小城市和小城镇协调发展的城镇格局，加快农业转移人口市民化。浙江城镇化升级需要进一步推进小城市培育，壮大试点镇和县城，实现城市体系的优化和空间布局的合理化。当前，我国处于一个转型升级的新时代，城镇化也进入了新的发展阶段。现阶段，我国城镇化不仅要关注规模的扩大，更应重视质量的提高，走可持续发展的新型城镇化之路。浙江城镇化要实现可持续发展需要有"升级版"。要利用好长三角具有全球影响力的世界级城市群的机遇，实现大中小城市协调发展，形成更为科学合理的城镇体系和空间布局。要提升产业发展水平，优化产业结构，加快改造提升传统产业实现高端化发展，同时，发展新兴产业，培育更多发展新动能。要坚持以人为本，加快推动城镇公共服务均等化，破解"半城镇化"问题。要实现城镇化绿色转型，以"五水共治"、大气污染治理和乡村振兴战略为抓手，提升城市资源环境承载力与绿色发展水平。坚持创新发展理念，促进"双创"型特色小镇的健康发展，打造一批创业创新平台，积极引导浙商回归，形成良好的创业创新生态。此外，要打造智慧城市，提升城市运行和管理效率。

小城镇在浙江经济发展和城镇化进程中发挥着重要作用，尤其一批产业基础坚实、经济实力强、镇区规模大、城市功能完善的特大镇更是在区域发展中占有重要地位。未来如何进一步推进小城市培育？要坚持有序稳步推进的原则，避免"一哄而起"盲目发展。要坚持以人为本、产业兴城，通过夯实产业基础和完善公共服务提高对农业转移人口的吸引力。以下放事权、改革人事权、扩大财权为重点，赋予其与人口经济规模相适应的县级管理权限；根据"建设城市、管理市民"的思路赋予其城市管理职能，完善城市功能。推进行政管理体制改革，以横向"大部制"、纵向"扁平化"为重点，提高行政效率，严控行政成本。推动少数具备城市人口、经济规模的特大镇改为省辖市，实现由"镇"到"市"的重要转变，提升其内生动力和吸引力。

（本文发表于《浙江社会科学》2017年第12期。）

—8—

以城市群为主平台培育
新生"五线"城市

目前，中国城市规模存在结构失衡，大、中、小城市发展不协调。一方面，大城市的数量和人口比重不断增加，一些中心城市以"摊大饼"的方式盲目无序地扩张，导致大城市土地和人口规模不断扩大，城市发展与资源环境承载能力不相匹配。另一方面，中小城市的数量和人口比重不断减少，尤其是20万人口以下的小城市严重萎缩。中国城镇化过度依赖超大城市、特大城市而不是依靠城市群，中小城市的规模过小，产业和人口集聚效应低。此外，新生中小城市发展受限，特大镇设市的通道不畅。一些特大镇已具备城市的人口规模、经济规模和基本形态，但囿于行政体制束缚不能撤镇设市，仍受乡镇管理体制和行政框架限制，发展活力与增长潜力得不到充分释放。因此，本文将从当前中国城市规模结构失衡的现实入手，研究如何优化中国城市规模结构，改变小城市在城市体系中的"短板"格局，促进城镇化健康发展。

一、文献回顾

20世纪80年代后期以来，一些学者提出"县下辖市"的设想，将部分区位条件好、经济实力强的镇改设为县辖市。辜胜阻提出，在每县选择一个镇为增长极，集中各种生产要素方面的优势，将其发展为一个小城市。[1] 随后又提出"一县建一市"的战略目标。[2] 在城镇化进程中，选择发展前景较好的 2000 个左右的县城或首位镇，发展为以下三类规模的城市：（1）在 100 万人口以上的大县，建设 30 万—50 万人口的中等城市；（2）在 50 万—100 万人口的县，建立 20 万—30 万人口的城市；（3）在 50 万人口以下的小县，建立 20 万人口的小城市。方创琳的研究显示，1990—2010 年中国市区人口小于 20 万人的小城市由 291 个减少到 162 个，对城镇化的贡献由 10.72% 降低到 3.63%。[3] 2010 年，浙江率先进行了小城市培育试点的工作。徐靓、尹维娜[4]对浙江首批 27 个小城市培育试点镇分析发现，在"以大管小"的行政管理体制下，小城镇存在区域体系结构不协调、产业结构扁平、缺乏高端人才等问题，提出浙江省培育发展县以下小城市，要遵循现代城市发展规律和新型城市化要求，坚持推进小城市建设和新农村建设相结合，推动自上而下的调控引导与自下而上自发的生长相结合，加快构筑一批新型城市化发展平台。

在处理大城市与中小城市的关系方面，张占斌[5]主张以大城市为依托，以中小城市为重点，合理引导人口流向和产业转移，逐步形成分工协作、优势互补、集约高效的城市群。魏后凯[6]认为，目前城市群已成为中国推进城镇化的主体形态。针对中国城镇化进程中的两极化倾向，要强化大中小城市和小城镇的功能分工，引导特大城市人口、要素、产业向中小城市和小城镇转移扩散。针对"镇改市"问题，刘君德[7]提出，新型城镇化发展的着眼点主要在中小城市，重点是小城市。中国建制小城市的数量有很大的增量空间；但这个"增量"主要应该在"县辖市"。必须从 2 万个建

① 辜胜阻：《论中国城镇化发展观》，《人口学刊》1991 年第 6 期。

② 辜胜阻：《城镇化：世纪之交中国农村改革与发展的主题》，《学习与实践》1996 年第 8 期。

③ 方创琳：《中国城市发展方针的演变调整与城市规模新格局》，《地理研究》2014 年第 4 期。

④ 徐靓、尹维娜：《小城镇从"镇"到"市"发展路径——对浙江首批 27 个小城市培育试点镇研究小结》，《城市规划学刊》2012 年第 S1 期。

⑤ 张占斌：《新型城镇化的战略意义和改革难题》，《国家行政学院学报》2013 年第 1 期。

⑥ 魏后凯：《中国城镇化进程中两极化倾向与规模格局重构》，《中国工业经济》2014 年第 3 期。

⑦ 刘君德：《论中国建制市的多模式发展与渐进式转换战略》，《江汉论坛》2014 年第 3 期。

制镇中"优选"极少数超级大镇、强镇升格为市,扩大"县辖市"层级。

二、中国城市规模结构失衡现状

根据国际经验,城市数量往往随着城镇化率的增加而增加,如美国城镇化率从20%提高到50%时,城市数量由392个增长到2722个,日本城镇化率从38%增长到70%时,城市数量相应从166个增长到652个。[①] 而中国城镇常住人口从1997年的3.9亿人上升至2014年的7.5亿人,增加了近1倍,城镇化率从29.92%提高到54.77%,但城市数量不仅没有相应增加,反而由于撤市设区等原因有所减少,仅为650多个。而且大城市数量较多,小城市数量较少(见表1)。1998—2014年,人口在20万以上的城市有所增加,百万以上人口的城市从37个增加到69个,而人口在20万以下的城市却减少了133个(见表1)。

表1 中国不同规模城市数量和人口比重的变化

城市人口规模	1998年			2014年			1998—2014年变化			
	城市数量	城市比重(%)	人口比重(%)	城市数量	城市比重(%)	人口比重(%)	城市数量	城市比重(%)	人口比重(%)	人口增长(%)
400万以上	3	0.45	9.39	10	1.52	19.96	7	1.07	10.57	252.28
200万—400万	10	1.51	12.78	17	2.59	13.46	7	1.08	0.68	74.54
100万—200万	24	3.62	14.26	42	6.4	16.68	18	2.78	2.42	96.15
50万—100万	47	7.09	14.42	103	15.7	19.37	56	8.61	4.95	122.64
20万—50万	206	31.07	28.86	244	37.2	21.51	38	6.13	-7.35	23.51
20万以下	373	56.26	20.29	240	36.59	8.81	-133	-19.67	-11.48	-28
合计	663	100	100	656	100	100	-7	0	0	65.72

资料来源:根据1999年和2015年《中国人口与就业统计年鉴》的数据计算。

目前中国城市数量的增长与城镇化率的提高、城市常住人口的增加不相适应,尤其是1997年冻结县改市审批以后,城镇化率大幅提高、城市常

[①] 国家发改委宏观经济研究院课题组:《迈向全面建成小康社会的城镇化道路研究》,《经济研究参考》2013年第25期。

住人口大量增加，但城市数量却不增反降。同时，许多原有的小城市随着经济发展"扩容"为大城市，但新的小城市尚未出现，小城市数量逐渐减少。科学合理的城市体系要求各规模等级城市之间保持"金字塔"式的比例关系，使城市的功能作用能够通过城市网络有序地逐级扩散，大、中、小城市协调发展。然而，目前中国城市体系并未形成稳定的"金字塔"结构，大城市数量和吸纳人口的比重仍在不断增加，而作为"塔基"的小城市明显缺乏。另外，中国城市具有鲜明的行政等级特征，城市间资源的配置具有行政中心偏向。不同等级城市的政治地位、管理权限差别很大，政府在资源配置方面往往更加偏向于行政等级较高的城市，资源的过度集中使人口、产业在大城市进一步集聚，造成小城市经济活力不足、就业艰难、人口流失。中小城市尤其是小城市数量和人口的比重的减少，对城镇化的贡献率不断降低。小城市数量的减少使大量农民难以在户籍所在地实现非农就业，实现就地城镇化。

三、以城市群为主平台培育新生中小城市

国家统计局数据显示，2015 年，中国城镇化率为 56.1%。根据"诺瑟姆曲线"，中国正处在 30%—70% 的城镇化加速发展阶段。可以预见，在今后一段时间内，中国仍将有大量的农业剩余劳动力需要转移，完全依靠现有的城市吸纳农业转移人口会面临巨大的压力。

小城市在吸纳农业转移人口方面具有一定的优势。农业转移人口往往难以在高房价、高物价的大城市立足，小城市才是他们既能离开农村享受城市现代生活，又能支付生活成本的理想之地。小城市在户籍制度改革和公共服务均等化方面也容易取得突破，农业转移人口更容易在小城市获得基本的社保、医疗、教育、保障性住房等公共服务。

许多欧美国家的小城市非常发达，对中国小城市建设有一定的借鉴意义。例如，有关统计表明，德国人口 8200 万人，是欧盟人口最多的国家。因德国政府遵循"在全国境内形成平等的生活环境"的指导思想，德国的城镇化以均衡化发展为主要特点，目前形成了 11 个互补共生的高效率城市圈。在德国，市镇为最基层的地方自治单位，这些基础行政区的平均规模

较小，平均面积只有 29.36km²，其城市结构也以中小城市为主，人口超过百万的城市仅 3 个，50 万—100 万人口的城市共有 12 个，15 万—50 万人口的城市共有 35 个。70%以上的居民生活在 10 万人口以下的"城市"。中小城市是德国城市体系中的主体，且大中小城市组成的城市群分布均匀，各个城市群内产业分工明确，具有与其他国家大城市相匹敌的竞争力。各地中小城市与乡村地区都具有完善的基础设施和体系完备的社会公共服务，城乡差距较小。德国均衡城镇化模式取得成功的原因有很多，其中关键在于 3 个方面，一是"去等级化"的城镇网络结构为构建均衡城镇化模式提供了重要基础；二是"去中心化"成为城乡无差异化发展政策的重要步骤；三是体制机制的综合配套改革为均衡城镇化模式的成功推行提供了重要保障。[1] 例如，美国自东向西逐渐形成由大都市、中小城市和小型城镇组成的三大梯度城市群。19 世纪 70 年代后，美国经历了"大都市化运动"，全国大量人口向大城市集聚，造成"大城市病"严重、公共资源短缺、犯罪率居高不下等一系列社会问题。19 世纪末期，"郊区化"成为美国发展城镇化的新模式，由于缺少科学规划，"郊区化"一度出现生态破坏、生活成本居高不下、资源浪费等问题，小城镇无序蔓延。20 世纪初，美国提出"精明增长"的发展理念，开始科学规划城市、产业、生态之间的关系，形成了一大批依托大都市，既接受大都市的辐射，又为大都市补充资源的小城市和小镇。

目前中国小城镇数量众多，但许多小城镇规模小、人气弱，中国现有的 1.9 万多个建制镇的平均人口约 7000 人，很多镇甚至不足 5000 人。[2] 许多小城市各自为政，难以受到大城市的辐射带动，无法取得规模效益。与大城市相比，小城市和小城镇往往面临着就业机会有限、发展潜力不足等问题。但在珠三角和长三角城市群内的小城市和小城镇往往能够通过与大城市之间的协同效应实现自身发展。从百强镇分布看，广东、江苏、浙江数量位居前三，分别为 30 个、27 个、21 个，占百强镇总数的 78%。[3] 这

---

① 石忆邵：《德国均衡城镇化模式与中国小城镇发展的体制瓶颈》，《经济地理》2015 年第 11 期。

② 李克强：《协调推进城镇化是实现现代化的重大战略选择》，《行政管理改革》2012 年第 11 期。

③ 中国城市经济学会中小城市经济发展委员会等：《中小城市绿皮书：中国中小城市发展报告 (2015)》，社会科学文献出版社 2015 年版。

充分反映出依托城市群发展的小城市和小城镇具有强大的生命力。有研究表明，未来 5—10 年内，中国城市群涵盖的人口和经济规模将分别占到城市总量的 82% 和 92%。[①]"十三五"规划纲要提出要规划建设 19 个城市群，外加拉萨和喀什两个城市圈。本文认为，推进新型城镇化，要走适当集中的均衡发展之路，既要避免小城镇过度发展的"农村病"，也要避免大城市盲目膨胀的"大城市病"。要以城市群作为推进城镇化的主平台，利用大城市的外部扩散效应，以大带小，在城市群内积极培育新生中小城市，推动"五线"城市建设。[②]

四、特大镇的现状与培育新生小城市的浙江实践

改革开放以后，部分小城镇通过自下而上的城镇化取得了长足的发展，有些小城镇发展成为特大镇。这些特大镇虽然没有市的地位，但人口、资源、工商业高度聚集，已具有城市的形态和特征。《国家新型城镇化报告 2015》显示，2010 年，中国镇区人口在 10 万以上的特大镇有 238 个，超过 5 万人的有 885 个。以浙江为例，据统计，2010 年，浙江共有 51 个镇区人口超过 5 万、财政收入超过 5 亿元的大镇。这些镇产业基础坚实、经济实力强、镇区规模大、城市功能完善。从人口指标、经济指标、城市功能指标等方面看，许多特大镇都已达到小城市的标准。

在目前中国城市数量偏少的情况下，推动这些有条件、有基础的特大镇改市既能有效增加城市数量，缓解现有大城市的人口压力，优化城市规模结构，也能充分挖掘特大镇的发展潜力。浙江在培育新生小城市方面进行了积极探索，经历了"扩权强镇"、中心镇培育到两轮小城市培育试点的过程，尤其是 2010 年底开始的两轮小城市培育试点工作，是浙江对特大镇向小城市转型发展的率先尝试，具有重要的参考和借鉴意义。2010 年，浙江在中心镇培育的基础上，从 200 个省级中心镇中选择了 27 个开展小城市培育试点工作；2014 年，在保留原试点基础上，增加了 16 个新试点

---

① 刘士林：《城市群：未来城镇化的主平台》，《光明日报》2014 年 6 月 3 日。

② 本文所指的"五线"城市指的是继一线、二线（副省级和省会城市）、三线（地级市）、四线（县级市）城市之后的县以下设立的、由县管辖的城市。

（包括 7 个重点生态功能区县城）。通过培育，试点镇在经济发展、城市功能完善、体制机制改革等方面取得了显著成效。在第一轮试点期间，试点镇 GDP 年均增速达 16%，高出全省平均水平 5.3 个百分点（见表 2）。2013 年，镇均建成区常住人口达 10.5 万人，城镇化率从 2010 年的 57.2%提高到 2013 年的 64.8%，已超过同期浙江全省平均水平，高出全国平均水平约 11 个百分点。另外，投资和财政收入等方面也大大超过全省平均水平。

表 2　浙江小城市培育试点镇经济发展指标变化

指标	2010 年	2013 年
GDP 总量（亿元）	1544	2411
GDP 增速（%）	—	16.00
GDP 占全省比重（%）	5.58	6.42
投资增速（%）	—	32.60
投资占全省比重（%）	4.65	6.64
财政收入占全省比重（%）	3.77	4.44
城镇化率（%）	57.20	64.80
镇均建成区常住人口（万人）	9.30	10.50

资料来源：浙江省发展和改革委员会网站，见 http://www.zjdpc.gov.cn/art/2014/3/12/art_112_636190.html。

浙江省各个小城市培育试点在发展中既有共性又有个性，按照发展动力、主导产业、城镇化要素等不同的标准，可将 36 个试点镇和 7 个重点生态功能区县城进行划分（见表 3）。从发展动力看，小城镇试点可分为大城市辐射型、内生自发型和生态功能区县城 3 种。临近大城市的小城镇，由于具有良好的区位条件，能够充分利用大城市的溢出效应，吸引人口、资金、技术的流入，形成大城市辐射型的模式。例如，瓜沥镇基于临近杭州的独特区位优势，积极打造"杭州都市经济圈临港工贸新城"。一些小城镇虽然没有临近大城市，无法受到大城市辐射和带动，但依靠民间力量进行内部积累，发展块状经济，建立专业市场，探索出内生自发的模式。例如，"中国第一座农民城"龙港镇。而对处于重点生态功能区的县城，由于承担着重要生态功能，要发展生态经济，注重协调经济发展与环境保护。

表3 小城市培育试点分类研究

划分标准	含义	试点
一、按发展动力划分		
大城市辐射型	临近大城市的小城镇，利用大城市辐射和带动作用，吸引人口、资金、技术的流入	瓜沥镇
内生自发型	小城镇通过产业集聚、民资建城、自下而上的方式谋求发展	龙港镇
生态功能区县城型	重点生态功能区承担着重要生态功能，开发活动受到严格限制，要协调经济发展与环境保护	淳安县千岛湖镇
二、按主导产业划分		
工业主导型	以工业为主导推动当地经济社会的发展	柳市镇
专业市场带动型	以专业市场为纽带，带动临近小城镇的工业化和城镇化	织里镇
文化旅游型	利用特色资源发展文化旅游产业	佛堂镇
综合开发型	各产业协调均衡协调发展，没有明确的主导产业	鳌江镇
三、按要素划分		
异地转移型	注重公共服务全覆盖的共享发展	店口镇
就地转移型	以县城为增长极带动县域集聚发展	云和县
民资驱动型	利用民间资本的创新发展	横店镇
土地改革拉动型	深化土地改革的集约发展	姚庄镇

从产业基础看，试点镇的发展得益于其具有自身特色的产业基础，主导产业的差异形成了不同的发展模式。有些试点镇大力发展工业并将其作为主导产业，有些试点镇通过发展专业市场带动自身发展，有些试点镇利用自身特色资源发展文化旅游产业，还有一些试点镇各产业协调均衡发展，没有明确的主导产业。同时，城镇化涉及"人、业、钱、地、房"等要素，各个试点镇围绕这些要素深化改革，根据自身的发展特点和实际，各有侧重，针对性地解决小城市发展面临的突出问题，开创出注重公共服务的异地转移模式、以县城为增长极带动就地城镇化的集聚发展模式、利用民间资本的民资驱动模式、土地改革拉动型等各具特色的发展模式。从浙江小城市培育的实践看，在推进发展"五线城市"进程中，要坚持"市场主导、政府引导"的发展模式；用好自身比较优势，因地制宜地发展产业，

夯实产业基础；优化制度供给，加大土地、资金等发展要素供给。要注重城市基础设施"硬件"与公共服务"软件"发展；兼顾经济发展与环境保护，探索生态县县城发展模式。

五、以县辖市模式推动特大镇改市

推动特大镇改市、发展"五线城市"，采用何种设市模式是一个无法回避的问题。在中国的城镇化进程中，设市模式主要包括切块设市和整县设市两种形式。切块设市是指将城市地区从原有行政区域中分离出来，单独设市。市的人口以非农业人口为主，市的地域以建成区为主，仅有很少的农业人口和农村地区。20世纪80年代以前，中国采取的基本上都是切块设市的模式。从1983年起，中国开始推行整县改市的设市模式，根据相应标准，对符合条件的县进行整县改市，引发了持续十余年的"设市热"。整县改市工作大大增加了中国城市的数量，为中国的城镇化水平的提高奠定了基础，但也引起了"虚假的城镇化"等一系列问题。因此，1997年中国冻结了县改市的审批。1997年以后，虽然中国的城镇化水平不断提高，城镇人口大幅增加，但设市工作基本停滞，甚至由于撤市设区等原因，中国的建制市数量还有所减少。

当前，推进特大镇改市，无论是采取切块设市还是整县改市均会面临一系列问题。切块设市会将这些特大镇从原来的县中分离出去单独设市，许多特大镇往往是县域经济的支柱，将其分离出去不利于县域经济的发展。整县改市也会面临一系列问题，突出表现为"虚假的城镇化"。"市"是城市发展到一定规模和水平后，国家为满足由城市社会经济特点形成的专门管理的需要，通过制定相关法律，依据一定的标准和程序而设置的。[①] 从"城市"的本义来看，"市"所对应的政区应当属于"城市型政区"。但"撤县设市"模式在设市的过程中将大量的农村地区纳入了城市范围，城市含有大量的农村人口，使城市特征不明显。城、乡是两种不同的范畴地域，二者对行政管理体制有着不同的需求。但当前中国的"市"已经从

---

① 田穗生等：《中国行政区划概论》，北京大学出版社2005年版。

"城市型政区"逐渐演变成"广域型政区",既包括城市地区也包括农村地区,使"市"脱离了城市的本来含义。

从世界范围来看,有不少国家和地区采用"县下辖市"的方式。美国的县是州以下最高行政区域,在县下设"市"和"镇"。"市"与"镇"均属自治型城市,设置标准相对宽松。市成立后并不从县内划出,而是保留在县内,市与县相比享有更多的自主权。日本现行的行政区划体制为两级管理,第一级为都、道、府、县,第二级为市、町、村。市、町、村同为县辖基层地方行政单位,在都、道、府、县制定的规范内处理其内部事务。中国台湾地区在县以下基层行政区采用市、镇、乡并列分设,并对各类市的设置标准进行了规定,规定"县辖市"设置标准为:"聚居人口15万以上未满50万,且工商业发达、财政充裕、交通便利、公共设施完备之地区"。① 因此,在结合国内外经验和中国城镇化进程实际的基础上,本文认为,"县辖市"制度是特大镇改市较为合适的选择。"县辖市",是在将特大镇保留在县范围内的基础上将特大镇改为市的设市方式。通过"县辖市"的方式进行特大镇改市可以在保持县的基本稳定的前提下满足经济强镇的设市需求,有利于促进县域经济的整体发展。在行政级别上,特大镇改市,不能改为"镇级市","镇级市"是对这些小城市的"矮化"。但也不能改为县级市,升级为县级市会涉及原县域内复杂的利益调整问题,可能会面临较大的阻力。如果此类"县辖市"设置行政级别,比较合适的是设置为"副县级",可在兼顾县、市利益的同时赋予其相应的县级管理权限。

六、推进特大镇改市的对策思考

目前,优化城市规模结构要建立直辖市→副省级城市或省会城市→地级市→县级市→县辖市5个级别的城市体系,尤其是要采取将特大镇设为县辖市的方式在城市群内培育一批"五线城市"。以长三角城市群为例,上海是长三角城市群的核心城市,杭州、宁波、南京、合肥是副省级城市

---

① 吴卫生:《中国台湾地区地方行政区划研究》,《江汉论坛》2004年第9期。

或省会城市,绍兴、金华等是普通地级市,义乌、昆山等是县级市。为进一步优化长三角城市群空间结构,需要培育以横店、店口为代表的一批"五线城市",夯实城市群发展的基础(见图1)。

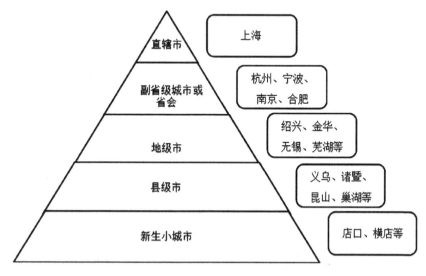

图1 长三角城市群城市等级

《国家新型城镇化规划(2014—2020年)》提出,到2020年常住人口城镇化率要达到60%左右,也就是说城镇常住人口要达到8.5亿人左右,相比于2012年还要增加1.4亿人左右,依靠现有的600多个城市来吸纳新增农业转移人口将面临巨大的压力。本文认为,应通过特大镇改市等方式使城市数量在2020年达到1000个左右(见表4)。"十三五"规划纲要提出加快拓展特大镇功能,赋予镇区人口10万以上的特大镇部分县级管理权限,完善设市设区标准,符合条件的县和特大镇可有序改市。其中,特别增加了"有序"一词。说明特大镇改市必须量力而行,严格设置特大镇改市的标准。

表4 2020年中国城镇化相关指标目标

指标	2012 年	2020 年
总人口(亿人)	13.54	14.2
城镇常住人口(亿人)	7.10	8.5
常住人口城镇化率(%)	52.60	60

续表

指标	2012 年	2020 年
城镇户籍人口（亿人）	4.80	6.4
户籍人口城镇化率（%）	35.30	45
城市数量（个）	657.00	1000

注：总人口为"十三五"规划纲要提出的 2020 年的目标，常住人口城镇化率和户籍人口城镇化率为《国家新型城镇化规划（2014~2020 年）》提出的 2020 年目标。
资料来源：2013 年《中国统计年鉴》、2013 年《中国城市统计年鉴》。

结合浙江小城市培育的经验，本文认为，推进特大镇改市、培育"五线城市"，应从"正名""扩权""强基""赋能""改制""控本"6 个方面入手。"正名"是要克服特大镇由"镇"向"市"转变的制度"瓶颈"，赋予特大镇一个合适的"身份"。"扩权"就是要扩大特大镇的行政管理权限，赋予其部分县级行政管理权限。"强基"是要巩固特大镇产业基础，完善基础设施硬件和公共服务软件。"赋能"是要赋予特大镇相应的城市管理职能，完善城市功能。"改制"是要推进行政管理体制改革，创新行政管理机制。"控本"是要求在镇改市的过程中严格控制成本，防止行政成本的大幅增加。

第一，实现特大镇由"镇"到"市"的转变，要赋予特大镇部分县级行政管理权限。为特大镇"正名"，实现由"镇"到"市"的改变是当前特大镇改市过程中面临的最敏感、最紧迫的问题。"正名"对小城市吸引人才与招商引资具有重要作用。据《国家新型城镇化报告 2015》，特大镇设市后年均固定资产投资可在现有基础上增长 25%—30%。"正名"的关键是要处理好县、市关系。要立足于平衡县、市双方利益，探索具备条件的特大镇的设市模式，如将 GDP、财政收入等经济指标继续统计在原有县域内，在土地指标、财政转移支付等方面由省级政府单列管理。行政管理权限不够是当前特大镇发展面临的重要约束。要下放财权，改革现有财税分成体制，提高特大镇的税收分成比例，为小城市建设提供资金保障。要下放事权，提高小城市社会管理能力，分批下放行政管理、行政审批、行政执法等县级权力，给予特大镇对干部任免、调整、考核管理的建议权。

第二，坚持以人为本、产业兴城，赋予特大镇相应的城市管理职能，完善城市功能，夯实基础设施"硬件"和公共服务"软件"基础。目前中国小城市发展不足、农民在小城市落户意愿不高。能否为外来人口提供稳定的就业机会是决定城镇人口吸纳能力高低的关键,而稳定的就业机会需要拥有坚实的产业支撑。发展小城市必须要建立在坚实的产业基础之上,坚持产城融合。要转变"建设农村、管理农民"的方式,以"建设城市、管理市民"的思路来指导小城市发展。要赋予特大镇相应的城市管理职能,使其逐渐脱离乡镇管理体制。同时要加快基础设施建设,以产业为保障驱动完善城市服务配套。灵活运用PPP等方式,形成政府与民间力量共同投资城镇化的格局。要增强小城市公共服务能力,加快公共服务均等化,实现基本公共服务常住人口全覆盖。

第三,推进行政管理体制改革,提高行政服务效能,避免特大镇在改市过程中大量增加行政管理人员,严格控制行政成本。要建立一套成本低、管理新、效率高的新型管理模式,按照"小政府,大服务"的原则创新行政管理体制,横向要推进"大部制"改革,纵向要推进行政管理的扁平化。要将行政管理体制的创新和行政管理成本的降低与设市联动,在权限下放的同时,简化审批事项,优化审批流程,避免重复审批。为降低行政成本,特大镇一方面要提高有限人员的素质,实现高效利用;另一方面可以聘用协管人员,补充体制内公安、交通、消防、安监等领域人员的不足。要建立向社会购买市政服务的机制,组织社会资本承接部分公共服务职能,推动政府由"财政养人"向"养事不养人"转变,促使政府在市政公用事业中的角色逐步从服务提供者向市场监管者转变。

综上所述,针对当前中国大城市、特别是超级城市人口不断膨胀,"大城市病"日益严重,小城市不断减少,城市规模结构失衡的现实,要加快发展"五线城市",夯实城市体系的"塔基"。要将城市群作为新型城镇化的主体形态,借力城市群中的核心城市和大城市的辐射带动作用,建设一批宜业、宜居的小城市。坚持"有序"稳步推进的原则,避免"一哄而起",对经济基础坚实、初步具有城市规模和特征的特大镇进行小城市培育,通过巩固产业基础,扩大权限,推进制度创新来提升城市功能,将其发展为"五线城市"。

(本文发表于《中国人口科学》2016年第6期。)

—9—
长江中游城市群绿色发展与创新发展的战略思考

　　长江经济带贯穿我国东中西部、横跨地理三大阶梯，在区域发展格局中具有极其重要的地位和作用，是我国纵深最长、流域最广、影响最大的黄金经济带，人口与经济约占"半壁江山"，是事关国家可持续发展最重要生态安全屏障，不仅哺育沿江4亿人民，还通过南水北调惠泽华北广大地区。从沿海起步先行、溯内河向纵深腹地梯度发展，是世界经济史上一个重要规律，也是许多发达国家在现代化进程中的共同经历。① 内部可循环是大国经济的独特优势，长江经济带不仅是畅通大国经济内循环的主动脉、拓展经济纵深的主骨架，也是我国连接世界价值链和贯通国内外大市场的主通道，是形成东西双向、海陆统筹的对外开放新格局的关键所在。长江经济带作为具有全球影响力的内河经济带、沿海沿江沿边全面推进的对内对外开放带、东中西互动合作的协调发展带，② 镶嵌着长三角地区、长江中游城市群和成渝经济圈这三颗"明珠"。让长江经济带这条"巨龙"舞得更好，使黄金水道真正产生"黄金效益"，必须推动长江经济带三大

---

　　① 李克强：《依托黄金水道建设长江经济带　立足改革开放谋划发展新棋局》，中国政府网，2014年4月28日。

　　② 李金华：《"十四五"规划背景下长江经济带发展的政策、格局与路径》，《财贸经济》2022年第4期。

板块高质量协同发展，让"龙头"（长三角）、"龙腰"（长江中游）、"龙尾"（成渝）并驾齐驱。要深挖长江中游城市群的区位、资源、要素、产业、科技等方面的潜力，将长江中游城市群打造成长江经济带发展和中部地区崛起的重要支撑、全国高质量发展的重要增长极、具有国际影响力的重要城市群。[①]

一、推动长江中游城市群高质量发展的战略意义

著名经济学家张培刚教授曾提出过一个形象的"牛肚子理论"，老水牛陷在泥淖中单靠牵"牛鼻子"、拉"牛尾"都不行，还须用竹杠撬"牛肚子"，几个动作配合才能达到良好的效果。东部沿海发达地区是"牛鼻子"，西部是"牛尾"，中部正是"牛腹"。[②] 长江中游城市群得中独优、得水独厚，在实现绿色转型、构建新发展格局、稳住经济基本盘、支撑创新驱动发展、推动新型城镇化建设和统筹发展与安全等方面具有不可替代的重要作用。

（一）长江中游城市群既是重要的生态屏障，又是巨大的生态宝库，是推动生态产品价值实现机制、拓展绿水青山向金山银山转化路径的主阵地，对探索生态优先、绿色发展的新路子至关重要

长江中游城市群是一个以长江中游平原为核心、以长江为纽带的相当完整的自然地理单元，[③] 是国内淡水资源最为密集的区域，森林覆盖率高、生物质资源丰富、人居环境优势十分明显，既是全国的重要生态屏障，也是一座重要的生态"宝库"。长江"双肾"洞庭湖、鄱阳湖均位于中游地带，是长江洪水的重要调蓄场所，国际重要湿地和珍稀候鸟栖息地，拥有优越的光热水土配比，在调节气候、涵养水源、净化环境、维系生物多样性等方面具有重要作用。域内有多种珍稀物种和世界濒危物种，是重要的

---

① 中华人民共和国国家发展和改革委员会：《长江中游城市群发展"十四五"实施方案》，国家发展改革委网站，2022年3月15日。

② 张培刚：《"牛肚子"理论》，《决策》2005年第1期。

③ 华中科技大学课题组：《中部地区高质量协同发展的两个战略方向——基于长江中游城市群全面战略合作与湘鄂赣生态协同治理的探讨》，《国家治理》2022年Z1期。

天然物种基因库。长江中游城市群山水田园相依，构成山、水、林、田、湖等多种要素和谐共存的生态系统，是我国生态优先绿色发展主战场，为全国探索生态补偿机制提供了良好的改革试验环境，生态产品价值实现机制空间广阔，绿水青山向金山银山的转化路径十分丰富。推动长江中游城市群高质量发展，有利于让生态红利源源不断转化为发展红利，为探索从传统工业文明向生态文明系统转变提供了重要机遇。同时，长江中游地带文化遗产众多、自然旅游资源丰富，生态旅游、森林康养和农文旅融合发展等绿色经济潜力巨大。在双碳战略背景下，长江中游地区在能源转型中的地位也不可小觑。比如，世界规模最大的水电工程三峡电站坐落于湖北宜昌，年发电量超过 1000 亿千瓦，是我国"西电东送"和"南北互供"骨干电源点。[1] 湖北、湖南水电发电量位居全国前列，"十四五"期间鄂湘赣三省待建设抽水蓄能电站共 25 个，占全国待建总数的 23%。[2]

（二）长江中游城市群战略枢纽优势显著，在交通、产业、劳动力和水资源等方面与东西南北形成了密切的经济联系，发挥中游增长极的战略支点作用和节点传导效应，对于畅通双循环新发展格局意义重大

长江中游城市群铁水公空四通八达，是交通强国建设的主战场。域内 14 个城市入列全国百大交通枢纽，其中武汉是 20 个国际性综合交通枢纽城市之一。[3] 长江中游城市群作为国内、国际大循环的关键节点和交汇中心，是人流、物流、信息流、资金流等流动交汇的战略枢纽，有利于推动各类要素跨区域有序自由流动和优化配置。不仅与长江上、下游城市群深度联通，而且与京津冀城市群在水源上、与粤港澳大湾区在劳动力上也形成了密切联系。实体经济基础雄厚，土地、劳动力等要素价格具备较强竞争优势，对外贸易依存度较低，是经济发展最大的战略回旋。若不能实现长江中游城市群高质量发展，可能会形成双循环的"中梗阻"。目前东西、

---

① 长江三峡集团有限公司：《中国长江三峡集团有限公司 2020 年度报告》和《中国长江三峡集团有限公司 2021 年度报告》。

② 根据国家及地方"十四五"规划公开数据，"十四五"期间共有 110 个抽水蓄能电站待建，其中鄂湘赣三省分别有 18、5、2 个。

③ 中华人民共和国交通运输部：《现代综合交通枢纽体系"十四五"发展规划》，2022 年 1 月 29 日。

南北发展不够协调连贯，与中部战略支点作用不够强、节点传导效应没有充分发挥有一定关联。长江中游城市群承东启西、连南接北，其高质量发展的外溢效应可以扩散至东西南北四个方向，有利于促进我国东西、南北的发展更加连贯，使产业梯度更加合理、区域发展更加协调。长江中游城市群拥有湖北、湖南自由贸易试验区和江西内陆开放型经济试验区，有望创造不靠海不沿边的内陆改革开放新模式，有利于在更大范围和更深层次畅通国内和国际两个循环。

（三）长江中游城市群后发赶超态势强劲、内需空间巨大、经济韧性较强，是中部地区实力最强、能级最大、潜力最高的城市群，多项主要经济指标增速"领跑"全国，对助力稳增长必不可少

当前国内经济下行压力加大、东部增长速度放缓，长江中游地带将是支撑中国经济保持适度增速的重要区域。长江中游城市群地跨湘鄂赣三省，涵盖 31 个城市，土地面积合计 31.7 万平方公里，总人口超过 1.3 亿人，约占全国人口的 9%，[①] 是中部地区实力最强、能级最大、潜力最高的增长级。释放长江中游广阔腹地蕴含的城镇化潜力、市场需求潜力和人口增长潜力，有利于进一步做强内需，拓展经济增长空间。长江中游城市群不少地方仍处于工业化中期和城镇化快速发展期，发展型、享受型和品质型消费呈现快速升级的趋势，后发赶超态势强劲，是引领带动中部崛起最有力的动力源，是支撑中国经济的重要增长极。2020 年长江中游城市群 GDP 达到 9.4 万亿元，超过上游的成渝地区（7.4 万亿元），约占全国的 9.3%，且经济增速十分亮眼，鄂、湘、赣三省 GDP 增速分别为 12.9%、7.7% 和 8.8%，平均增速高于全国水平。[②] 此外，面对近年来复杂的环境和新冠肺炎疫情的反复，长江中游地区经济社会秩序相对而言保持了总体稳定有序，展现出很强的韧性，主要经济指标能够在较短的时间内触底反弹、企稳回升，特别是湖北、江西两省的不少主要经济指标增速稳居全国

---

① 城市个数及国土面积数据来源于《长江中游城市群发展规划》（2015），人口数据来源于《长江中游城市群发展"十四五"实施方案》。

② 数据来源于 2021 年湖北、湖南、江西、重庆、四川各省（市）的统计年鉴，以及《中国县域统计年鉴》《中国城市统计年鉴》《中国统计年鉴》，利用相关指标计算得到。

前列。如表 1 所示，2022 年 1—6 月，鄂湘赣三省的地区生产总值、全省固定资产投资以及全省社会消费品零售总额的同比增长率均高于全国平均水平。① 从人口长期均衡发展的角度看，长江中游地区的总和生育率水平总体高于全国平均水平，且人口受教育程度和劳动力素质并不低，人口数量红利和质量红利都积蓄了比较大的潜能。根据第七次人口普查数据，鄂湘赣三省的总和生育率平均水平为 1.31，高于长江三角洲地区的 1.05 和成渝地区双城经济圈的 1.21。三省常住人口中，每 10 万人中拥有大学文化程度的分别为 15502 人、12239 人、11897 人，15 岁及以上人口的平均受教育年限分别是 10.02 年、9.88 年、9.70 年，其中湖北省这两项指标均超越全国平均水平（15467 人和 9.91 年），人口数量红利和质量红利都比较显著。

表 1　2022 年 1—6 月鄂湘赣三省主要经济指标同比增长率

地区	社会消费品零售总额同比增长率	固定资产投资投资同比增长率	地区生产总值同比增长率
湖北省	3.9%	15.6%	4.5%
湖南省	1.5%	8.7%	4.3%
江西省	5.6%	10.6%	4.9%
全国	-0.7%	6.1%	2.5%

（四）长江中游城市群科教资源丰富、实体经济基础雄厚，战略性科技力量持续壮大，一批具有世界影响力的产业集群正加速成长，对实现高水平科技自立自强和形成现代化产业体系作用关键

长江中游城市群科教资源丰富、智力资源密集、人才优势显著，是世界级科学家、杰出工程师和新产业工人的重要"栖息地"。湖南是"中国电力机车的摇篮"，已形成工程机械、轨道交通装备、中小航空发动机及航空航天装备 3 大世界级产业集群，装备制造、原材料、消费品 3 个万亿级产业。江西稀土产业、新能源产业、有色金属产业、电子信息产业和生

---

① 相关指标是根据国家统计局和湖北省、湖南省、江西省统计局公开数据整理得到。

物医药产业实力强劲，锂电、光伏具有从原料到应用的较为完整的产业链，中医药历史文化也十分悠久。产业从东部地区向中西部地区转移和劳动力从东部沿海向内陆省份回归的"双转移"已成为我国区域经济发展的重要趋势。长江中游城市群位于长三角"西向"转移和珠三角"北向"转移两大轴带式产业转移交汇点，且基础设施、公共服务、产业配套的条件都相对较好，在承接劳动密集型和技术密集型产业梯度转移上具有很好的优势。城市群内在丰富的科教资源，特别是武汉正在建设"具有全国影响力的科技创新中心"，集聚了一批战略科技人才和一批科技领军企业，部署了脉冲强磁场、精密重力测量等大科学装置，国家实验室培育取得重大进展，国家战略科技力量不断壮大，是解决关键核心技术"卡脖子"难题的重要力量，是助力全国实现创新驱动发展的源头活水。同时也拥有较为完备的制造业体系和产业基础，具备发展高新技术产业和实现产业结构转型升级的良好潜力，有利于形成从科技强到产业强、经济强的通道。根据中国城市规划设计研究院的调研数据，武汉东湖高新区内携带高校基因的高新技术企业占比达九成以上，来自高校的科技成果转化率超过85%。湖北具有全国知名的光谷、车谷，光电子信息产业、汽车及其零配件制造和新能源智能网联汽车、存储芯片等产业具有较强的全球影响力。2021年湖北省激光产业销售收入超过全国1/3，产值占全国的50%以上，品种占全国70%以上，① 武汉东湖高新区是我国乃至全球重要的光电子信息产业研发和制造基地。

（五）做强长江中游城市群是完善东西南北中"五维一体"的现代化都市圈和城市群布局的关键，对实现大中小城市和小城镇协调发展举足轻重，有利于承接人口回流和促进就近就地城镇化，减少远距离迁徙的社会代价，使更多家庭实现"团聚梦"

现代化都市圈是建成现代化国家的基石。依托超大特大城市或辐射带动能力强的大城市带动周边城镇共同发展，形成现代化都市圈和城市群，将成为未来城镇化的主要空间组织形式。京津冀、长三角、珠三角、成渝

---

① 《一束光，展现神奇魔力》，《湖北日报》2022年7月25日。

撑起了现代化都市圈和城市群布局的"四隅"，做强长江中游城市群，强化中部支撑，是完善东西南北中"五维一体"经济版图的关键举措。推动长江中游城市群高质量发展，既有利于促进人口适度集聚，建成现代化的都市圈，也有利于完善"两横三纵"城镇体系格局，实现大中小城市协调发展和促进以县城为重要载体的城镇化建设。长江中游地带以武汉为中心的武汉都市圈、以长沙为中心的环长株潭城市群和以南昌为中心的环鄱阳湖城市群发展迅速，还具备一批具有特色资源和区位优势的中小城市与小城镇，形成了各具比较优势的小城镇和中小城市方阵。近年来，长江中游城市群的县域经济发展提质增速，2020年长江中游城市群入围全国百强县的数量达到13个。① 通过发挥都市圈的带动作用，做强县城，可以推动城乡要素双向流动和市场双向开放，对推动城乡融合和实现一二三产业融合具有"四两拨千斤"的功效。长江中游地带历来是重要的劳动力输出地，近十余年来人口回流趋势明显，是承接人口和产业"双转移"的重要载体，做强长江中游城市群，提升其产业发展水平、城乡建设质量和人口承载能力，有利于实现农业转移人口就近就地城镇化，降低远距离迁徙的社会代价，使更多家庭实现"团聚梦"。

（六）长江中游城市群对统筹发展与安全不可或缺，是维护产业链供应链安全、粮食安全、能源安全和全方位水生态水资源安全的重要力量

面对风云变幻的国际形势和各种不确定性外部冲击，国家重大生产力需要均衡、多元化布局，充分利用长江中游地区拓展战略腹地，有利于提升国家整体经济安全性。推动长江中游城市群成为我国重要产业链冗余备份基地，对于维护产业链供应链安全与稳定，塑造我国国际经济合作和竞争新优势至关重要。长江中游地区耕地资源多、水系发达，是中国粮食生产最重要的主产区之一，播种面积占全国总播种面积的11.24%，粮食产量是全国粮食总量的11.76%，单位面积产量高于全国平均水平（见表2），2021年湖南增产10亿斤以上，对维护粮食安全和保障重要农产品供应意义重大。② 水是城市生态环境的重要组成部分，也是城市的灵气所在，长

---

① 《2022中国县域经济百强研究》，赛迪顾问县域经济研究中心，2022年7月26日。
② 《国家统计局关于2021年粮食产量数据的公告》，国家统计局，2021年12月6日。

江中游城市群是天然"蓄水池""排水管",是南水北调中线工程的水源地,肩负着重要的调水功能。长江三峡水利枢纽建设是解决中下游严重洪涝的关键性工程,对国家调整能源布局和促进全国统一电网具有重要意义,在保障全国防洪安全、用水安全、能源安全中十分重要。利用好梯级水库群的协同效应,还能实现防洪、供水、发电、鱼类保育等全方位的水生态安全。同时也是中下游地区重要的水资源补给站,根据水利部测算,2022年三峡水库群8月中上旬就为中下游地区补水10.9亿立方米,为保证航运畅通和缓解长江中下游干流水位偏低做出重大贡献。

表2 2021年鄂湘赣三省及全国粮食播种面积、总产量、单位面积产量情况

	播种面积 (千公顷)	总产量 (万吨)	单位面积产量 (公斤/公顷)
全国总计	117631.5	68285.1	5805.0
江西	3772.8	2192.3	5810.8
湖北	4686.0	2764.3	5899.1
湖南	4758.4	3074.4	6461.0

长江中游城市群是长江经济带这条巨龙的"龙腰",既是东部地区纵深发展的腹地,又是西部地区拓展开放的前沿,对"龙头"长三角一体化,"龙尾"成渝双城经济圈发展具有十分重要的作用。推动中国经济由沿海溯江而上梯度发展,实现顺江而下通达全球,必须挺直"龙腰",提高长江中游城市群的战略地位,切实发挥其居中协调、统筹"东中西"的独特枢纽功能,从而充分释放长江经济带一体化的磅礴势能,更好地引领支撑全国经济高质量发展。要以共抓大保护、不搞大开发为导向推动长江经济带发展,统筹考虑水环境、水生态、水资源、水安全、水文化和岸线等多方面的有机联系,实现长江经济带三大板块一体化布局、差异化协同、高质量发展,让万里黄金水道及其沿岸含绿量更高、含金量更足。

二、长江中游城市群高质量发展的路径探析

目前,数字化和绿色化成为全球经济版图深度重构的两大关键引擎,

也是推动中国经济转型升级的车之"双轮",是中国经济高质量发展的两大动力源泉。绿色发展是实现经济社会发展与环境质量兼顾的唯一途径。共抓大保护、不搞大开发是习近平总书记为长江经济带发展定下的总基调、大前提。生态优先、绿色发展,对长江中游城市群来说既是重大使命,也是重大的发展机遇。长江中游城市群域内的中国第一大淡水湖鄱阳湖和第二大淡水湖洞庭湖,是长江重要调蓄湖泊和国际重要湿地,对整个长江流域甚至全国的生态环境保护具有十分重要的地位和作用,要把修复长江生态环境摆在压倒性位置,推动长江中游城市群绿色高质量发展。长江中游城市群也是全国重要的科教和智力资源密集区,在国家科技创新与产业发展格局中具有重要地位;人才、资金、技术、大数据等优势发展要素汇聚,传统产业数字化智能化转型需求旺盛,数字技术与实体经济深度融合场景丰富,数字经济新产业新业态持续涌现,对抢抓数字化发展战略机遇作用关键。我们认为,推进长江中游城市群高质量发展,关键是要加快实现绿色发展和创新发展"双轮驱动"。

(一)坚持绿色发展、生态优先,促进开放协作

一要做好河湖保护与综合治理,推动人防与技防相结合,实现水生态环境质量显著改善、生态系统良性发展。要着力治水,以水环境质量改善为核心,统筹推进水资源、水生态、水环境共治,有序推进河湖水域治理和岸线空间管控,及时处理淤积萎缩问题并进行河湖生态疏浚,加强河湖水系生态连通工程建设,提升生态系统质量。要全力减污,严格执行《长江保护法》,统筹山水林田湖草沙一体治理,针对农业面源污染、城乡生活污染、工业污染、船舶污染、总磷污染等突出环境问题进行专项整治,主动布局长江干流及主要支流沿岸废弃露天矿山生态修复和尾矿库污染治理。做好生态保护与修复,严格落实长江"十年禁渔"令,治理非法采砂,推动退田还湖、退耕还湿、精养鱼塘生态化改造等保护工作,加快推进以水源涵养林、水土保持林、护岸林为主的防护林体系建设。

二要大力发展绿色产业、绿色经济,健全生态产品价值实现机制,拓展绿水青山转化成金山银山的有效路径。生态环境保护与经济发展不是矛盾对立的关系,而是辩证统一的关系,不能把二者割裂开来,更不能对立起

来，应在社会经济系统和生态系统之间形成良性的"正反馈"。要加快新旧动能转换，坚决淘汰高污染、高排放的落后产能，加快对传统产业的改造升级，积极发展资源消耗少、污染排放低、经济效益高的先进制造业、现代服务业等绿色产业、绿色经济。要大力发展绿色金融体系，发挥绿色金融在资金融通、风险分担、资源配置和信息传递等方面的作用，助力绿色产业发展。比如作为国家级经济区的洞庭湖生态经济区，地处东部沿海地区和中西部地区过渡带、长江黄金水道与京广交通动脉交汇处、长江开放经济带和沿海开放经济带结合部，是长江"黄金水道"的重要节点之一，是长株潭都市圈、大武汉都市圈腹地，具备发展现代航运物流的良好条件，可以进一步做强现代商贸流通产业。此外，洞庭湖经济区还是长江中游城市群中的绿色"聚宝盆"，具有丰富独特的物产资源、雄奇壮美的自然风光和底蕴深厚的历史文化景观，特别是国家重点文物保护单位数量众多，要整合湖区旅游资源，发挥生态优势、水乡特色，大力推动农文旅融合发展，打造世界级的生态旅游度假目的地。要推进生态产品价值评估核算和确权，努力提高生态产品增值溢价，充分利用线下展会平台和各类"云平台"完善生态产品供需对接和市场化交易机制。加强自然资源和文化遗产系统保护，推动优秀传统文化创造性转化、创新性发展，更好地延续历史文脉。

三要强化区域统筹和一体化、抱团式发展，以大协作、大开放实现大发展，国家应通过生态补偿机制加大对长江中游地区生态保护的投入。要进一步健全中央和地方两个层次的生态补偿机制。国家要增强对长江中游地带关键生态区域环境保护的财政投入力度和配置效率，促进政府生态补偿管理机制与市场化补偿机制相协调，探索多元化的跨域生态补偿机制，形成更加密切的流域生态保护协作关系。健全协商对话长效机制，协同推进省际协调的生态保护修复机制和突发生态环境事件应急工作机制，推进地质灾害综合防治体系建设，积极构建政府、企业、行业等多层次的交流合作平台，为公众参与生态保护搭建多元化渠道。洞庭湖生态经济区拥有6万多平方公里面积，2000多万人口，有多个中等城市和200多个中小城镇，① 要在更大范围、更高层次、更宽领域整合大湖经济区优势资源，强

---

① 刘宏、邓艳娟：《洞庭湖生态经济区如何融入长江经济带发展》，红网，2020年9月16日。

化区域协同互补和机遇共享，共同打造洞庭湖区域公用品牌，努力在规模化中提升品牌影响力。

（二）强化创新驱动，抢抓数字经济发展新机遇

目前，长江中游城市群初步形成了群内多极的数字经济发展格局，且数字经济产业协同发展有利于促进长江中游城市群达到优势互补、梯次发展、互利共赢的产业组织形式。[①] 发展数字经济是长江中游城市群推动乡村振兴的重要战略方向，也是长江中游城市群推动数字化发展中补短板、强弱项的关键着力点。

一要做强做优做大数字经济，激活高质量发展新动能。要加快发展数字经济，促进数字技术与实体经济深度融合，[②] 赋能传统产业转型升级，有序推动现有企业"智改数转"，不断提升先进制造业核心竞争力，实现智能化生产、网络化协同、规模化定制和服务化延伸。要着力发展区域特色数字经济产业，优化数字产业化、产业数字化区域布局，用好光电子信息产业先发引领优势，延伸电子制造业、软件和信息服务业、信息通信业等数字经济产业链，形成区域特色明显的数字经济产业集群。要推动区域产业差异化协同发展，有针对性地提升关键链条、引进缺失链条、补强薄弱链条，有序承接长三角地区和粤港澳大湾区数字经济相关产业转移。数据是数字经济时代重要的新型生产要素，是重要的基础性战略资源。要统筹推进数据产权、流通交易、收益分配、安全治理，推动长江中游城市群数据资源融通共享，让数据要素的潜力充分释放、活力充分涌流。持续推进智慧城市建设，适度超前开展新型基础设施建设，优化资源和服务供给，促进城市群内传统基础设施的数字化、智能化改造，强化数字基础设施互联互通，不断提高数字化治理能力。

二要建设数字乡村，发展智慧农业，支持农村电商创业活动。应用信息技术改造传统农业，加快互联网、物联网和智能装备在农业产前、产中、产后各环节的应用，已成为当前我国推进农村信息化、数字化乃至现

---

① 李小玉、邱信丰：《以数字经济产业协同促进长江中游城市群高质量发展研究》，《经济纵横》2022年第12期。

② 武汉大学国家发展战略智库课题组：《激发数字经济发展潜能》，《求是》2022年第2期。

代化的重要途经。① 要进一步完善农村新基建，加快布局 5G、物联网等设施，推动智能感知、智能分析、智能控制技术与装备在农业生产中的集成应用，让数据真正成为农民生产"新农资"、手机成为农村生活"新农具"。要大力发展粮食育种技术，依托洪山试验室、岳麓山实验室、杂交水稻全国重点实验室等创新平台，着力在种业领域开展原创性、基础性、理论性研究，通过前沿数字技术和生物技术促进种业创新向"种业4.0"跨越式发展，提升良种的自主创新能力。农村电商有利于推动农村产业链延长、价值链延伸，可以极大丰富乡村产业业态和乡村功能，不仅在带动农民就业创业和增收致富、提高农民居民生活品质发挥了重要作用，还有助于促进城乡商品、要素对流和市场双向开放。要进一步推动农村电商发展，深入实施"互联网+"农产品出村进城工程，支持引导新型农业经营主体借助电商直播等新平台销售特色农产品，促进小农户与大市场的有效对接。长江中游地区长期以来大量农村劳动力外出务工，近年来人口回流趋势愈发明显，跨省流动比重持续下降。以湖北省为例，2007 年湖北省外出务工的农村劳动力中，到省外的有 73.8%，到 2020 年这一占比下降至 54.55%。② 要引导返乡入乡人员开展电商创业活动，完善创业和技能培训、金融和财税支持、软硬件配套等服务措施。围绕农村电商发展配套产业，促进形成特色产业集群。要运用数字技术赋能乡村治理，扩大乡村便民服务中心部署范围，推动"互联网+政务服务"向乡村延伸，通过"互联网+教育""互联网+医疗健康"引导优质公共服务资源向乡村下沉，不断提升基层治理效能。

三要打造充满活力的数字经济科技创新生态，助力实现高水平科技自立自强。当前，我们虽然在 5G 等领域实现了"领跑"，但芯片、高端零部件、软件和操作系统对外依存度高，缺"芯"少"魂"问题依旧严峻。要更好发挥长江中游城市群科教资源密集优势，积极对接国家重大战略和发

① 武汉大学国家发展战略智库课题组：《电商创业带动就业与乡村振兴的机理及效应——基于湖北省枝江市电商创业与发展模式的调研》，《武汉大学学报（哲学社会科学版）》2022 年第 6 期。

② 武汉大学国家发展战略智库课题组：《乡村振兴背景下返乡入乡"创业潮"探究——基于湖北省的调查》，《中国人口科学》2022 年第 4 期。

展目标，着力整合创新资源，不断提升创新策源能力。加快将武汉建设成为具有全国影响力的科技创新中心，布局更多大科学装置，打造重大原创科技成果的"孵化器"。要完善多学科、多领域交叉的协同创新网络，掌握更多具有自主知识产权的关键核心技术和前沿技术，努力解决基础研究薄弱的"痛点"，占据新技术发展的"高点"、补上产业链卡脖子的"断点"，做到高水平自立自强，变更多"高价买"为"平价造"，让"卡脖子"问题不再"掉链子"。要更好发挥高水平研究型大学作用，完善面向"硬科技"和"软科学"的学科建设，依托大学为引进世界级科学家和高水平创新人才提供事业平台。通过内培和外引聚集多层次创新人才，依托长江中游山水相依、自然环境优越的条件，顶尖科学家、卓越工程师和大国工匠的"栖息地"。探索在武汉东湖高新区建设"人才特区"，深化人才评价制度改革，健全要素报酬激励机制。完善科技成果转化机制，让更多科技成果从"书架"走向"货架"。在做强大企业和大院大所等战略创新力量的同时，也要广泛播撒中小微企业创业创新的"种子"，完善创业创新创富的"金三角"。积极营造宽松的政策环境和市场化、法治化、国际化的营商环境，塑造鼓励冒险、宽容失败的创新创业文化，鼓励支持优秀青年科技人才创新创业。进一步扩大风险投资机构的数量和规模，特别是要在长江中游地区发展和引进更多民营创投机构，引入更多中长期资本支持创新创业活动，引导更多有潜力的创新型企业积极与多层次资本市场对接。

（本文发表于《湖南师范大学社会科学学报》2023年第5期。）

—*10*—

城市群的城镇化体系与工业化进程：
武汉城市圈与东部三大城市群的
比较研究

城市群或城市圈城镇群体是指一定空间范围内具有密切社会、经济、政治、文化、生态联系，并呈现出群体亲和力及发展整体关联性的一组地域毗邻的城镇。城市群体的出现带来的不仅仅是城市空间地理分布的变化，它更体现出一种新的生产方式的布局，代表了一种新的经济驱动力，是高级形态的城镇化模式，展现了区域经济发展的实力。我国目前形成的三大城市群，即长三角城市群、珠三角城市群和京津冀城市群，已经成为拉动我国经济增长的巨大引擎。长三角城市群已经成为第六大世界性城市群，代表了世界城市群的发展方向。在西部开发、东北转型、东部领跑的区域经济格局下，武汉城市圈是协调区域经济增长、改变中部作为区域经济增长的"短板"地位的重要支撑，承载着实施"中部崛起"的重担。本章拟对武汉城市圈和东部三大都市群的城镇化体系和工业化进程进行比较研究，并在此基础上探讨我国城镇化与工业化的发展规律。

一、武汉城市圈与东部三大城市群的城镇化体系比较

法国地理学家戈特曼（J. Gottmann）在 1957 年首次了提出大都市圈的概念，用以概括在一些国家出现的大城市群现象。大城市群应有区域内

比较密集的城市；有连接核心城市的联系方便的交通走廊，市区之间有紧密的社会经济联系；有一定的规模，一个大城市带，至少居住 2500 万人口，过着现代城市方式的生活；是国家社会经济发展的核心区域，具有国际影响力。[①] 考虑到我国的实际，根据中外城市群的差异系数，倪鹏飞认为，我国城市群的最低标准为：城市群人口 >1000 万、城市密度 >0.5 个/万平方公里、城市数量>5、人口密度≥300 人/平方公里和城市化水平>20%。[②] 武汉城市圈是以武汉为圆心，包括其 100 公里半径内的黄石、鄂州、黄冈、孝感、咸宁、仙桃、天门、潜江等周边 8 个城市的区域，即"1+8"模式，总人口超过 3000 万，城镇密度指数约 0.6，城镇化率达到33.6%（见表 1），而且武汉一直以来作为中部的增长极具有相当的区域影响力，武汉城市圈基本具备城市群的构建要求。与东部三大城市群比较，武汉"1+8"城市圈在区域范围上更类似于珠三角城市群模式。表 1 表明东部三大都市圈中，长三角城市群跨越上海、江

表 1　四大城市群城镇化体系比较

区域指标	武汉城市圈	长三角城市群	珠三角城市群	京津冀城市群
城市数量	9[①]	15[②]	14[③]	9[④]
区、县或县级市数量	41	131	56	136
面积（万平方公里）	2.45	10.02	2.21	3.26
地区总人口（万人）	3088.90	7608.08	3112.54	5984.21
城镇化率（%）	33.6	45.2	59.7	45.1
城镇密度指数	0.5949	1.2820	0.9987	1.3932
城市群发育指数	2.60	10.19	10.05	5.28

注：① 这 9 市为：武汉、鄂州、黄石、黄冈、孝感、咸宁、仙桃、潜江、天门；②这 15 市为：上海、南京、杭州、宁波、苏州、无锡、常州、镇江、南通、扬州、泰州、湖州、嘉兴、绍兴、舟山；③这 14 市为：广州、深圳、珠海、佛山、江门、东莞、中山、肇庆市区、惠州市区、惠阳县、惠东县、博罗县、高要市、四会市；④这 9 市为：北京、天津、廊坊、保定、唐山、秦皇岛、张家口、承德、沧州。

资料来源：武汉城市圈建设领导小组等：《武汉城市圈总体规划》，2006 年 3 月；景体华：《2005—2006 年：中国区域经济发展报告》，社会科学文献出版社 2006 年版。

---

① Jean Gottmann, "Megalopolis, or the Urbanization of the Northeast Seaboard", *Economic Geography*, Vol. 33, pp. 31-40.

② 倪鹏飞：《中国城市竞争力报告（NO. 4）》，社会科学文献出版社 2006 年版。

苏和浙江三省，京津冀城市群也横跨北京、天津和河北三省，形成了跨省市的城市群，在市场联系上形成了真正意义上突破行政边界的生产分工和产业布局，能够在更加广阔的区域整合资源优势。而武汉城市圈和狭义的珠三角城市群都是局限于一省内部，分别以省会城市武汉和改革开放前沿城市广州、深圳等为龙头，带动周边其他城市共同发展。城市群作为城镇化的高级形态，对其城镇化体系的认识不仅需要从一般城镇发展的一般规律考察基于不同区位优势而形成的城镇聚散功能的特征以及城镇化的发展动力和模式，而且还要充分关注城市圈所特有的城市体系分布和空间结构形态。我们认为，与东部三大城市群相比，武汉城市圈的城镇化体系具有以下四个特征。

（一）武汉城市圈具有"中转性"和"过渡性"的区位特点

不同的区位将发挥不同的聚散功能，进而奠定了不同的城镇化发展基础。长三角城市群依托"黄金海岸"和"黄金水道"的优势以及中国最大的港口群，对外成为国际性的交通枢纽，对内扼长江出海口，拥有广阔的经济腹地；珠三角城市群依托香港、澳门的国际优势和市场经济优势，是我国改革开放的门户，政策的"洼地"；而京津冀城市群最大的区位优势在于其全国政治、文化中心和对外的政治文化交流枢纽的地位，是北方经济最重要的集散地和国际交往中心。和这三大城市群相比，武汉城市圈的区位特点突出地表现为"中转性"和"过渡性"，在国家的整个区域经济中起着重要的过渡和对接作用。同时，武汉城市圈还处于几个城市圈连线的交点上。东西通过国家一级重点开发轴线（长江经济带）将上游的成渝城市圈和下游的长三角城市圈连接起来；南北通过国家二级重点开发轴线（京广线经济带）将北部的京津冀城市圈和南部的珠三角城市圈连接起来。这样的"十字中心"位置使武汉城市圈具有显著的市场辐射力。

（二）武汉城市圈以本地农转非为主要城镇化动力，实行的是城郊城镇化和农村城镇化模式

经济发展的规律表明，非农化的产业转移形成了人口的地域转移，这种人口迁移是城镇化发展的动力所在。武汉城市圈的城镇化通过农转非实

现就地转移，其发展的动力主要来自本地力量。这与长三角、珠三角尤其不同，它们的城镇化是在经历了"离土不离乡"的就地转移后，伴随着农民工跨省的"离土又离乡"的流动逐步实现与工业化的良性互动发展的。也就是说，长三角和珠三角城镇化的动力不仅仅来自于当地的非农化，更重要的是中西部地区农村剩余劳动力的非农化。从发展轨迹来看，武汉地区是背着老工业基地的沉重包袱实施新一轮经济发展的，制度变迁成本相对较高。且计划经济下经济的累积效应往往伴随着很强的路径依赖，武汉城市圈的区域经济的增长点也就往往出现在计划模式下的工业分布地区，市场化程度偏低。因而，与长三角、珠三角的苏南模式、温州模式和珠江模式等较为多样化的创新发展模式相比，武汉城市圈的发展模式显得较为单一，主要依靠核心城市的"极化—扩散"效应带动城郊等周边地区的城镇化。

表 2　四大城市群城镇化模式与动力特征比较

指标	武汉城市圈	长三角城市群	珠三角城市群	京津冀城市群
重大发展优势	一定的产业基础、中部区位优势	产业基础、企业家资源	毗邻港澳的区位优势	首都资源、两个直辖市
核心城市	单核	多核	双核	双核
城镇化动力	本地农转非	本地与全国混合	全国性农转非	本地与全国混合
农村城镇化模式	城郊城镇化	苏南模式与温州模式	珠江模式	城郊城镇化
市场化制度优势	不明显	显著	显著	较显著
核心城市辐射作用	不大	很大	较大	较大
发展腹地范围	不大	很大	较大	较大

（三）武汉城市圈的特点是首位城市"一城独大"，"鹤立鸡群"，城市体系断层明显

从城镇化水平来看，表1也显示武汉城市圈的城镇化率与其他城市群相比水平过低。这直接影响了城镇的数量和城市群的发育，进而造成城镇密度指数和城市群发育指数偏低。最突出的表现就是武汉城市圈的圈内城市结构梯次不明显（见图1）。与东部三大城市群城市分布比较均匀的情况相比，武汉城市圈内武汉市 GDP 超过 1500 亿元，占据了圈内半壁江山，经济首位度（0.50）明显高于其他城市群。[①] 而第二名黄冈市只有 387 亿元，两者之间差距过大，缺乏中间能够起承接和过渡作用的城市梯次。由此可见，武汉城市圈的特点是武汉"一城独大"，城市体系断层明显，缺乏中等规模城市的衔接配套，武汉对周边城市资源的吸纳远大于二者的互补，呈"单核"发展态势。反观长三角等其他三个城市群，处在第一层次的城市都不只一个，如长三角的苏州、杭州，珠三角的深圳以及京津冀的天津，他们和圈内中心城市一起构成了城市圈经济发展的"多核"或者"双核"结构；而且圈内二、三层次城市实力均较强，层级间差别较小，层次结构分明、空间布局合理，有助于城市之间相互促进和共同发展。

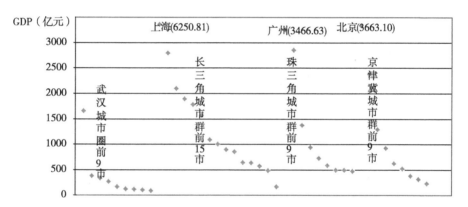

图 1　2003 年武汉城市圈与东部三大城市群主要城市梯次分布

（四）武汉城市圈内城市之间的经济联系不紧密，空间结构过于单一，缺乏支撑的节点，发展腹地范围具有局限性

城市之间的经济联系程度可以通过经济联系强度指标来度量，有研究表明武汉与圈内城市之间联系强度分别是：鄂州为 18.9，孝感为 17.2、仙桃为 10.1、黄石为 8.8、黄冈为 6.7、天门为 6.3、咸宁为 4.4、潜江为 2.9。[②] 因而武汉城市圈出现了核心城市辐射作用不明显、圈内城市之间联系强度弱

---

① 景体华：《北京产业结构调整与经济空间布局变化》，《北京规划建设》2009 年第 5 期。
② 胡思勇、袁新民、刘章西：《武汉城市圈的本质是商业圈》，《湖北日报》2006 年 2 月 22 日。

等问题。同时，在"节点—网络—腹地"的空间结构中，武汉城市圈经济边界的有限性也造成了空间结构过于单一，支撑的节点缺乏，进而形成发展腹地范围的局限性。武汉城市圈发展应该在强调城市中心的集聚性、城市圈的通达性基础上，充分发挥"城市节点—网络—乡村腹地"的作用，更加突出城市圈的结构性和网络性，通过城市圈内资源共享、基础设施畅通、市场一体化，推进都市网络化和圈层化。统计还表明，机械、化工、建材、纺织、食品等产业已成为武汉城市圈内多个城市的主导产业，城市圈内城市产业同构现象严重。而且，各城市间支柱产业的横向联系的层次较低，缺乏产业之间的配套互补，限制了分工协作优势的发挥，弱化了城市圈各城市之间的经济联系。

总之，武汉城市圈的城镇化体系与东部三大城市群相比具有自己不同的特点。在区域布局上，武汉城市圈是位于长江中游的"一小时"都市圈，连南接北，承东启西，得水独厚，得"中"独厚；在城市体系上，武汉是单核性城市，"鹤立鸡群"一城独大，这是有别于国内其他城市群的一个显著特征；城镇化的主要动力来自本地区内部农村劳动力的非农化和人口迁移，外部作用力不强；在圈内城际关联上，关联度较低，经济联系不紧密，空间结构过于单一，缺乏支撑的节点，发展腹地范围具有局限性。武汉城市圈在发展过程中需要大力推进劳动力的非农化和人口城镇化。这需要站在整个城市圈的角度进行产业结构的调整，通过竞争与合作加强圈内城际经济联系。

二、武汉城市圈与东部三大城市群的工业化及产业集群比较

城市圈是伴随着产业集群与城市化工业化的互动逐步发展的，城市圈的工业化进程也就突出地表现为产业集群的分工与协作。发展经济学理论认为经济发展伴随着结构的转变形成工业化的发展阶段。在市场机制下，以相对有优势的要素资源通过产业集群的形式参与到国际价值链的分工体系中同样可以促进工业化的发展。我们认为：武汉城市圈与东部三大城市群相比较，具有以下五个特点。

（一）武汉城市圈工业化在阶段性上落后于东部三大都市圈

在工业化进程中，从产业结构来看，武汉城市圈的三次产业比重与东部三大城市群大体相同，基本呈现出"二、三、一"的格局（见表3）。相比之下武汉城市圈的农业比重仍然偏高，达到10%，而其他三个城市群都不到这个数值，即使其中比重最高的京津冀城市圈也只达到7%。同时，服务业所代表的第三产业水平并不低，几乎占据了一半的份额，因而导致了工业化的水平不高。这与京津冀城市群的状况总体上有些相似。从工业化阶段来看，按照钱纳里依照人均GDP水平对工业化阶段的划分，珠三角城市群以4449美元处于工业化中后期，长三角城市群为3624美元，处于由中期向后期过渡的工业化阶段，京津冀城市群以2096美元正处于向中期过渡的阶段。而武汉城市圈则以1290美元处于工业化初级阶段。这表明武汉城市圈的工业化层次低于其他城市群。

表3 四大城市群经济发展与工业化状况

区域指标	武汉城市圈	长三角城市群	珠三角城市群	京津冀城市群
GDP 总量（亿元）	3295.76	22803.22	11453.10	10373.47
人均GDP（美元）	1290	3624	4449	2096
单位土地产出（万元/平方公里）	1345.2	2274.86	5194.15	3183.02
农业比重（%）	10.0	4.1	3.3	7.0
服务业比重（%）	43.0	40.6	46.2	47.6
工业化率（%）	47.0	50.3	50.6	45.3

资料来源：湖北省统计局：《湖北统计年鉴（2004）》，中国统计出版社2004年版；景体华：《2004—2005年：中国区域经济发展报告》，社会科学文献出版社2005年版；武汉城市圈建设领导小组等：《武汉城市圈总体规划》，2006年3月；景体华：《2005—2006年：中国区域经济发展报告》，社会科学文献出版社2006年版。

（二）武汉城市圈劳动力成本总体水平明显偏低，工业化主要靠低廉的要素驱动

武汉城市圈地处中部，要素禀赋明显占优。这种要素禀赋主要体现在丰富的劳动力资源上，即具有比较低廉的要素价格。通过对武汉城市圈主

要城市市区工资水平与长三角、珠三角和京津冀地区典型城市市区工资水平进行对比分析可以发现，武汉城市圈的劳动力成本总体水平明显偏低，平均下来大致只相当于东部三大城市群的一半（见图2）。这表明武汉城市圈具有投资的低成本优势。在市场条件下，资本作为一种稀缺要素，其流向主要取决于资本的回报率。因而，除去市场环境和产业配套程度，较低的投资成本所形成的比较乐观的回报率对企业的投资仍然具有很大的吸引力，而且由于中国地区之间经济发展不平衡，东部地区受到能源、土地、环境质量等因素的硬约束，经济增长将主要依靠产业升级和技术创新。这样在东部沿海大城市产业结构调整和国际产业结构梯度转移进一步推进的形势下，具有要素优势的中西部地区将在接替产业转移中扮演重要角色。

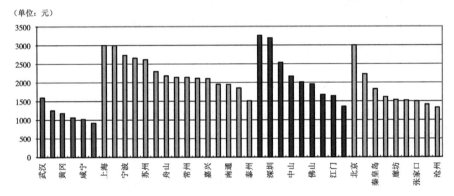

（单位：元）

图2　2004年武汉城市圈与东部三大城市群工资水平比较

资料来源：国家统计局：《中国统计年鉴（2005）》，中国统计出版社2005年版。

（三）武汉城市圈制度改革相对滞后，市场经济活力不强，经济外向度低

市场机制是城市圈经济发展的活力之源。非公经济发展水平和资本构成水平是衡量经济市场化水平的两大重要指标。首先中部省份的民营经济发展普遍比较滞后。2003年湖北省工业总产值民营比重为43.24%，工业增加值民营比重为40.81%，而同期东部省份除东北和海南外，都高于湖北，浙江、广东、江苏三省工业总产值中民营的比重已经均超过80%。[1] 湖北民企规模

---

① 黄孟复：《中国民营经济发展报告 No.2（2004）》，社会科学文献出版社2005年版。

小，缺乏一批对全省经济起重大影响作用的排头兵。经济增长主要靠少数国有特大型企业支撑。据统计，2003 年湖北民营工业企业 29.23 万家，而规模以上的私营企业仅 1706 家。① 其次，湖北省的资本构成水平也突显国有资本独大的特征（见表 4）。2005 年湖北省国有资本占实收资本总额的比重为52.9%，高于 48.1% 的全国平均水平，与江苏、北京、浙江、广东和上海相比也明显偏高，特别是江苏，国有资本比重不到 20%。因而，非公经济发展水平较低与国有资本的比重较高，表明国有企业产权制度改革相对滞后，民营经济活力不够，这是武汉城市圈市场化程度偏低的主要原因。

表 4　2005 年中国部分省市资本构成比较

	实收资本	国家资本	集体资本	法人资本	个人资本	港澳台资本	外商资本
湖北	100	52.9	7.5	N. A.	28.7	2.9	8.0
上海	100	32.3	16.0	N. A.	21.4	16.4	13.8
江苏	100	17.80	5.68	23.14	27.16	8.40	17.82
浙江	100	23.8	7.2	N. A.	52.3	7.9	8.8
广东	100	31.7	7.7	N. A.	27.7	20.5	12.4
北京	100	19.7	2.3	47.7	13.1	3.9	13.3
全国	100	48.1	7.9	N. A.	28.0	7.3	8.7

注：由于各省份对法人资本统计的口径不同，有的省份并未单独计算。
资料来源：全国和部分省份的 2005 年经济普查资料。

在价值链的边界拓展到全球范围的情况下，城市圈的发展必须纳入世界的分工体系中，充分考虑国际国内两个市场。经济外向度体现了城市圈的经济开放程度。通过与东部三大城市群的统计数据比较，2003 年武汉城市经济圈出口总额只相当于江苏 8 市的 3.56% 和浙江 6 市的 6.25%；实际利用外资只相当于江苏 8 市的 13.5% 和浙江 6 市的 41.6%。武汉城市圈在经济外向度上差距明显，其国际投资开放系数除了略高于京津冀城市群以外，平均只相当于其他两个城市群的 1/2，而外贸依存度更是与之存在数十倍的差距（见表 5）。这表明武汉城市圈在利用外部资源整合本地资源方面还有很大潜力。

---

① 湖北省统计局：《武汉市 2005 年暨"十五"时期国民经济和社会发展统计公报》，2006 年。

表5　2003年四大城市群外向度比较

指标	武汉都市圈	长三角城市群	珠三角城市群	京津冀城市群
利用外资（亿美元）	20.0756	255.77	169.34	48.47
人均利用外资（美元）	64.99	336.18	544.06	81
国际投资开放系数	4.9	9.0	11.8	3.7
进出口贸易额（亿美元）	40.116	2737.00	2731.87	1068.14
人均进出口贸易额（美元）	129.9	3597.5	8777.0	1784.9
外贸依存度（%）	9.7	96	190.8	82.4

资料来源：湖北省统计局：《湖北统计年鉴（2004）》，中国统计出版社2004年版；景体华：《2004—2005年：中国区域经济发展报告》，社会科学文献出版社2005年版。

（四）武汉城市圈产业集群部门多，但是程度不高，规模小，市场占有率低

产业集群的空间布局及其体现的以分工为基础的竞合关系推动着城市圈的"阶层—空间"的变化。区位熵（location quotient，简称 LQ），又称专业化指数，是识别产业集群和测定地方专业化程度最常用的工具。[1] LQ 的计算方法为：

$$LQ = (x_i^j / \sum_i x_i^j) / (\sum_j x_i^j / \sum_i \sum_j x_i^j)\ [2]$$

若 LQ 大于1，则说明该地区产业的专业化程度高于全国平均水平，具有集群的趋势。这里以产值法计算武汉城市圈制造业的区位熵。而 i 产业的市场份额

$$R_i = x_i^j / \sum_j x_i^j$$

那么通过简单变形，可以得到：

$$LQ = (x_i^j / \sum_j x_i^j) / (\sum_i x_i^j / \sum_i \sum_j x_i^j)$$

也即 j 地区 i 产业的市场份额与该制造业占全国份额的比值。据此可对武汉城市圈和东部三大城市群制造业的区位熵进行测算（见表6）。

---

① 梁琦：《产业集聚论》，商务印书馆2004年版。

② 其中 x_i^j 表示 j 地区的 i 产业的就业，$\sum_i x_i^j$ 表示 j 地区产业的总就业量，$\sum_j x_i^j$ 表示该国 i 产业的总就业量，$\sum_i \sum_j x_i^j$ 表示该国的总就业量。在实际运用中，LQ 的测算可以使用就业、产值等指标。

表6　武汉城市圈与东部三大城市群制造业的区位熵和市场份额

	区位熵大于1的部门	区位熵 LQ	市场份额 R_i		区位熵大于1的部门	区位熵 LQ	市场份额 R_i
武汉城市圈	交通运输设备制造业	2.43	8.5	长三角城市群	化学纤维制造业	1.87	56.15
	医药制造业	1.47	5.15		纺织业	1.67	50.21
	烟草加工业	1.3	4.47		普通机械制造业	1.6	48.46
	饮料制造业	1.28	4.53		金属制品业	1.3	38.97
	黑色金属冶炼及压延	1.27	4.46		电器机械及器材制造业	1.18	36.37
	非金属矿物制品业	1.11	3.87		化学原料及化学制品制造	1.14	34.16
	食品加工业	1.09	3.8		专用设备制造业	1.08	33.95
					仪器仪表及文化办公机械	1.07	31.97
京津冀城市群	石油加工及炼焦业	1.53	38.22	珠三角城市	仪器仪表及文化办公机械	2.54	36.68
	黑色金属冶炼及压延	1.45	35.31		电子及通信设备制造业	2.54	36.63
	食品加工业	1.42	35.46		电器机械及器材制造业	1.75	25.27
	专用设备制造业	1.29	32.21		金属制品业	1.68	24.19
	食品制造业	1.26	31.39		造纸及纸制品业	1.11	15.98
	医药制造业	1.1	27.59				
	非金属矿物制品业	1.07	26.86				
	造纸及纸制品业	1.04	26.03				
	普通机械制造业	1	18.28				

资料来源：国家统计局工业交通统计司：《中国工业经济统计年鉴（2003）》，中国统计出版社2003年版；李廉水、［美］Roger R. Stough 等：《都市圈发展——理论演化·国际经验·中国特色》，科学出版社2006年版。

表6显示，总体上武汉城市圈高于平均集聚水平的部门并不少，而且在集聚程度上相差不大。其中交通运输设备制造业部门区位熵达到2.43，呈现出较高的集聚程度，这可能是由于湖北已形成汽车制造相对完整的产业链。从表6中的数值还可以看到与珠三角集群数量少但区位熵普遍较高的特征相比，武汉城市圈和京津冀城市群都表现出集群部门多但是程度不高的特点，而且两地区位熵大于1的部门中有较多重复（分别为医药制造业、黑色金属冶炼及压延、非金属矿物制品业、食品加工业），这表明两地的产业结构有很大的相似性。与东部三大城市群明显不同的是，武汉城市圈区位熵背后的行业市场占有率过低，差距甚大。区位熵最高的交通运输设备制造业也仅占全国的8.50%。这说明武汉城市圈尽管一些行业初步具有集群的趋势，但是相对规模还偏小。其深层次的原因则在于产业关联度低，主导产业表面上是集群，实质是"归大堆"，内在关联不紧密，上下游产业配套和协作关系不协调，产业产品链条短。汽车、钢铁、石化、光电子等行业有较强的龙头企业，但缺乏成熟的、与之配套的关联行业。

通过对产业集群形成机制的研究，我们知道，长三角地区的产业集群主要来源于大型工业的辐射、外资企业带动、本地资源禀赋和区位优势、地方传统特色经济、竞争中壮大的小商品生产等5种途径。[①] 从中我们可以发现，产业实行集群化要依靠市场，发挥优势，体现集群内的网络创新和柔性专业化。而武汉城市圈中不少集聚的企业是通过"行政措施"，半强制性地外部"植入"的，存在"集而不聚"倾向。工业园区内大多数企业仅仅是空间的集聚，缺乏根植于区域内社会文化背景的创新网络和柔性专业化分工，无法带来关联、配套与协同效应。因而，武汉城市圈必须从市场竞争出发，以产业链为突破口，在优势产业和特色产业上，形成以区域协调、有机聚合、分工协作、网络创新为特征的完备产业集群体系。[②]

---

① 赵旭：《长江三角洲地区产业集群现状分析》，《中国区域经济发展报告（2004—2005年）》，社会科学文献出版社2005年版。
② 目前，认为核心城市武汉可以形成九条具有自身优势和影响力的产业链条：光电子信息产业链、生物工程及新医药产业链、钢材制造及其深加工产业链、汽车及零配件制造产业链、纺织服装产业链、化工产业链、农产品加工产业链、物流产业链、旅游产业链。参见李宪生：《武汉城市经济圈建设问题研究》，《咨询与决策》2004年第3期。

（五）武汉城市圈在工业化过程中企业家资源匮乏，区域文化对经济发展的正面效应不高，企业创新能力有待提高

企业家资源是区域经济发展最重要的资源。市场经济需要创业活动才能保持活力，而创业则需要一大批具有冒险意识、富于进取精神的企业家和商务人才。企业家是具备风险意识和不断创新能力的特殊资源。以位于长三角的江苏和浙江为例，当地经济之所以充满活力，就是因为那里拥有一大批敢冒风险的企业家人才，特别是有一批具有很强风险意识的农民企业家。"温州模式"的成功和苏南乡镇企业向民营企业的转型都得益于企业家作用的发挥。对武汉城市圈而言，虽然拥有大批科技人才，但企业家资源匮乏，使得相应的科技成果在缺乏创业的市场环境中很难顺利转化。

企业家资源根植于当地特殊的创业创新文化。长三角附近的温州地区，其浓郁的创业文化始于强烈的致富欲望和"人人都要当老板"的创业精神，也来源于"温州人强调竞争与合作并重，重视产业'扎堆'（产业集群）效应和创业者之间的'扎团'（团队合作）理念，重双赢，求共生共荣"的合作传统。① 而珠三角城市群中深圳的创新性则来源于深厚的移民文化，其"敢于冒险、勇于创新、宽容失败"的精髓正是深圳实现迅速发展的关键因素。京津冀城市群中以北京为代表的京派文化则主要体现为包容，也正是这种包容使得大量有竞争意识和能力主义意识的精英汇聚于此，推动了区域经济的发展。相比之下武汉城市圈所体现的是内陆文化的双重性。中部地区有悠久而丰富的历史文化资源和优良的人文传统，这是中部地区的"传统文化资源优势"。但中部文化资源中也存在着阻碍经济发展的因素，这种根植于小农经济的内陆文化，坚守着封闭、中庸和不冒风险的价值观念，衍生出小富即安、自我封闭、注重人情而忽视规则的性格特点，导致创新创业氛围不够，冒险开拓精神缺乏等后果。在强调创新进取、务实守信和合作多赢的现代化市场经济环境中，这种内陆观念文化也是制约经济发展的重要因素。通过几种文化的比较，我们认为武汉城市圈经济文化重塑需要实现从"只顾自己，不管他人"的"独赢"观念到提

---

① 辜胜阻：《区域经济文化对创新模式影响的比较分析》，《中国软科学》2006 年第 4 期。

倡合作精神的"多赢"观念转变；从短视的"守财"行为到培养规则意识的"守信"行为转变；从"小事"、"小利""小节"上的过分"精明"到"算大帐，谋大局"的"高明"转变；从"战略易变"和"行为多变"到执着做强优势产业的"守恒"转变；从好高骛远的"重名"心理到"一镇一品"做专做精的"务实"精神转变。

城市圈竞争力培育的关键在于将经济发展的模式由要素驱动、投资驱动转变为创新驱动，形成持续的创新能力。表 7 显示，武汉城市圈所在的湖北省的创新能力综合指标在全国范围内处于中等水平，但是与东部三大城市群所处的区域相比，则处于相对落后地位；从内部结构来看，武汉城市圈的知识创造、获取指标以及企业的创新能力指标都处在不错的位置，这与城市圈内众多的高校和科研单位资源、政府的大量投入等因素是相符的；而技术创新环境与管理和创新的经济效益等指标的落后地位则反映出武汉城市圈在创新环境的营造和创新成果的转化等方面的工作还需进一步加强。

表 7　2005 年部分省市创新能力的综合指标

指标名称	湖北		上海		广东		北京	
	指标	排名	指标	排名	指标	排名	指标	排名
综合指标	26.92	13	56.97	1	50.22	3	56.11	2
知识创造指标	21.42	10	46.96	2	29.13	5	80.94	1
知识获取指标	28.81	10	59.51	1	44.05	4	40.41	5
企业技术创新能力指标	36.80	10	61.19	1	58.17	3	42.52	7
技术创新环境与管理指标	25.92	16	50.07	2	48.83	3	59.71	1
创新的经济效益指标	18.52	24	65.90	1	62.44	2	61.77	3

资料来源：中国科技发展战略研究小组：《中国区域创新能力报告 2005—2006》，科学出版社 2006 年版。

创新能力所形成的产业高新化程度不仅表明了产业发展的阶段，也突出了城市圈的发展动力。中部地区高新技术发展的资源优势明显，但产业化水平很低，技术密集型的高新技术产业发展滞后，在经济贡献中所占比重不高。据 2004 年各地统计公报数据显示，上海、北京、广州三市高新技术产业当年实现产值分别为 3947.78 亿元、1750.1 亿元、1432.53 亿元，而武汉市仅为 641 亿元。武汉城市圈产业的高新化程度低将制约其长远发展。

总之，工业化以及产业集群的比较表明，武汉都市圈正处于工业化的初级阶段；市场发育不够；经济外向度低；产业集群部门多，但集群程度不高，规模小，市场占有率低；而且企业家资源短缺，区域文化与经济发展不协调。因此，武汉城市圈发展要扩展城市之间的分工，充分发挥各自的比较优势和竞争优势，促进产业链条的延长，实现产业深化；要积极引进境外资本和国内民间资本，充分利用外部资源和市场；要提升区域技术创新环境，推进技术市场一体化，完善面向城市圈各市的技术服务体系，大力推动周边城市的企业与武汉科研机构进行"产学研"结合。武汉城市圈在推进优势产业和产业集群发展的同时，还要重视"软实力"的培育，使之内化为城市圈经济发展的优势。

三、研究结论

通过以上对各城市群和都市圈的比较，我们可以得出以下几点结论：

第一，城市群是城镇化在高级阶段出现的一种城镇空间组织形式，是工业化进程中经济联系的延伸和重构，推进城市群建设要深化产业分工和加快经济一体化。只有城市群内不同等级的城市之间建立较为密切的社会经济联系，形成完善的集聚、扩散机制，才能推动城市圈向一体化方向发展，成为高效的空间组织形式。武汉城市圈内的城市之间存在着产业结构雷同，关联度较低的问题；且城市体系不均衡，一城独大，次级城市落后。为此，需要加快圈内资源整合和优化配置能力建设，构建资源共享机制，打破群内分割，共享基础设施，以项目为纽带，引导企业跨地区重组联合，形成一批支撑城市圈发展的支柱产业和特色产业，强化城市圈内人流、物流、资金流、技术流、信息流等经济联系。城市群的实质是经济一体化，要害是产业分工。发展武汉城市圈，要使圈内核心城市加快向"高技术、高加工、高附加值"的大都市产业升级的步伐，将一般传统产业向周边城市转移；高技术产业和研发营销总部向武汉集聚，加工基地向周边布局，形成合理高效的城市分工体系。

第二，我国城市组团化呈现多层次和多阶段现状，武汉城市圈要凭借区位优势发挥"承东启西"的功能。武汉城市圈和东部三大城市群的比较表明：作为我国城市组团发展比较成熟的"经济板块"，东部三大城市群的经济规模已经与其他区域拉开了较大差距，处于城市群的第一集团。武汉城市圈虽然在构建条件上基本符合城市群的要求，但在经济实力上只是中国中部第二个等量级的城市"组团"。武汉城市圈是位于东部发达地区到西部欠发达地区的过渡区域。按照梯度经济发展规律，由东部发达地区到西部欠发达地区是一个从高到低的梯度发展态势。武汉城市圈要凭借其居中的特殊地理位置和四通八达的交通条件，承接沿海乃至境外的产业转移和西部地区的产品输出的功能。

第三，城市群体对全局发展具有中枢的支配作用，城市群建设要发挥市场配置资源的基础性作用，培植多元而强大的市场主体。产业集群建设既要依靠市场这支"无形之手"，又要靠政府这支"有形之手"，但市场力量是根本性的。城市群和都市圈发展演进的基本动力来源于各种活跃的经济要素。城市群和都市圈的推进是必须以工业化和经济发展作为支撑的。城市群地区是社会经济最发达、经济效益最高的地区，对全局发展具有中枢的支配作用。在没有产业基础或者只是简单的产业空间集聚的情况下，由行政主导盲目推进城市群进程的做法会使城市群缺乏可持续运转的基础。长三角城市群突破性发展的主要的动力来自于市场的力量，对于江苏而言就是大规模引进外资后所形成的面向国际市场的外向型经济，对于浙江而言就是活跃的民营经济，而上海的开放给了跨国公司在全球范围内重新布局的机会，多元而强大的市场主体促进了区域经济的高速成长。武汉城市圈发展要努力培育市场竞争主体，发挥市场力量配置资源的基础性作用，把城市组合建立在坚实的产业基础上。

（本文发表于《中国人口科学》2007年第4期。）

—11—

创新型城市建设的西安实践与思路

一、创新型城市建设的时代背景与战略意义

创新型城市建设是实施创新驱动发展战略、建设国家创新体系的重要抓手，也是推动传统城市发展方式变革、提升城市自主创新能力和国际竞争力的重要突破口。我国高度重视创新型城市的探索与建设，注重发挥创新型城市在国家创新体系中的支撑作用。2005 年 10 月，中共十六届五中全会首次提出了"建立创新型国家"的重大战略思想。2008 年深圳被列为首个国家创新型城市试点，2010 年西安、武汉等 20 个城市（区）被科技部确定为 2010 年首批国家创新型试点城市（区）。2016 年 5 月《国家创新驱动发展战略纲要》明确要求，打造区域创新示范引领高地，建设创新型城市。在 2016 年全国科技创新大会上，习近平总书记提出要建设若干具有强大带动力的创新型城市和区域创新中心。2018 年 4 月，科技部、国家发改委支持吉林市、徐州市等新一批城市开展创新型城市建设。当前我国经济已由高速增长阶段转向高质量发展阶段，亟须深入推进创新型城市建设与发展，率先突破制约城市发展的主要瓶颈、以创新驱动引领城市高质量发展。同时通过增强创新型城市的引领示范与辐射带动作用，提升区域创新发展能力，加快创新型国家建设进程。

西方学者认为创新型城市包含七个要素：开放思想、多元化与宽容

性、独立个性、空间可达性、富有活力的公共空间、高质量的人居环境以及基于本地身份认同的全球化导向,[1] 他们还注重城市发展过程中创新文化以及人的创造性发挥,强调城市的创造力、创意性。更多学者倾向于将创新视为城市竞争力的源泉,创新型城市是一种以创新作为核心驱动力的城市经济社会发展模式,是对传统城市发展理念、发展动力、发展模式的变革。杨冬梅等[2]认为创新型城市是知识经济和城市经济融合的一种城市形态,是由多种创新主体之间的交互作用形成的知识与技术集聚扩散的创新网络系统。胡钰[3]认为自主创新是创新型城市的核心内涵,科技制度较完善、科技投入较大、科技基础条件较好、企业技术创新能力突出,创新驱动城市经济社会发展能力较强。洪银兴[4]认为创新型城市的基本要素包括技术创新、知识创新、服务创新和制度创新等,创新人才、资本与产业是促进城市发展的关键动力。从创新指数来看,各国的创新型城市一般技术对外依存度低于30%,技术进步对经济增长贡献率超过70%,发明专利申请量占全部专利申请量在70%以上,企业的专利申请量占全社会专利申请量的70%,企业研发投入要超过销售收入的4%以上,往往具有较高的自主创新能力。我们认为:创新型城市作为系统推进全面创新改革的试验区,通过知识、技术、制度、文化等各方面的变革,集聚和配置创新资源、形成创新机制与创新环境,催生新知识、新技术、新生产组织形式,最终成为区域新的增长极与具有创新示范带动作用的区域创新平台。深圳的创新型城市建设形成了独特的"深圳模式",创新创业生态系统比较成熟,是一个可以和硅谷比肩的城市。[5] 西安是我国主要的创新型城市之一,从2010年开始拉开了创新型城市建设的序幕。雄厚的科教资源是西安建设创新型城市的主要优势之一,西安的高校密度和受高等教育人数在全国城市中位居前列。目前西安科技发展的环境不断优化,创新发展成效显著。

---

① Landry Charles, *The Creative City: A Toolkit for Urban Innovators*, London: Earthscan Publication Ltd, 2000.

② 杨冬梅、赵黎明、闫凌州:《创新型城市:概念模型与发展模式》,《科学学与科学技术管理》2006年第8期。

③ 胡钰:《创新型城市建设的内涵、经验和途径》,《中国软科学》2007年第4期。

④ 洪银兴:《论创新驱动经济发展战略》,《经济学家》2013年第1期。

⑤ 辜胜阻、杨嵋、庄芹芹:《创新驱动发展战略中建设创新型城市的战略思考——基于深圳创新发展模式的经验启示》,《中国科技论坛》2016年第9期。

2017 年研发经费投入强度在全国主要城市中位居前列，科技支撑引领作用日益凸显。杭州、深圳提出了创新创业"新四军"，西安在"硬科技"发展方面也形成了自己的"八路军"，企业的创新主体地位进一步确立，2018 年西安在中国城市创新创业活力榜中位列第六。

二、新时代推进创新型城市建设的路径思考

当前推动城市发展方式转变、加快创新型城市建设，首先要处理好政府与市场的关系。创新型城市的建设和发展主要受到政府和市场两种力量的影响，市场机制是创新资源要素优化配置、激发创新主体活力的关键，同时政府在促进城市创新系统有效运转、城市各项功能有机协调中发挥着不可替代的作用。必须明确政府在城市创新系统中的地位和角色，同时强化政府在激励、竞争、评价、监督等方面的制度供给，着力突破制约创新发展的制度性障碍，激发创新活力、提高创新成效。其次要紧扣高质量发展阶段的新形势和新要求，在促进多主体协同共生、多要素集聚融合、创新环境优化升级、体制机制协调完备等多个方面取得更大突破。同时，创新型城市应该是一个开放式的创新系统，要在开放合作中提高吸纳和配置全球创新资源的能力。结合西安的实践，本文认为应该采取以下六个方面的举措。

（一）发挥研究型大学和科研院所在创新源头上的重要作用，增强城市创新发展的基础能力，深化产学研创新合作，促进创新成果"落地"转化

研究型大学和科研院所是区域创新链的重要源头，在知识生产和传播、培养与引进多样化的创新型人才、促进科技成果转化中发挥着得天独厚的作用。斯坦福大学、加州大学伯克利分校等是硅谷区域创新体系形成和发展的关键因素，为硅谷提供了大量的科技成果与高素质创新创业人才。以色列号称"中东的硅谷"，以色列理工学院与斯坦福类似，它是以色列创新的"发动机"、高科技产业发展的"脊梁"。西安不仅有很多创新能力强的知名大学，如西北工业大学在航空、航天、航海领域的实力出众，科研院所的实力也非常雄厚，特别是军工院所科研实力强劲。要充分

发挥研究型大学和科研院所的创新引领作用，加大对基础研究、应用基础研究的投入和支持，提升城市源头创新能力。科学制定重大科技创新计划，推进各类高水平的研究机构、国家重点实验室、国家重点科研基地的建设，引进重大科研项目，培养、集聚高层次、多元化创新人才。探索高校、科研院所创新合作的新模式新路径，打造开放共享、具有活力的高校联盟，整合地区优质教育科研资源，增强城市创新发展基础能力。

有效改变城市创新发展中科技与经济的"两张皮"，关键要明确大学、科研院所、企业以及政府之间的功能定位，形成产学研有效合作、紧密衔接的技术创新体系。要消除阻碍科技成果转化的体制机制障碍，鼓励产学研各创新主体通过共建研究开发基地、组建产业创新战略联盟等多种形式开展合作，完善利益共享、风险共担的利益分配机制，实现"基础研究—应用研究—技术开发—生产经营"有效互动。[①] 要完善地区科技服务和技术交易体系，搭建技术交易网络平台，建立一批技术交易中介服务机构，促进科技成果产业化、市场化。大疆创新科技有限公司是粤港澳大湾区产学研有效融合的一个成功案例。大疆无人机的核心技术来源于香港科技大学，但在深圳实现产业化。西安积极推进产学研协同创新，推广"一院一所"模式，出台各项支持政策助推大学、科研院所的科技成果产业化，探索适用不同类型科研院所科技成果转化途径。特别是通过发挥西安科技大市场"交易、共享、服务、交流"四位一体的功能，促进技术转移和成果转化。据西安市政府工作报告，2017 年西安技术市场合同交易额 800 多亿元，连续 5 年位列全国副省级城市之首，科技进步对经济增长的贡献率达到 60%。

（二）发挥大企业的创新优势，吸引创新要素集聚，推动军民创新企业深度融合，提升区域创新发展能力

企业离市场最近，最能感受到市场动态、社会需求、技术走向，是技术创新体系的关键主体。大企业特别是科技型大企业获取创新资源能力强、研发实力强，具备相对完善的技术创新风险分散机制，是推动产业技

---

① 辜胜阻、吴华君、吴沁沁等：《创新驱动与核心技术突破是高质量发展的基石》，《中国软科学》2018 年第 10 期。

术进步和科研成果转化的主力军，也是加快创新型城市建设的中坚力量。要使企业在技术创新活动中发挥主导地位，支持企业聚集创新资源，更多地依托企业建设国家工程中心、国家工程实验室以及国家级企业技术中心等创新平台建设。鼓励大企业加大研发投入强度，建立高水平的研发机构，健全企业内部技术研发、产品创新、成果转化的组织机制，提高自主创新能力。据《2017 全球企业研发投入排行榜》，2017 年华为的研发投入总量超过苹果，位居全球第六，研发投入强度在全球大企业中位列第四，研发员工占比达 45%。发挥科技型大企业的创新辐射作用，增强创新孵化能力，培育细分领域的"隐形冠军"和"独角兽"。腾讯是大企业进行内部创新和"裂变式创业"的典型代表，据统计，有超过 1.5 万名"单飞企鹅"成为创业创新大军。

军民融合是发挥优势军工大企业创新辐射效应、吸收民用先进科技成果的重要方式。美国利用军工优势技术溢出，培育了一批军民两用的高新技术产业，核工业、航天、计算机、互联网等高技术产业发展最初都源于军工先进技术。以色列被誉为"创业国度"，而以色列的军队被称为"世界上最好的孵化器"。在以色列，大批军人离开军队后，带着宝贵的知识与经验，通常会创办高新技术企业或加入现有的高新技术公司，成为推动技术创新的重要力量。要加快军民技术创新成果双向转移，实现取长补短、优势叠加。系统推进军工企业和科研院所改革，让"民参军"有资格、"军转民"有动力，促进具有应用潜力的新技术加快市场转化应用。

（三）加强制度创新，强化产权对科技人员的有效激励，完善科技人员的创富机制，以高端人才驱动区域创新发展

人才是第一资源，是创新型城市的核心竞争力，让创新资源优势转化为经济发展优势，关键在人，特别是创新人才，重点在调动人的积极性与创造性。作为中国最早的供给侧改革，家庭联产承包责任制通过制度创新、制度供给，极大地调动了农民的生产积极性，使中国人告别了短缺经济，也为中国改革全面铺开做出了重要示范。纵观改革开放 40 年，中国实现了从站起来到富起来的历史性跨越，很大程度上得益于邓小平同志"让一部分人先富起来"的政策主张。尊重人才就是创造新的资本，建设创新

型城市必须以人才为依托，营造"实业能致富，创新致大富"的环境，让创新人才大富起来。2017 年以来，西安持续释放人才政策红利，相继打出"人才新政""户籍新政""创新创业新政"引才育才"组合拳"，逐步成为人才集聚高地。在引进国内外、省内外人才的同时，如何用才、留才，最大限度地激发人才的创新创造活力，非常重要的是建立科学有效的激励机制。要完善产权保护制度，强化知识产权的创造、保护和运用，实现对创新者的有效激励，防止"劣币驱逐良币"现象。美国出台的《拜杜法案》强调知识产权保护，强化高校与企业的合作，使科技成果的转化率在短期内翻了十倍，《经济学家》杂志将其评为"美国过去 50 年最具有激励性的立法"。要深入推进科技成果使用权、处置权、收益权"三权"改革，推动高等院校和科研单位下放科技成果处置权、收益权，完善相关技术成果的评议、定价、收益分配机制，着力解决科技成果转化中动力不足、效率不高、分配不清的问题。西南交大科技成果"三权改革"鼓励高校院所与发明人以股份等方式，对职务科技成果分割确权，规定按 3 : 7 的比例共享专利权，① 有利于破除阻碍高校院所科技成果转移转化的"枷锁"，是激发科技人员创新活力的"小岗村试验"。要深化科技体制机制改革，支持和鼓励科技人员通过兼职、挂职、参与项目合作、技术转让、技术入股等形式，把科研成果转化应用"下沉"企业，实现创新致富。20 世纪 80 年代的上海"星期天工程师"是我国调动科技人员积极性的成功经验，缓解了一边是科技成果"被锁在保险柜中"，一边是企业缺乏核心技术"嗷嗷待哺"的困局。

（四）大力发展天使投资、风险投资（VC）和私募股权（PE）等股权投资，吸引投资机构集聚，为创新型城市注入金融"活水"

创新创业始于技术、成于资本。创新活动高投入、高风险、长周期、高回报的特点，使得传统的商业银行信贷难以满足其融资需求，促使创新型城市需要合理的金融制度安排。股权投资追求高风险背后的高收益，是建设创新型城市的关键要素和推动技术创新不可或缺的助推力量。风险投

① 《创新之路》主创团队：《创新之路》，东方出版社 2016 年版。

资是创造"硅谷奇迹"的重要元素。据美国 VC 协会的数据统计，2010—2014 年美国 38%的创投量和 43%的投资金额都产生于硅谷，苹果、谷歌、思科、甲骨文等高科技公司都得益于风险投资的支持。要完善股权投资链，满足创新型企业从种子期到初创期的融资需求，推动股权投资与高新技术产业发展良性互动，实现资金链、创新链、产业链深度融合。要营造良好的天使投资氛围，培育和壮大天使投资人群体，鼓励有资源、有知识、有经验的企业家和专业人士积极投身天使投资事业，加大对高校创新创业、科研院所科技成果转化的关注力度，筛选出优质的创新创业项目并重点培育。大力发展风险投资，拓宽风险资本来源渠道，扩大风险投资机构的数量和规模，优化风险投资结构，减少政府主导性和扶持性基金，更多激发社会资本的力量，培育更多关注企业长期发展前景的"种树人"，拓展金融服务创新的广度和深度。深圳已逐步形成适应创新发展需求的金融支持体系，是全国创投最活跃、创业氛围最好的地区之一，上市公司的数量逾 350 家。① 西安近期推出的"创投十条"政策，有利于吸引创投机构聚集、支持创投机构做大做强，加速科技资源与创投资本深度融合。要规范发展区域性股权交易市场，以科技型中小企业的需求为导向，推动区域市场的金融产品与服务模式创新，提高资本服务创新的有效性。推动陕西区域性股权市场积极融入多层次资本市场，搭建中小企业股权转让平台，让各种支持科技型中小企业的资金"进得来，出得去"，与沪深交易所、新三板有序衔接、功能互补，② 合力助推西安创新型企业发展壮大。

（五）打造创新要素集聚的空间载体，聚力培育创新型产业集群，营造良好的创新创业生态环境

城市间的创新发展竞争不仅是科技项目的竞争，更重要的是创新创业生态系统的竞争，需要"软件"和"硬件"的结合。硅谷之所以难以复制，因为它形成了一个独特的创新生态系统。要推动有利于城市创新创业的"硬设施"建设，加强国家重大科技基础设施建设，完善科技公共服务

---

① 《深圳，一座拥有逾 350 家上市公司的城市》，《前海金融城邮报》2016 年 8 月 23 日。

② 许均华、王素娟、樊玉奇：《加强区域性股权交易市场建设的思考》，《清华金融评论》2018 年第 5 期。

体系，布局一批突破型、引领型世界级大科学装置，促进区域创新资源开放共享、合理流动和优化配置。加快高端创新平台的建设，吸引国内外一流的科研机构、创新型企业研发中心落户，打造世界领先的创新研发网络，提升城市的科研能力和创新能力，推动创新集群发展。创新活动需要创新文化和创新精神的支持，良好的文化观念、创新氛围是维系和促进城市创新活力的"空气"。积极培育"鼓励创新、宽容失败"的文化氛围，增强城市对创新活动的包容性，支持创新人才合理流动，提升对国内外创新人才的文化吸引力。适应高端领军人物"候鸟式""兼职式""咨询式""项目式"等柔性流动趋势，积极改革高端人才的柔性引进方式，强化城市创新发展的智力保障。要加强城市产业生态的构建，既要有参天大树，也要有小树小草，既要有"航空母舰"，也要有"蚂蚁雄兵"，深化产业链上下游企业创新互动。深圳各类创新资源高度集聚，产业体系发达，制造一个机器人在硅谷集齐零部件需要一个星期，而在深圳只需一个下午，且成本相当于硅谷的1%到5%。① 同时，深圳移民文化孕育出"敢于冒险、追求成功、崇尚创新、宽容失败"的创新创业精神。深圳"包容跳槽"的职业伦理，尊重人才、能力至上的人力资源理念和宽松自由的氛围，激励人们敢于创新。

西咸新区是中国首个以创新城市发展方式为主题的国家级新区，是中国城市发展理念创新、发展方式转变、发展动能转换、发展路径探索的重要"试验田"。目前西咸新区集聚了西部科技创新港、西工大无人机、大疆无人机、中科创星等一批"硬科技"企业。推动西咸新区创新发展，构建具有地方特色创新创业生态系统，加快创新要素集聚融合，需在塑造城市特色、优化城市空间布局、提高城市宜居宜业度等方面实现重要突破。要坚持差异化发展战略，发挥自身优势，将"长板"做长，注重特色品牌塑造，走有特色、有内涵、有个性的城市建设与发展道路。要加快政府职能转变，优化营商环境、提高办事效率，形成一流的投资创业兴业制度环境，吸引更多的企业入驻，加快产业集聚式发展。要注重城市空间规划管理的科学性、前瞻性，完善城市公共基础设施，实现城市建设与人的发展

---

① 杨世国、程全兵：《深圳："创新之城"是如何炼成的》，《人民日报海外版》2015年4月15日。

需求相统一。妥善化解城市建设中的空间制约问题，避免过高的房价对创新人才产生"挤出"效应，让人才"来得了、干得顺、留得住"。

（六）构建开放式创新体系，全面提升对外开放水平，积极融入"一带一路"建设，打造全球区域创新高地

习近平总书记明确指出，绝不能关起门来搞创新，而是要"聚四海之气，借八方之力"。创新型城市建设也必须坚持对外开放，积极构建与国际接轨的开放型创新体系，主动融入全球创新网络，在全球范围内集聚、整合、配置创新资源，提升区域创能力。陕西提出要设立"立体丝绸之路"，通过打造国际机场、开通中欧班列，打造国际物流网络，推动"一带一路"基础设施互联互通。西安是古丝绸之路的起点，也是丝绸之路经济带的重要节点城市，在对外开放和参与"一带一路"中具有巨大优势。据统计，西安咸阳国际机场通达 25 个国家的 48 个城市，包括 14 个"一带一路"国家的 26 个城市，以"空中丝绸之路"联通世界。要充分利用西安天然的区位优势，加快实现交通基础设施互联互通，疏通"一带一路"的血脉，促进沿线国家间人流、物流、资金流、信息流自由流动，以开放创新助力互利合作。要营造自由高效的国际化创新环境，鼓励本土与海外高技术企业和高水平研发机构联合共建一批实验室、技术转移中心，促进国际创新资源与区域创新需求有效对接。要深化国际科技交流合作，搭建"一带一路"科技交流合作平台和科教资源共享平台，通过多种形式的活动，提高与沿线国家的创新人才开展学术交流、科研合作的便利化和经常化程度，做到各展所长、优势互补。可探索将境外合作区打造为创新资源、创新主体"引进来"与"走出去"的重要平台，逐步提升园区产业创新能力与产业层次，加强园区内各类创新主体的互动交流。陕西积极推动与沿线国家共建产业园区，如中俄丝路创新园、中哈现代农业示范园和"一带一路"中欧合作产业园等，加快了国际产能合作，有利于西安建立开放型区域创新体系。

三、结语

当前，中国经济已由高速增长阶段转向高质量发展阶段，正处在转变发展方式、优化经济结构、转换增长动力的攻关期，着力推进创新型城市建设、以创新驱动引领城市经济与区域经济高质量发展是时代的客观要求。创新型城市内涵丰富，一般体现在城市发展理念、发展模式、体制机制、对外开放以及内部管理各方面的创新。从国内外创新型城市建设实践来看，主要包含了工业创新型、文化创新型、服务创新型以及科技创新型城市四大类型，不同类型创新型城市的核心特征具有差异，但是创新型城市必然是一定城市空间内创新资源、创新主体、创新机制与创新环境有机组成的经济社会综合体系。本文总结了西安创新型城市建设主要成功经验，认为推进创新型城市建设，要立足比较优势与创新潜力，强化大学和科研院所、创新型企业等创新主体的中心地位，提高人才、技术、资本等创新资源的集聚程度，积极推动城市创新空间载体建设、优化城市创新创业生态体系，同时要坚持"自主创新"与"开放创新"并重的创新模式，探索出符合中国特色、地方特色的创新型城市建设道路，为新时代的城市与区域创新发展赋能。同时应看到，城市是一个国家与区域经济产出最重要的基地，是各类要素和资源的集聚地，在国家与区域中发挥着独特的政治、经济和文化作用。除了创新功能，城市还承担着生产功能、服务功能、管理功能、协调功能、集散功能。建设创新型城市要以增强创新能力、创新动力为核心，推动城市的创新功能与其他功能协调发展、互为促进，全面、系统地推进城市发展方式转变与高质量发展。

（本文发表于《中国科技论坛》2019 年第 11 期。）

—12—
新时代推进绿色城镇化
发展的战略思考

　　绿色发展注重解决高质量发展中人与自然和谐问题，是永续发展的必要条件。党的十九大报告强调"坚持人与自然和谐共生"，将绿色发展作为生态文明建设的首条措施，并从经济体系、技术创新体系、能源体系、生产系统和生活系统循环链接、生活方式等多个维度确立了明确的发展方向。绿色发展契合中国资源环境国情，已经成为推进生态文明建设和美丽中国建设的重要途径。城镇化是推进我国经济社会发展的重要引擎，是绿色发展的主要平台，新时代推进绿色城镇化是实现绿色发展的重要抓手。当前中国城镇化进入以绿色发展为导向的新时代，以科学完善、明确合理的路径加快城镇化绿色转型，打破传统粗放型城镇发展模式，跳出"城市病"发展怪圈，在城镇化过程中实现人与自然和谐共生、经济社会与生态环境协调发展，具有重大理论意义与实践价值。

一、新时代的城镇化迫切需要以绿色发展为导向

　　当前我国城镇化率已经从 1978 年的 17.9% 上升到 2017 年的 58.5%，按照世界城镇化发展规律，如图 1 所示，目前仍处于城镇化率 30%—70%的快速发展区间。长期以来我国城镇化资源利用粗放，能源消费结构不合

理，城市生态环境治理能力滞后，[①] 所引发的"大城市病"等资源环境矛盾，倒逼中国城镇化必须进入绿色发展新阶段。《国家新型城镇化规划（2014—2020 年）》明确指出要加快绿色城市建设，将生态文明理念全面融入城市发展。2015 年《中共中央国务院关于加快推进生态文明建设的意见》再次明确提出要大力推进绿色城镇化。

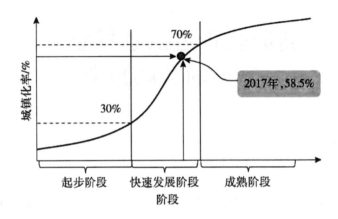

图 1　城镇化发展的 S 型曲线

注：2017 年中国城镇化率数据来自《中华人民共和国 2017 年国民经济和社会发展统计公报》。城
　　镇化阶段的划分参照了张占斌、刘瑞和黄锟 2014 年出版的《中国新型城镇化健康发展报告
　　（2014）》一书。

回顾总结国际绿色城镇化理论与实践有助于我们更好地理解和认识推进我国绿色城镇化战略的历史方位。国际上关于城镇化进程中的资源环境问题探讨由来已久。英国学者霍华德（Ebenezer Howard）[②] 提出了"田园城市"构想，强调避免城市扩张带来的环境问题，可以看作是现代绿色城镇化理论的开端。20 世纪 20 年代到 70 年代，生态学思想应用于城镇化研究，城市生态学逐渐发展成熟。其中，Berry 和 Kasarda[③] 系统论述了城市生态学的起源与发展，并分析了城镇化过程中的城市人口空间结构、动态变化和形成机制，形成了以城市为对象的生态学研究基础。20 世纪 80 年代以后，生态城市思想由理论进一步向实践发展，苏联城市生态学家亚尼

---

　　① 辜胜阻、曹冬梅、韩龙艳：《"十三五"中国城镇化六大转型与健康发展》，《中国人口·资源与环境》2017 年第 4 期。

　　② 霍华德：《明日的田园城市》，金经元译，商务印书馆 2000 年版。

　　③ Berry, J. L., *Contemporary Urban Ecology*, New York：Macmillan Publishing Co, 1977.

茨基（O. Yanitsky）和美国生态学家瑞吉斯特（R. Register）是这一时期生态城市理论研究的重要代表。[①] 大量学者在"生态城市"概念的基础上对城市生态环境问题进行探讨，产生了"森林城市""园林城市""低碳城市""绿色城市"等一系列城市发展模式的新理念。特别是 20 世纪 90 年代以后，"绿色发展"运动蓬勃兴起，绿色城镇建设从只注重绿色规划逐渐向绿色生产、绿色文化、绿色生活等各个领域全面深化。Dominski[②] 提出城市发展应遵循"3R"原则，即走减少物质消费量（reduce）、重新利用（reuse）、循环回收（recycle）的生态城市演进模式。在实践层面，英国、美国、德国以及澳大利亚等国家为了积极应对城镇化进程中的空气污染、水污染、交通拥堵、垃圾围城等"城市病"问题，纷纷探索循环、低碳、可持续的绿色城镇化模式。其中，英国在 20 世纪初开始实践霍华德[③]的田园城市设想，并于 2007 年开始在全国范围内，围绕城镇规划、社会生产、交通系统等多个领域推进生态城镇（eco-town）建设。美国通过立法保障与政府引导，将第二次世界大战前美国小城镇和城镇规划优秀传统与现代环保、节能的设计理念有机融合，建设具有地方特色、体现人文关怀、注重集约用地的城镇环境，摒弃郊区蔓延的发展模式，积极推动新城镇的"精明增长"。德国城镇发展高度重视构建可持续、绿色低碳的交通系统，在国家、区域层面上加强公共交通建设的统筹协调建设与投资，同时统筹推进可持续的乡村城镇化，形成了大中小城市与小城镇协调发展模式。澳大利亚的阿德莱德市把宜居性作为城市建设最根本的出发点，在城市的规划管理体系设计、功能和结构布局、基础设施建设、生态环境保护、交通组织构建等方面均深刻践行以人为本、低碳生态的城市发展理念。日本重视环境保护战略制订及其在城镇化中的先导作用，大力发展"静脉经济"，推动生态工业园区建设，积极引导城镇建筑低碳化发展。

绿色城镇化作为城镇化转型发展的新模式、新路径，近年来受到国内

[①] 原华君、司马慧：《生态城市的概念与发展回顾》，《国土与自然资源研究》2005 年第 4 期。

[②] Dominski, T., *The Three Stage Evolution of Eco-cities: Reduce, Reuse, Recycle*, Los Angeles: Eco-HomesMedia, 1992.

[③] 霍华德：《明日的田园城市》，金经元译，商务印书馆 2000 年版。

学术界高度重视。魏后凯、张燕①认为绿色城镇化是以低消耗、低排放、高效有序为基本特征，结合城镇集约开发与绿色发展，以资源节约与低碳减排为具体推进方式，实现环境友好与经济高效的新型城镇化模式。辜胜阻②提出中国城镇化绿色发展转型关键是要把生态文明理念和原则全面融入城镇化过程，走"集约、智能、绿色、低碳"的新型城镇化之路。谷树忠等③等强调低消耗、低排放、环境友好、高效有序是绿色城镇化的基本特征，同时绿色城镇化还体现在以人为本、人地和谐的生态宜居与生命支撑。很多学者对中国绿色城镇化的宏观战略与具体实践路径进行了有益探索。辜胜阻④研究认为城镇化绿色转型发展关键是围绕城市体系、产业结构、制度安排及企业和公众参与机制五个方面进行。董战峰等⑤提出从生态文化普及、自然环境维护、生态型城市建设、推行绿色低碳的生活方式、产业生态化以及建设运营绿色基础设施等六个方面来推进中国绿色城镇化。国务院发展研究中心和世界银行共同发布的《中国：推进高效、包容和可持续的城镇化》指出，实现绿色城镇化最重要的任务是加强绿色治理，形成一套能够进行有效环境管理的制度与工具，采取跨越行政边界的绿色治理手段，将绿色治理原则融入各部门政策，推动城市基础设施领域绿色化改革。⑥李佐军、盛三化⑦提出应建立生态文明制度体系，以制度手段保护环境、推进绿色城镇化。随着国内"自上而下"试点示范以及"自下而上"自发探索的绿色城镇化实践不断推进，"绿色城镇化"的内涵与外延更加明确和具体。

当前，中国特色社会主义发展进入新时代，中国的城镇化也进入以绿

---

① 魏后凯、张燕：《全面推进中国城镇化绿色转型的思路与举措》，《经济纵横》2011年第9期。
② 辜胜阻：《中国城镇化要向绿色发展转型》，《中国经济时报》2013年8月12日。
③ 谷树忠、谢美娥、张新华：《绿色转型发展》，浙江大学出版社2016年版。
④ 辜胜阻：《中国城镇化要向绿色发展转型》，《中国经济时报》2013年8月12日。
⑤ 董战峰、杨春玉、吴琼等：《中国新型绿色城镇化战略框架研究》，《生态经济》2014年第2期。
⑥ Development Research Center of the State Council, World Bank, "Urban China: Toward Efficient, Inclusive, and Sustainable Urbanization", Wash-ington DC: World Bank, 2014.
⑦ 李佐军、盛三化：《建立生态文明制度体系 推进绿色城镇化进程》，《经济纵横》2014年第1期。

色发展为导向的新时代。"两山理论"是绿色发展理论的基石。2005 年 8 月，时任中共浙江省委书记的习近平同志首次提出了"绿水青山就是金山银山"的论断。"两山理论"是习近平总书记绿色发展理论的核心思想，是对绿色发展的形象概括，回答了什么是绿色发展，怎样实现绿色发展，在理论上揭示了全面协调生态环境保护与经济发展之间的辩证统一关系。[①]作为"两山理论"发源地的浙江安吉，从"工业强县"转向"生态立县"，积极把生态环境资源比较优势转化为现代生态循环农业、生态旅游等生态经济竞争优势，以发展特色生态经济为抓手推动绿色发展，在改善生态环境中实现生产力的提高，走出了一条绿色引领、生态富民、美丽乡村的新路，成为实现"绿水青山"与"金山银山"兼得的现实典范。

绿色发展理念是对"两山理论"的升华，已经成为引领中国经济社会发展的重要航标。新时期城镇化要在"绿色"中实现"发展"，同时通过"发展"增进"绿色"含量与质量。绿色发展理念是中国城镇化转型的重大指导思想，推进绿色城镇化是落实绿色发展的必然要求。我们认为，绿色城镇化是以人为本、以绿色发展理念引领的高质量城镇化发展模式，追求全面协调、绿色低碳、动态平衡、经济高效的城镇发展，更加注重人与自然和谐共生、经济社会系统与生态环境系统协调兼容。这也就意味着绿色城镇化不仅是通过对城镇生态环境的有效保护，实现当地自然生态格局稳定、生态服务功能优化，为居民提供舒适宜居、环境优美的生活环境，促进城镇健康发展。绿色城镇化更应该是综合性、系统性的发展，要求在城镇化战略顶层设计、产业体系发展、空间规划布局、绿色治理制度安排等全过程牢固树立和践行绿色发展理念，正确处理好城镇化进程中的"绿水青山"与"金山银山"的关系。通过城镇化绿色转型真正实现城镇生产空间集约高效、生活空间宜居适度、生态空间山清水秀。

二、城镇化绿色转型的战略任务和面临的挑战

如何加快推动中国城镇化绿色转型是一项系统性、复杂性、紧迫性的

---

① 卢宁：《从"两山理论"到绿色发展：马克思主义生产力理论的创新成果》，《浙江社会科学》2016 年第 1 期。

工程，是绿色发展的一个重大理论命题和重大实践课题，需要在深刻认识与准确把握绿色城镇化的基本内涵、关键领域、支撑条件等基础上，构建科学可行的战略框架。如图2所示，当前大力推进绿色城镇化，不仅要通过打造配套完备、低碳节能的交通、能源、供水供热等城镇基础设施以及推进城镇建筑的绿色化，形成城镇低能耗、低排放、环境友好型发展的基本条件；同时应该实现城镇产业体系、空间规划布局设计与生态环境治理体系多方面同步绿色转型。绿色产业体系是绿色城镇化的物质支撑和基础保障，空间合理有序扩张与"以人为本"的规划设计是城镇绿色发展的内在要求，科学高效的生态环境治理体系是实现城镇生态环境问题"标本兼治"的必然选择。但是中国城镇化绿色转型任务艰巨，在城镇绿色产业体系构建、城镇基本"硬件"绿色升级、城镇空间规划布局优化、城镇生态环境有效治理四个方面存在诸多挑战，阻碍了城镇化绿色发展质量稳步提高。

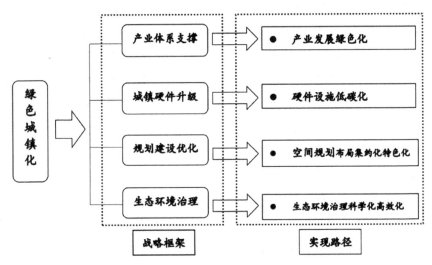

图2　城镇化绿色转型的战略框架与实现路径

（一）传统工业绿色转型任务艰巨，新兴绿色产业发展不足，城镇化绿色产业支撑体系亟待完善

城镇化离不开产业支撑，同时城镇化的发展模式与工业化进程高度相关，绿色产业可以推动城镇化的绿色转型。当前中国城镇产业绿色发展挑

战较大，一方面，传统工业绿色转型任务艰巨。如表 1 所示，长期来中国传统工业为"高能耗、高物耗、高污染、高排放"的粗放发展模式，带来了工业废气排放量以及工业固体废物产生量快速增长，造成环境和资源约束日趋收紧。目前钢铁、化工等污染密集型行业在部分地区的国民经济中仍占据很高比例，全面实现工业绿色发展任务艰巨。另一方面，资源节约型、环境友好型、效益优良型绿色产业规模较小，以绿色制造、环保产业、生态旅游等为代表的绿色新兴产业发展尚未成熟。已有研究显示，尽管近年来中国绿色产业保持向上的发展态势，但依然规模较小，2016 年环保、节能、资源循环利用等绿色产业上市企业市值总额占沪深 A 股全部市值的 3%左右。①

表 1 1992—2015 年中国城镇化率、工业发展与工业污染排放变化情况

单位:%

	城镇化率增长幅度	工业增加值增长率	工业废气排放量增长率	工业固体废物产生量增长率	工业废水排放量增长率
1992—1997 年	16.205	219.361	25.543	6.247	-3.059
1998—2003 年	21.529	62.191	64.110	25.428	5.935
2004—2009 年	15.757	109.946	83.454	69.910	6.061
2010—2015 年	12.312	42.426	31.978	37.399	-16.000

资料来源：数据来自相应年份的《中国统计年鉴》《中国环境统计年鉴》。

绿色技术与绿色金融服务体系不完善是绿色新兴产业发展乏力以及阻碍传统产业绿色转型的重要原因。中国绿色产业发展存在较大资金缺口，据测算，中国绿色产业发展每年有超过 2 万亿元投资资金需求，但财政资金投入只占到其中的 10%—15%。中国绿色金融以绿色信贷为主但总量较少，难以满足绿色产业发展的融资需求。在绿色技术方面，总体上中国绿色技术在生产环节的应用与推广仍相对迟缓，一些企业没有认识到绿色技术创新的重要性，技术研发投入不足，创新发展能力和水平较低。2003 年《清洁生产促进法》开始实施，到 2016 年工业企业清洁生产技术改造方案

---

① 刘轶芳、李娜娜、刘倩：《中国绿色产业景气指数：开发与测度》，《环境经济研究》2017年第 3 期。

实施率仅为 44.3%。

（二）交通基础设施、城市建筑、能源体系等城镇基本"硬件"绿色化升级缓慢

如果说交通是城镇的"骨架"，那么城镇建筑则是城镇的主要"肌体"，能源是城镇有效运行的"血液"，三者共同组成城镇空间的基本"硬件"与核心内容。目前中国绿色城镇建设在以下三个方面都存在较突出的短板。

交通运输是中国能源消耗与温室气体排放的重要领域。根据公安部交通管理局统计，截至 2017 年 3 月底，全国机动车保有量首次突破 3 亿辆，其中汽车突破 2 亿辆，仅次于美国位居世界第二，汽车保有量的快速增长直接给城市环境和交通运行带来巨大压力。同时，部分城镇老旧和高能耗、高排放营运车辆依然占据较大比例，清洁低碳的交通运输装备尚未真正普及。数据显示，2016 年全国机动车排放污染物达 4472.5 万吨，在各类交通运输方式中，汽车贡献了超过 80% 的一氧化碳和碳氢化合物排放量、超过 90% 的氮氧化合物和颗粒物排放量，加剧了大气污染。此外，部分城市交通规划及道路系统建设不完善，城市拥堵问题频发，公共交通运输体系不能满足城市发展的实际需要，绿色环保的公共交通出行比例不高。据统计，在北京，2016 年公共交通出行（包括轨道交通）比例为 40%，而中国香港和日本东京等发达城市公共交通的出行比例则达到了 85% 以上。

高耗能建筑比例高，绿色建筑推广较难。中国的建筑耗能（包括建材生产、建造能耗、生活能耗、采暖空调等）约占社会总能耗的 1/3。中国绿色建筑起步较晚，尽管近年来很多地区对新建建筑全面执行节能强制性标准，加大对既有建筑节能改造，但高耗能建筑比例依然较大。据统计，2016 年中国存量建筑 80% 以上都是高耗能的建筑，绿色建材仅占建筑用材的 10% 左右，[①] 很多达到节能标准的建筑，单位面积采暖耗能也远高于欧洲发达国家标准。同时，目前绿色建筑的推广与改造也存在诸多挑战，绿色建筑评价体系不完善，尤其缺乏建筑设计、建造、运行等方面的评价标

---

① 牛福莲：《完善法规政策 推动建筑垃圾资源化》，《建筑》2016 年第 2 期。

准，严格执行绿色建筑标准存在困难。

中国城镇能源消耗大，低碳绿色能源主导的能源消费结构尚未形成。在能源结构方面，尽管近年来中国能源消费结构有所改善，但传统高碳化石能源主导的能源结构尚未真正改变，低碳绿色能源主导的能源消费结构尚未形成。如图 3 所示，与主要发达国家相比，中国化石燃料能耗占总量的比重高，呈现快速上升趋势，清洁能源占消费总量的比重远低于法国、美国等发达国家水平，总体上升较为缓慢。其中，中国能源消费中煤炭的比重过高，2016 年中国化石燃料能耗中煤炭的比重达到 71.5%，总能源消费中煤炭的比重达到 62%。部分地区对煤炭依赖程度更高，据统计，京津冀地区煤炭占一次能源消费的比重超过 88%，高于全国平均水平约 20 个百分点。[①]

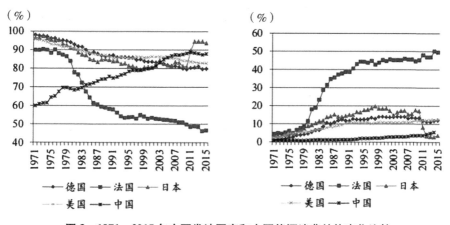

图 3 1971—2015 年主要发达国家和中国能源消费结构变化比较

注：（a）图为各国化石燃料能耗占能源消费总量的百分比，（b）图为各国清洁能源占能源消费总量的百分比。化石燃料包括煤、石油和天然气产品，清洁能源包括水能、核能、地热能和太阳能等。

资料来源：数据来自世界银行。

（三）部分城镇空间规划和布局不合理问题突出，城市建设特色缺失，"千城一面"问题严重

城镇空间是绿色城镇化的主要载体和基本单元。绿色城镇化必然要求

---

① 辜胜阻：《三大举措推进京津冀绿色发展》，《经济日报》2017 年 5 月 25 日。

城镇空间规划布局、城镇建设管理体现绿色低碳、可持续的发展理念，同时在城镇建设中注重历史文化传承，实现"以人为本"的城镇发展。

长期以来，产业规模扩大和城市人口增加直接导致城镇空间扩张，中国城镇地区面貌发生巨大变化。但是城镇建设中空间规划不合理与特色缺失等问题不断显露。一方面，城市空间规划管理比较粗放，尤其是部分新城新区建设呈现非理性扩张态势，土地利用未能与人口和产业的实际用地需求相匹配。如表2所示，我国城市空间规划和土地利用粗放，城镇建成区面积的年均增长率要普遍高于城镇人口的年均增长率，土地城镇化远快于人口城镇化。

表2 中国城镇人口、城区人口与城市建成区面积年均增长比较

单位:%

年份	城镇人口年均增长率	城区人口年均增长率	建成区面积年均增长率
1981—1985	5.6239	9.9475	6.0811
1986—1990	3.4529	9.2836	6.2046
1991—1995	3.0401	6.3289	8.2967
1996—2000	5.3247	1.7454	2.6531
2001—2005	3.9933	0.1805	7.8644
2006—2010	3.5361	1.5415	4.4540
2011—2016	2.7979	2.6155	5.6228

注：城区人口是指划定的城区（县城）范围的人口数，按公安部门的户籍统计为准；城镇人口指城镇常住人口。

资料来源：城镇人口数据来自《中国统计年鉴》，城区人口、建成区面积数据来自《中国城市建设统计年鉴》。

2016年全国县级以上新城新区有3000多个，50%以上省份至少有一个1000平方公里以上的新城新区。但是新城新区建设普遍存在规格过高、规模过大、个数过多、密度过低、与主城区距离过远等问题，[1] 部分人气、商气不足的新城沦为"空城""鬼城"。据统计，2016年全国新城新区总面积近4万平方公里，但人口密度过低，仅为国家建设用地人口密度标准

---

① 常晨、陆铭：《新城：造城运动为何引向债务负担》，《学术月刊》2017年第10期。

的 1/10。① 此外，部分产业结构不合理地区，污染密集型工业企业空间布局相对分散，工业用地与商居用地混合布局问题愈发严重。加上企业违法违规生产、污水处理设施与污水管网建设不足等，加剧环境风险，恶化人居环境。另一方面，部分城市规划建设缺乏历史文化传承和特色品牌塑造，"求新求鲜"风气盛行，"千城一面"问题突出。部分城镇建设缺乏规划理念、地标建筑设计等方面创新，造成了"中小城市抄袭大城市，大城市抄袭国外城市"的局面，城市建设同质化现象严重。同时，一些城市大拆大建，忽视对当地特色文化、历史文物的保护，大量历史文物古迹、名人故里、自然遗产在城市改造与建设中被破坏，城市建设与自然景观和人文历史被割裂开来。

（四）多元社会主体在城镇环境治理体系中的作用尚未有效发挥，政府单一化管制型环境治理模式难以有效解决城镇化转型中的生态环境问题

生态环境质量优良与否直接关系到城镇化绿色转型的成败，必须加强生态环境建设与环境保护，实现生态环境问题"标本兼治"。科学高效的绿色治理机制是提升生态环境质量、切实改善人居环境的重要保障。

在自上而下的城镇化模式下，政府在城镇建设与发展中发挥着决定性作用，城镇生态环境治理也以行政主导为主要特征，即统一监督管理与分级分部门管理相结合的管理体制，强调政府通过行政管制手段对相关主体的生态环境行为进行严格规制。随着工业化、城镇化不断推进，生态环境治理的复杂性与不确定性愈发凸显，政府单一管制的城镇生态环境治理模式的弊端不可忽视。一是在政府单一化管制型环境治理模式下，生态环境治理成效难以实现最大化。一方面，从宏观生态环境政策制定到微观环境监督职责，主要由各级政府直接承担，带来了高昂的生态环境治理成本。另一方面，长期以来"唯 GDP"导向，地方政府发展规划和政策制定注重短期利益，导致"生态环境监管无动力、无能力、无压力"，弱化了环境治理效果。同时，由于生态环境问题很多都是大范围、跨区域、长时间内积累而来，区域之间相互关联性极大，监管职能分散难以实现城镇环境高

---

① 彭国华：《城市现代化不是"造城运动"》，《人民日报》2016 年 5 月 15 日。

效治理。二是当前影响城镇生态环境问题的因素量大面广，难以清晰界定生态环境问题的责任主体，政府管理难以有效应对涉及企业、社会、公众等多方利益的生态环境问题。然而全民参与城镇绿色治理机制不健全，城镇生态环境社会共治合力尚未形成。企业环境违法行为成本较低，同时守法成本高，投资环境治理的积极性不高。环保社会组织能够起到激活社会力量、提升公众意识和扩大公众参与的作用，但目前还未形成一股重要的监管制约力量。① 从环保组织的数量来看，截至 2016 年年底，正式注册登记的生态环境类社会团体 0.6 万个，占全国社会团体总数的 1.8%。公众虽然可以参加听证会、座谈会，但往往流于形式，环境公益诉讼也存在较大困难，难以发挥应有的监督作用。三是生态环境治理制度体系不完善，法治化科学化任重道远。习近平总书记指出，只有实行最严格的制度、最严密的法治，才能为生态文明建设提供可靠保障。② 当前中国在生态环境治理方面的制度存在多方面不足，相应的决策制度、奖惩制度和绩效评价制度等不尽完善。如在生态资源的开发过程中产权界定不清，忽略损害成本，缺乏专门追责制度等，③ 难以遏制城镇化进程中的生态环境保护和自然资源管理缺失等问题。

三、新时代推进城镇化绿色转型的战略举措

新时代以绿色发展理念为指导，加快城镇化从外延式、粗放型的传统模式转变到生态环保优先、绿色低碳发展模式上来，需要采取以下四大举措。

（一）推动城镇产业从褐色产业转变到低碳环保的绿色产业，发挥好绿色技术和绿色金融的支持作用，加快传统产业的绿色化改造升级，发展壮大绿色新兴产业，构建绿色产业支撑体系

城镇化绿色转型必须以绿色产业为支撑，重点是构建科技含量高、资

---

① 王名、邢宇宙：《多元共治视角下中国环境治理体制重构探析》，《思想战线》2016 年第 4 期。

② 赵建军：《最严格的制度 最严密的法治》，《光明日报》2013 年 12 月 2 日。

③ 冯奎、贾璐宇：《中国绿色城镇化的发展方向与政策重点》，《经济纵横》2016 年第 7 期。

源消耗低、环境污染少的绿色产业体系，从高污染、高排放的褐色产业转变到低碳环保的绿色产业，推动生产方式绿色化。强化城镇化的绿色产业支撑，要"优化存量"与"提升增量"相结合。存量优化方面，以供给侧结构性改革为契机，依法运用环保、安全、技术标准等政策手段，对高污染、高能耗、过剩产能的传统产业进行绿色化改造。完善税收优惠、低息贷款与加大污染惩罚力度等激励约束机制，降低企业绿色循环发展的成本与风险，提高企业绿色发展的积极性。积极打造淘汰落后产能的市场导向机制，支持低端、污染企业产能通过破产清算的形式退出，鼓励其与新供给相结合或通过兼并重组提高绿色供给创造力。绍兴市柯桥区最大的传统优势产业是印染业，产能占全国1/3，但环保压力巨大。当地政府积极设立产业转型升级基金，对引进新设备和进行技改的企业进行高额补贴，鼓励老企业引进新技术、新设备，最终成功实现印染业"蝶变"。据有关方面统计，2017年上半年柯桥区重点印染企业中CAD技术普及率达100%，现有印染设备中60%以上达到国际先进水平，20家印染企业被授予国家级高新技术企业。增量提升方面，严格制定产业准入负面清单，提高企业环境准入门槛，限制高污染、高排放、高耗能产业发展。重点发展绿色制造、环保产业和生态旅游业，带动相关产业的绿色发展，延长绿色产业链，创造绿色经济新增长点。推进包含设计、制造、包装、运输、使用、废物处理回收等全方位的绿色制造模式，推动各行业、大中小企业全面推行绿色制造技术，形成绿色制造体系。环保产业是绿色产业的主力军，是以防治环境污染、改善生态环境、保护自然资源为目的，跨产业、跨领域、跨地域、跨部门的综合新兴产业。要扩大绿色环保标准覆盖面，支持推广节能环保先进技术装备，建立完善的优胜劣汰竞争机制，使环保产业变成"真产业"。要大力发展旅游业特别是生态旅游，优化生态旅游发展模式，培育体验式农家乐、观光农业、民俗风情游等旅游市场。安吉依托良好的自然生态环境大力发展县域旅游业，开发"中国竹乡"等旅游亮点，推动乡村观光游向乡村度假升级。[①] 2016年安吉旅游产业增加值占GDP比重超过12%，而同期全国旅游及相关产业增加值占GDP比重仅为

---

① 余倍：《生态文明视域下中国经济绿色发展路径研究——基于浙江安吉案例》，《理论学刊》2015年第11期。

4.44%，县域旅游业成为引领安吉城镇建设、强村富民的主导产业。

推动低碳环保绿色产业发展，关键是要构建支撑绿色产业发展的技术与金融服务体系，实现技术创新与金融创新"双轮驱动"。在绿色技术方面，要加强技术攻关，加快传统产业绿色化改造关键技术研发、支持绿色制造产业核心技术研发、鼓励支撑工业绿色发展的共性技术研发。要构建多种形式的技术攻关和科技创新平台，逐步建立健全以企业为核心、产学研用结合的技术创新体系，全面提升中国绿色产业的科技水平。在绿色金融方面，要大力发展绿色金融，支持各类金融机构与相关中介机构发展绿色金融业务，扩大绿色金融供给，提高供给效率。建立有差别、动态化的授信政策，依据不同行业的特点，打造包含知识产权质押贷款、节能收益质押贷款等在内的多元化产品体系，引导更多资金流向绿色产业。完善税收优惠政策，吸引天使投资、风险投资和股权基金等股权投资支持绿色经济企业自主创新。完善碳排放交易的市场体系建设，扩大碳金融交易规模，提高市场流动性，发挥好碳市场在污染治理、支持低碳产业发展中的积极作用。

（二）积极开发和应用绿色能源，稳步推进建筑绿色化改造，推广新建绿色建筑，促进绿色交通运输体系发展，加快交通、建筑、能源三个"硬件"领域绿色升级

推进绿色城镇化是一套系统的工程，需要以系统、全局的思路推进，同样也要重点突破，以点带面推动绿色城镇化发展取得实质成效。推进绿色城镇化可以率先在"绿色交通、绿色建筑、绿色能源"三个重要领域取得绿色转型成效。交通基础设施是绿色城镇化发展的重要"硬件"保障。要推进道路基础设施、运输装备、运输组织建设，构建"三低三高"（低消耗、低排放、低污染、高效能、高效率、高效益）的绿色交通运输体系，实现交通运输绿色发展、循环发展、低碳发展。积极探索多种行政、经济调节手段对车牌等进行有效管理，提高车辆的拥有成本，控制汽车保有量过快增长。通过补贴、减免税费等方式调整车辆保有结构，鼓励购买节能与新能源汽车，降低污染排放。实施公共交通优先发展战略，努力提升公交出行的便捷性和舒适度，支持各地区根据自身条件稳步推进轨道交通、快速公交（BRT）等大容量快速公共交通运营系统的建设。开展智慧交通项目，在交通管理体系中纳入大数据、云计算、物联网、人工智能等高新科技，进一步完善堵车、路况、气象等动态信息共享平台建设，形成安全高效、节能环保的综合运输和智慧管理系统。浙江安吉是全国首个绿色交通试点县，在现代化绿色交通建设上成效显著，不仅建成了杭长高速等交通基础设施，与上海、南京等大城市分别构成了 2 小时和半小时交通圈，还通过建设城市交通慢行系统、发展绿色公路运输体系，提高新能源汽车使用率，推进了交通运输绿色集约高效发展。城镇化绿色转型发展过程中，绿色建筑将承担起减少能耗与碳排放的重要作用。要提高现有城镇建筑节能水平，学校、医院等公共建筑和保障性住房应率先执行绿色建筑标准，逐渐提高居住建筑节能标准，稳步推进现有建筑绿色化低碳化改造。积极开展节约型示范校园、示范单位建设，引导居民绿色住房需求，加快推动绿色建筑市场化发展，扩大绿色建筑市场规模。完善建筑设计、建材生产、设备供应、施工、运行以及建筑报废回收等有关标准规范和评价体系，实现绿色新建建筑从设计到运行再到回收全过程的低碳减排、节能环保。绿色能源是解决环保危机，建设绿色城镇的重要切入点和着力点。推进绿色城镇化，构建绿色低碳、安全高效的能源体系势在必行。加快推进新能源革命，增加能源领域有效投资，推动风能、太阳能等清洁能源和可再生能源开发与应用，[①] 积极开发非常规油气资源，突破页岩气、煤层气发展瓶颈。要以大气污染防治为契机，降低化石能源在能源消费结构中比重，同时促进煤炭等化石能源的清洁高效生产与利用。加强煤炭产业调控，严格限制高硫、高灰劣质煤生产，加快淘汰落后产能，化解煤炭过剩产能。推进煤企清洁转型，探索发展洁净煤技术，提高煤炭利用效率，强化商品煤的质量管理，大力推广优质煤、洁净型煤，因地制宜推动散煤治理，通过"用好煤"减少燃煤污染物排放。积极实施电能替代工程，提高电能在能源消费中的比重，积极稳妥推动煤改电、煤改气、煤改生物质能，促进能源结构改善，实现城市空气污染有效治理。

---

① 辜胜阻：《绿色转型是实现经济社会发展与环境质量兼顾的重要途径》，《宏观经济管理》2016 年第 4 期。

（三）科学规划城镇空间的产业与人口布局，实现适度集聚集约发展，坚持保护自然景观与传承历史文化并重，因地制宜、各有特色地推动绿色城镇建设

生产空间集约高效、生活空间宜居适度、生产空间和生活空间有效融合是绿色城镇化的重要特征。实现城镇化绿色转型，亟须通过合理的城市空间布局，缓解土地紧张、能源消耗过高等矛盾，促进城镇的可持续发展。要按照低碳、生态、集约、舒适的要求，依据自然资源承载力和经济社会发展实际，合理规划设计城市建设规模、开发强度和空间布局，避免土地利用财政化，防止过度分散型城镇化带来的资源浪费。划定城市开发边界，全面整合土地利用规划，加强存量土地再开发利用与土地精细化管理，引导人口适度集聚，推动企业集中布局、产业集群发展、资源集约利用与城市功能集合优化，切实提高城镇土地利用效率。加快污染密集型产业布局重组，加大对"散乱污"企业的惩治力度，通过布局性调整、提高性搬迁，加上结构性与技术性减排，实现产业、人口与城市空间协调发展。绍兴柯桥区大力开展针对"低小散"印染企业的专项整治、改造提升工作；同时在滨海工业区积极推动印染企业提升区和集聚区规划建设，实现了对企业废水、废气和污泥的统一收集与处理，并加大对集聚区内企业的统一技术改造与设备升级投入力度。柯桥区在全国率先形成创新、集聚、绿色、高端的印染产业示范区，有效提升了柯桥产业集群综合竞争力，极大改善了生产与人居环境。不同城市要制定符合自身发展特点和实际需要的新城新区发展规划，稳步提高新城新区建设标准与质量。要变"以物为本"为"以人为本"，彻底纠正以标准化、工业化模式推进城市建设的错误偏向，优化城市内部功能结构，不断满足城镇居民工作、学习、就医、娱乐等多方面需要。稳步推进生态修复、城市修补工作，构筑城市生态廊道和生态网络，建设有生态空间隔离的多城区中心，扩展城镇绿色生态空间。

由于地域自然条件、传统历史文化、经济社会发展差异大，不同地区城市的性质及其功能存在较大差别，面临的阶段性问题、任务也各不相同。因此，要依据城市自身实际情况，坚持以人为本、重视城市人文功

能，因地制宜推进特色化、个性化绿色城市建设，改变城镇"千城一面"的发展局面。绿色城市建设要摆脱机械模仿等弊病，注重历史文化传承，保护城市历史格局，延续城市文脉，提高城市规划建设管理的精细化水平，不断塑造城市特色品牌。尊重城市成长规律，按照城市性质以及发展定位，结合城市的地理环境、历史文化、风土人情、产业特色以及经济发展水平，推动有特色、有内涵、有个性的绿色城市形成与发展。按照发展阶段来看，经济发展水平较高的城市，应该注重绿色技术和绿色发展模式的创新，不断增强城市绿色经济、低碳经济、循环经济对周边地区的辐射带动能力。在发展相对落后的地区，绿色城市建设要重点发展符合自身情况的绿色产业，保护自然环境，倡导绿色生活，打造绿色生产、生态、生活新空间。在少数民族地区，城市建设要坚持将本民族文化特色与绿色城市建设规划管理相结合。山水生态城市建设，特别是生态功能区的城市发展，要依托山水脉络、自然格局，合理布局城镇空间。

（四）推动城镇生态环境从政府单一化管理到法治基础上的多元主体共同治理，形成政府、企业、社会组织、媒体及公众互动互补、科学高效的生态环境治理格局

生态环境保护是国家治理体系和治理能力现代化的重要组成部分。城镇化绿色转型亟须转变单一政府主导的生态环境管制模式，完善相关治理制度，明确各环境治理主体的职能定位，为城镇居民获得更多优质生态产品、享受优美生态环境提供有力保障。

党的十九大报告提出要构建政府为主导、企业为主体、社会组织和公众共同参与的环境治理体系。完善城镇生态环境治理模式，形成更为科学合理、高效运行的治理结构，重点是要推动政府单一主体的垂直管理转变到"政府、企业、社会组织和公民"等多元主体共同治理，不断提高治理能力。通过建立健全其他主体与政府之间更加畅通有效的沟通机制和渠道，规范参与程序，推动各相关方有效地交流、表达诉求、参与环境公共决策，不断完善城镇生态环境多元治理结构的制度设计。扩大环保组织、公众等其他主体的生态环境知情权、表达权、监督权，定期对外公布生态环境治理信息，实现其他主体对政府及公共部门的生态环境管理过程和绩效的有效监督与评价，共同参与对企业生产经营的环境监督。政府是城镇生态环境治理的核心，要优化治理职能，变"划桨者"为"掌舵手"，实现最优的治理效果。加快完善绿色政绩考核机制，把生态环境绩效纳入地方政绩考核的硬指标，从源头上改变地方政府"唯 GDP 论英雄"的理念，使促进绿色城镇化成为地方政府的自觉行为。明确各部门的权力和责任，确保各项环境管理活动有明确的责任主体，同时完善生态环境治理的部门协调机制，形成条块结合、充分发挥各部门积极性的新型环保监管体制，避免行政资源浪费。要加强立法机构环境司法制度建设，建立健全环境公益诉讼制度，加快制定、修订、补充与绿色发展相关法律法规，提高环境立法条例的协调性、可操作性。按照源头严防、过程严管、后果严惩的思路加快建立生态环境保护制度体系，完善以过程补偿为核心的生态补偿制度。企业是推动城镇化绿色发展的微观主体，是生态环境治理的关键。要加大对企业排污收费等行政手段的实施力度，切实克服环境保护"守法成本高、违法成本低"的反常现象，通过征收生态环境税、资源税等方式，将生态环境污染所带来的外部成本内部化。市场机制是最能发挥企业环境保护积极性的工具，要完善生态资源定价、交易、流转机制建设，大力推进排污权交易市场的发展，① 探索环境污染第三方治理机制，引导企业自觉将经济利益和长期生态治理效益紧密结合起来。社会组织和公众是多元共治体系中的重要参与力量。社会环保组织要利用其自身的专业知识和影响力，积极参与生态环境治理制度和政策的制定与实施，协助政府解决生态环境问题。培育生态环境领域的研究型、服务型、倡导型组织，鼓励更多专业知识人才加入环保类社会组织，提高其组织能力和专业化程度。发挥政府宣传部门、环保组织、新闻媒体的舆论引领导向作用，提高公民环境保护的意识，引导民众向简约适度、绿色低碳的生活方式和消费模式转变。加大对公众绿色消费的补贴力度和信贷支持，鼓励消费者购买和使用节能环保产品，从消费端倒逼企业绿色发展。

（本文发表于《北京工商大学学报（社会科学版）》2018 年第 4 期。）

---

① 臧晓霞、吕建华：《国家治理逻辑演变下中国环境管制取向：由"控制"走向"激励"》，《公共行政评论》2017 年第 5 期。

下　篇
走向城乡融合与
乡村振兴

—13—
城镇化要以人为核心实现
六大转型与健康发展

城镇化是我国最大的内需潜力和发展动能所在，推进城镇化能够释放新需求、创造新供给。《国家新型城镇化报告2015》的统计显示，我国城镇常住人口从1978年的1.7亿人增加到2015年的7.7亿人，增长了6亿人，城镇化率从1978年的18%增长至2015年的56.1%，增长了2倍多。但在城镇化率快速增长的同时，城镇化也面临一系列挑战，城镇化不平衡、不协调、不可持续的问题突出，亟须推进城镇化转型。城镇化应该如何转型？赵峥和刘涛①提出中国城镇化正在进行全方面、战略性转型，一是城镇化发展内涵从速度扩张为主向速度稳定与质量提升并重转型，二是城镇化发展模式从黑色发展为主向黑色发展与绿色发展并重转型，三是城镇化发展动力从经济驱动为主向经济发展和改革创新并重转型，四是城镇化发展影响从本土贡献为主向本土贡献与全球融合并重转型。魏后凯②认为，在新时期，我国要推动城镇化由追求数量向追求质量转变、由粗放型向集约型转变、由城乡分割型向融合共享型转变、由不可持续向可持续发展转变，实现更高质量的健康城镇化目标。从整体上看，我国学术界对城

---

① 赵峥、刘涛：《着力推进中国城镇化转型》，《中国发展观察》2014年第12期。
② 魏后凯：《新时期中国城镇化转型的方向》，《中国发展观察》2014年第7期。

镇化转型缺少全面系统的研究，特别是依据新发展理念的系统研究还没有出现。本文区别于同类研究的特色在于，在"十三五"规划发布后，力图依据"创新、协调、绿色、开放、共享"新发展理念，全面分析当前城镇化存在的问题与挑战，系统总结我国城镇化在未来的转型方向与路径选择，并在系统战略思考基础上提出相应的政策建议。

一、城镇化面临的问题与挑战

改革开放以来，我国城镇化取得了巨大成就，但也面临诸多问题与挑战。《国家新型城镇化规划（2014—2020 年)》从农业转移人口市民化进程滞后、建设用地粗放低效、城镇空间和规模结构不合理、城市管理服务水平不高、城乡建设缺乏特色以及体制机制不健全六个方面总结了我国城镇化进程中存在的问题。世界银行和国务院发展研究中心联合发布的研究报告从效率（Efficiency)、包容性（Inclusion）和可持续发展（Sustainability）三方面阐述了我国城镇化的问题和挑战，效率方面的问题主要是指中国城镇化进程中不完整的人口迁移、资金和土地的低效率利用；包容性方面的问题主要指社会不平等加剧、城乡公共服务差异大，且城市公共服务的覆盖面窄等问题；可持续性方面的问题主要是指中国城市发展造成的环境污染、资源紧张等问题。[①] 吴敬琏等[②]指出，过去 30 年，中国大约转移了不到 3 亿农村剩余劳动力，但却占用了将近 10 亿亩的农田，城镇化代价沉重。城镇化在粮食安全、农民利益、土地制度、户籍制度、社保制度、转移劳动力素质、财税制度、社会稳定等方面都面临很大困难。吴敬琏[③]指出，中国的旧型城镇化异化为房地产开发，各地争相建设超大规模的城市，这种大拆大建侵犯了百姓利益，造成小城市偏枯，特大城市疯长，同时，土地资源浪费严重，投资效率低下，各级政府债台高筑。城镇

---

① World Bank, Development Research Center of the State Council, People's Republic of China, "Urban China: Toward Efficient, Inclu-sive, and Sustainable Urbanization", Washington DC: World Bank, 2014.

② 吴敬琏、樊纲、刘鹤等：《中国经济 50 人看三十年：回顾与分析》，中国经济出版社 2008 年版。

③ 吴敬琏：《中国新型城镇化为什么有问题？》，新浪财经，2016 年 10 月 4 日。

化面临的问题一直是学术界和政界讨论的热点，现有文献对于城镇化面临的问题作了大量的研究和分析，这也为本文的进一步研究提供了有益的借鉴。我们在以往研究成果的基础上，结合新形势下城镇化的发展趋势，全面系统的探讨了我国城镇化发展面临的诸多问题，并总结为以下六个方面。

（一）以人为本不够。"土地城镇化"快于"人口城镇化"，农业转移人口处于"半城镇化"状态，城市内部呈现新二元结构，大城市农民工"过客"心态严重，农业转移人口市民化任重道远

我国土地城镇化率长期保持着高速增长的态势，而与快速土地城镇化相对应的是滞后的人口城镇化进程。近30年的统计数据显示，全国城市建成区面积增长了5.63倍，而城镇常住人口增长了3.12倍，城镇户籍人口只增长了2.56倍（见图1）。农业转移人口市民化进程滞后，呈现"半城镇化"状态。很多农民工"就业在城市，户籍在农村；劳力在城市，家属在农村；收入在城市，积累在农村；生活在城市，根基在农村"。导致这种不完全城镇化的原因是城市基本公共服务与户籍制度挂钩，进城农民工享有的基本公共服务覆盖面窄，难以实现从农民到市民的"身份转变"并

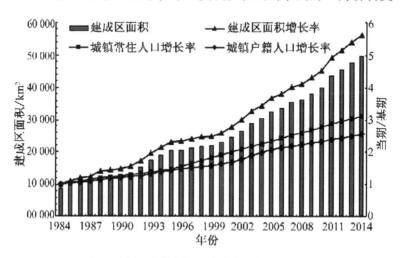

图1　人口城镇化与土地城镇化的速度比较

注：以1984年为基期（基期数值为1），1985—2014年数值为该年当期与基期的比例。
资料来源：历年《中国统计年鉴》和《中国人口与就业统计年鉴》。

真正融入城市。根据 2015 年《中国统计年鉴》和《2014 年全国农民工监测调查报告》，2014 年我国农民工养老保险参与率为 16.7%，医疗保险为 17.6%，失业保险为 10.5%，生育保险为 7.8%，而同期城镇人口的参与率分别为 67.7%、62.4%、33.8%、33.8%，两者差距很大。由于教育和职业技能水平不高，农业转移人口在城市的就业缺乏稳定性。2015 年只有 36.2% 的农民工与雇主或单位签订了劳动合同，比上年下降 1.8 个百分点。[①] 此外，农民工市民观念薄弱，根深蒂固的农民意识、浓厚的过客心态和边缘化心理是农民工融入城市最大的观念障碍。农业转移人口的"半城镇化"现象导致留守儿童、留守老人、留守妇女这三类特殊群体大量且长期存在于农村地区，不仅牺牲了农民工家庭三代人的利益，影响家庭和谐，还会引发社会问题，影响社会安定。[②]

（二）效率与质量不高。城镇化过度偏重规模速度扩张，要素使用效率低，地方政府过度依赖"土地红利"和"人口红利"的城镇化发展模式不可持续，城镇化投资效率低，城镇化质量有待提高

过去城镇化的高速发展主要依靠土地、资本和劳动要素的驱动，要素使用效率低下，城镇化质量不高。

城市土地使用效率低，城镇化过度依赖"土地财政"的发展模式难以为继。在我国现行的土地资源管理体系当中，地方政府垄断了土地供应。地方政府为了招商引资，城市内部土地分配往往向工业倾斜，且是以协议方式按极低的价格出让，[③] 根据 2011—2015 年《国土资源公报》的统计数据，全国 105 个主要监测城市工业用地价格过低，2015 年工业用地价格为 760 元/km^2，仅为商业用地价格的 11.3%（见图 2）。工业用地价格长期被行政手段扭曲和压低，一方面，人为降低了工业企业获取土地的成本，导致企业采取非集约化土地利用方式，盲目扩大土地规模，投资规模小、投

---

① 国家统计局：《2015 年农民工监测调查报告》，国家统计局官网，2016 年 4 月 28 日。

② 辜胜阻、李睿、曹誉波：《中国农民工市民化的二维路径选择——以户籍改革为视角》，《中国人口科学》2014 年第 5 期。

③ World Bank, Development Research Center of the State Council, People's Republic of China, "Urban China: Toward Efficient, Inclusive, and Sustainable Urbanization", Washington DC: World Bank, 2014.

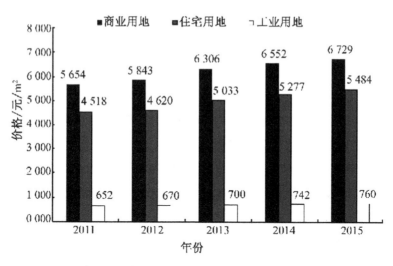

图2 全国105个主要监测城市地价情况（2011—2015年）

资料来源：2011—2015年《国土资源公报》，国家统计局。

入与产出不达标等问题突出，大量工业用地长期闲置，用地效率低下。另一方面，政府降低工业用地价格，相应地抬升了住宅用地和商业用地的价格，推高了房价，推升了楼市。此外，地方政府过度依赖"土地红利"，在土地供应越来越少、拆迁成本越来越高的情况下，"土地财政"难以为继，地方政府债台高筑，导致财政金融体系风险增加。土地出让金是地方财政收入的主要来源，但2010年以后，土地出让金增速放缓甚至为负，占地方财政收入的比重也整体呈下降趋势（见图3），地方政府财政平衡压力剧增。

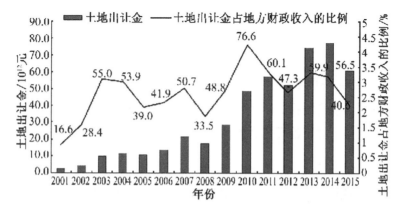

图3 地方政府土地出让金及其占地方财政收入比例的变化情况

资料来源：整理自财政部网站。

我国城镇化进程中，投资主要集中在房地产开发和基础设施领域，过度投资、重复投资的问题严重，资本要素使用效率较低。GDP 是地方政府绩效考核的重要指标，但部分地方政府"唯 GDP 论英雄"，过度依靠投资拉动 GDP 增长，且投资主要集中在房地产开发和基础设施领域。根据历年《国民经济和社会发展统计公报》公布的数据，2015 年，我国房地产开发投资和基础设施投资占固定资产投资总额的 35.1%，近 20 年来房地产开发投资占比均在 15% 以上。同时，地方政府在短期政绩的驱动下，一味大拆大建，重复投资问题严重；一些地方政府脱离城市发展的实际情况，忽视市民实际需求，盲目投资城市基础设施建设，过度投资问题严重。只顾打造面子工程而违背经济规律和客观实际的投资只会导致资金使用效率低下，进一步加剧地方债务危机。

长期依靠廉价劳动力的"人口红利"推进的城镇化模式不可持续。一方面，我国量大价低的"人口红利"逐渐消失。《2015 年农民工观察报告》的统计显示，我国农民工的增幅在不断下降，2012 年、2013 年、2014 年和 2015 年农民工总量增速分别比上年回落 0.5、1.5、0.5 和 0.6 个百分点。而我国劳动力价格在不断提高，2015 年我国农民工的月平均收入已经达 3072 元，5 年来增长 50%，与印度、菲律宾、越南等亚洲发展中国家相比，中国劳动力低成本优势已经消失。另一方面，我国缺乏对农业转移劳动力的人力资本积累和提升，大部分农业转移劳动力在劳动密集型行业就业，生产率水平较低。2015 年，55.1% 农民工在第二产业中从业，其中，从事制造业的农民工比重为 31.1%，从事建筑业的农民工比重为 21.1%。[①]

（三）绿色发展不够。由于城镇化进程中粗放的经济发展方式，资源的粗放利用，能源结构的不合理严重制约城镇化的绿色发展，城市面临严重的环境污染，城市治理能力的滞后，导致"大城市病"问题日益突出

我国传统城镇化模式带有明显的"高能耗、高物耗、高污染、高排放"特点，这种非可持续性发展对资源环境造成了极大破坏。当前，我国

---

① 国家统计局：《2015 年农民工监测调查报告》，国家统计局官网，2016 年 4 月 28 日。

已成为世界上生态超载最严重的国家之一，大气污染、水质恶化与水资源短缺等问题严重。《2015 年中国环境状况公报》的数据显示，2015 年全国338 个地级及以上城市仅有 73 个城市环境空气质量达标，超标的城市占78.4%。自 2013 年以来，全国 74 个监测试点城市的 PM2.5 远远高于国际标准，也未达到国家二级标准，三大区域中京津冀的空气污染最为严重（见图 4）。2015 年，我国地下水水质优良的比例仅为 9.1%；人均水资源

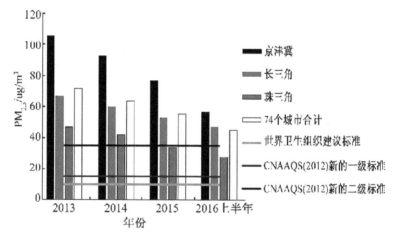

图 4 我国 74 个试点城市及三大区域的 PM2.5 监测结果（2013—2016 年）
资料来源：历年《中国环境状况公报》。

占有量仅为世界平均水平的 28%，近 2/3 的城市存在不同程度的缺水问题。① 我国城市环境问题日益严峻，究其原因，主要是我国经济发展方式粗放，产业结构偏重，能源结构不适应绿色发展的需要。我国城镇化的发展模式与工业化进程高度相关，经济发展严重依赖重化工业，而工业生产又过度依赖煤炭等化石能源资源消耗。英国石油（BP）发布的《世界能源统计报告》统计显示，我国是世界上能源消费最多且连续 15 年一次能源消费增量最多的国家，主要污染物排放量也居世界第一位。2005—2014年 10 年间，随着我国工业增加值的不断增长，工业废气排放量、工业废水排放量以及工业固体废物产生量不断增加，工业废气排放量的增长甚至高达 1.58 倍（见表 1），工业化进程带来了严重的环境污染。同时，我国节

---

① 环境保护部：《2015 年全国城市空气质量状况》，环境保护部，2016 年 2 月 16 日。

能环保型产业落后，建筑能耗大。据统计，我国现有建筑80%以上都是高耗能的建筑，绿色建材仅占建筑用材的10%左右，近几年，我国每年建筑垃圾的排放总量约为35.5亿吨，占城市垃圾的比例约为40%。[①] 此外，我国城市规划建设管理仍处于低水平状态，环保制度难以落实到位，许多城市饱受着不同程度的环境污染加剧、环境基础设施供给滞后、交通拥堵、污水和垃圾治理水平低、排水系统不畅、环卫条件差、应急缓慢等"城市病"的困扰。[②]

表1　中国工业增加值与工业废气排放量、工业废水
排放量、工业固体废物产生量（2005—2014）

年份	工业增加值（千亿元）	工业废气排放量（千亿立方米）	工业废水排放量（亿吨）	工业固体废物产生量（千万吨）
2005	76.2	269.0	216.0	134.4
2006	90.4	331.0	208.0	151.5
2007	107.4	388.1	220.8	175.6
2008	129.1	403.8	217.4	190.1
2009	134.6	436.0	209.0	203.9
2010	160.0	519.1	211.9	240.9
2011	188.6	674.0	212.9	326.2
2012	199.9	635.5	203.4	332.5
2013	210.7	669.4	492.5	330.9
2014	228	694.2	187	329.3

资料来源：历年《中国统计年鉴》《中国环境统计年鉴》《中国统计公报》。

（四）规模结构不平衡。城镇体系规模结构不平衡，小城市严重不足，特大城市疯长，城镇化过度依赖超级城市、特大城市而不是大都市圈，人口过度集中于特大城市

我国城镇规模结构体系不平衡，大中小城市发展不协调，小城市量少质低，特大城市疯长。首先，我国城市数量与城市人口数量不相匹配。随

---

① 牛福莲：《完善法规政策，推动建筑垃圾资源化》，《中国经济时报》2016年1月4日。
② 辜胜阻、郑超、方浪：《城镇化与工业化高速发展条件下的大气污染治理》，《理论学刊》2014年第6期。

着城镇化进程的推进，我国城市人口在增加，但城市数量在减少。美国的城镇化率从20%到70%的时候，城市数量从300多个增加到2700多个，日本城镇化率从30%到70%时，城市数量从160多个增加到650多个，中国的城镇化率从31%到54.77%的时候，城市数量却从668个减少到656个。① 其次，我国大中小城市的数量未呈"正金字塔"分布，规模结构失衡。一方面，大城市的数量和人口比重不断增加，一些中心大城市以"摊大饼"的方式盲目无序推动规模扩张，导致大城市土地规模和人口规模不断扩大，城市发展与资源环境承载能力不相匹配。另一方面，中小城市的数量和人口比重减少，尤其是20万人口以下的小城市严重萎缩。按照城市非农业人口分组，我国1998—2014年间，人口在400万以上的大城市增长了7个，人口增长了252.28%，而人口在50万以下的小城市减少了近百个，尤其是人口在20万以下的小城市减少了133个，人口规模减少了28%（见表2）。可见，当前我国城镇化过度依赖超级城市、特大城市而不是大都市圈，中小城市的规模过小，产业和人口集聚效应低下。此外，我国中小城市发展受限，特大镇设市的通道不畅。2014年，我国城镇建成区人口超过10万的镇有238个、建成区人口超过5万的镇有885个，② 这些特大镇已经具备了城市的人口规模、经济规模和基本形态，但囿于行政体制束缚不能撤镇设市，仍受限于乡镇管理体制和行政框架，发展活力与增长潜力得不到充分释放。

表2 中国不同规模城市数量和人口比重的变化

城市人口规模	1998 年			2014 年			1998—2014 年变化			
	城市数量（个）	数量比重（%）	人口比重（%）	城市数量（个）	数量比重（%）	人口比重（%）	城市数量（个）	数量比重（%）	人口比重（%）	人口增长（%）
400 万以上	3	0.45	9.39	10	1.52	19.96	7	1.07	10.57	252.28
200 万—400 万	10	1.51	12.78	17	2.59	13.46	7	1.08	0.68	74.54
100 万—200 万	24	3.62	14.26	42	6.40	16.88	18	2.78	2.62	96.15

① 国家发改委宏观经济研究院课题组：《迈向全面建成小康社会的城镇化道路研究》，《经济研究参考》2013 年第 25 期。

② 国家发展和改革委员会：《国家新型城镇化报告》，中国计划出版社 2016 年版。

城市人口规模	1998 年			2014 年			1998—2014 年变化			
	城市数量（个）	数量比重（%）	人口比重（%）	城市数量（个）	数量比重（%）	人口比重（%）	城市数量（个）	数量比重（%）	人口比重（%）	人口增长（%）
50 万—100 万	47	7.09	14.42	103	15.7	19.37	56	8.61	4.95	122.64
20 万—50 万	206	31.07	28.86	244	37.2	21.51	38	6.13	−7.35	23.51
20 万以下	373	56.26	20.29	240	36.59	8.81	−133	−19.67	−11.48	−28
合计	663	100	100	656	100	100	−7	0	0	65.72

注：城市人口规模按非农业人口分组，人口数为非农业人口。

资料来源：根据 1999 年和 2015 年《中国人口与就业统计年鉴》计算所得。

（五）市场化不足。城镇化模式多为"政府主导"型，政府在城镇化过程中"越位"和"缺位"并存，行政命令的方式扭曲了资源配置，责任的缺失又导致城镇化缺乏良好的制度环境和公平的市场环境

城镇化的一个本质特征是资源要素的集聚和优化配置，集聚的推力和拉力都是由市场机制决定的，而非由政府利用行政手段决定。[①] 在传统的"政府主导"型的城镇化模式下，政府依靠计划和政策手段进行资源配置，单纯的通过自上而下的路径推动城镇化进程。这种行政色彩浓厚而忽视市场价格机制和自由竞争机制的城镇化模式违背了市场经济的一般规律和城镇化的建设规律，政府"错位"问题突出。一方面，政府的权力过大、管得过多，甚至代替作为市场供给主体的企业和作为需求主体的家庭进行资源配置，过多干预和不正当干预扭曲了资源的合理配置。以资本要素为例，一些地方政府成为城镇化的主要投资者，几乎"包揽"了所有的基础设施建设、公用事业建设以及公共服务供给，很大程度上替代或挤占了民间资本。而行政级别划分不仅会造成不同等级城市间资源供需的不平衡，还会导致许多城镇过多依赖行政等级的链条获取资源支持，进一步弱化市场的作用。另一方面，政府的责任担当不到位，没有履行好其作为城镇化战略和政策的制定者、建设过程中的监管者的职能，没有形成政府宏观调

---

① 倪鹏飞、董杨：《市场决定模式的新型城镇化：一个分析框架》，《改革》2014 年第 6 期。

控与多元化市场运作相结合的资源配置机制，严重影响城镇化稳定而有序的发展。

（六）协调发展不够。城镇化与工业化、信息化、农业现代化发展不同步，产业化滞后于城镇化，一些地方城镇化演变为房地产化，城镇化的产业支撑能力不足，出现产城脱节局面

产业发展是城镇化的基础，产业发展水平决定了城镇化的发展质量，但我国部分地区的城镇化与产业发展相脱节，城镇化与工业化、信息化、农业现代化发展不同步。研究表明，劳动力非农化率与城镇化率之比（NU值）可以衡量城镇化与工业化的协调发展程度，如果实际 NU 大于 1.2，则表明城镇化滞后于工业化。通过对 2000—2014 年我国 NU 值的分析发

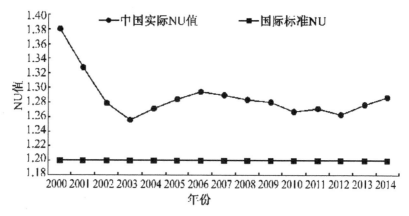

图5 国际标准 NU 与我国实际 NU 比较（2000—2014 年）

资料来源：历年《中国统计年鉴》。

现，我国城镇化始终滞后于工业化（见图5）。地方政府在大力推进城镇化的进程中，轻视产业对城镇化的支撑作用，导致城市的产业基础薄弱，难以解决失地农民的就业安置难题，部分转变农民身份后的新市民因没有足够的就业岗位而成"游民"。甚至一些地方城镇化异化为房地产化，房地产"一业独大"，大量土地资源用于"造城运动"，一方面，破坏了当地生态环境，浪费了耕地资源，不利于农业现代化发展；另一方面，造出的新城由于生活配套设施不完善、缺乏产业支撑而导致就业承载吸纳力弱等原因，缺少留住居民的能力和持续发展的动力，房屋闲置率高，变为"空

城""鬼城",房地产去库存压力进一步加大。① 这种有城无产的虚假城镇化严重阻碍了我国城镇化的健康发展。

二、未来城镇化转型的方向与城镇化健康发展

我们的研究认为,要以共享发展理念深化以人为核心的城镇化;城镇化进程要坚持效率优先,实现经济效益、社会效益和生态环境效益的有机统一;坚持绿色发展,推动人口、资源、环境的可持续发展;以城市群为主平台,推进大中小城市协调发展,大力培育新生中小城市;建立"市场主导、政府引导"的体制机制,发挥市场在资源配置中的决定作用;促进产城融合,实现城镇化与工业化、信息化和农业现代化的同步发展(见图6)。

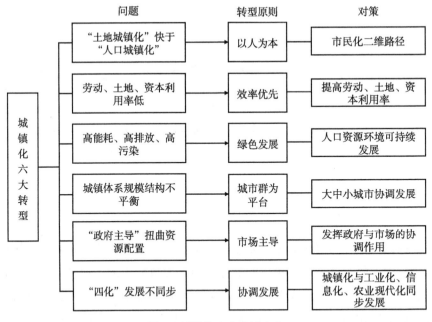

图 6　城镇化六大转型方向

---

① 辜胜阻、李睿、吕勉:《如何避免城镇化被"房地产化"的误区》,《商业时代》2013年第14期。

（一）坚持以人为本原则，从以地为中心的城镇化向以人为核心的城镇化转型，改变农业转移人口的"过客"心态，让两亿多进城农民工更好地融入城市

"人"是城镇化的主体和核心。以人为核心的新型城镇化关键是推进农民工完全市民化。基于当前农业转移人口多维度的需求，市民化应采取"二维路径"：一是通过户籍制度改革，实施差别化落户和积分制政策，让符合条件的农业转移人口落户城镇。[①] 要积极改造城中村和棚户区，解决城市内部农民的市民化问题；要全面放开小城市的落户限制，鼓励家庭式迁移，促进农业转移人口就地城镇化；要逐步放宽大中等城市的落户条件，合理引导转移人口落户大中城市的预期和选择；要鼓励超大城市和特大城市设立科学合理的积分入户制度，统筹转移人口落户与控制城市人口规模的关系。2016 年 10 月 11 日，国务院办公厅印发了《推动 1 亿非户籍人口在城市落户方案》，提出要全面放开重点群体落户限制，调整和完善超大城市、特大城市和大中城市的落户政策，拓宽落户通道，这标志着户籍制度改革开始迈进实质性进展加速阶段。二是通过实施居住证制度，将基本公共服务与常住人口挂钩，解决没有城市户籍的常住人口难以享受城市基本公共服务的问题，有序实现不能或不想落户的农业转移人口市民化。居住证制度是户籍之外的一个新的载体，是人口管理制度的创新，承载着流动人口的权利和福利。通过推进流动人口基本公共卫生计生服务均等化、实行农民工享有城镇职工平等养老待遇制度、将进城落户农民纳入城镇住房保障体系、落实农民工子弟异地接受教育的政策、建立贫困补助基金等方式，满足农业转移人口"病有所医、老有所养、住有所居、学有所教、劳有所得"的民生需求。实现基本公共服务的全覆盖，要通过推进财政转移支付体制改革，加大对农业转移人口市民化的财政支持力度并建立动态调整机制，提高各项基本公共服务的 GDP 占比。极其重要的是要改变转移支付的分配认定标准，从按户籍人口认定转变为按常住人口认定，不断缩小不同规模城市间及同一城市不同群体间的公

① 辜胜阻、李睿、曹誉波：《中国农民工市民化的二维路径选择——以户籍改革为视角》，《中国人口科学》2014 年第 5 期。

共服务差异。要建立健全中央政府、地方政府、企业和个人共同参与的农民工市民化成本分担机制，为农民工市民化提供充足的资金支持。此外，市民化需要完善农民工就业创业服务体系，稳定城镇就业。要夯实中小城市的产业基础，增加农民工的就业机会。要大力推进大众创业、万众创新，不断完善农民工创业扶持体系，简化办事流程，发挥创新创业促就业的倍增效应。

（二）坚持效率优先原则，从低效利用劳动、土地、资本要素的城镇化向高效率和高质量的城镇化转型，改变城镇化过度依赖"土地红利"和廉价劳动力形成的"人口红利"的要素驱动模式

随着时间的推移，低效率的要素驱动型发展模式已经难以对城镇化形成持续的推动力。我国新型城镇化要向高效率的城镇化转变，提高劳动、土地和资本要素的使用效率，促进生产要素在城城之间、城乡之间以及城市内部优化配置，增强城市的要素集聚能力和创新能力，实现城镇化的持续健康发展。要通过一系列土地制度改革，强化城市增量和存量土地的高效利用。应逐渐消除不同土地市场的分割，逐步实现工业和住宅用地、城镇和乡村建设用地一体化。要用市场化的价格机制来引导非"公共利益"土地资源的合理配置。地方政府要做好新增用地项目的审批、管理、监督，对用地项目的合理性进行缜密论证，确保落地项目能够存活并产生良好的经济效益，有效管控新城新区和开发区无序扩张，严格控制新增建设用地。要建立和完善城市低效土地、闲置土地的管理体系，释放存量土地。通过地上地下立体开发和多功能开发，有序推进低效土地的再开发和再利用，提高存量土地的利用效率。深化财税体制改革，建立和完善与事权相匹配的地方财政体制，改变地方政府单纯靠土地收益作为地方政府收入主要来源的现状，减少地方政府对"土地财政"的依赖。要提升农业转移劳动力的人力资本积累以提高劳动生产率。消除劳动力从农村向城市、城市与城市之间转移的制度障碍，促进劳动力要素自由流动；通过职业培训和机构内学习，提升劳动力的人力资本以适应不断升级的产业发展需要，促进劳动者就业与再就业，提高劳动生产率和工资水平。要提高城市资本利用效率，警惕地方政府因一时冲动而盲目投资。重视城市信息化改造、排水系统改造等领域的建设，避免过度投资。强化城市之间、区域之间、国际之间城市建设投资的交流与合作，增强城市建设资源共享，避免重复投资。

（三）坚持绿色发展原则，从"高耗能、高排放、高污染"的城镇化向人口资源环境可持续发展的城镇化转型，处理好"金山银山"与"绿水青山"的关系，促进人与自然和谐共生，提升城市管理服务水平，实现城镇化发展的永续性

我国城镇化亟须实现向人口资源环境可持续发展的方向转型。绿色发展理念必然要贯穿到城市发展的方方面面。要调整优化产业结构和能源结构，转变经济发展方式，推进城镇化向绿色发展转型。一方面，要改善能源结构，通过技术创新提高现有能源利用效率，降低清洁能源的开发和使用成本，向资源节约型、环境友好型的生产方式转变。另一方面，要调整产业结构，既要完善促进传统产业绿色化的倒逼机制，建立差别化的产业进入机制，进一步提高"三高"产业和产能过剩行业的环境准入门槛，加快推进传统产业改造升级；又要着力推进绿色产业经济化，推进新型城镇化与新兴产业发展深度融合，在综合考虑资源禀赋、市场环境、科技水平、环境保护、物流条件等因素的基础上，因地制宜的培育、引进和发展节能环保产业和绿色服务业，不断推进绿色科技和服务模式的创新，扩大节能、环保产品和服务供给，进而对其他产业的绿色发展产生巨大的带动作用，实现经济效益、社会效益和生态效益的统一。在城镇化向绿色发展转型的过程中，极其重要的是要整合资金、人才、市场等要素推进绿色技术创新，实现城镇经济发展从"要素驱动"向"创新驱动"转变，走"集约、智能、绿色、低碳"的新型城镇化之路。要把生态文明理念和原则全面融入城镇化过程，全面提升城市管理服务水平，构建宜居宜业宜商的环境。要因地制宜的制定和完善城市规划，合理确定城市规模、开发边界、开发强度和保护性空间，并加快修订和制定与环境保护相关的法律法规，建立更加严格的环境保护制度。要加大环境治理力度，制定污染防治行动计划和污染物排放标准体系，加强污水处理、垃圾处理等环境基础设施建设，大力倡导绿色消费和低碳生活方式，推进环保制度和各项计划落实到位。要加强环保监管力度，推进环境信息透明化，对主动节能减排的企业给予税收优惠、财政补贴；对重点耗能、污染企业采取"双罚制""按日计罚"；同时，建立健全碳排放权、水权、排污权有偿使用和交易制度，将资源能耗和环境损失"内化"为企业环境成本。要建立环境污染区域协同治理机制，形成联防联控合力，加快健全生态补偿制度以实现区域发展的协调性和公平性。

（四）以城市群为主平台，发挥核心城市辐射带动作用，以大带小，大力提升城镇化的集聚效应和规模效应，积极培育与发展中小城市，疏解特大城市人口

世界城镇化发展规律表明，城市群是城镇化发展的高级阶段。以京津冀、长三角、珠三角为例，这三大城市群以不到3%的国土面积，集聚了全国18%的人口，创造了近35%的GDP，集聚经济效应得到了充分展现。①要以城市群为主体形态，"做好"大城市群和"做多"中小城市并重，实现大中小城市协调均衡发展。要加快城市群建设，建立健全城市群发展协调机制，明确城市群的功能定位，推动跨区域之间形成合理的产业分工，实现基础设施、公共服务设施互联互通、共建共享，推进产业同构、无序竞争、地方保护的"一群城市"向城市群一体化高效发展转变。要优化提升东部城市群，扩大东部沿海城市群的空间外溢效应，通过推动产业的有序转移实现对内陆城市群的带动，进而实现区域共赢；结合资源禀赋和区位优势，在中西部地区培育城市群和都市圈，积极对接"一带一路"建设、西部大开发战略，通过承接产业转移、推进产业转型升级、发展战略性新兴产业等，形成更多支撑区域发展的增长极。要以城市群为发展平台，既要发挥中心城市的规模效应和辐射作用，又要发挥中小城市吸纳就业的社会效应，促进城市群内部大中小城市和小城镇协调发展，加快城市群内经济一体化进程。要充分发展核心城市，提高核心城市国际化水平，通过发挥核心城市的集聚和扩散效应，带动腹地经济发展，加强省际、城际间的互动合作，增强城市群的经济实力；通过推动核心城市向周边城镇

① 国家发展与战略研究院课题组：《中国宏观经济分析与预测（2016年第三季度）——全球技术进步放缓下中国经济新动能的构建》，2016年。

延伸产业和服务链，形成带动区域发展的增长节点。① 但也要科学划定中心城区开发边界，建立城市发展管理"负面清单"，合理控制超大城市人口规模和土地使用规模。要加快发展中小城市和特色镇，增强中小城市吸引力，促进就地城镇化。要依托区位、资源、产业基础、贸易、基础设施、人文科技等方面的优势条件，吸引包括专业人才、资金、技术等在内的多种生产要素集聚，致力于打造具有区域性特色的产业集群。抓住产业和劳动力"双转移"重大利好时机，引导中西部地区主动承接东部沿海地区产业转移，加快推进产业转型升级。② 要推动特大镇有序改市，加快培育新生小城市，尤其要大力培育和发展城市群中有条件、有发展潜力的新生小城市。要坚持产业兴城，夯实基础设施"硬件"和公共服务"软件"基础，完善城市功能。以长三角城市群为例，上海是长三角城市群的核心城市，杭州、宁波、南京、合肥是副省级城市或省会城市，绍兴、金华等是地级市，义乌、昆山等是县级市。为进一步优化长三角城市群空间结构，要培育以横店、店口为代表的一批新生小城市，夯实长三角城市群的基础（见图7）。在城市群以外的地区，要积极发展中小城市，尤其是中西

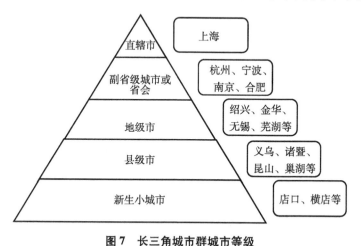

图7 长三角城市群城市等级

① 卢伟：《我国城市群形成过程中的区域负外部性及内部化对策研究》，《中国软科学》2014年第8期。

② 辜胜阻、郑超、曹誉波：《大力发展中小城市推进均衡城镇化的战略思考》，《人口研究》2014年第4期。

部地区要重点发展县域经济，引导当地人口集聚与产业集聚，促进流动人口就地城镇化。

（五）坚持市场主导原则，从"政府主导"的城镇化向"市场主导、政府引导"的城镇化模式转型，尊重经济规律和城镇化发展规律，因势利导，发挥市场"无形之手"和政府"有形之手"的"双手"协同作用

新型城镇化要重新塑造政府与市场的关系，厘清政府与市场的职能边界，构建"市场主导、政府引导"的城镇化健康发展体制机制。一方面，要更加尊重经济规律和城镇化发展规律，依靠市场机制的力量推动各种资源要素在区域、行业、部门间自由流动进而实现资源的有效配置和动态平衡。城镇化是市场主体分享外部经济偏好在空间聚集上的显示，是市场主体空间自由选择的过程，因而充分发挥市场在资源配置中的决定性作用，将有利于提高城镇化率。要规范和约束政府行为，谨防政府"闲不住的手"过度干预把好经念歪。鼓励政府在部分领域主动"让位""退位"，通过完善公平竞争的体制机制，引导政府投资逐步退出一般性竞争领域，逐步消除基础设施和公用事业等领域设置的各类显性或隐性门槛，最大限度的为民间资本腾出投资空间。同时，要完善政府与民间资本的合作机制，建立和健全新型城镇化 PPP 模式的激励机制和 PPP 项目的定价机制，以有限的财政资金撬动更多的民间资本参与城镇化建设，形成政府与民间投资的"协同效应"。另一方面，要切实转变政府职能，实现由管理型政府向服务型政府转变，推动政府在规划制定、制度设计、公共服务、环境保护、市场监管、社会管理六个方面有所作为，为城镇化营造良好的法律和政策环境，充分发挥市场"无形之手"和政府"有形之手"的"双手"协同作用。政府要成为规划的制定者，避免盲目的城镇化；要成为制度的供给者，以制度创新释放城镇化"红利"；要成为公共服务的提供者，弥补好市场的"空位"；要成为环境的保护者，推进城镇化的绿色转型；要成为市场的监管者，规范市场行为；要成为社会的管理者，调动各方力量参与城镇化。

（六）坚持协调发展原则，从城镇化与工业化、信息化、农业现代化发展不协调向"四化同步"的方向转变，注重城镇化与产业化协调发展，推动城镇化、信息化、工业化的深度融合

新型城镇化在发展过程中要以新型工业化为主导、信息化为手段、新型城镇化为重点、农业现代化为基础，不断推进"四化"同步发展。要坚持产城融合，合理规划产业结构和产业布局，着力构建现代产业体系。要促进城镇化与工业化相协调，在完善基础设施和公共服务建设的基础上，立足于本地资源优势和特色产业基础，依托产业转型升级和区域产业转移，大力发展实体经济，既要防止城镇化演变为"房地产化"，着力推进特大城市房地产去"泡沫化"，中小城市房地产"去库存"，又要防止城市"空心化"，营造良好的产业生态和服务生态环境，促进产业集聚。在此过程中，要重视发展产业园区，以产业集聚带动人口集聚。要促进城镇化与农业现代化相协调，一方面，要推进工业反哺农业、城市带动农村；另一方面，要以农村土地三权分置改革为契机，放活土地经营权，引导土地向农业产业化龙头企业、农民专业合作社、经营大户、种田能手集中，提高农地利用效率，提升农民务农的劳动生产率，推进农业适度规模经营和农业现代化，促使大量劳动力从农业中释放出来，为城镇化提供更多的农业转移人口。要促进城镇化与信息化相协调，通过建设智慧城市提升城镇化质量，进一步获取城镇化红利。智慧城市是我国城镇化与工业化、信息化的深度融合，是未来我国城镇化的重要方向。要充分运用物联网、云计算、大数据等新一代信息技术，实现城市规划、建设、管理和服务的智慧化，通过建设智慧城市提升城镇化质量，进一步获取城镇化红利。

三、研究结论

城镇化是现代化的必由之路，是工业化的载体、市场化的平台和国际化的舞台，是未来我国经济增长最大的潜在动力。当前，我国城镇化在取得显著成绩的同时，也存在诸多问题，诸如以人为本不够，效率质量不高，绿色发展不够，规模结构不平衡，市场化不足，协调发展不够等。基于当前我国城镇化面临的基本问题，本文全面系统的提出了城镇化的六大转型以推进我国城镇化的健康发展：一要以共享发展理念深化以人为本的城镇化，通过户籍制度改革、推进基本公共服务全覆盖、健全农民工就业创业服务体系等措施，加快推进农业转移人口市民化，改变"半城镇化"状态；二要坚持效率与质量优先原则，通过土地制度改革强化增量土地与存量土地的高效使用，提升人力资本以提高劳动生产率，避免盲目投资和重复投资提高资本的使用效率，改变城镇化过度依赖"土地红利"和廉价劳动力形成的"人口红利"的要素驱动模式；三要坚持绿色发展原则，调整优化产业结构和能源结构、全面提升城市管理服务水平，改变"高耗能、高排放、高污染"的城镇化，推动人口、资源、环境的可持续发展；四要以城市群为主平台，建立健全城市群发展协调机制，促进各城市群之间的一体化高效发展，发挥中心城市的规模效应和辐射作用，大力发展城市群中的小城市，促进城市群内部大中小城市协调发展，改变规模结构不平衡和小城市发展短板；五要坚持"市场主导、政府引导"原则，切实转变政府职能，用好市场"无形之手"，通过PPP机制引导民间资本助力城镇化发展，改变城镇化进程中政府过多干预局面；六要坚持协调发展原则，注重城镇化与产业化同步发展，防范城镇化演变为房地产化，改变城镇化与工业化、信息化、农业现代化不同步、不协调的局面。

（本文原载《中国人口·资源与环境》2017年第4期，有删改。）

—14—

扶持农民工以创业带动
就业的对策研究

一、全球金融危机与农民工面临"就业难"

    从世界范围来看，全球金融危机已经对世界各国造成了巨大的冲击，就业压力逐渐成为日益严峻的经济社会问题。就业是民生之本，危机对民生的影响突出表现为大量企业经营困难甚至倒闭而引发的大量失业。美国 20 世纪 30 年代大危机时，失业率曾经超过 20%。国际劳工组织也在近期的报告指出，发达国家的金融危机正演变为全球性的经济和就业危机。[①] 就中国而言，当前危机的影响仍在不断加深，全球金融危机对中国的影响不仅表现在实体经济方面，而且已经波及民生，并突出表现为就业形势的恶化，以农民工为代表的存量就业和以毕业大学生为代表的新增就业出现了较大困难。

    在当前异常严峻的就业形势下，农民工的就业环境也发生了显著变化。受全球金融危机的冲击，大量农民工失业，就业困难增加，农民工"就业难"的问题凸显出来。有很多报道和文章甚至使用"失业潮""返乡潮"来描述当前的农民工的就业困难。[②] 据农业部抽样调查，目前有

International Labor Organization, *Global Employment Trends：January 2009*，http：//www. ilo. org/wcmsp5/groups/public/---dgreports/---dcomm/documents/publication/wcms_ 101461. pdf.

② 谢卫群：《辩证看待农民工返乡潮转"危"为"机"》，《人民日报》2008 年 12 月 1 日；甄静慧：《金融海啸与民工失业潮》，《南风窗》2008 年第 23 期；常红晓等：《农民工失业调查》，《财经》2009 年第 2 期。

15.3%的农民工现在失去了工作或者没有找到工作。① 数以千万计的农民工失业，而计划招工的企业和空闲岗位同时在减少。据调查，2009年春节后计划招工企业的数量与2008年相比减少了20%，空岗数量减少10%。② 因而农民工的就业问题尤为突出。从地区分布来看，农民工相对集中的地区也是金融危机影响较为严重的地区。据统计，在东部地区务工的农民工占全部外出农民工的比重在70%以上，而这里是受金融危机冲击最大的地区。从行业分布来看，农民工相对集中的行业也是金融危机影响较为严重的行业。在制造业中的农民工占农民工总数的30%，建筑业则占23%。③ 但是，伴随着外需的减弱，大量劳动密集型的制造业企业缺乏订单，出口受阻；同时，房地产等建筑行业也进入调整期，新开项目减少，直接影响到农民工的就业问题。

应当看到，危机的影响是双重的，不仅会对原有的经济发展形成冲击，而且会形成"倒逼"的机制改变原有发展路径。从这种意义上来看，就业困难一方面是压力，同时也会形成"倒逼"机制，激发人们的创业热情。改革开放之初，我们也面临着类似当前的就业困境，数以千万计的城镇知识青年返城。面对当时的就业压力，政府放宽政策允许非公经济的发展，一大批人通过自谋职业进入非公经济领域，掀起了一次创业浪潮。1979—1984年，全国共安置4500多万人就业，城镇失业率从5.9%迅速下降到1.9%，④ 非公经济发挥了重要作用。从表1中可以看出，1978—1984年城市新就业的人口中全民所有制企业吸纳就业所占的比重从72%降至57.6%，而从事个体劳动的人数上升迅速，到1984年已占全部就业的15%。创业型就业成了当时缓解沉重就业压力的一大创举，在非公经济发展相对较快、创业活动相对活跃的地区，就业压力也就相对较小。历史经验启示我们，危机会形成一种"倒逼"机制，在政策的引导下，待业者被迫创业最终化解了就业的压力。

---

① 赵琳琳：《2000万农民工因金融危机失业返乡》，《广州日报》2009年2月3日。

② 人力资源社会保障部：《农民工就业形势、对策和建议》，国研网，2009年2月24日。

③ 国务院研究室课题组：《中国农民工调研报告》，中国言实出版社2006年版。

④ 莫荣：《中国就业55年的改革和发展》，《中国劳动》2004年第11期。

表1　1978—1984年城市新就业人数及安置去向

年份	当年就业总量（万人）	全民所有制		集体所有制		从事个体劳动	
		就业量（万人）	占总量（%）	就业量（万人）	占总量（%）	就业量（万人）	占总量（%）
1978	544.4	392.0	72.0	152.4	28	0	0
1979	902.6	576.5	62.9	318.1	35.2	17	1.9
1980	900.0	572.2	63.6	278.0	30.9	49.8	5.5
1981	820.0	521.0	63.5	267.1	32.6	31.9	3.9
1982	665.0	409.3	61.5	222.3	33.4	33.4	5.0
1983	628.8	373.3	59.4	170.6	27.1	84.0	13.4
1984	721.5	415.6	57.6	197.3	27.3	108.6	15.1

资料来源：1983—1985年《中国统计年鉴》。

　　一般认为，创业有生存型创业和机会型创业两种类型。生存型创业背后的主要动力机制是"倒逼"机制。改革开放以来，三次创业的活跃期显示，个体工商户与私营企业户数的增长率显著升高都与失业率有密切联系（见图1）。因而，面对当前的就业压力，也要充分重视"倒逼"机制对创业活动的推动作用，抓住机遇，用创业带动就业，主动引导第四次创业浪潮，利用危机"倒逼"机制使更多的劳动者成为创业者。如果说30年前的创业浪潮是改革开放以来的第一次，即以城市边缘人群和农民创办乡镇企业为特征的"草根创业"，那么第二次创业浪潮则是以体制内的精英人群（科研部门的科研人员和政府部门的行政精英）下海创业为特征的精英创业。据报道，1992年邓小平南方谈话后，有10万人从体制内走向体制外"下海"经商。第三次是加入世界贸易组织后，伴随新经济的发展以大量留学人员回国创业为特征的"海归"创业。当前，第四次创业浪潮正在形成，即由这次全球金融危机和就业危机所"倒逼"的农民工创业和大学生创业。由金融危机带来的就业压力已使很多人选择自己创业。例如，从2008年9月以来，淘宝网上新开店铺每个月近20万家，每天有5000人在淘宝网上开店，网络创业热潮正扑面而来。①

①　安琰：《淘宝每月新增20万卖家》，《杭州日报》2009年1月16日。

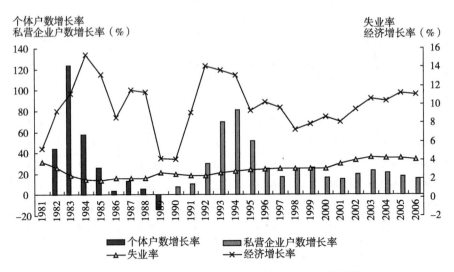

图 1　1981—2006 年我国创业活动与就业、经济增长

资料来源：中华全国工商业联合会：《中国民营企业发展报告（2004）》，社会科学文献出版社
　　　　2005 年版；中华全国工商业联合会：《中国民营经济发展报告（2005—2006）》，社会
　　　　科学文献出版社 2006 年版；1980—2006 年各年《中国统计年鉴》。

二、鼓励农民工创业的必然性和战略意义

　　农民工是我国劳动力流动过程中的一个特殊群体。在对其有关的研究
中，农民工返乡创业受到相当多的关注。早在 20 世纪 90 年代有学者就指
出"打工潮"的兴起，带出了"创业潮""开发潮""建城潮"，开创了农
村进一步开发劳动力资源和解放生产力的新机遇。输出劳动力回家乡创办
企业，也可以实现农村富余劳动力的就地转移，为避免"城市化过度综合
症"的出现提供了一种有益的探索。① 通过一些地区"创业神话"的描述，
很多学者都相信"民工潮"的背后将有回乡的"创业潮"。② 还有人认为
返乡创业是外出劳动力的最终归宿。③ 同时也有学者调查研究后指出，虽然

---

① 德文：《阜阳地区民工潮回流现象的调查与思考》，《中国农村经济》1994 年第 4 期。
② 郁昭、邓鸿勋：《农民就业与中国现代化》，四川人民出版社 1999 年版；欧阳普、廖闻
菲：《2005 年湖南省劳动就业工作稳步前进》，《统计信息》2005 年第 16 期。
③ 德昌、王化信：《外出农民回乡创业的理论与实践》，中国农业出版社 1999 年版。

不乏回乡创业的生动案例，但是绝大部分回流者回到了传统经济结构之中，返乡创业只是个别现象，调查结果并不支持"创业神话"。因而，从城市化进程的历史角度观察问题，农村劳动力外出就业的意义远大于回流。① 由此可见，前期的研究对于是否支持农民工返乡创业的结论并不一致。

当前农民工流动已进入新的阶段。据调查，2000 年后回乡创业占全部返乡创业人数的 65.4%，即 2/3 的回乡创业者是在近几年实现的，农民工回乡创业步伐正在明显加快。② 同时，农民工的就业环境也发生了显著变化，扩大农民工就业是应对全球危机和维护稳定的重大战略。因此，对待农民工返乡创业问题，需要结合当前人口流动的新趋势和就业环境的新变化，充分认识农民工回乡创业的必要性和重要意义。

（一）鼓励农民工创业的必要性与战略意义

在当前的就业压力下，迫切需要实施积极的就业战略，多种渠道妥善解决当前农民工的就业难题。鼓励农民工创业的当务之急是为了应对当前的就业危机；从长远发展来看，农民工创业有利于解决"三农"问题，有利于工业化的可持续发展，有利于城镇化的健康发展，可以"引爆"中国最大的内需。

（1）鼓励农民工创业是解决农民工就业问题，缓解当前的就业压力的有效途径

创业不仅能够解决自身就业，而且在扩大就业方面具有倍增效应，一人创业可以带动多人就业。调查表明，平均每名创业者带动就业 3.8 人。据调查估计，回乡农民工已经有 800 万人创业，并带动了 3000 万人就业，达到了"吸引一人返乡创业，带动一批人就业致富"的效果。③ 安徽现有 70 万农民工回乡创业，约占全省转移就业农民工总数的 7%。④ "引凤还

---

① 南生、何宇鹏：《回乡，还是进城？——中国农民外出劳动力回流研究》，《社会学研究》2002 年第 3 期。

② 民工回乡创业问题研究课题组：《民工回乡创业现状的调查与政策建议》，《人民日报》2009 年 2 月 5 日。

③ 民工回乡创业问题研究课题组：《农民工回乡创业现状的调查与政策建议》，《人民日报》2009 年 2 月 5 日。

④ 孝宗：《安徽"凤还巢"工程引农民工"返乡创业"》，《中国经济周刊》2009 年 3 月 3 日。

巢"正在成为安徽非公经济发展的一支生力军。因而，破解当前的就业压力重在"开源"，即创造新的就业载体，通过鼓励创业来带动就业。

（2）鼓励农民工创业有利于提高农民收入和农村消费水平，进一步扩大内需

扩大内需的关键在于启动农村消费市场，农村消费市场活跃的关键又在于提高农民收入。农民工返乡一人创业，可以致富一方，进而拉动内需。一方面，农民工回乡创业可以吸纳当地农民进入企业。农民通过兼业经营，获得打工收入，有利于提高非农收入。另一方面，很多农民工回乡创业所从事的经营活动与当地的农业生产相联系。在这种"农产品加工企业＋农户"的模式下，不仅分散的农户被有效地组织起来，加强了与市场的联系，而且深化了农产品加工，提高了当地的农业产业化水平，有利于帮助农民增收。通过回乡创办经济实体，返乡农民工有效带动一大批农民发展生产和就业致富，已从昔日的城乡游民转变为当地经济的"领头羊"，成为县域经济发展的重要推动力量。

（3）鼓励农民工创业有利于减少大规模的异地流动带来的沉重代价

农村劳动力的外出虽然有力地推进了中国工业化和城镇化的整体水平，但同时也产生了诸多的社会负面效应。由于家庭分离，农民工的异地流动形成了诸如农村劳动力弱质化和留守问题等巨大的社会代价。当前农村地区的留守儿童、留守妇女和留守老人问题相对突出。首先，留守儿童数量庞大。目前全国农村留守儿童约5800万，在全部农村儿童中，留守儿童的比例高达28.29%。[1] 由于家庭的不完整、父母在家庭功能中缺位，农村留守儿童的健康成长受到严重影响，出现了学习滞后、心理失衡、行为失范、安全堪忧等诸多问题。其次，大量农民工夫妻分居，严重影响了农民工正常的家庭生活。再次，农村地区人口老龄化相对严重。第五次全国人口普查资料显示，60岁及以上的农村老年人口占农村人口的10.92%，2001年农村老年抚养比为11.6%，比城市的11.25%和镇的9.68%都高。[2]

---

[1] 陈丽平：《农村留守儿童高达5800万新数字催生新建议》，《法制日报》2008年3月3日。

[2] 丁志宏：《人口流动对农村留守老人的影响》，《人口研究》2004年第4期。

在目前农村仍以家庭养老为主的情况下，大量留守老人缺乏照顾，感觉孤独。而农民工返乡创业将有利于农民工的就地就近转移，化解多年来农民工进城务工所形成的一些社会问题，减少大规模的异地流动带来的不利影响。

(4) 鼓励农民工返乡就业和创业有利于农村水利等基础设施建设和整个新农村建设

返乡农民工对当地县域经济而言，不仅是"资金库"，而且是"人才库"。农民工返乡也将为新农村建设注入了新的力量。农民工群体以初中文化的青壮年为主，整体上年龄较轻，是农村劳动力中受教育程度较高的群体。据调查，全国农民工的平均年龄为 28.6 岁，其中 40 岁以下的占84%。[1] 与未外出的农村人口相比，农民工的劳动力素质普遍较高，是农业生产的主力军。这一部分人在农村大量流失势必影响农村建设和农业生产。据调查，一些地区由于缺乏必要的青壮年劳动力，当地的耕地要么被撂荒，要么粗放经营，农业生产率下降，农业基础设施建设更是无法开展。同时，农民工具有在外的经历，见多识广。回乡后他们不仅成为当地农村与外界联系的重要桥梁，成为当地农村了解外界的重要渠道，而且他们带回的城市文明给当地的农村文化带来了冲击，对人们原有的生活方式能够产生积极的影响，有利于实现"人"的城镇化。

(5) 鼓励农民工创业有利于农村城镇化和县域经济发展

当前，农民工回乡创办的企业近半数在小城镇或县城。农民工返乡创业在增强县城经济实力、集聚资金、扩大城镇人口规模等方面都能起到重要的作用。首先，农民工返乡创业直接推动了县城的民营经济的发展，使县城能够形成一定的产业支撑，极大地提升县城的经济实力。其次，农民工通过返乡创业，带动资本等要素向城镇集聚，有效推动了当地城镇的建设。有些农民工甚至直接投资参与城镇建设，进而形成城镇建设多元化的投资主体，有利于克服城镇化进程中的资金约束，加速了农村城镇化的发展。再次，国际经验表明，当一个城镇的人口达到 10 万人时，城市的集聚功能才能得以充分发挥。农民工返乡创业加速了人口向县城的集中，扩大当地的人口规模。

---

[1] 国务院研究室课题组：《中国农民工调研报告》，中国言实出版社 2006 年版。

（二）鼓励农民工创业与引导新一轮创业潮的可能性

当前，农民工创业既有必要性，又有可能性。从外部环境来看，就业压力所形成的"倒逼"机制、产业转移所形成的创业机遇及一些经济政策的陆续出台都为鼓励农民工创业提供了条件；从农民工自身来看，多年的打工经验为农民工从打工者转变为创业者提供了可能。

（1）产业转移所形成的创业机遇

东部地区结构转型和产业升级需要劳动密集型产业将向中西部地区转移，这为农民工返乡提供了创业机遇。一是基于要素价格相对优势的创业机遇。当前，东部地区的要素资源价格不断升高，导致土地租金等创业成本较高，返乡创业更具吸引力。例如，原来中国水暖工业三大基地之一的温州市梅头镇集聚了很多河南省固始县人，他们在这里租地办翻砂厂，生产水暖器材半成品，向较大企业供货。但近年由于当地租金已由10多年前每亩年4000元增加到4万元左右，2005年后，很多人陆续"打捆"移址到家乡创业。目前水暖工业已经成为河南省固始县的六大支柱产业之一。①二是基于为大企业配套而产生的机遇。当前一些东部的劳动密集型企业向中西部转移，这就需要相当多的企业为其提供配套服务及上下游产业链上的协作，也为当地的创业提供了良好的机会。

（2）积极创业政策的实施

回顾前3次创业浪潮，其背后都有宏观政策的积极推动（见表2）。改革开放初期的创业浪潮得益于国家出台的恢复和发展个体经济的政策。1992年前后的创业浪潮得益于邓小平南方谈话和社会主义市场经济体制改革目标的确立。同时《有限责任公司规范意见》和《股份有限公司规范意见》两份文件的出台进一步带动了创业浪潮的高涨。2002年前后的创业浪潮一方面得益于加入世界贸易组织等宏观环境改变，积极鼓励"海归"创业，另一方面政府提出"实施积极的就业政策"，并大规模开展创业培训项目，并以项目开发、融资服务、跟踪扶持等对创业进行配套服务。

---

① 崔传义、潘耀国、伍振军：《河南省固始县鼓励支持农民工回乡创业实地调研报告》，国研网，2008年6月12日。

表2　改革开放以来推动创业高潮重要的政策举措与法规文件

时间	代表性的的政策举措与法规文件
第一次创业浪潮	1980年8月，提出实行劳动部门介绍就业、自愿组织起来就业和自谋职业相结合的"三结合"就业方针； 1981年7月《关于城镇非农业个体经济若干政策的规定》； 1981年10《关于广开门路，搞活经济，解决城镇就业问题的若干规定》等
第二次创业浪潮	1992年春邓小平同志南方谈话； 1992年5月《有限责任公司规范意见》和《股份有限公司规范意见》； 1992年中国共产党十四大报告确立社会主义市场经济体制的改革方向等
第三次创业浪潮	2001年5月《关于鼓励海外留学人员以多种形式为国服务的若干意见》； 2001年原劳动保障部引进国际劳工组织"创办你的企业"的SYB培训； 2002年9月《中共中央、国务院关于进一步做好下岗失业人员再就业工作的通知》； 2002年12月《下岗失业人员小额担保贷款管理办法》； 2002年12月《关于下岗失业人员再就业有关税收政策问题的通知》； 2003年原劳动保障部依托全国10个创业基础较好的城市建设国家创业示范基地等

　　当前，农民工创业也已经得到了中央和地方政府的共同鼓励（见表3）。中央连续出台有针对性的文件，从提出鼓励农民工返乡创业到明确要求完善支持农民工返乡创业的政策措施。同时，不少地方政府也出台了一些引导和鼓励农民工返乡创业的政策，并对支持农民工创业的优惠办法进行了积极的探索，改善了农民工创业的环境。

表3　近来关于支持鼓励农民工创业的相关文件与表述

时间	文件	表述
2008年9月	《关于促进以创业带动就业工作指导意见的通知》	重点指导和促进高校毕业生、失业人员和返乡农民工创业
2008年10月	《中共中央关于推进农村改革发展若干重大问题的决定》	鼓励农民就近转移就业，扶持农民工返乡创业
2008年12月	《关于切实做好当前农民工工作的通知》	抓紧制定扶持农民工返乡创业的具体政策措施，引导掌握了一定技能、积累了一定资金的农民工创业，以创业带动就业

续表

时间	文件	表述
2009 年 1 月	《中共中央国务院关于 2009 年促进农业稳定发展农民持续增收的若干意见》	充分挖掘农业内部就业潜力，拓展农村非农就业空间，鼓励农民就近就地创业
2009 年 2 月	《关于做好春节后农民工就业工作有关问题的通知》	根据当前新的就业形势，完善支持农民工返乡创业的政策措施

（3）农民工自身条件

如果说普通农民成为外出打工者是第一次飞跃，那么农民从打工者成为创业者则是第二次飞跃。发展经济学家托达罗认为，农村剩余劳动力进入城市非正规部门，而非正规部门用极为低廉的费用培养了劳动力，在人力资本的形成中扮演着重要角色。农民工通过外出打工的经历，不仅获得了人力资本，而且也积累了一定的社会资本，为创业提供了有利条件。打工场所是锻炼人的"熔炉"和培养人的学校，外出打工是农民工回乡创业的"孵化器"。他们回乡创业具有以下几大优势：①经历了城镇化和工业化的洗礼，接受了现代城市中创业观念的熏陶，熟悉了市场规则，磨练了意志，具有饱满的创业激情；②通过打工直接和间接学习，不少农民工已经成为熟练的产业工人、企业技术骨干，甚至成为管理人员，拥有一定的技术和资本，具备了创业能力；③农民工在外打工也积累了一定的社会资本，在自己创业过程中可以与原来的打工企业老板和客户保持多种形式的联系，拥有相对优越的创业资源；④对于家乡的市场情况更加了解，对家乡的认同感使他们在外学有所成或者积累一定资金后愿意返乡归根，具有回乡创业的意愿。

三、支持农民工以创业带动就业的对策思考

面对危机，政府要把扩大就业作为第一工作目标，利用就业压力所形成的"倒逼"机制引导新的创业浪潮，用创业带动就业。要通过给广大农民工提供创业培训提高农民工创业能力，增强创业意识，通过有效的货币政策和财政政策保障农民工创业资本供给，降低创业"门槛"和创业成

本，建立各类返乡农民工创业园区，提高农民工创业的组织化程度，使更多的打工者成为创业者，让农民工返乡创业就业和就地城镇化"引爆"农村内需（见图2）。

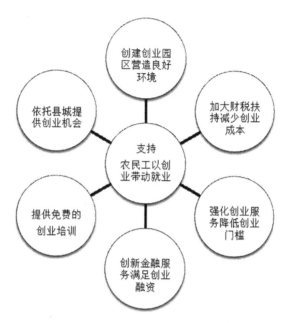

图2 支持农民工以创业带动就业的战略对策

（一）把农民工创业与农村城镇化结合起来，中央和地方政府要联手依托县城发展一批中小城市，让农民工在新兴城市安居乐业，为农民工市民化和实现创业梦想创造机会

鼓励农民工返乡创业并不是让其返回农村，而是要将农民工创业与多向分流农民工、走多元城镇化道路统筹考虑，使农民工返乡创业成为农村城市化的有力推手。浙江省义乌市是一个通过农民创业带动就业推动县域城镇化的成功典范。义乌通过农民创业所推动的城镇化，使原来只有2万人口的县城发展成拥有70万以上城区人口、位居全国百强县第八位的中等城市，实现了由落后的农业小县到实力雄厚的经济强市的跨越，由创业农民转变成的职业商人构成了义乌小商品市场的主体。当前，把县城作为农民工创业的主要载体，鼓励创业农民向县城集聚，发展依托县城的新型城市化是将农民工创业与农村城市化结合起来的重要途径。县城是县域工业化、城镇化的主要载体，是农村城镇化最有发展潜力的区位，是形成城乡经济社会发展一体化新格局的重要战略支点。鼓励创业农民工向县城集聚，发展依托县城的新型城镇化不仅可以逐步形成县域范围内功能互补、协调发展的"中小城市—中心镇—集镇"体系，有效提高农村城镇化的发展质量。而且鼓励创业农民工向县城集聚，有利于农民工的合理流动和市民化，改变当前已经进城的农民工实际上仍是没有市民化的"半城镇化"状态，满足农民的"城市梦"。更重要的是依托县城的新型城镇化是我国最大的内需所在，发展依托县城的新型城镇化可以创造出持续增长的需求。据国家统计局数据显示，2007 年中国共有城市 656 个，其中人口规模在 20 万以下的城市不到全部城市的一半（见图 3），依托县城发展中小城市潜力巨大。为此，一要按中小城市标准规划，在 2800 多个县级市、县、区中依托县城建设一批具有一定规模效应和集聚效应、人口规模为 10—30 万人的城市。二要在县城等中小城市率先全面推进户籍管理制度改革，增强县城等中小城市吸引力，使农民工能够在户籍所在地的县城就地市民化。

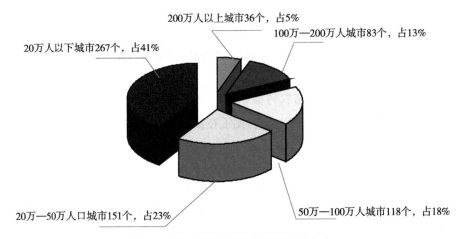

图 3　我国 2007 年 656 个城市规模分布

资料来源：国家统计局：《改革开放 30 年报告之七：城市社会经济建设发展成绩显著》，国家统计局网站，见 http://www.stats.gov.cn，2008—11—04。

（二）提供免费的创业培训，提高农民工创业能力，增强创业意识

创业是一个十分复杂的过程，创业者必须具备多方面的综合素质才能

成功创业。创业培训在激发创业激情、提高创业能力等方面具有积极的促进作用。从国外的实践经验看，政府都是创业培训的积极推动者，收到很好的实效。当前，鼓励农民工返乡创业同样需要政府的积极参与。一是在创业培训保障上，政府要加大对农民工培训的投入，将农民工培训资金列入政府预算，通过投资组织实施大的培训项目，确保创业培训能够有效开展。二是在创业培训内容上，要将技能培训与培养创业意识、创业能力结合起来。要重视创业的典型示范在培养创业意识、激发创业激情中的作用，通过舆论宣传、物质和精神鼓励等措施，积极发挥创业带头人的典型示范作用。要强化农民工技能培训，突出培训的实用性和针对性，使农民工拥有一技之长。要加强创业辅导和指导，邀请创业之星、企业家、专家学者向返乡创业者传授创业经验和创业技能、现代经营管理理念和政府扶持返乡创业的优惠政策，解决他们创业过程中遇到的困难和问题。三是在创业培训机制上，要在政府主导的原则下，引入多方主体参与，充分发挥各类职业学校、技术学校和培训机构、农业协会、农村经济组织及农村龙头企业的积极作用，积极整合多方培训资源。尤其要加强培训的师资队伍建设，确保培训质量。四是在创业培训的运行上，要建立培训信息反馈机制和培训效果的评价机制，防止培训项目出现"叫好不叫座"的现象，提高创业培训的效率。

（三）创新金融服务，为农民工创业提供创业资本

创业融资是创业最重要的活动之一，相当多的创业者在创业的过程中都遇到创业资金筹措困难的问题。农村是中国金融体系中尤为薄弱的地区，农户和中小企业的金融需求得不到满足是农村金融的主要矛盾。据测算，农村金融的供需缺口在继续扩大，2010 年将达到 5.4 万亿元，2015 年将达到 7.6 万亿元。[1] 在这种情况下，农民工创业过程中遇到的突出困难就是创业资金问题。据调查，近八成农民工回乡创办的企业发展得不到金融机构的支持，农民工回乡创业开业时主要靠自有资金。[2] 因而，鼓励农

---

[1] 王敬东：《创新体制机制破解农村金融难题》，《人民日报》2009 年 1 月 9 日。
[2] 农民工回乡创业问题研究课题组：《农民工回乡创业现状的调查与政策建议》，《人民日报》2009 年 2 月 5 日。

民工返乡创业就必须加强农村金融体系建设，创新金融服务，有效解决农民工创业的资金障碍。一要放宽创业融资抵押物的范围。当前，有相当多的地区已经进行了积极而有意义的尝试，如允许返乡创业农民工房屋产权、机器设备、大件耐用消费品和有价证券及注册商标、发明专利等无形资产均可作为抵（质）押品。要在此基础上进一步探索，试行农民承包土地抵押。二要加强政策性金融的扶持力度，放宽政策性金融的扶持对象和地区范围，加大对农民工创业贷款的支持。三要放宽农村地区银行业金融机构准入政策，培育农村新型金融机构，健全农村金融机构组织建设。要积极发展服务于农村的中小银行，进一步推进村镇银行、贷款公司、农村资金互助社等三类新型农村金融机构的试点工作，有效填补农村金融服务的空白。四要针对农民工创业的特点，创新金融产品，有效满足贷款需要。要积极发展小额信贷，为农民工回乡创业提供额度不大但期限长、利息低、覆盖面广的贷款。五要加强农村信用担保体系建设，要充分发挥政府担保的作用，建立"农民工回乡创业担保基金"，通过担保风险的补偿和担保机构的激励，提高商业性小额贷款担保机构的积极性，为农民工回乡创业获取贷款提供方便。

（四）强化创业服务，尽可能降低创业"门槛"

宏观调控有着多重目标，在多重目标中要突出重点，确保重中之重。面对严峻的就业形势，政府要努力扩大就业，用创业带动就业。就业是民生之本，保就业目标应高于保增长目标。要在政府宏观调控的多重目标中树立"就业和创业是工作重中之重"的观念，把就业工作放在政府政绩考核的首位。中国的创业环境仍待优化，创业仍然面临较高的"门槛"。《全球创业观察（GEM）2006 中国报告》中指出，与其他国家和地区相比，我国创业政策方面的劣势在于新公司的审批成本高，平均创办一个企业需要 6 次审批，耗时 30 天。而英国、新加坡、中国香港只需 2 次审批。在冰岛创办一个企业只需 5 天就可将所有手续办完。[①] 因而，鼓励农民工创业要重视政府创业服务的改善。首先，在创业服务观念上，要转变思想，强

---

① 唐学锋：《为高技术企业筑巢——高技术企业创业与企业孵化器》，重庆出版社 2006 年版。

化政府的服务意识。要理顺政企关系，树立为企业服务的思想。其次，在创业服务方式上，要简化程序，提高创业的审批效率。针对农民工创业，及时开辟农民工创业的绿色通道，要按照"特事特办"的原则，设立审批大厅，相关部门集中并联审批，提供"一站式服务"。再次，在创业服务内容上，要放宽登记条件，降低创业"门槛"。要放宽创业市场准入，按照"非禁即入"的原则，凡是国家法律法规没有明令禁止和限制的行业和领域都不能设置限制条件。要放宽经营场所的范围，回乡创业人员的家庭住所、租借房、临时商业用房，可视为创业经营场所。另外，要建立健全政策扶持、创业服务、创业培训"三位一体"的工作机制，使更多的打工者成为创业者。

（五）进行财税扶持，使农民工创业成本最小化

在创业之初给予创业者以财税支持是世界各国鼓励创业活动的普遍做法。当前鼓励农民工创业的财税政策可以从以下方面考虑：一是加大财政扶持。要将财政政策与其他相关措施综合考虑，配套实施，为创业培训、创业服务、创业融资等措施的实施提供强有力的资金支持。二是给予税收优惠。对于农民工的新创企业可以规定在一定期限内实行免税政策或者优惠税率；对于在解决就业、贡献突出的企业实行优惠税率或者实行"先征后返"的办法。三是扩大财政补贴。要设立农民工返乡创业专项扶助基金，为农民工返乡创业提供融资补贴；将农民工参加创业培训纳入就业再就业培训补贴范围；政府也可以在一定时期内对新创企业进行用地、厂房租赁、用电和用水方面的政策支持，通过财政补贴，给返乡农民工创业提供低于市场的价格。四是减免行政收费。减免返乡农民工创业的工商登记费等行政事业性收费。通过"减税、降息、免费"，对农民工创业给予特殊的减免优惠，大力降低农民工的创业成本。

（六）创建各类创业园区，营造农民工创业的良好小环境

20世纪80年代，乡镇企业的异军突起极大地推动中国的经济发展。但是，许多地方乡镇企业的发展缺乏规划，布局分散，甚至出现"村村点火，户户冒烟"的现象，造成集聚效应不强，效率低下的问题。当前鼓励

农民工创业要竭力避免这种现象的重演。创业园区集多重功能为一体，不仅是"政策洼地"，创业者的天堂，而且也是政府加强经济规划、增强集聚效应的重要工具。安徽在全省建成 124 个创业园及 123 条创业街，为农民工返乡创业构筑了良好的创业平台。2008 年返乡创业农民工 5.26 万人，创办经济实体 14706 个，带动就业 27.25 万人。[①] 当前要组建农民工创业园，制定优惠政策，搞好创业规划，增强农民工创业的组织化程度。要比照外商享受的政策，对园区内企业实行同样优惠的政策，在基础设施、政策扶持、配套服务、产业引导、人才供给、土地优惠等方面给予农民工创业系统的支持；要设立农民工返乡创业者指导（服务）中心，打造优质创业平台，为农民工创业提供咨询和信息服务；要积极营造园区浓厚的回乡投资氛围，增强对农民工返乡创业的吸引力。

总之，大规模的农民工异地流动在经济发展上创造了辉煌的成就，但同时这种"候鸟"式的流动也有巨大的社会代价。当前，伴随着宏观经济形势的变化、东部产业向中西部的梯度转移、农民工多年打工经验的积累和国家强农惠农政策的实施，农民工回流的态势正日益加强。鼓励农民工返乡创业就业不仅是顺应农民工流动趋势新变化的需要，而且也是缓解就业压力、积极扩大内需的重大战略举措。将农民工返乡创业的意愿转变为现实需要政府强有力的鼓励和扶持。当前，一部分农民工返乡创业的条件已经具备，但创业环境尚待改善，创业政策仍需优化。要从创业机会、创业培训、创业融资、创业服务、创业成本、创业孵化及园区等方面构建一个相对完整的扶持农民工创业的政策体系，以积极引导新一轮农民工创业浪潮。

（本文发表于《中国人口科学》2009 年第 3 期。）

---

① 汪孝宗：《安徽："凤还巢"工程引农民工"返乡创业"》，《中国经济周刊》2009 年 3 月 3 日。

—15—

以互联网创业引领新型城镇化

中国正进入城镇化高速发展期，全国城镇化率由 1978 年的不足 20%
上升到 2014 年的 54.77%，城镇常住人口达到 7.5 亿。但在高速发展的城
镇化进程中，有 2.5 亿以农民工为主体的外来常住人口，由于就业不稳定、
公共服务缺失等原因尚未实现真正的城镇化。"十三五"规划建议提出，
要推进以人为核心的新型城镇化，实现户籍人口城镇化率加快提高。"人"
是城镇化的核心，"业"是城镇化的根基。世界银行发布的《中国：推进
高效、包容、可持续的城镇化》报告指出，中国城镇化非常成功的是"避
免了许多国家城镇化进程中的一些常见城市病，特别是避免了大规模的城
市贫困、失业和贫民窟"。历史经验表明，可持续的城镇化进程离不开产
业的支撑。而创业带动就业，为城镇化奠定了坚实的产业基础。当前，中
国已进入互联网技术大规模推广应用的网络时代，互联网对国民经济和社
会发展产生了越来越重要的影响。根据麦肯锡发布的《中国的数字化转
型：互联网对生产力与增长的影响》报告显示，2013 年中国互联网经济占
全国 GDP 比重的 4.4%，这一比例已经超过了美国和德国，而预计到 2025
年，互联网对中国经济的贡献将提升至 22%。基于互联网与传统产业深度
融合的"互联网+"逐渐成为创业活动的重要形式和特征。

一、创业就业是以人为核心的城镇化的基石

以人为核心的新型城镇化必须是创业就业支撑的城镇化。城镇化进程

中，要加快产业转型升级，避免"空城""鬼城"，关键是夯实城市的产业基础，发挥创业的作用。通过创业带动就业，推进农民工市民化；通过农民工返乡创业，实现人口家庭式迁移，减少留守儿童、留守妇女与留守老人的数量，加快就地就近城镇化。对城市而言，创业有利于加速产业升级、提升城市创新精神和发展活力；对农村和小城镇而言，创业是缩小区域差距、实现弯道超车的重要手段。

（一）城市创业活动为农民工群体带来了更多就业机会，对加速农民工市民化、实现"人的城镇化"具有重要意义

以创业带动就业是推进农民工市民化、实现"人的城镇化"的关键。市民化的重点是稳定就业与公共服务，且稳定就业是核心，将有助于保障农民工公共服务的享有。如作为公共服务体系重要组成部分的社会保险，包括医疗保险、养老保险、工伤保险、失业保险、生育保险等，我国现行的是国家、企业、个人共同参与的社会共济模式，且企业分担的比例大于个人分担。创业在扩大就业方面具有倍增效应，新创企业的增加为农民工等群体提供了更多就业岗位和机会，有利于推进其更好地融入城市。据统计，2013 年年末，我国小微企业从业人员达到 14729.7 万人，占全部企业从业人员的 50.6%。其中 2009—2013 年间新开业的小微企业从业人员占全部小微企业从业人员的 40.5%，也就是说，在 2013 年年末，全社会超过 1/5 的企业就业是由新创小微企业创造的，创业对就业的带动作用显而易见。[①] 同时，对于一部分在城市中工作过一段时间、具有一定的物质资本和社会资本的农民工而言，他们可以通过直接进行或参与创业活动来提高就业质量和个人收入，实现市民化。因此，创业是带动农民工就业、推进"人的城镇化"的重要手段。

（二）农民工返乡回归创业是城镇化的新形态，有利于减少非家庭式的人口异地转移所带来的社会代价，使更多农民就地就近转变为产业工人，实现就地就近城镇化

从城镇化的路径来看，一部分农民工市民化、城镇化往往经历一个从

---

① 田芬：《小微企业发展状况研究》，《调研世界》2015 年第 9 期。

"打工者"向"创业者"的转变过程。农民工外出打工是第一阶段，返乡创业就业是第二阶段（见图1），第一阶段的城镇化是一种半城镇化，农民工难以实现身份的转变，而返乡创业就业则能够充分发挥农民工的优势。打工场所是锻炼人的"熔炉"和培养人的学校，外出打工是农民工回乡创业的"孵化器"，农民工通过外出打工积累资本、技术、人脉、经验等创业必须的要素，创业成功率大大提高。[①] 河南固始是农民工回归创业推进城镇化的典型，固始曾是外出务工人口大县，而后由于许多在温州等地打工的农民工回到固始县投资创业，吸纳了大量就业，既促进当地经济发展使其变为"小温州"，也推动固始县就地就近城镇化水平大大提升。

图1 农民工城镇化的路径

长期以来，我国城镇化进程以人口非家庭式异地转移为主，《中国家庭发展报告2014》显示，我国有超过6000万的留守儿童、5000万留守老人、超过5000万的留守妇女，大量"三留人口"的存在是我国城镇化面临的巨大社会代价，必须予以改变。返乡创业就业是改变这种异地转移现状、实现家庭式迁移和就地城镇化的重要手段。据统计，截至2014年全国返乡创业的农民工已达200万人左右。[②] 湖北省人社厅的一项调研显示，近年来，农民工返乡创业比例正在不断提升，特别是全球金融危机的出现使大量在沿海地区打工的农民工失去工作，许多人返回家乡进行自主创业和就业（见图2）。

---

① 辜胜阻、武兢：《扶持农民工以创业带动就业的对策研究》，《中国人口科学》2009年第3期。

② 韩秉志、常理：《全国二百万农民工返乡创业》，《经济日报》2015年3月1日。

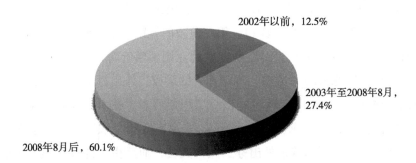

图2　湖北省农民工的返乡创业时间分布

资料来源：董伟才：《返乡创业渐成气候三大难题亟待破解——湖北省农民工返乡创业的调查与思考》，《中国就业》2014年第3期，第9页。

（三）创业创新是提升城市产业基础的重要方式，有利于加快产业转型升级，培育城市创新精神，提升城市发展的质量

现存企业的二次创业或再创业会推进城镇产业升级，实现城镇化与工业化的可持续发展。从"创业"一词的概念来看，学界尚未形成统一的认识。加纳认为创业是"建立新组织（organizing of new organizations）"，[①] 洛和麦克米兰甚至将创业的概念具体到"创办新企业（creation of new enterprise）"，[②] 但也有很多学者认为创业的范围可以更广。熊彼特最早将"创业"与"企业家创新"联系在一起，认为创业是"建立一种新的生产函数或实现'新组合'（carrying out new combinations）"。[③] 科尔进一步放宽创业的内涵，将其定义为"有目的地发起、维持并发展一个以盈利为导向的企业的行为（purpose fulactivity to initiate, maintain, anddevel opaprofit oriented business）"。[④] 由此可见，广义的创业概念除了新企业的创办，还包括了对已有企业的革新，大企业创新可以看作是企业家"二次创业"的过

　　① Gartner, W. B., "A Conceptual Framework for Describing the Phenomenon of New Venture Creation", *Academy of Management Review*, 1985, 10（4）, pp. 696-706.

　　② Low, M. B., MacMillan, I. C., "Entrepreneurship: Past Research and Future Challenges", *Journal of Management*, 1988, 14（2）, pp. 139-161.

　　③ 约瑟夫·熊彼特：《经济发展理论》，商务印书馆1991年版。

　　④ Cole, A. H., "Meso-economics: A Contribution from Entrepreneurial History", *Explorations in Economic History*, 1968, 6（1）, pp. 3-33.

程。因此，创业对城市发展而言，不仅仅意味着新创企业的增加，也有利于原有企业在生产方式、商业模式、业务部门等方面的革新，推进产业的转型升级。正如海尔集团首席执行官张瑞敏所言，"已经在市场上成名的超大型企业也必须进行再创业"。海尔的再创业之路是通过企业的中间管理层"解构"来进行的，企业成为一个创业平台，为小微创业者背书，以此将原有的企业领导与员工的角色转换成平台主、小微主和创客，实现海尔由制造家电的企业向"制造创客和企业家"的企业转型。据统计，海尔从以前的 11 万在册员工减少到 6 万人，而在线员工却增加到 15 万人，还有超过 100 万人为海尔创业平台提供服务，[1] 海尔已成为一个巨型的创业"生态圈"。海尔的案例说明，创业是未来企业转型的一个重要方向，通过创业带动就业、带动产业转型升级大有可为。同时，创业活动的推进也有利于培育城市创新精神，壮大企业家阶层，激发城市发展活力，提升城市发展质量和持续性。

（四）创业是推进区域经济协调发展、缩小城乡差距的重要手段，有利于推动经济相对欠发达的地区实现"弯道超车"

创业对促进县域经济增长和农村城镇化进程、实现协调发展和共享发展具有重要作用。随着网络等信息基础设施覆盖加快，经济欠发达地区的电子商务等创业日益活跃、创业企业发展迅速。以年交易额 1000 万元以上、本村活跃网店 100 家以上的"淘宝村"为例，在 2014 年全国"淘宝村"分布前十名中，中西部地区首次进入名单，且占据 3 席，河北等东部相对欠发达省份的"淘宝村"数量也较多（见表 1）。对于经济欠发达地区而言，通过有效利用当地资源产品等优势进行创业，将带动当地实现经济快速发展和居民收入的提升。据统计，2014 年在阿里巴巴零售平台上，全国贫困县网店销售额超过 120 亿元，同比增长 58%；县域发出和收到的包裹超过 45 亿件；县域网店在移动端的销售额超过 1200 亿元，同比增速超过 300%。[2] 同时，创业也有利于乡镇地区留住人才，完善交通、物流等

---

① 徐冰、张旭东：《从"张瑞敏制造"到制造"张瑞敏"：海尔集团在"互联网+"时代的创业转型之路》，新华网，2015 年 5 月 29 日。

② 阿里研究院：《2014 年县域暨农村电商数据》，阿里研究院官网，2015 年 7 月 9 日。

公共配套设施，缩小城乡差距，推进城镇化的均衡发展。

表1   2014年"淘宝村"在各省市的分布情况

排序	省市	淘宝村数量	排序	省市	淘宝村数量
1	浙江	62	6	山东	13
2	广东	54	7	四川	2
3	福建	28	8	河南	1
4	河北	25	9	天津	1
5	江苏	25	10	湖北	1

资料来源：阿里研究院：《中国淘宝村研究报告（2014）》，见 http://www. aliresearch. com/ blog/article/detail/id/20049. html. 2014-12-23。

二、重视基于互联网化的创业推进信息化与城镇化的深度融合

当前，我国正进入新一轮创业浪潮，"大众创业，万众创新"具有六大特征：一是简政放权与商事制度改革逐步深化，政府主动作为支持小微企业的发展，改革红利逐渐显现，成为创业创新的主要动力。二是新一轮创业浪潮既有"洋海归"回国创业和大企业管理技术精英的离职创业，也有农民工返乡创业以及大学生等群体的创业，主体多元化特征明显。三是创业创新呈现高度的互联网化，大批以"互联网+"为主的新业态与新模式出现，互联网与传统行业的融合加速加深。四是创业、创新和创投"铁三角"联合驱动，"众创""众包""众筹"等模式机制的创新相互交织并发挥作用。五是创新创业要素向高新区及科技园区集聚，创新创业载体和环境区域分化，深圳和北京的创业环境最好。六是创业创新的体系呈现生态化特征，出现产、学、研、用、金、介、政齐备的协同创业创新体系和人才"栖息地"。[①] 其中，创业创新高度互联网化是新一轮创业浪潮非常重要的特征之一。"十三五"规划建议提出，要实施"互联网+"行动计划，促进互联网和经济社会融合发展，支持基于互联网的各类创新。随着互联

---

① 辜胜阻：《新一轮创业创新浪潮的六大特征》，《经济日报》2015年8月20日。

网技术应用与模式创新作用的日益显现，互联网与各行业深度融合，基于互联网的创业趋势逐渐显现。当前基于互联网的创业创新是互联网创业"升级版"，表现为众包、众筹、众创空间的发展使技术人才、资金、专业服务等创业要素的获取更加便利，"去中心化""去中介化"趋势使中小城市与乡镇地区"价格洼地"的创业优势更加突出，长尾效应使创业者的机会迅速增加。

（一）依托互联网的众包、众筹、众创空间发展迅速，为创业活动提供技术、人才、资金、信息、专业服务等要素支持，有利于降低创业门槛，进一步激发多元创业主体的创业热情，更好地发挥创业推进城镇化的作用

（1）众包模式发展，降低了创业对团队内部技术人才的要求，简化了创业的过程环节，在农村城镇化方面，推进农村闲置劳动力就业创业

从本质上看，创业特别是高端创业的核心是创新。[①] 互联网的发展，改变了传统创新模式，使企业与用户共同创新、共创价值成为可能。所谓众包，是指公众利用互联网平台提供创意、解决问题并获取一定收益的模式，国内也将其称为威客模式。麻省理工学院 EricVon Hippel 教授最早提出了"用户为创新者"的观点，将消费者与创新紧密联系起来，成为众包模式发展的理论依据。从创新的主导方来看，众包的发展使以生产者为主导的"自上而下"的传统创新逐渐向以用户为主导的"自下而上"的创新模式转变；从创新的参与方来看，众包使得基于团队内部合作的半开放式创新逐渐向全开放式创新转变。随着互联网技术与应用的不断发展，"用户创新"理念依托众包模式得到实践，并在世界范围内产生影响。小米、波音、宝洁等许多国内外著名企业纷纷运用众包模式解决企业技术难题，如小米公司借助众包模式，推行"粉丝"经济，吸引用户参与研发设计产品。同时，猪八戒网、一品威客网、InnoCentive 等专业众包平台也迅速发

---

① 辜胜阻、肖鼎光、洪群联：《完善中国创业政策体系的对策研究》，《中国人口科学》2008年第1期。

展起来。猪八戒网是中国最大的众包服务交易平台，交易额占国内同类市场八成以上，拥有超过 1000 万出售服务的创客和 300 多万购买服务的创业者，[①] 平台通过将用户包装成店铺，使其以店铺的形式出售服务，因此，用户既是众包服务的参与者，也是利用自身技术、经验等进行自主创业的创业者。

众包模式的发展，使得创意转变为产品的速度加快，消费者和企业间的距离缩短，多样性取代专业性成为企业追求的主要目标，企业组织结构趋于扁平化，企业竞争力在一定程度上与企业规模"脱钩"，这对于降低创业门槛、减少创业对团队内部技术人才的要求具有重要意义。特别是那些基于模块化专业技术知识和成果的行业，更适合利用众包模式进行创业创新。同时，在市场广阔但渠道建设尚未完善的农村地区进行创业，众包模式具有很强的竞争力。特别是通过建立劳务众包的互联网平台，将农村地区包括留守妇女在内的大量闲置劳动力集聚起来并"盘活"。如全国最大的面向农村的互联网门户"村村乐"，通过 O2O 的模式，对农村推广的刷墙、派发传单、线下推广活动组织、农村最后一公里物流等进行劳务众包，既满足了家电下乡、汽车下乡等企业的需求，也带动了农村地区闲置劳动力的就业创业和增收。

（2）众筹模式发展，拓宽包括草根创业在内的融资渠道，分散创业投资风险，并为初创企业的市场资源、口碑宣传等提供良好基础

众筹是指企业面向公众募集资金的一种融资模式，由于这种"面向公众"的特征，互联网成为发起并运行众筹项目的重要渠道和平台。广义的众筹包括产品众筹、股权众筹、捐赠众筹、债权众筹等类型。随着互联网应用的不断普及，众筹特别是股权众筹迅速兴起，在解决初创企业融资问题、分散创业风险等方面发挥着重要作用。2015 年 7 月，中国人民银行等十部门发布的《关于促进互联网金融健康发展的指导意见》将股权众筹融资作为互联网金融的新业态，对其业务边界、准入条件及监管责任等进行了明确规定，这对促进股权众筹的健康发展具有重要意义。

---

① 熊丽、吴陆牧：《猪八戒网打怪升级打造服务交易"聚宝盆"》，《经济日报》2015 年 11 月 26 日。

融资问题是创业者面临的首要问题，草根创业更加离不开草根金融的支持。对于草根创业者而言，受制于融资渠道狭窄和融资信息扩散范围有限等限制，因融资金额不足、风险过于集中等导致创业活动难以启动或突然中断的情况时有发生。包括股权众筹在内的互联网金融具有低门槛、积少成多的特点，是草根金融的重要组成部分。2015 年 6 月，国务院办公厅印发的《关于支持农民工等人员返乡创业的意见》中指出，要在返乡创业较为集中、产业特色突出的地区，开展股权众筹融资试点，扩大直接融资规模。目前，国内股权众筹正处于起步阶段，未来发展的潜力巨大。据世界银行预测，到 2025 年，全世界股权众筹的总体量为 960 亿美元，其中中国将占 500 亿美元，超过 52%。① 对初创企业而言，企业面临信用体系建设不完善、征信成本高等问题，股权众筹机构则通过大数据、云计算等技术应用，帮助投资者有效判断项目的可信度和投资价值，减少创业者与投资者之间的信息不对称，提升市场效率。以股权众筹平台 36 氪为例，通过大数据追踪与整合分析形成"氪指数"，对创业公司的基本面与细分领域的发展情况进行披露，将比传统的创业投资方式效率提高且风险降低。对投资者而言，众筹将使更多人得以参与到创业投资之中，创业不再是少数精英的活动，天使投资也不再局限于某个行业或区域范围，这有利于营造浓厚的创业文化和氛围，从而鼓励更多人参与创业。此外，由于众筹模式的特殊性，创业企业的投资者、消费者、口碑传播者甚至资源共享者等都可能实现"多位一体"，创业企业在发展最初阶段的市场接纳、口碑宣传、资源供给等问题得以部分解决，这也将提升创业企业成功的概率。

（3）众创空间发展，为创业者提供专业化服务，在更大范围内实现信息资源共享与优化配置

众创空间是为创业创新活动提供专业化、开放化、综合性服务的平台。2015 年 3 月，国务院《关于发展众创空间推进大众创新创业的指导意见》提出，到 2020 年，形成一批有效满足大众创新创业需求、具有较强专业化服务能力的众创空间等新型创业服务平台。以北京为例，截至 2015 年 5 月，已有 25 家创业服务机构获得"北京市众创空间"称号，中关村

---

① 牛禄青：《股权众筹：大众创业催化剂》，《新经济导刊》2015 年第 5 期。

创业大街成为"北京市众创空间集聚区"。利用互联网发展契机，众创空间将传统的创业服务机构由线下发展到线上、由实体的物理空间发展到虚拟的网络空间，服务范围更广、服务类型更多样、资源的利用效率更高。

众创空间是传统创业服务机构的"升级版"，与传统创业服务机构相比，众创空间具有集成化、网络化等特点，更加面向大众、面向草根。一方面众创空间可为创业者提供综合创业服务与基本硬件设施，降低创意"落地"的难度。从创意走向创业，一个非常重要的问题在于创业服务的提供。创业者在创业筹备期，既需要办公经营场所、仪器设备等硬件设施，也需要工商注册、知识产权申请、财务税务等服务。特别是对于缺乏专业经验的草根创业者而言，寻求专业的创业服务机构帮助是提升效率的重要手段。另一方面，众创空间与互联网紧密联系，创业者与天使投资人、投资机构、上下游渠道商、创业导师及专家等通过众创空间的互联网平台进行交流，可以在更大范围内实现信息的共享，推进创业资源的整合与优化配置。

（二）互联网技术应用与创新使经济社会出现"去中心化""去中介化"的趋势，创业环境发生变化，具有"成本洼地"优势的中小城市和乡镇地区将吸引更多创业者，为区域协调与均衡城镇化发展提供了条件

信息技术创新应用、流通领域网络化发展加速、制造业消费者直接联系生产者的 C2B 模式兴起等使处于世界各地的人们空前地彼此接近，经济社会向扁平化的结构发展，呈现"去中心化""去中介化"的特征，中心城市与非中心城市的地位差距也在缩小。2005 年，美国作家托马斯·弗里德曼撰写的《世界是平的》一书，在世界范围内引起了广泛关注。书中所描述的"碾平世界的 10 大动力"，第一是"创新时代的来临"，第二是"互联时代的到来"。其根本原因在于，信息技术及其网络逐渐向经济、社会、文化等各个领域渗透融合，形成了有别于传统工业化时代的要素禀赋特征和资源配置方式的经济发展模式。工业经济的发展主要依赖于对土地、资金、劳动力等稀缺要素的集中和占有，而信息经济则更多地强调信息的共享，越共享信息越多，且突破了地理的限制，各地具有同等的发展机会。因此，信息化时代更有利于协调发展、均衡发展，是草根创业的

"黄金时代",也是传统生产要素集聚水平不高的中小城市与乡镇地区迅速发展的重要机遇期。

调查研究显示,当前越来越多的电商创业发生在小城镇与农村地区,呈现"逆中心化"的趋势。一方面,中小城市和乡镇地区的"成本洼地"优势更加明显,这将大大激发这些地区的创业活力,提升当地经济发展水平。无论是地价、房租还是劳动力价格,中小城市和乡镇地区都比大城市低,为初创企业提供了低成本的创业环境。另一方面,中小城市和乡镇地区的市场尚不成熟,企业间竞争不如大城市强,更适合于初创企业的发展。同时,互联网也是减少城乡间信息不对称的重要手段,有利于将大城市最新的发展趋势和流行风尚等迅速带入基层,推进农村和小城镇地区居民消费习惯、生活水平与思想观念的转变,既创造了更多的创业空间,也加速了城乡一体化发展的进程。

(三)互联网时代,长尾效应日益显著,一方面个性化定制与规模化生产的同时实现为创业者带来了更多创业机会,另一方面农村地区成为重要的消费市场受到创业者的重视

2004年,美国克里斯·安德森首次提出长尾理论(The Long Tail):商业和文化的未来不在传统需求曲线"头部"的热门产品,而在那条无穷长的"尾巴",在于那些非标准化产品。当市场满足"大量滞销产品能销往另一个市场""物流成本足够低""产品种类多且消费群体足够大"等条件时,长尾理论即成立。从市场需求的角度看,分布在尾部的需求是个性化、差异化、非流行的需求,所谓长尾效应是指将所有个性化产品的需求叠加起来将可能超过传统标准化产品的需求规模(见图3)。

在工业化初期,企业以追求规模经济为主,大规模标准化生产是促进生产者提高效率的主要途径,厂商更多地关注集中在需求曲线头部的市场需求,产业发展也被局限于标准化条件之内。而通过大数据、云计算等互联网技术手段,大规模个性化定制成为可能,甚至成为重要趋势,市场需求中的"长尾"成为产业发展的"蓝海",带来了大量的产业机遇和创业空间。以服装产业的创业为例,在传统工业时代,服装产业是一种典型的劳动密集型产业,大规模的标准化流水线生产水平很高,个性化定制仅存

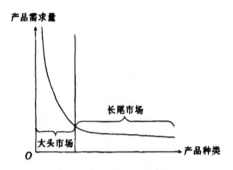

图 3　长尾理论的市场曲线

图片来源：刘晓梅、雷祺：《基于长尾理论的中国农村市场开拓策略》，《经济理论与经济管理》
2009 年第 6 期，第 65—68 页。

在于少数高端领域，且生产效率较低、成本高昂。然而，在"互联网+"
条件下，大规模个性化的服装定制已经实现。如专注于高端西装定制的红
领集团，通过利用大数据技术、智能制造、3D 打印逻辑思维、C2M+O2O
直销平台等，实现了互联网与服装定制的深度融合。2012 年以来，在中国
服装制造业整体面临高库存和零售疲软的压力时，红领集团的定制业务迎
来高速发展期，年均销售收入、利润增长均超过 150%，年营业收入超过
10 亿元。[①] 可见，随着互联网技术应用的继续发展及"互联网+"的进一
步推进，大规模个性化定制的实现范围将更广，甚至可能改变整个生产的
重心，使生产者更加关注个性化需求的"长尾"部分，这将进一步增加创
业机会，扩展创业空间。

　　随着长尾效应的日益显现，农村市场受到创业者的重视，这对促进农
村地区生活生产水平提升具有重要意义。以往企业的发展重心大多以城市
为主，农村市场往往因地理位置分散、需求种类差异较大、居民消费能力
不高等原因而不受重视，这一状况正在发生变化。国家统计局数据显示，
2011—2014 年，我国农村居民人均可支配收入年均增长率达到 10.1%，比
城镇居民收入增长高了 2.2 个百分点。伴随着农村居民收入的增加，其消
费能力和消费需求也在提高。根据阿里研究院报告显示，2014 年县域比城
市的网购消费额同比增速快 18 个百分点，且农村消费产品以大家电、手

---

① 潘东燕：《红领：制造业颠覆者》，《中欧商业评论》2014 年第 8 期。

机、住宅家具等为主，甚至有人在网上购买汽车、凉亭，农村大件商品的消费势头尤为强劲。农村地区逐渐成为消费特别是网络消费的"蓝海"（见表2）。农村网购市场的发展既是农村居民收入提高和消费能力提升的表现，也体现出农村地区线下商业资源的不足，为此，必须利用农村市场的长尾优势，鼓励更多针对农村地区的创业活动，促进农村地区发展与城乡一体化。

表 2　2014 年城乡消费市场比较

	城镇地区	农村地区
居民人均可支配收入同比增长	28843.9 元	10488.9 元
	9.0%	11.2%
居民人均消费支出同比增长	19968.1 元	8382.6
	8.0%	12.0
网络购物用户规模同比增长	2.84 亿	7714 万
	16.9%	40.6%

资料来源：国家统计局网站；阿里研究院：《农村网络消费研究报告 2015》，见 http：//www. aliresearch. com/blog/article/detail/id/20543. html. 2015-07-13。

三、构建良好创业生态推进创业可持续健康发展

形成创业"栖息地"不在于拥有人才、技术、资本等单一的创业要素，而在于是否有一个充满活力的创业生态系统（startupecosystems）。"创业生态系统"一词源于生态学中"自然生态系统"的概念，而最早致力于创业生态系统实践与理论研究的是美国麻省理工学院与百森商学院。百森商学院丹尼尔·艾森伯格教授对创业生态系统的概念进行了说明，他认为，当创业者拥有所需的人力资源、资金及专家资源，并处于一个容易得到政府支持与鼓励的环境中时，创业最容易成功，这就称为创业生态系统。[1] 由此可以看出，创业生态系统主要由"创业者"、各类"资源"以

---

[1] Isenberg, D. J., "How to Start an Entrepreneurial Revolution", *Harvard Business Review*, 2010, 88 (6), pp. 40-50.

及"政府支持与鼓励"三大部分组成，概括来说，就是创业主体、创业要素以及创业环境，三者构成了彼此依存、相互影响、共同发展的动态平衡系统。进一步发挥创业在推进城镇化中的作用，把握好互联网重要机遇，必须建设良好的创业生态系统。在创业主体方面，要充分发挥"农海归"及其他回乡创业人士的作用，引领中西部及中小城市的创业浪潮；在创业要素方面，要充分发挥互联网平台的作用，推进众筹、众包、众创空间联动，整合资金、技术、专业服务等各类要素并使之与创业主体实现对接；在创业环境方面，既要构建信息基础设施、物流等配套产业的"硬环境"，也要注重创业文化观念、互联网相关法律政策支持的"软环境"。只有通过创业主体、要素、环境的协调发展，形成良好的创业生态，才能更好地推进创业就业支撑的城镇化。

（一）激发各类创业主体创业的积极性，发挥各种"回归"创业在新型城镇化中的作用，推进人口与产业"双回归"，在使城镇化融入全球化的同时，着力推进就地城镇化

以创业推动城镇化，非常重要的是发挥创业主体的作用。移民创业者与回归创业者都是最具有创业热情、最容易创业成功的人群。深圳之所以创业创新活动频繁，成为与北京并称的中国创业"双城记"，与其作为中国最大的"移民城市"密切相关。除移民创业外，当前，回归创业正在成为潮流并迸发活力。回归创业的群体主要有三类，包括"洋海归"回归创业、"农海归"回归创业，以及在大城市的创业成功人士回乡创业。"农海归"是指过去在沿海及大都市打工而现在返回家乡中小城市创业就业的农民工群体。他们"返乡"不"返农"，很多人落户家乡的县城或小城镇创业，成为"农海归"创业一族。受全球金融危机影响的"推力"，以及全国各地对创业创新支持力度不断增强的"拉力"，既有许多出国留学或工作的"洋海归"回到国内创业，将国外先进技术和管理经验带回国内，也有大量在沿海地区打工的"农海归"回乡创业，带动当地就地城镇化与城乡一体化发展。同时，越来越多在北上广深发达城市的创业成功人士回归家乡创业，以"领投"和"首创"引领家乡创业创新浪潮。如浙江省以"浙商回归"工程为重要突破口助力城镇化、促进当地经济转型升级，正体现了回归创业的重要作用和现实要求。为支持回归创业，2015 年 6 月，国务院印发了《关于支持农民工等人员返乡创业的意见》，提出要鼓励农民工借力"互联网+"信息技术发展现代商业，鼓励输出地资源嫁接输入地市场带动返乡创业，为进一步促进农民工返乡创业提供了政策支持。与此同时，返乡创业者也面临着诸多难题。湖北省人社厅一项针对湖北农民工返乡创业的调研显示，仅 15% 的受访返乡创业农民工享受了金融机构贷款，仅有 7% 的享受到小额担保政策性贷款；91% 的返乡农民工认为创业培训十分必要，但实际接受创业培训服务的仅占 8%。[①] 返乡创业者正面临着资金短缺、人才技术水平低、公共创业服务缺失等困境，严重降低了返乡人员的创业热情，甚至有部分返乡创业人员"雄心勃勃回到家，灰头土脸又出去"，因企业生存困境而不得不返回大城市打工。

让"回归"创业成为浪潮，提升返乡创业人员的积极性，使他们"回得来"且"留得住"，非常重要的是发挥地方政府在创业服务中的重要作用，为返乡创业提供良好政策条件。要合理利用政府设立的创业投资基金，通过"跟投"专业化的天使投资与 VC/PE，提高资金使用效率，并发挥基金的示范效应，降低初创企业融资压力。要进一步精简税务、工商、卫生等部门的创业审批程序，并对返乡创业者的行政事业性收费给予一定的财政补贴。要扩大小微企业减税范围，在一定期限内免征、减征初创企业所得税，对已出台的税收优惠政策要加强落实，降低创业成本。要提升创业服务水平，通过政府购买的形式增加对返乡人员免费创业培训的供给，定期邀请创业之星、优秀企业家等人向返乡创业者传授经验和现代企业经营管理理念。同时，要通过电视、广播、政府网站、报纸等多种渠道加强对返乡创业扶持政策的宣传，提升创业扶持政策的认知度和影响力。

（二）通过互联网平台实现人才、技术、资本、信息、市场等的有机整合，推进众筹、众包、众创空间的联动协同发展，形成多种创业要素的"合力"

良好的创业生态离不开各类创业要素的集成。众筹解决创业者的资

---

① 董伟才：《返乡创业渐成气候 三大难题亟待破解——湖北省农民工返乡创业的调查与思考》，《中国就业》2014 年 3 期。

金与市场资源的问题，众包解决创新人才与技术的问题，众创空间解决创业服务的问题，而发挥多种创业要素"合力"则需要发挥互联网平台的作用。互联网平台并不直接构成创业所需的要素，但通过互联网平台有利于促进各类要素的聚集、整合、流通，实现各要素的优化配置。譬如说创业活动需要资金支持，对于单一融资功能平台如 P2P 网络借贷平台而言，由于征信体系缺失、信息不对称问题严重，投资风险很高。据统计，截至 2015 年 10 月底，我国 P2P 网贷行业累计问题平台达到 1078 家，占累计平台总数的 30%。① 而对于非单一融资功能的互联网平台而言，则可利用平台的交易频率、规模、种类等数据进行分析和风险识别，有效降低征信成本和信用风险，阿里金融就是一个典型例子。又如，众包模式与众创空间的整合也可通过互联网平台完成。猪八戒网目前是中国最大的众包服务交易平台，通过发挥平台优势，对平台上集聚沉淀的数百万家企业数据进行价值开发，为小微企业提供全生命周期服务，成为文化创意产业的众创空间。同时，互联网平台的直接交互特征对于减少中间环节、提高要素使用效率、构建新商业模式也具有重要作用。如青岛红领集团依托互联网平台实现的 C2M（customers to manufactory）模式，即先有消费者需求而后企业进行生产，是对现有商业规则和生产模式的重要变革。

为了更好地发挥互联网平台作用，政府必须有所作为。在扶持互联网平台发展政策方面，要通过财税优惠政策降低互联网平台企业运营成本，鼓励各类创业要素在互联网平台上集聚，支持企业依托互联网技术和平台进行创新。在加强互联网平台监管方面，要构建完善平台责任制度，根据互联网行业发展现状特点与国际立法的趋势，明确互联网平台在个人信息保护、食品安全、专利侵权等方面的责任范围。此外，要推进互联网平台由单一政府监管向政府管理、企业参与、行业自律、消费者监督的多元共治转变，促进互联网平台健康有序发展。

---

① 余雪菲：《P2P 平台高调发布跑路公告 P2P 跑路年底前后或激增》，《京华时报》2015 年 11 月 26 日。

（三）培育鼓励冒险、宽容失败创业文化，倡导知识产权保护观念，完善互联网领域相关法律法规，改善创业生态的"软环境"

成功的创业需要发挥文化潜移默化的积极影响和熏陶作用，良好的创业文化和创新氛围是推进创业浪潮可持续发展的重要保障。[①] 从我国区域创业创新发展较好的中关村和深圳来看，中关村具有基于产学研合作文化与校园研发文化的科技人员创业文化，而深圳作为我国创业创新的"高地"，具有强烈开拓意识与创业精神的移民创业文化。可以说，创业文化是创业创新活动的最根本支撑。然而全国的整体情况来看，我国的创业文化尚不成熟，特别是知识产权保护等相关制度和法律法规还不完善，影响了良好创业环境的形成。以知识产权保护为例，《中国青年报》社会调查中心的一项调查显示，59.2%的受访者认为社会缺乏保护知识产权的氛围和共识，38.1%的受访者认为相关政策和法律法规有待完善，86%的受访者认为知识产权问题对创业创新"影响非常大"或是"有一定影响"。[②]

要推进停薪留职、弹性学制等举措的落实，从制度上允许创业者"试错"，形成鼓励冒险、宽容失败的创业文化。2015年5月，国务院《关于进一步做好新形势下就业创业工作的意见》提出，离岗创业人员可在3年内保留人事关系，同等享有参加职称评聘、岗位等级晋升和社会保险等方面的权利。随后，《关于深化高等学校创新创业教育改革的实施意见》提出实施弹性学制，允许保留学籍休学创新创业。这两大措施的落实将对形成宽容失败的创业文化提供制度保障。要从制度和文化两个层面同时推进知识产权保护，根据发展的新形势完善相关法律法规，加大对侵犯知识产权行为的处罚力度，并加强宣传教育，增强全民的知识产权保护意识。要构建社会信用体系，加大对失信欺诈等行为的惩戒，为创业活动营造公平竞争的环境。同时，政府在执法、监管等方面要对创业过程中出现的新事物持包容、鼓励的态度。

[①] 辜胜阻、李睿：《大众创业万众创新要激发多元主体活力》，《求是》2015年16期。

[②] 王琛莹、李玉溪：《86.0%受访者认为知识产权屡被侵犯会影响创业创新》，《中国青年报》2015年11月23日。

（四）加强农村地区信息基础设施建设，促进仓储配送等现代物流产业的健康发展，为创业生态营造良好的"硬件"环境

近年来，我国依托互联网进行创业的人群不断增加，特别是农村电子商务发展迅速，非常重要的是以信息基础设施普及和日益壮大的网民队伍作为基础。中国互联网络信息中心统计显示，截至 2015 年 6 月，我国网民规模达 6.68 亿，互联网普及率为 48.8%，较 2014 年底提升了 0.9 个百分点。然而从具体城乡结构来看，截至 2015 年 6 月，农村的网民规模比重较城镇低了 44.2 个百分点，互联网普及率则相差了 34.1 个百分点（见图4）。因此进一步促进小城镇及农村地区的创业浪潮，以创业推进城镇化，非常重要的是加强农村信息基础设施建设，进一步在农村地区普及互联网。此外，物流仓储等配套产业也是构建创业环境的"硬件"。物流是实现创业过程中商品流、信息流和资金流的重要载体，也是农村电子商务发展必不可缺的条件。当前，我国现代物流产业仍处于发展的初期阶段。根据世邦魏理仕 2015 年 11 月发布的报告，目前中国市场高标准物流仓储人均面积不足美国的 2%，高标准物流仓储面积在中长期仍将处于供不应求的状态。①

（单位：%）

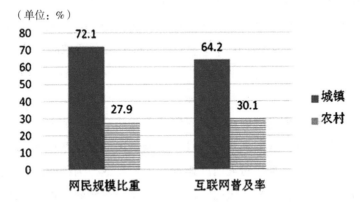

图 4 中国城乡网民规模与互联网普及率比较（单位:%）

资料来源：中国互联网络信息中心：《第 36 次中国互联网络发展状况统计报告》，见 http://www.cac. gov. cn/2015-07/23/c_ 1116018727. htm. 2015-07-23。

---

① 劳佳迪：《世邦魏理仕：中国市场高标准物流仓储人均面积不足美国 2%》，《中国经济周刊》2015 年 11 月 12 日。

为此，一方面要加快信息基础设施建设，缩小城乡间的"数字鸿沟"，提高惠及小城镇与农村居民的公共信息服务水平。要加大"宽带中国"专项行动投入，扩大公共场所无线网络覆盖范围，支持城乡互联网与移动互联网平台的建设，特别是发挥农村地区在移动互联网领域的后发优势，提高移动互联网速度和使用率。要按照"十三五"规划建议的要求，实施国家大数据战略，构建公共信息数据向中小企业开放的免费平台，推进数据资源开放共享。另一方面，要提升现代物流产业发展水平，为跨区域、跨国范围内的电子商务创业提供支持。推进高标准物流仓储中心建设，提高物流产业信息化、集约化管理水平和服务层次。完善城乡道路交通网络，建立覆盖全国的综合物流网络体系，改变我国物流业地区间发展不平衡的现状。同时，要推进对物流配送人员的道路交通安全培训，加强快递车辆管理，减少安全隐患，在解决物流"最后一公里"问题时注重维护交通安全与秩序，更好地发挥物流业的配套作用。

当前"大众创业、万众创新"是经济活力之源，也是转型升级之道，特别是基于互联网的创业创新有利于信息化与城镇化的深度融合。但"好事办好"，要避免各种误区，使创业创新可持续健康发展。要避免将创业创新的长期行为变为短期的急功近利式的"赚快钱"、创业者过分热衷"讲故事""画大饼"的"浮躁化"；避免创业一哄而起、盲目跟风的"运动化"；避免过度炒作、项目估值严重偏离产品价值的"泡沫化"；避免将"大众创业"变成"所有人都去创业"的"全民化"误读；避免背离实体经济的盲目去"+"、过度"虚拟化"；还要避免大学创业教育只是为了让所有学生毕业都去创业的"功利化"倾向，事实上，创业教育的真谛应该是使学生未来能在各行各业工作中，不断创造性地解决职业发展中的问题，不可能每个大学生毕业后都能成功创业。

（本文发表于《中国软科学》2016年第1期。）

—16—

易地扶贫搬迁的基本特征与
后续扶持的路径选择

一、引言

习近平总书记在决战决胜脱贫攻坚座谈会上指出，"要加大易地扶贫搬迁后续扶持力度""现在搬得出的问题基本解决了，下一步的重点是稳得住、有就业、逐步能致富"。① "十三五"时期的易地扶贫搬迁，是继土地改革、实行家庭联产承包责任制之后，在中国贫困地区农村发生的又一次伟大而深刻的历史性变革，堪称人类迁徙史和世界减贫史上的重大壮举。易地扶贫搬迁是解决区域性贫困治理难题的重要方式。由于生产、生活、生态条件的巨大差异，在迁入地与迁出地之间形成了贫困人口迁移的"拉力"和"推力"。从生态脆弱与环境恶劣等不适合人类发展的地区迁出，有助于贫困人口改善其生存和发展的资源禀赋，提升贫困人口的可持续发展能力。易地扶贫搬迁是脱贫攻坚战"五个一批"中的关键一批、首要一役，是精准扶贫工程中最难啃的"硬骨头"。将贫困人口从"一方水土养活不了一方人"的地区迁向生产生活条件相对更好的区域，绝不是易

---

① 习近平：《在决战决胜脱贫攻坚座谈会上的讲话》，新华网，2020 年 3 月 6 日。

地扶贫搬迁的"终点";做好易地扶贫搬迁贫困人口（后文简称"易迁贫困人口"）的后续扶持，帮助他们改善经济条件和实现社会融合，才是实现易迁贫困人口脱贫致富的关键所在。

二、"十三五"时期易地扶贫搬迁的现状与基本特征

易地扶贫搬迁通过产业布局重构和就业能力塑造，把贫困农户从"一方水土养不活一方人"、生产生活条件极为艰苦的地区搬迁出来，实现增收脱贫。根据国务院扶贫开发领导小组办公室的公开数据，截止到2020年5月，"十三五"期间全国960多万贫困人口实现易地扶贫搬迁，中西部地区还同步搬迁了500万非贫困人口，易迁贫困人口80%以上分布在深度贫困地区和连片特困地区；易地扶贫搬迁承担了全国贫困人口脱贫总数1/7的任务，发生在22个省（区、市）约1400个县，易迁贫困人口规模相当于一个中等国家的体量。[①]

2020年8—10月，本课题组以线上线下相结合的方式，对位于贵州省、广西壮族自治区、湖北省和河北省的6个易迁贫困人口安置社区，就易地扶贫搬迁后续扶持进行了深入调研。西部地区是"十三五"时期易地扶贫搬迁的主战场，承担了全国2/3以上的易地扶贫搬迁任务。其中，贵州省是全国易迁贫困人口规模最大的省份，广西壮族自治区完成了70余万贫困人口的大迁移，这两个省份集老、少、边、山、库于一体，承担了全国近三成的易地扶贫搬迁任务（见表1），课题组在这两个省份选取了4个安置社区展开调查。同时，本课题组还在中部的湖北省和东部的河北省各选取了1个安置社区展开调查。这6个调研社区易地扶贫搬迁的基本情况见表2。

---

① 习近平：《在决战决胜脱贫攻坚座谈会上的讲话》，新华网，2020年3月6日；《国家发展改革委关于印发全国"十三五"易地扶贫搬迁规划的通知》，国家乡村振兴局官网，2016年10月20日。

表1 "十三五"时期全国与调研区域的人口与易迁贫困人口规模

	易迁贫困人口（万人）	总人口（万人）	每万人易迁贫困人口数（人）
全国	960	140005	69
贵州省	188	4528.63	522
广西壮族自治区	71	5695	145
湖北省	88	6172.9	147
河北省	30.2	7591.97	39
贵州省毕节市黔西县	2.65	97.07	277
贵州省黔东南州凯里市	4.42	57.89	764
广西壮族自治区河池市环江毛南族自治县	1.79	37.95	472
广西壮族自治区柳州市柳江区	0.16	47.98	33
湖北省十堰市郧阳区	6.35	63.21	1008
河北省承德市丰宁满族自治县	1.09	—	—

资料来源：全国及省级层面的总人口和易迁贫困人口数据根据国务院扶贫开发领导小组办公室网站（http://www.cpad.gov.cn/）上的有关报道整理；调研社区所在的县（市、区）的总人口和易迁贫困人口数由当地相关部门提供。

表2 调研社区易地扶贫搬迁的基本情况

指标	贵州省毕节市黔西县锦绣花都易地扶贫搬迁安置点	贵州省黔东南州凯里市白午街道清泉社区	广西壮族自治区河池市环江毛南族自治县城西社区	广西壮族自治区柳州市柳江区兴柳社区	湖北省十堰市郧阳区青龙泉社区	河北省承德市丰宁县人才家园社区
社区易迁贫困人口（人）	16894	17492	8254	1558	15380	4641
社区总人口（人）	17892	18313	9627	4762	15380	7936
社区易迁贫困人口占比（%）	94	96	86	33	100	58
社区贫困人口劳动力数（人）	7963	8955	4626	874	8545	1631
受教育程度为初中及以下的人口占比（%）	89	68	79	84	93	87

续表

指标		贵州省毕节市黔西县锦绣花都易地扶贫搬迁安置点	贵州省黔东南州凯里市白午街道清泉社区	广西壮族自治区河池市环江毛南族自治县城西社区	广西壮族自治区柳州市柳江区兴柳社区	湖北省十堰市郧阳区青龙泉社区	河北省承德市丰宁县人才家园社区
人均年收入（元）	搬迁前	8565	6000	2717	2850	3980	3600
	搬迁后	9149	6720	9450	9892	5046	6500
搬迁距离（公里）	最近	8	3	5	2	1	25
	最远	70	243	150	64	85	130
迁移人口来源（个）	乡镇	24	166	12	12	18	20
	自然村	966	1554	800	209	400	112

从人口迁移的角度看，易地扶贫搬迁实际上是一种政府主导下的人口集体迁移行为，它一方面为人们在社会经济活动中通过迁移追求经济利益的理性行为提供了有利条件，另一方面也适应了区域经济社会发展对人力资源配置的要求。"十三五"以来的易地扶贫搬迁既涉及贫困人口的"地域转移"和"职业转换"，又涉及他们从农民到市民的"身份转变"。对贫困人口而言，易地扶贫搬迁是他们跨度很大的人生转折点，迁移者的价值观念、生活方式、劳动技能与行为规范等往往因此需要做出适应性调整。综合来看，"十三五"时期的易地扶贫搬迁主要呈现以下特征。

（一）迁移作用力以迁出地的推力为主

在迁移作用力上，易迁贫困人口的迁移行为主要受迁出地推力的作用。迁出地"一方水土养活不了一方人"的状况形成迁移的主要推力，而迁入地"一方水土富一方人"的发展环境则是迁移的拉力。

人口迁移的"推拉模型"认为，市场经济条件下的人口迁移是流出地推力、流出地拉力、流入地拉力、流入地推力以及劳动者的个人能力这五类因素共同作用的结果。人口迁移的目的是改善生活条件。有利于改善生活条件的因素成为人口流动的拉力，不利的生活条件就是推力。[①] 劳动者

---

① 刘凤、葛启隆：《人口流动过程中推拉理论的演变与重塑》，《社会科学动态》2019年第10期。

的个人能力包括受教育程度、职业技术能力、社会交往网络和家庭经济水平等主客观两方面内容。经济社会发展水平落后和生活质量低下的地区会形成促使人口流出的较大推力；反之，则会产生吸引人口流入的拉力。

易地扶贫搬迁过程中人口迁移的动力主要来自于迁出地"一方水土养活不了一方人"所产生的推力。迁出地多位于深山、荒漠化地区、地方病多发地等生存环境较差的区域，生态环境脆弱、土地贫瘠，人均资源占有量少，交通极不便利，基础设施、公共服务供给不足，产业发展空间有限。① 迁出地较少的就业机会和较低的收入水平难以满足贫困人口的发展需求，对贫困人口迁移产生了较强的推力或排斥力。② 例如，受历史、自然、地理等因素的影响，河池市环江毛南族自治县一直是广西壮族自治区最为贫困的地区之一，曾用名"毛难族"意为"受苦受难的民族"，全县大部分地区属于喀斯特地貌和岩溶山区，当地人称"出行爬坡上坎，一里挂九梯""石头缝里种粮食，七分种三分收""秋冬严重缺水，喝水靠天"。这些客观存在的不利因素对居住于此的贫困人口产生了强大推力。

（二）安置方式以城镇化集中安置为主

易迁贫困人口大多在县城安置，有力推进了县域以县城为中心的城镇化。按照《全国"十三五"易地扶贫搬迁规划》，集中安置人口占易迁贫困人口总规模的76.4%；集中安置人口中，在县城、小城镇或工业园区附近建设安置区得到安置的人口占37%。③ 从实践看，"十三五"时期，广西壮族自治区71万易迁贫困人口中，有67万人在城镇安置，推动全区城镇化率提高约4个百分点；④ 贵州省188万易迁贫困人口中，超过95%是通过城镇化集中安置的，推动全省城镇化率提高超过3个百分点。⑤

---

① 白永秀：《中国城乡发展报告2018——聚焦新时代西部地区易地扶贫搬迁精准扶贫》，中国经济出版社2018年版。

② 张涛、张琦：《易地扶贫搬迁后续就业减贫机制构建与路径优化》，《西北师大学报（社会科学版）》2020年第4期。

③《国家发展改革委关于印发全国"十三五"易地扶贫搬迁规划的通知》，国家乡村振兴局官网，2017年4月28日。

④《广西"大联动"推进易地扶贫搬迁 将"困难事"办成"满意事"》，广西壮族自治区人民政府官网，2020年5月13日。

⑤《贵州实现易地扶贫搬迁188万人》，当代先锋网，2019年12月26日。

　　许多地区土地资源紧缺、人地矛盾突出，因此，依靠农业安置的容量有限。城镇化集中安置打破了土地资源紧缺的约束，也有利于减轻迁出地的生态环境压力，修复和增强迁出地的生态系统功能。县城是县域工业化、城镇化的主要载体，是农村城镇化最有发展潜力的区域，将易迁贫困人口在县城集中安置成为大部分地区从实际出发的理性选择。同时，促进易迁贫困人口向县城集聚满足了县城推进城镇化的内在需求，这也意味着可以同时推动与扶贫有关的农村非农产业向县城适度集中，从而解决扶贫产业过于分散所导致规模效益和集聚效益不明显的问题。从后续扶持的角度出发，在县城集中安置，可以降低为易迁贫困人口提供教育、医疗、交通等公共服务和基础设施等的配套成本，能使他们更好分享城镇化和工业化的利益、共建共享城市文明。就近在县城安置还能兼顾解决农业劳动力进城适应性不强的问题，有利于他们完成从完全从事农业生产到进入非农产业就业的过渡，可以满足他们对地缘和亲缘关系网络的需求，在文化习俗、生活习惯等方面的适应"门槛"也更低。[1] 不仅如此，"迁二代"也能和城镇孩子站在更为接近的起跑线上，有利于阻断贫困的代际传递。

（三）生产方式以非农化为主

　　与城镇化集中安置相适应，在就业方向上，易迁贫困人口以在工业和服务业等非农产业就业为主。

　　要使易迁贫困人口真正实现脱贫致富，光靠地域的转移是不够的，关键还要帮助他们从原有的规模狭小、生产率低下的农业生产活动中脱离出来。从实践看，大部分易迁贫困人口在搬迁后集中在工业和服务业就业（见表3），生产方式的非农化程度较高，仅有不超过10%的易地扶贫搬迁劳动力（简称"易迁劳动力"）在迁出地务农，大部分调研社区的这一比例不超过5%。搬迁之后的贫困人口面临着新的就业岗位与他们原有技能不匹配的结构性风险。搬迁后的农业劳动力需要学习新的技术技能，积累新的工作经验，提高自身素质，才能与安置地非农产业发展需求相匹配。

---

　　① 辜胜阻、李华、易善策：《依托县城发展农村城镇化与县域经济》，《人口研究》2008年第8期。

表3 调研社区易迁劳动力的就业结构分析

单位:%

从业领域	贵州省毕节市黔西县锦绣花都易地扶贫搬迁安置点	贵州省黔东南州凯里市白午街道清泉社区	广西壮族自治区河池市环江毛南族自治县城西社区	广西壮族自治区柳州市柳江区兴柳社区	湖北省十堰市郧阳区青龙泉社区	河北省承德市丰宁县人才家园社区	平均比例[a]
农业	5.6	8.2	9.7	12.4	14.0	7.9	9.6
工业	49.2	58.6	17.8	41.5	58.6	31.5	48.6
服务业	44.0	25.3	26.6	44.8	20.4	47.2	29.7
兼业[b]	1.1	7.9	45.9	1.3	6.9	13.4	12.0

注:a 平均比例为6个调研社区3次搬迁中的易迁贫困劳动力之和除以6个调研社区的易迁劳动力总数;b "兼业"指同时从事农业和非农业生产活动而获得收入的劳动力。
资料来源:调研社区提供。

(四)劳动力转移方式上县内就地转移与外出异地转移并举

在劳动力转移方式方面,县内就地转移与外出异地转移并举是其主要特征,其中,年轻人和受教育程度较高的劳动力更容易实现异地转移。从驱动因素看,县内就地转移更多是贫困村集体决策下的集体行为,而劳动力的异地迁移则更多体现为市场驱动下的个体行为。

从调查结果看,大部分调研社区就地转移(指在本县(区)内就业)的易迁劳动力占就业总人数的四成左右(见表4),其余六成均通过异地转

表4 调研社区劳动力就地转移与异地转移状况

指标	贵州省毕节市黔西县锦绣花都易地扶贫搬迁安置点	贵州省黔东南州凯里市白午街道清泉社区	广西壮族自治区河池市环江毛南族自治县城西社区	广西壮族自治区柳州市柳江区兴柳社区	湖北省十堰市郧阳区青龙泉社区	河北省承德市丰宁县人才家园社区
异地就业人数(人)	3848	4314	1887	432	4510	480
本地就业人数(人)	2759	3374	2695	365	4037	800
异地就业劳动力占比(%)	58.2	56.1	41.2	54.2	52.8	37.5
本地就业劳动力占比(%)	41.8	43.9	58.8	45.8	47.2	62.5

资料来源:调研社区提供。

移（指在县（区）外就业）方式来解决就业问题。尤其是在那些安置地的经济社会发展条件难以完全吸纳易迁贫困人口就业的区域，富余的易迁劳动力向周边城镇、东部和沿海地区转移的现象更为明显。

异地转移是长期以来中国农村劳动力转移的重要模式。异地转移的农民不仅脱离农业转而从事非农产业工作，而且多数已经离开长期生活的农村转而居住于务工地区。易迁贫困人口的异地转移实际上是一种重要的"借地育才"方式，易迁贫困人口进入"没有围墙、不交学费"的"经济大学"，在异地务工实践中提升自身的综合素质和技术技能水平，在市场经济更为活跃的环境下接受洗礼和熏陶。部分异地转移人口"回流"至流出地安置点后，又可以为当地发展提供更加高质量的人力资源，并通过"示范效应"带动更多贫困人口脱贫致富。

（五）城镇基础设施与公共服务成为重要支撑

易迁贫困人口生活方式的城镇化使教育、医疗、就业等城镇基础设施"硬件"与公共服务"软件"成为安置社区人口生存与发展的关键。基础设施与公共服务是保障生活便利、实现生活现代化的基本物质条件。《全国"十三五"易地扶贫搬迁规划》中明确，除了要保障基本生活以外，还要按照"缺什么补什么"和"适当留有余地"的原则，同步规划和建设一批教育、医疗、卫生等公共服务设施。[①] 据国家发展与改革委员会统计，截至 2020 年 4 月底，全国易地扶贫搬迁入住率达到 99.4%，22 个有搬迁任务的省份已经有 17 个省份全面完成搬迁入住。[②] 除了住房以外，交通、通信等其他基础设施的建设也直接影响易迁贫困人口的生活质量。

湖北省十堰市郧阳区青龙泉社区的易迁贫困人口在搬迁前大多住在深山，面临交通难、饮水难、就医难、上学难等问题，易地扶贫搬迁社区500 米范围内有镇政府、卫生院、小学、公园等公共服务设施，基本能达到国家"两不愁，三保障"的脱贫标准。改善"迁二代"的受教育程度是

---

① 《国家发展改革委关于印发全国"十三五"易地扶贫搬迁规划的通知》，国家乡村振兴局官网，2017 年 4 月 28 日。

② 《发改委：截至 4 月底 全国易地扶贫搬迁入住率达到 99.4%》，中青在线网，2020 年 5 月24 日。

切断贫困代际传递的关键所在，关乎搬迁成果的巩固与易迁贫困人口的可持续发展和阶层跃升。因此，实践中，多个地区积极完善易迁贫困人口子女的教育服务配套。例如，贵州省黔东南州凯里市大力强化易地扶贫搬迁社区的教育保障，在安置点规划建设了 6 所幼儿园、5 所小学、1 所中学，共提供学位 5940 个，极大改善了易迁贫困人口子女的受教育条件。同时，易地扶贫搬迁社区周边相对更好的医疗条件供给成为改善易迁贫困人口人力资本的重要手段。

（六）面临经济融入和社会融合两大命题

经济融入的关键是实现可持续的稳定就业。易地扶贫搬迁改变了贫困人口生存的经济空间和社会空间，经济融入和社会融合是易迁贫困人口完全融入迁入地的两大表现。其中，经济融入是社会融合的前提和基础，社会融合是经济融入的进一步发展。[①] 而社区是社会治理的基本单元，也是易迁贫困人口社会融合的关键切入点，促进易迁贫困人口实现社区融入将对他们的社会融合及后续的长远发展产生深远而积极的影响。[②]

易迁贫困人口的来源呈现多样化特征，集中安置社区往往集聚了非单一地域来源和文化背景的易迁贫困人口。例如，河北省承德市丰宁县人才家园社区的居民中，96.1% 的居民搬迁距离超过 50 公里；贵州省黔东南州凯里市清泉社区搬迁安置点的居民最远空间跨度甚至达 243 公里，所涉易迁贫困人口来自 166 个乡镇的 1554 个村（见表 2）。特别是在中国西南部多民族地区，易地扶贫安置社区还呈现出民族多元化的特征，社区内不同民族的风俗习惯存在一定差异。例如，广西壮族自治区河池市环江毛南族自治县城西社区易迁贫困人口涵盖 11 个少数民族。有的社区不仅包括易迁贫困人口，还集聚了城镇当地的"原住民"。例如，湖北省十堰市郧阳区青龙泉社区、贵州省黔东南州凯里市清泉社区、广西壮族自治区河池市环江毛南族自治县城西社区的原住民占比皆达到 50% 以上。由于来源多样化以及文化和地域背景不同，易迁贫困人口的社会融合不能一蹴而就，需要

---

① 杨菊华：《中国流动人口的社会融入研究》，《中国社会科学》2015 年第 2 期。
② 高新宇、许佳君：《空间重构与移民社区融入——基于"无土安置"工程的社会学思考》，《社会发展研究》2017 年第 1 期。

经历一个较长的过程。

三、进一步强化易地扶贫搬迁后续扶持的路径选择

易地扶贫搬迁是一个系统的、渐进的经济社会重构过程，涉及人口分布、产业发展、就业增收、资源整合、公共服务、文化传承、社区管理等多个方面。近千万贫困人口易地扶贫搬迁，不仅要在地理位置上进行大迁移，也面临生产生活方式的重建和社会关系的重塑。在总结和分析易地扶贫搬迁现状和主要特征的基础上，结合调查研究，笔者提出以下六大路径。

（一）协调推进易地扶贫搬迁后续扶持与以县城为载体的城镇化

要促进易地扶贫搬迁后续扶持与城镇化特别是以县城为载体的城镇化相协调，提升安置县城的综合承载能力，让"有为政府"与"有效市场"协同配合，避免易地扶贫搬迁成为简单的"贫困平移"。

城镇集中安置的搬迁模式通过引导资源贫瘠地区的贫困人口向城镇合理有序流动，既可以使易迁贫困人口享受到城镇的优质资源与良好环境，从根本上改变他们的生产生活条件，又能为当地经济社会发展注入新动力，加快城镇化进程。易迁贫困人口的城镇化进程不仅要关注他们的"生存型"诉求，而且要重视他们的"发展型"诉求。易迁贫困人口的城镇化要经历一个较长的过程，要实现易地扶贫搬迁的后续扶持与推动以人为核心的城镇化有效对接，其关键是要实现较为稳定的"三维转换"——易迁贫困人口从农村到城镇的地域转移仅仅是其城镇化过程的一个"开端"，更为重要的是，还要推动他们实现从农业到非农产业的职业转换、从农民到市民的身份转变。要同步促进他们在生产方式、生活方式、思维方式、文化素质、风俗习惯等方面逐步适应并融入城镇，加快推动易迁贫困人口的经济市民化、文化市民化和社会福利市民化进程，[①] 避免贫困的"平移"。要根据实际情况，考虑易迁贫困人口意愿，为易迁贫困人口兼业化、

---

① 宋蔚、朱建华：《易地扶贫搬迁农民市民化问题研究》，《经济研究导刊》2020 年第 15 期。

非农化的生计模式创造条件、提供便利。目前，大部分安置地区出于土地资源等方面的现实约束，采取了"无土"非农化安置方式。在这样的安置方式下，要加快发展县域经济和提升城镇的人口承载力，夯实扶贫产业基础，使易迁贫困人口能够实现稳定的非农化就业；要完善公共服务配套，使易迁贫困人口享受到应有的社会福利；要通过社区治理制度设计、公共活动空间调整、社交网络拓展与文化心理调适等多方面举措强化易迁贫困人口的"身份认同"。

易地扶贫搬迁大多是一种"自上而下"的制度安排。易迁贫困人口的县内转移是各级政府及易迁贫困人口所在村庄集体决策下的集体行为，政府在前期承担着主导者、资源协调者、扶贫成效监督者等多重角色，在推动贫困人口搬迁安置、就业增收等方面发挥着不可替代的作用。易地扶贫搬迁是一项复杂的系统工程，做好易迁贫困人口的后续帮扶，要努力构建政府、市场和社会多方力量协调配合的扶贫体系，加强对后续扶持工作的统筹指导和监督检查，妥善解决好政府"越位""缺位"问题。要促进各级政府和各个部门有效协调、形成合力。政府要依法尊重和维护好易迁贫困人口的权益，充分考虑到他们利益诉求与需求的复杂性和多样性，鼓励他们根据发展意愿、能力水平和自身状况选择生计方式，从源头上为他们搬迁后的内生良性发展创造条件。要健全易迁贫困人口利益诉求的合理表达机制，完善突发性事件应急处置机制。要完善公益性项目财政资金保障机制，引导地方政府专项债资金向有稳定预期收益的公共建设项目倾斜，充分发挥财政资金的撬动作用。要充分发挥市场机制对资源配置的决定性作用，以市场化的思维与手段推进就业机会创造、产业可持续发展与生态环境修复，优化扶贫资源配置，提高贫困治理效能。[①]

（二）同步推进就地转移和异地转移

解决易迁贫困人口就业问题要实现就地转移和异地转移的有效结合，以产业发展带动就业扩容，发挥创业带动就业的倍增效应，积极承接产业转移，推进东西部扶贫劳务协作，提高劳务输出的组织化、市场化和规模

---

① 蒋永甫、龚丽华、疏春晓：《产业扶贫：在政府行为与市场逻辑之间》，《贵州社会科学》2018年第2期。

化程度。

易地扶贫搬迁的关键是要通过改善就业基础条件，拓展贫困人口的就业机会和增收的多元化渠道，在人口迁移与就业转换良性互动的基础上实现"脱贫致富"目标。保障就业的可持续性是易迁贫困人口生存和发展的基础，是后续扶持的重中之重。无稳定的就业会导致易迁贫困人口缺乏稳定的收入来源，可能会使他们缺失安全感，从而出现不同程度的摇摆心理。[①] 围绕易迁贫困人口的非农化就业问题，各地的实践探索中主要有就近发展产业吸纳就业、促进创业带动就业、设立公益岗位兜底就业和通过县外异地转移解决就业四种方式。

实现易迁贫困人口就地安置，关键要通过"内生"和"外引"提升安置地区的产业发展水平。要有序引导易迁贫困人口适度向"园区、景区、城区"集中，推动易迁贫困人口参与生产服务环节或配套产业中。要因地制宜在迁入地发展特色产业，特别是引导就业吸纳能力较强的劳动密集型产业健康可持续发展。积极支持当地龙头企业，依托龙头企业吸纳易迁劳动力就业，扩大就业扶持资金的"乘数效应"。要结合迁入地的资源禀赋和易迁贫困人口的劳动能力与意愿，宜工则工、宜农则农，合理规划产业布局，延长产业链条，把扶贫产业发展纳入迁入地产业发展总体规划统筹考虑。[②] 要不断提高扶贫产业的规模化和标准化程度，强化品牌效应，提升安置地扶贫产品的市场竞争力。湖北省十堰市郧阳区抓住东部地区产业转移的机遇，截至 2018 年 7 月，已推动当地 18 个乡镇与浙江省的袜业企业签约。如今，已有 28 家袜业生产企业和其上下游企业聚集在当地，一个新的全产业链集群式发展的袜业生产中心已初具雏形。[③]

鼓励易迁贫困人口自主创业，通过创业带动就业。要搭建创业公共服务平台，鼓励和帮助易迁贫困人口创业。支持扶贫创业园区建设，推动具备创业能力和意愿的易迁贫困人口优先入驻，在场地等方面给予一定支

① 肖锐、徐润：《易地扶贫搬迁政策实践及其完善》，《中南民族大学学报（人文社会科学版）》2020 年第 2 期。
② 武汉大学国发院脱贫攻坚研究课题组：《以产业发展保障贫困人口稳定脱贫的战略思考》，《中国人口科学》2019 年第 6 期。
③ 黄俊华、胡琼瑶：《无中生有"新袜都"——湖北十堰市郧阳区产业扶贫调查》，《湖北日报》，2020 年 6 月 2 日。

持。鼓励易迁贫困人口积极探索"直播带货"等销售方式，发展农村电商，引导发展多种"互联网+"创业模式，并组织行业专家及时提供跟踪指导服务。

培育和引进龙头企业，积极承接经济发达地区的产业转移。立足地方实际情况出台对接产业转移的奖励办法和优惠政策，引导优质大型企业积极入驻。支持龙头企业在搬迁安置区附近建厂兴业，引导更多社会资本和各类市场主体积极参与承接相关产业园区的开发、建设和运营，适度合理扩大产业规模以提高吸纳易迁贫困人口就业的能力。鼓励龙头企业、专业合作社等经营主体与搬迁群众建立契约型、分红型、股权型等合作机制，推广"订单收购+分红"方式，让搬迁人口更多分享后续产业发展红利。广西壮族自治区河池市环江毛南族自治县通过优化营商环境、降低用工成本和完善设施配套等，吸引了华威科技公司在当地落地，未来有望安置就业5000人，实现产值超40亿元。[①]

除了通过产业吸纳就业、鼓励自主创业等市场化手段，还可以通过开发公益性岗位来兜底易迁贫困劳动力的安置就业。合理开发公益岗位，将公益性岗位设置与城镇建设、乡村建设紧密结合。对于确实无法外出务工的贫困搬迁劳动力，可以通过设立公益性岗位进行托底安置，为尚未能实现就业的易迁贫困人口提供辅助性、服务性就业岗位，例如卫生保洁、护林护草、治安管理等。要充分发挥公益性岗位的兜底保障作用，优先安排来自零就业家庭的劳动力到公益性岗位就业。

要用好对口协作、东西部协作机制，强化区域劳务协作，提高劳务输出的组织化、市场化、规模化程度。劳动力的异地转移相当一部分是市场因素驱动下的自发行为，但劳动力供需双方往往存在较大程度的信息不对称，应进一步强化政府的帮扶，强化异地转移的有效性和有序性。要利用好省内大城市、东部地区等地的产业优势和就业吸纳能力，进一步建立和完善劳务输出对接机制，精准对接相对发达地区的产业用工需求。应提高劳务输出的组织化程度，多渠道解决易迁贫困人口的就业难题。要加强省内经济发达地区和贫困地区间的劳务协作，用好省内结对帮扶，建立健全

① 周科、王丰：《同饮一江水 携手"斩穷根"——深圳对口广西河池、百色扶贫协作见闻》，新华网，2020年9月21日。

市际、县际间的协作帮扶，鼓励输入地企业优先聘用贫困劳动力。应充分发挥公共就业服务机构和人力资源服务机构的作用，通过劳务经纪人模式打通贫困人口转移就业的"最后一公里"，提供点对点劳务对接。要完善贫困人口外出务工的权益保障措施，推动帮扶责任由输出地和输入地共同承担。

（三）促进扶技、扶志、扶业相结合

易地扶贫搬迁的核心问题是培育搬迁贫困户的内生发展能力，提升贫困人口的可持续生计能力。要优化技术技能培训供给，促进搬迁劳动力和新成长劳动力快速掌握就业技能，解决贫困劳动力和市场性就业岗位不匹配造成的结构性难题。促进扶志、扶技、扶业相结合，推动易迁贫困人口就业观念的转变，实现"授人以渔"，不仅要引导他们实现物质脱贫，更要推动他们实现精神脱贫，提高他们的内生发展能力。

提升易迁劳动力的技能，可以打破贫困代际传递的恶性循环链。大部分易迁贫困人口摆脱了传统的生计方式，进入第二、第三产业，这对他们的专业技能提出了新的要求。低学历、缺乏职业技能的易迁贫困人口在自然进入城镇劳动力二级市场的情况下，会处于不利的经济地位。解决"能力贫困"是实现稳定就业的基础，是易地扶贫搬迁后续扶持的一个重要问题。开展职业教育和技能培训是全面提升易迁贫困人口自身发展能力、解决结构性就业矛盾、提高就业质量的关键举措。要综合考虑易迁贫困人口自身条件、就业意向与市场需求，结合迁入地的产业结构和发展情况，引导易迁贫困人口积极参与就业技能培训与实用技术培训以适应安置地的产业发展需求，促进他们尽早成长为适应城镇产业发展需求的产业工人。[①]

转变有"等靠要"思想的易迁贫困人口的就业观念，帮助他们从思想上拔除"穷根"，促进他们形成"自我造血"观念，提升他们参与技能培训的意愿。科学评估具备劳动能力的易迁贫困人口的技能特长、受教育程度、就业意愿及家庭情况等，并制定相应的培训方案。

提升技术技能培训服务的质量，关键是要根据易迁贫困人口的不同特

① 徐锡广、申鹏：《易地扶贫搬迁移民的可持续性生计研究——基于贵州省的调查分析》，《贵州财经大学学报》2018年第1期。

点和需求开展针对性强的分层分类培训。对于易迁贫困人口中有培训意愿的留守妇女、留守老人以及残疾人等特殊群体，应结合地方、民族特色开展简单便于掌握的实用技能培训。对于部分有创业意向的劳动者，则应提供创业知识与相关技能的培训，在市场调查、市场营销、渠道挖掘和维护客户关系等方面开展专门培训。要加强对易迁贫困家庭子女就读职业院校的扶持力度。要统筹整合各种类型、不同周期的技术技能培训资源，建设以农民工、易迁贫困人口等为主要对象，涵盖职业院校、培训机构、夜校等多层次的技术技能培训体系，全面提升易迁贫困人口的文化水平和职业技能。

鼓励企业开展"订单式"培养和"定向式"输出，让易迁贫困人口尽快掌握符合市场现实需求的有效劳动技能，把易地扶贫搬迁过程中安置地所集聚的丰富劳动力资源有效转化为企业的人力资源。引导易迁贫困人口中的产业大户与致富能手开展"传帮带"活动，助力易迁贫困人口更好地掌握新技术、新方法、新手段。利用新一代信息技术赋能职业技术培训活动，搭建网络培训平台，组织短期培训或直接把课堂开在工地、企业车间及社区，不断创新培训形式、丰富培训内容，打破教学时空限制。

（四）同步提升安置地基础设施"硬件"与公共服务"软件"

持续完善公共服务和基础设施，做好安置地基础设施配套，推进基本公共服务全覆盖，促使易迁贫困人口"住有所居、幼有所育、学有所教、病有所医、老有所养"。

基础设施建设和公共服务供给直接影响易迁贫困人口搬迁后的生产条件、生活质量和未来的发展前景，是易迁贫困人口提升幸福感和获得感的重要影响因素。基础设施和公共服务供给滞后于区域经济社会发展的需要会影响贫困人口的迁移行为选择、限制易迁贫困人口的可持续发展。要推动迁入地基础设施提档升级。进一步完善安置点供水管网体系，加速供电建设和电网增容改造，促进安置点与外界交通干线的有效衔接，同步建设休闲活动区域、垃圾污水处理设施等，实现搬迁后"环境更卫生、生产更方便、生活更美好"的目标。

从供给方面看，不仅要解决就业、教育、医疗和养老等公共服务供给"有没有"的问题，而且要提高基本公共服务的"可及性"；从需求方面看，要解决由认知有限、成本相对过高等问题引起的易迁贫困人口不愿享受公共服务的问题。可以通过搭建信息公开服务平台，将各项搬迁政策、扶持政策、安置地附近正规的公共服务与基础设施供给等信息进行有效整合并提供给易迁贫困人口，帮助易迁贫困人口有效利用安置地配套的基本公共服务与设施。

要将大型城镇安置区及教育、医疗、养老、产业等配套设施纳入新型城镇化的一体规划、一体建设。搭建数字化的就业创业服务平台，强化其岗位信息发布、劳动人事争议法律援助等实用功能，帮助易迁贫困人口避免由搜寻成本高和信息不对称造成的机会与福利损失。教育是阻断贫困代际传递的治本之策。要保证不让一个搬迁群众子女因搬迁而辍学，提高迁入地的基础教育供给质量。要统筹考虑随迁子女的就学需求与安置地教育资源供给情况，在经费投入、办学审批、编制划拨等方面予以倾斜，做好安置地各级各类学校的学位部署与校区、校舍的规划建设，切实满足易迁贫困家庭子女的上学需求。对于普通话普及率低、推普压力大的安置区，鼓励有关省、市以及高校等给予学习资源、普通话培训等帮扶。在安置地构建完整的医疗卫生服务体系，合理配套建设社区医院、卫生站、医疗诊所等医疗机构。据调研，目前易地扶贫安置社区都配套建设了一定的医疗服务设施，易迁贫困人口能在家门口接受更优质、更便利的医疗服务，相较于搬迁前有了极大的改善。但是，职业医师、护理人员等人才的配备还需进一步加强。要按标准补足配齐医疗设备与医护人员，使易迁贫困人口能够尽快享受基本医疗卫生服务。推进优质医疗资源共享，推动周边与发达地区的优秀医院与安置地医院进行对口帮扶。利用信息化手段，加强远程图像传输、大数据等技术在医疗卫生服务中的应用，开展远程医疗协作。强化对口帮扶，探索"医共体""医联体"等医疗组织建设，纵向整合医疗资源，提升安置地医疗机构的服务能力。要特别关注和妥善解决易迁贫困人口中失独老人、留守老人等群体的养老问题，构建并完善医养结合型养老服务供给体系，有效整合乡镇福利机构的养老资源，完善社区养老功能。要平稳衔接各项社会保障政策，简化社保转移流程，强化农村低保、新农保等与易地扶贫搬迁政策的衔接。[①]

（五）加快易迁贫困人口在安置社区的社会融合进程

易迁贫困人口的社会融合是一个系统工程，是社会阶层结构、社会要素结构与社会治理结构不断完善发展的过程，是相互适应、包容、接纳、交融的过程，需要经历相当长的时间。进入新社区，搬迁人口不仅有就业、收入、医疗、教育等物质方面的需求，而且有情感、归属感、社会认同等精神方面的需求。从半自给自足的生产生活方式转变为完全依赖市场，集中的居住格局代替了他们熟悉的山水草木，原有的生活共同体被割裂，原来"熟人社会"中的相互关照、守望相助的生活方式不复存在。因此，推动搬迁人口社会融合就是要让个人融入企业、子女融入学校、家庭融入社区、群体融入社会，提高他们对社区的归属感和认同感。生产生活方式的改变也迫切需要易迁贫困人口改变思维方式，既要"洗脚上楼"，更要"洗脑进城"。

安置社区中易迁贫困人口多元化的背景形成了社区异质化的文化环境，剧烈的变迁容易带来易迁贫困人口身份认同的焦虑和心理的困惑。[②]要充分彰显人文关怀，缓解易迁贫困人口初入新社区的焦虑和不安，提高他们的自我适应、自我调节能力，[③] 提升其社会融合的动力和能力。广泛开展生活技能提升等培训，倡导健康文明的生活方式，尤其是对不识字的搬迁人口要注重宣传细节，助力他们融入新生活。引导易迁贫困人口转变生活习惯，倡导健康文明的生活方式。推动文化服务进社区，开展丰富多彩、喜闻乐见的文化活动，在活动中有机融合民族文化、移民文化及市民文化，丰富易迁贫困人口的精神文化生活，增强他们对安置社区的归属感和认同感，帮助他们更深入地认同并习得城镇文化。推动民族地区集中安置区建立相互嵌入式的社会结构和社区环境，大力推广国家通用语言，促进民族间的交往交流交融。

---

① 翟绍果、张星、周清旭：《易地扶贫搬迁的政策演进与创新路径》，《西北农林科技大学学报（社会科学版）》2019年第1期。

② 梁波、王海英：《国外移民社会融入研究综述》，《甘肃行政学院学报》2010年第2期。

③ 吴振磊、李钺霆：《易地扶贫搬迁：历史演进、现实逻辑与风险防范》，《学习与探索》2020年第2期。

不同于以血缘和家庭为纽带、道德伦常为基本治理规范的乡村，城镇对定居其中的易迁贫困人口提出了新的行为约束。[①] 要着眼于易迁贫困人口需求，构建和完善友好、包容的社区制度，建设"共有、共建、共治、共享"的融合型社区。要建立功能完备、管理有序的城市安置社区治理体系。推进机构设置科学化、社会管理网格化与居民自治规范化，建立和完善与安置规模相适应的治理体系，健全自治、法治、德治相结合的治理机制。实行网格化管理，充分发挥各类组织在安置社区治理中的作用，推动社区网格管理专职化、专人化，做好社会风险防范和矛盾纠纷化解工作。强化社区治安防控综合治理，充分运用大数据、人工智能等先进科技手段，构建系统化、集约化的社区整体安全防范网络，通过数据共享共用实现社区治理互联互通，打造平安祥和的智慧移民安置社区。建立安置社区居民自治机制，引导易迁贫困人口参与公共事务管理，培养"主人翁"精神。推进安置社区民主决策制度建设，完善村（居）务公开制度和民主监督制度，充分调动安置点居民参与社会治理的主动性和积极性，形成民主提事、议事、决事的良好氛围。[②] 河北省承德市丰宁县人才家园社区实施"聚心工程"，采取"区片长+楼栋长+单元长"管理模式，突出规范化、精细化、人性化，对社区进行有序管理，并积极建立纠纷解决机制，调动了广大居民参与社区建设的积极性和主动性，社区治理水平得到明显提高。

要尽快消除"新""旧"居民之间的隔阂，逐步形成亲缘和非血缘并重的社会资源配置体系，促进安置点全部居民间社会资源的流动共享。[③] 整合社会资源，充分调动公益组织、社工机构等社会组织的积极性，通过鼓励、购买等多种形式，为有需要的易迁贫困人口提供专业的社工服务。贵州省毕节市黔西县锦绣社区建成集健身房、康复室等为一体的老年服务中心和老年学校，并为留守儿童等建成集学习辅导室、心理辅导室等于一体的未成年保护工作站，引导社会公益组织、群团组织和街道关爱办等为

---

① 张文宏、雷开春：《城市新移民社会融合的结构、现状与影响因素分析》，《社会学研究》2008 年第 5 期。

② 郑娜娜、许佳君：《易地搬迁移民社区的空间再造与社会融入——基于陕西省西乡县的田野考察》，《南京农业大学学报（社会科学版）》2019 年第 1 期。

③ 周皓：《流动人口社会融合的测量及理论思考》，《人口研究》2012 年第 3 期。

未成年人进行关爱保护与陪伴教育。

（六）因地制宜盘活迁出地资源

农业发展是农村贫困人口稳健转移的重要基础。[①] 在将农村的易迁贫困人口迁出后，要同步推动农业规模经营。要根据当地的气候条件、土地条件等实际因素，建立相对集中的农业专业组织，促进原有农地和复垦农地向"种田能手"集中，积极引导龙头企业、农民合作社、家庭农场参与农地流转，提高农业的规模化、专业化和组织化程度。探索开展"定制化"土地整治，以土地整治为契机，做好土地的测量、确权、登记等工作，按照现代农业规模生产的要求，通过拆旧建新、合村并庄、归并地块、设施建设等，解决由地块细碎、耕作分散造成的农业设施利用率低等问题。

要通过市场化手段合理盘活迁出地的存量资源。搬迁安置客观上导致原有村集体经济组织面临重构，涉及的集体产权结构更加复杂、利益关系更加多元。[②] 要妥善处理好易迁贫困人口在两地之间的利益协调。易迁贫困人口迁出后保留在迁出地的林地、耕地、宅基地、住房等各项资源均需得到妥善处理，实现资源的配置最优化与利用最大化。由迁出地继续管理易迁贫困人口的林地、承包地及集体经济收益分配等，并确保所取得的收入依法归仍在迁出地承包经营土地的易迁贫困人口享有。在原住房拆除和宅基地使用等方面，应建立更富弹性的处理机制，避免"一刀切"，分类有序推进农房拆旧与复垦复绿工作。

从一些地区的易地扶贫搬迁实践来看，城乡建设用地增减挂钩（简称"增减挂钩"）制度在缓解易迁贫困人口和当地政府自筹资金压力、防范和化解地方政府债务风险中发挥了重要作用，也通过支持后续的产业布局推动了易迁劳动力的就业。在当前建设用地、占补平衡指标紧缺的情况下，合理用好、落实这一政策，不仅能提高土地的使用效率，还可以提高易迁贫困人口的经济收入，将可以产生巨大的经济效益和社会效益。例如，河北省承德市丰宁县将易地扶贫搬迁旧宅基地腾退与增减挂钩拆旧复垦相结

---

① 辜胜阻：《中国农村剩余劳动力向何处去?》，《改革》1994 年第 4 期。
② 姚从容：《论人口城乡迁移与农村土地产权制度变迁》，《人口与经济》2003 年第 2 期。

合，将增减挂钩指标调剂流转与易地扶贫搬迁贷款偿还挂钩，基本实现了易地扶贫搬迁资金收支平衡。要进一步优化土地经营权流转的制度安排，用好城乡建设用地增减挂钩政策，将增减挂钩节余指标调剂到城镇使用所获得的收益重点用于易迁贫困人口搬迁旧房拆除和土地复垦补偿及奖励，将土地级差收益更加精准和有效地用于易迁贫困人口后续帮扶，让土地增值收益不仅取之于农，而且更多地用之于农。

部分易地扶贫搬迁的迁出区位于生态环境脆弱地区。对于生态承载压力过重和对自然资源过度利用的迁出区，要尽快做好生态修复和保护工作，促进人与自然和谐共生。探索把部分迁出区得天独厚的特色资源优势转化为乡村旅游等特色产业发展的比较优势和竞争优势。推进易地扶贫搬迁安置与生态康养乡村旅游产业发展相结合，在历史文化、自然资源丰富的迁出区，大力发展乡村旅游、生态种养殖和现代服务业，做大做强庭院经济、休闲经济。四川省凉山州的悬崖村村民着力探索了一条依靠旅游业的脱贫路径。在整体搬迁后，该村进一步发展壮大"悬崖村旅游业"，老弱妇孺下山进城、部分青壮年往返两地参与旅游开发，实现了扶贫与发展的同向而行。①

四、结语

易地扶贫搬迁通过将中国大量贫困人口搬迁安置到生产生活条件相对较好的地区，解决了"一方水土养不活一方人"的问题，是人类迁徙史上浓墨重彩的一笔。总的来看，"十三五"时期的易地扶贫搬迁下的人口迁移以迁出地"推力"为主要动力，通过城镇化集中安置尤其是在县城集中安置的方式，推动贫困人口从低效的农业生产转向本地或异地的非农产业就业，并同步推进其社会融合，从而实现了易迁贫困人口的脱贫致富。虽然目前易地扶贫搬迁已取得巨大成效，但是，易地扶贫搬迁中贫困人口的生计方式重塑、社会融合、身份认同等问题是长期性的，在脱贫攻坚期内难以毕其功于一役。只有通过强化后续扶持，促进易迁贫困人口切实融入安置地经济社会发展的自循环，增强其内生发展能力，才能真正走出"贫困陷阱"。

---

① 《悬崖村搬迁，决战脱贫攻坚的缩影》，人民网，2020 年 5 月 12 日。

　　强化易地扶贫搬迁后续扶持，关键要多措并举，综合精准施策。要促进易地扶贫搬迁后续扶持与人口城镇化、农民工市民化与劳动力非农化相协调，实现"有为"政府与"有效"市场的协同配合。在充分发挥全国上下一盘棋、集中力量办大事的显著制度优势的同时，充分发挥市场机制在资源配置中的决定性作用，让易迁贫困人口既能"安居"又能"乐业"，避免形成城市新贫困人群。要坚持就地转移和劳务异地输出相结合，帮助更多易迁贫困人口实现"有就业、能致富"。以产业发展带动就业扩容，让更多易迁贫困人口从本地产业发展中受益。同时，强化区域劳务协作，把贫困地区的剩余劳动力资源转化为较发达地区的人力资源优势。要处理好物质资本投入与人力资本开发间的关系，提升易迁贫困人口就业创业的意愿和能力。在鼓励社会资本进入安置区发展产业、创造就业机会的同时，充分调动易迁贫困人口凭借一技之长实现脱贫致富的主观能动性，基于人力资源市场的需求和搬迁贫困劳动力的能力、意愿及个人情况，构建"分层教学、分类指导"的技术技能教育培训体系，促进易迁贫困人口提升素质与技能，进而提高内生发展能力。要实现基础设施与公共服务"硬件"和"软件"同步提升，持续保障和改善民生，不断完善综合配套。强化安置点就业、教育、医疗、养老等公共服务及其配套设施建设，促进公共服务资源下沉、重心下移，提高便利性与可及性。要实现易迁贫困人口的经济融入与社会融合并举。在促进易迁贫困人口就业并实现经济融入的同时，要帮助他们改变"过客"心态，尽快融入新社区，重构社会关系网络，促进易迁贫困人口社会融合与优化社区治理协同发力。要做好迁出地与安置地利益衔接，统筹利用好两地资源，因地制宜盘活迁出地资源，拓宽易迁贫困人口的收入来源，同步做好迁出地生态修复工作，促进人与自然和谐共生。巩固易地扶贫搬迁成果，还要注重易地扶贫搬迁与乡村振兴战略的有效衔接，按照"产业兴旺、生态宜居、乡风文明、治理有效、生活富裕"的乡村振兴战略总要求，加快补齐公共服务、基础设施和信息流通等方面的短板，培育新型职业农民，推动各项扶持政策精准发力，推进城乡融合发展。

　　（本文发表于《中国农村经济》2020 年第 12 期。）

—17—
保障乡村贫困人口稳定脱贫的
关键是夯实产业振兴基石

一、引言

新中国成立 70 年来，中国政府高度重视减贫工作，从救济式扶贫到开发式扶贫再到精准扶贫，从瞄准贫困县、贫困村逐步精细到瞄准贫困人口，逐步探索出一条具有中国特色的农村扶贫发展道路，贫困治理体系不断完善、治理能力大幅提升。按照 1978 年国家贫困标准，1978 年中国农村绝对贫困人口规模达 2.5 亿人，贫困发生率为 30.7%（见表 1）。如果以营养标准来衡量，改革开放前至少有 40%—50% 的人群处于生存贫困状态。① 1978—2018 年，中国农村贫困线标准经历了多次调整。② 现行标准下的中国农村贫困人口规模从 7.7 亿人减少到 1660 万人，贫困发生率从

---

① 汪三贵：《在发展中战胜贫困——对中国 30 年大规模减贫经验的总结与评价》，《管理世界》2008 年第 11 期。

② 这里的农村贫困线标准主要指以收入来衡量的绝对贫困的标准线。1985 年首次制定农村的贫困线，为当年的 206 元。其他年份数据则使用农村居民消费指数进行更新。2000 年以来，中国农村贫困标准有两条：绝对贫困标准与低收入标准。2007 年以前，采用绝对贫困标准作为扶贫工作标准。2008 年，根据十七大关于"逐步提高扶贫标准"的精神，开始采用了低收入标准作为扶贫工作标准。根据该标准，2008 年、2009 年农村贫困人口和贫困发生率分别为 4007 万人和 4.2%，3597 万人和 3.8%。2011 年，中国政府制定了 2011—2020 年新的农村贫困标准，以 2010 年不变价 2300 元为基数，该标准是与小康社会相适应的稳定温饱标准。

97.5%下降到1.7%。中国的经济发展与扶贫工作使超过7亿人摆脱贫困，年均减贫规模近1900万人，农村贫困发生率下降了95.8个百分点。党的十八大以来，中国开始实施精准扶贫精准脱贫，全面打响了脱贫攻坚战。中国的减贫是人类历史上规模最大、速度最快的减贫，对全球减贫的贡献率超过七成。[1]

表1 1978年与2010年标准下的中国农村贫困变化情况

1978年标准				2010年标准			
年份	国家贫困线（元）	贫困人口（万人）	贫困发生率（%）	年份	国家贫困线（元）	贫困人口（万人）	贫困发生率（%）
1978	100	25000	30.7	1978	366	77039	97.5
1984	200	12800	15.1	1980	403	76542	96.2
1985	206	12500	14.8	1985	482	66101	78.3
1989	259	10200	11.6	1990	807	65849	73.5
1990	300	8500	9.4	1995	1511	55463	60.5
1994	440	7000	7.7	2000	1528	46224	49.8
1995	530	6540	7.1	2005	1742	28662	30.2
1999	625	3412	3.7	2010	2300	16567	17.2
2000	625	3209	3.5	2011	2536	12238	12.7
2001	630	2927	3.2	2012	2625	9899	10.2
2002	627	2820	3	2013	2736	8249	8.5
2003	637	2900	3.1	2014	2800	7017	7.2
2004	664	2610	2.8	2015	2855	5575	5.7
2005	683	2365	2.5	2016	2952	4335	4.5
2006	693	2148	2.3	2017	2952	3046	3.1
2007	785	1479	1.6	2018	3200	1660	1.7

资料来源：根据历年《中国农村监测报告》和国家统计局2019年公布的相关数据整理。

---

[1] 国家统计局住户调查办公室：《扶贫开发成就举世瞩目脱贫攻坚取得决定性进展》，《中国信息报》2018年9月4日。

产业发展是中国大规模减贫的直接驱动力。长期以来，中国的贫困人口主要集中在农村，以农业为主的第一产业部门的增长发挥了重要的减贫作用。[1] 特别是家庭联产承包责任制普遍推行，解决了农业劳动和经营激励问题，[2] 农业生产力得到极大解放，农村经济得到发展。1978—1985 年，中国农业总产值平均每年增长 7.7%，[3] 农民年均收入大幅提高，从 1978 年的 133.6 元增加到 1985 年的 397.6 元。大规模的工业化和城镇化提供了在农业发展之外拉动减贫的重要动力。1985 年到 20 世纪 90 年代中期之前，乡镇企业一直是中国经济增长的最大动力。[4] 这一时期乡镇企业在吸纳农村劳动力就业、促进农村人口增收上发挥了巨大作用。1984—1990 年，全国农村家庭人均工资性收入占比从 10% 左右增加到 20.2%。[5] 20 世纪 90 年代中期以后，随着工业化与城镇化的快速推进，农民收入持续增长、生活水平不断提高，为农村提供了更强劲的减贫动力机制。2008 年以来，农民收入构成中工资性收入的比例总体稳定在 40% 左右。大量资金从城市回流到农村，增加了对农业和非农产业的投资，总体上加快了农村的发展和减贫。

在整个产业发展促进减贫过程中，国家主导的农村开发扶贫政策发挥了极为重要的作用。2012 年以来，中国的减贫工作进入精准扶贫精准脱贫的新阶段，产业扶贫在扶贫大格局中的重要位置更为突出。根据农业农村部数据，近年来全国共实施了超过 98 万个扶贫产业项目，累计建成各类扶贫产业基地 10 万个以上。截至 2018 年年底，全国脱贫的 475 万贫困户中，得到产业扶贫帮扶的有 353 万户，占 74.2%。产业扶贫是贫困人口增加经济收入的重要渠道。在政府各项扶贫政策引导下，贫困户通过改善农业生产、扩大农产品出售，或者通过发展农家乐、民俗旅游等第三产业，促进

① 汪三贵：《在发展中战胜贫困——对中国 30 年大规模减贫经验的总结与评价》，《管理世界》2008 年第 11 期。
② 蔡昉：《中国改革成功经验的逻辑》，《中国社会科学》2008 年第 1 期。
③ Li, Xiaoyun, "Agriculture and Transformation Led Poverty Reduction in China: Experiences and Lesson for ASEAN Countries", Asian Development Bank Research Paper, Unpublished, 2018.
④ 周飞舟：《政府行为与中国社会发展——社会学的研究发现及范式演变》，《中国社会科学》2009 年第 3 期。
⑤ 朱玲、何伟：《工业化城市化进程中的乡村减贫四十年》，《劳动经济研究》2008 年第 4 期。

家庭收入快速增加。同时,通过在贫困地区发展特色优势产业,吸纳当地贫困人口就业,能够增加贫困人口的工资性收入,从而实现增收脱贫。[①]如表2所示,经营性收入与工资性收入是贫困地区农村居民增收的主要来源,尽管经营性收入比重在逐年下降,但以农业发展为主体的经营性收入依然是绝大部分贫困人口的主要经济来源,农业发展的减贫作用仍然非常重要。[②]产业扶贫作为一种内生发展机制,能够根植发展基因、激活发展动力。产业精准扶贫构建了多主体、多要素参与的协作机制,凸显了贫困户的主体性,强调贫困户的要素参与,有利于引导贫困户转变思想观念与提高实用技术水平,[③]在政府"输血"的基础上培育贫困户的"造血"能

表2　2014—2018年中国贫困地区农村常住居民收入结构

		2014 年	2015 年	2016 年	2017 年	2018 年
工资性收入	水平（元）	2240	2556	2880	3210	3627
	构成（%）	32.7	33.4	34.1	34.2	35.0
	增长（%）	16.7	14.1	12.7	11.8	13.0
经营净收入	水平（元）	3033	3282	3443	3723	3888
	构成（%）	44.3	42.9	40.7	39.7	37.5
	增长（%）	8.8	8.2	4.9	6.9	4.4
财产净收入	水平（元）	81	93	107	119	137
	构成（%）	1.2	1.2	1.3	1.3	1.3
	增长（%）	29.9	15.2	14.3	11.9	14.8
转移净收入	水平（元）	1497	1772	2021	2325	2719
	构成（%）	21.8	22.5	23.9	24.8	26.2
	增长（%）	14.4	15.0	17.4	14.8	17.0

资料来源:根据历年《中国农村监测报告》和国家统计局2019年公布的相关数据整理。

---

①　帅传敏:《中国农村扶贫项目管理效率的定量分析》,《中国农村经济》2008年第3期。
②　李小云等:《2000—2008年中国经济增长对贫困减少的作用:一个全国和分区域的实证分析》,《中国农村经济》2010年第4期。
③　刘建生等:《产业精准扶贫作用机制研究》,《中国人口·资源与环境》2017年第6期。

力。产业扶贫会影响贫困户的资本积累和生活方式，最终改变其生计策略选择，[1] 有利于长效脱贫。贫困地区只有通过发展相适应的产业，才能把地区资源优势转化为内在的经济优势，才能实现经济发展的自循环、再增长。产业扶贫是对接脱贫攻坚与乡村振兴战略的重要举措，缩短贫困人口由脱贫到致富，再由致富到小康的转变周期。扶贫产业的发展除了帮助贫困县摘帽、贫困村出列、贫困户脱贫外，还可以助力农业供给侧结构性改革、培育经济发展新动能，加快在农村贫困地区形成"产业兴旺、生态宜居、乡风文明、治理有效、生活富裕"格局。[2]

二、当前产业扶贫中存在的突出问题

中国减贫工作成就巨大，但减贫任务依然艰巨。一方面，2018 年末中国集中连片特困地区和国家扶贫开发工作重点县的脱贫任务还比较艰巨，贫困地区的贫困发生率高于全国农村近 2.5 个百分点（见表 3）。2019 年初，"三区三州"[3] 仍有 172 万建档立卡贫困人口，占全国现有贫困人口的 12.5%。全国还有 98 个县贫困发生率在 10% 以上，贫困发生率高出全国 13.3 个百分点。[4] 这些都是贫中之贫、困中之困。另一方面，中国仍然是世界上最大的发展中国家，人民日益增长的美好生活需要和不平衡、不充分的发展之间的矛盾，仍然是中国经济社会发展的主要矛盾，相对贫困、边缘贫困与返贫等问题可能将长期存在，减贫在中国将是一项长期任务。产业扶贫作为一种眼前和长远兼顾、"输血"和"造血"兼收、生活保障和生活宽裕兼及、带动性和内生性兼容、普惠性和差别性兼有的包容性扶贫方式，[5] 对于彻底打赢脱贫攻坚战、促进持续减贫的意义重大。

---

[1] 胡晗等：《产业扶贫政策对贫困户生计策略和收入的影响——来自陕西省的经验证据》，《中国农村经济》2018 年第 1 期。

[2] 豆书龙、叶敬忠：《乡村振兴与脱贫攻坚的有机衔接及其机制构建》，《改革》2019 年第 1 期。

[3] 指西藏、四省藏区、南疆四地州和四川凉山州、云南怒江州、甘肃临夏州。

[4] 习近平：《在解决"两不愁三保障"突出问题座谈会上的讲话》，《求是》2019 年第 16 期。

[5] 庞庆明、周方：《产业扶贫时代意义、内在矛盾及其保障体系构建》，《贵州社会科学》2019 年第 1 期。

表 3　2012 年来中国主要贫困地区贫困人口与贫困发生率情况

		2012 年	2014 年	2016 年	2018 年	2012—2018 年绝对降幅
全国农村	农村贫困人口（万人）	9899	7017	4335	1660	8239
	农村贫困发生率（％）	10.2	7.2	4.5	1.7	8.5
贫困地区	农村贫困人口（万人）	6039	4317	2654	1115	4924
	农村贫困发生率（％）	23.2	16.6	10.1	4.2	19
集中连片特困地区	农村贫困人口（万人）	5067	3518	2182	935	4132
	农村贫困发生率（％）	24.4	17.1	10.5	4.5	19.9
国家扶贫开发工作重点县	农村贫困人口（万人）	5105	3649	2219	915	4190
	农村贫困发生率（％）	24.4	17.5	10.5	4.3	20.1

注：贫困地区包括集中连片特困地区和片区外的国家扶贫开发工作重点县。集中连片特困地区包括：六盘山区、秦巴山区、武陵山区、乌蒙山区、滇黔桂石漠化区、滇西边境山区、大兴安岭南麓山区、燕山—太行山区、吕梁山区、大别山区、罗霄山区、西藏、四省藏区、新疆南疆四地州。

资料来源：根据历年《中国农村监测报告》和国家统计局 2019 年公布的相关数据整理。

　　2018 年 10 月习近平总书记在广东考察时指出，产业扶贫是最直接、最有效的办法，也是增强贫困地区造血功能、帮助群众就地就业的长远之计。课题组主要负责人在云南、广西两省区调研后发现，① 当前中国贫困地区产业发展中存在一些必须高度重视的挑战。

---

　　① 2019 年 4—11 月，课题组负责人先后 5 次带队围绕巩固脱贫成果、推动发展减贫，深入云南西双版纳、德宏州（主要包括陇川、瑞丽、芒市）与广西百色、桂林、北海、南宁、柳州等市的贫困县、贫困村及贫困家庭调研，实地考察了扶贫产业基地和产业扶贫项目，走访了乡村学校和商贸流通集市，并专门召开 10 多场座谈会，探讨产业发展与持续脱贫面临的突出问题与有效举措。

（一）完善产业扶贫长效机制，需要处理好政府与市场的关系，更多发挥市场机制在产业扶贫资源配置中的决定性作用，改变产业发展对政府政策过度依赖的局面

产业扶贫将贫困人口与各类扶贫市场主体进行利益捆绑，通过引入市场机制和市场力量为其脱贫创造发展机会。[①] 然而，一些地方政府为了完成脱贫攻坚的指标任务，扶贫产业发展粗放、结构单一等问题较突出，往往选择资金投入少、发展规模小、短期见效快的畜禽养殖等项目或简单照搬其他地方"短平快"的脱贫做法，一扶了之、不顾效果。有的产业发展过度依赖政府政策"输血"，存在较高因产品滞销、经济效益低下而"返贫"的风险，扶农惠农增收机制可能会演变为逆向的"伤农"减收机制，[②] 产业扶贫短期快速见效与促进长期稳定脱贫难以有效统一。但是，单纯依靠市场机制不能解决中国的贫困问题，容易出现"市场失灵"问题。[③] 市场机制以充分竞争与利益最大化为导向，有的地方缺乏相对完善的利益联结制度约束，扶贫产业发展很难持久让贫困人口受益。

（二）扶贫产业发展层次普遍较低，标准化生产、专业化加工、品牌化营销滞后，产品市场竞争力较弱

贫困地区产业发展基础薄弱，规模化、专业化生产水平较低，产业链较短，靠传统农业生产帮助贫困地区增收致富难度较大。在开发的特色产业中，产品附加值低、市场竞争力弱的问题较为普遍，以销售初级产品为主，多数处在粗加工状态，精深加工不多、技术含量不高。一些地区积极推动扶贫产业纵向延伸与横向拓展，产业融合加快，但优质化、特色化、品牌化发展不足，辐射带动能力不强。有的地区结合地域优势发展旅游业，但旅游休闲项目单一、同质化较为突出、模式创新不够，加上经营管理不够规范，对民俗特色文化的挖掘和包装不足，难以形成品牌效应。还

---

① 刘辉武：《精准扶贫实施中的问题、经验与策略选择——基于贵州省铜仁市的调查》，《农村经济》2016 年第 5 期。

② 李静：《产业扶贫难在何处》，《光明日报》2018 年 8 月 24 日。

③ 刘明月等：《产业扶贫基金的运行机制与效果》，《中国软科学》2019 年第 7 期。

有的地区产业发展绿色化不足，对绿色资源挖掘不够，没有将绿色资源有效转化为产业发展优势，或者在产业发展过程中忽视生态保护，不利于资源的永续利用。

（三）贫困地区经济效益高、带贫能力强的市场经营主体，特别是龙头企业依然偏少，营商环境与产业基础设施不完善，难以培育与引入更多优质的带贫主体

近年来，通过推进土地流转、股份合作、订单生产等方式，新型经营主体不断增多。贫困地区市场经营主体壮大与产业组织模式创新，一方面要靠贫困地区产业资源要素整合与开发，培育本地化的产业带贫主体；另一方面要通过引进外地有影响力、社会责任感强的企业，补充本地扶贫产业发展力量。目前不少贫困地区营商环境不完善，与相对发达地区还有较大差距。面向企业的审批事项较多、办理时间较长，土地、税收优惠落实不到位，限制本地企业和外来企业公平竞争的不合理制度依然存在，往往导致企业"用脚投票"，不利于贫困地区市场主体增多。同时，有的贫困地区配套产业设施落后，现有的物流体系难以满足产业发展壮大的流通需求，即使产品生产出来，但产销不能有效对接，导致产品滞销，一些扶贫企业发展较困难，贫困地区吸引与承接更多域外企业进入的条件不成熟。这些因素导致贫困地区经济效益高、带贫能力强的市场经营主体依然较少。

（四）贫困地区劳动力技术技能水平普遍较低，职业教育、技术技能培训与产业发展关联性不强、融合度不高，劳动力的技能难以适应区域产业发展的需要

只有贫困人口真正"嵌入"产业发展活动中，从单纯的"被动的受助者"转变为"积极的参与者"，才能确保经济发展成果持续惠及贫困人口。目前贫困人口受教育程度普遍较低、生产技术技能较落后，劳动力结构与产业发展不协调问题较突出。在全国建档立卡贫困人口中，约有 22.3% 的家庭由于缺少技能难以摆脱贫困。[①] 各种教育类型中，职业教育对促进精准

---

① 夏军等：《别让孩子陷入贫困代际传递——我国贫困地区教育问题观察》，《中国教育报》2015 年 12 月 3 日。

扶贫具有独特作用。目前很多贫困地区的劳动力职业技能培训形式单一、成本分担机制不合理。深度贫困地区职业教育发展相对滞后,"三区三州"常住人口为 2600 万左右,但高等职业院校仅有 9 所,每万人拥有高等职业院校数量远低于其他地区。[①] 同时,职业教育教学内容和方式相对陈旧,专业设置、课程内容与区域发展水平、产业发展需要匹配程度不高。

(五)财政扶贫资金配置效率有待提高,支持扶贫产业发展的金融服务创新不足,不利于扶贫产业发展壮大

2018 年底,全国贫困县实际使用的财政涉农资金达 8200 亿元,财政投入在盘活贫困地区集体经济资源、支持特色农业项目建设、贴息撬动金融机构"输血"等方面发挥了巨大作用。目前扶贫财政资金违纪违规问题大幅减少,但一些地方扶贫资金安排不够精准,资金投入粗放与贫困地区产业发展资金短缺、筹措难度大的矛盾比较突出。加上涉农资金整合推进不畅,资金难以结转导致的闲置或滞留问题较为普遍。产业扶贫是一项长期的系统工程,发展规模化的特色产业离不开金融机构的支持。但当前一些扶贫企业依然面临较为突出的信贷歧视和周期性的流动性约束,金融机构对农村企业贷款授信难、手续繁、出款慢、额度小、周期长,支持贫困地区产业发展壮大的金融服务创新不足。农村资产的抵押融资较困难,导致扶贫产业发展后期融资渠道不畅、资金不足。特色产业的保险产品开发不足,不利于改善其对市场与自然风险的抵抗能力。

(六)易地搬迁后续帮扶政策有待深化,搬迁人口在新环境下的产业发展适应性与社会文化适应性问题较为突出

易地搬迁通过人口的空间转移打破了资源型系统的封闭性,破解了一方水土养不起一方人的现实难题,是实施精准扶贫、精准脱贫的有力抓手。易地搬迁集中安置地往往产业基础不稳定,搬迁人口受限于文化素质不高,劳动市场竞争力低下,适应新的非农就业岗位能力弱,收入低且来源单一。在新的安置地特别是城镇地区的消费水平往往高于农村,造成搬

---

① 聂伟、罗明丽:《贫困地区职业教育精准扶贫作用的制约与张扬》,《职业技术教育》2019年第 16 期。

迁群众生活成本增高、经济压力加大。在社会文化方面，搬迁群众长期居住在偏远山区，与城镇居民在文化、礼仪等方面存在较大差异，很可能被市民社会主流价值体系边缘化。[1] 搬迁群众以小农经济为基础的农村生活方式、处世价值观念及社会关系网络等面临重构，特别是有的地方安置集中程度较高，容易引发一些新的社会问题。

三、以产业发展促进贫困人口稳定脱贫的思考

以产业扶贫促进贫困人口可持续脱贫，要坚持问题导向，进一步聚焦产业扶贫脱贫质量与扶贫产业可持续发展，精准施策、对症下药，优化政策供给与资源配置，调动多主体积极投入产业扶贫过程，持续帮扶贫困人口稳定脱贫、增收致富。

（一）发挥市场机制在产业扶贫资源配置中的更大作用，积极推动政府职能转变，促进扶贫产业可持续发展，让贫困人口更多地从产业发展中受益

处理好市场机制驱动与政府政策保障的关系，才能实现扶贫产业选择与培育精准化、科学化，产业项目才能对贫困人口脱贫产生持久帮扶。更好发挥市场机制在产业扶贫资源配置中的决定性作用，推动产业扶贫项目与贫困地区的资源禀赋和经济社会发展深度融合。以市场需求为导向，构建科学的产业精准选择机制，[2] 确定不同类型贫困地区产业发展的方向与重点，筛选培育市场前景较好、适销对路的扶贫产品，加快形成若干个具有较强市场竞争力的地方特色产业。德宏州结合脱贫攻坚目标与地域资源优势，充分发挥市场主体作用，选择与培育蔗糖、烟草等10个重点产业[3]发展，较好地实现市场规律与政府职能相结合。减少对产业扶贫资源配置的微观干预，在确保各方合法权益的前提下，根据市场规律让扶贫企业与

---

[1] 王怡蕾：《社会排斥理论下贵州省易地扶贫搬迁贫困户的市民化困境》，《经济研究导刊》2019年第22期。

[2] 杨艳琳、袁安：《精准扶贫中的产业精准选择机制》，《华南农业大学学报（社会科学版）》2019年第2期。

[3] 德宏州规划的10个重点产业为：蔗糖、烟草、蚕桑、茶叶、咖啡、坚果、肉牛、粮食、果蔬、中药材。

贫困户进行自主决策，有效整合贫困地区的自然资源和人力资本、资金技术等关键要素。鼓励企业聘请专业机构、研究人员加强市场研判，规避潜在风险。要继续推进产业扶贫领域制度建设，发挥政策激励与制度约束功能，通过精准化、动态化管理促进扶贫产业可持续发展。产业发展具有一定的周期性，产业扶贫政策既要"扶上马"，还要"送一程"。在脱贫"摘帽"后，要科学评估贫困发生与产业发展实际情况，确保在贫困地区脱贫后，原有帮扶政策有一定的过渡期，保证扶贫产业发展的稳定性。完善扶贫产业规划布局，加强对扶贫产业的监督检查，建立灵活的扶贫产业进入退出与动态调整机制，实现扶贫产业发展短期与长期相统一。不断优化利益联结机制的制度设计，使经营主体和贫困户间的权益分配更加规范化和具体化。引导新型经营主体和贫困户建立合理的利润分配机制，加强利益联结机制内部管理，明确资本参与利润分配比例上限，保护好市场经营主体与贫困户双方利益。

（二）探索扶贫产业发展新模式，延伸产业链、提高附加值，加快扶贫产品向品牌化、绿色化转变，提升扶贫产业竞争力

加快贫困地区产业提升，提高扶贫产业的附加值、市场竞争力，根据市场动态推动产业结构调整和发展模式转换，是确保产业扶贫获得持久经济效益的关键。要大力探索和推广"种养结合"和"长短结合"的农业新模式，整合农业细分产业的互补优势，将种植业、养殖业等相关联的产业有机衔接，通过传统农业的规模化、专业化生产提升增值空间。要围绕特色农业纵向延长，推进农业"接二连三"，提升特色农产品的附加值。鼓励企业采用新技术、新装备，对农产品进行精深加工，挖掘本地区具备市场竞争力的精品特色农产品。推动加工、销售环节更多下移集中到产地端，在农产品产区就地开设农产品加工厂，形成完备的加工、生产、营销、服务等产业体系，把更多的产业发展红利留在贫困地区。要加大对特色农业的科技帮扶，鼓励并引导农业科技人员将高效种养的品种与技术引进贫困地区。近年来，广西农科院派出百余位科技特派员，几十个特色试验站专家团队，在50余个贫困县建立了产业扶贫示范基地，为当地的特色产业发展提供重要的技术支撑。要创新旅游扶贫模式，推动旅游业与农业

转型升级、民族文化保护、健康养生养老等融合发展，开发形式多样、特色鲜明的旅游产品体系。云南、广西贫困地区积极整合特色旅游资源，探索生态旅游扶贫、民族文化旅游扶贫、边境旅游扶贫等模式，让贫困群众享受旅游业发展红利。其中桂林市贫困地区结合自身资源禀赋，构建了多元化的乡村旅游体系，形成了特色鲜明的旅游扶贫"桂林模式"（见图1），产生良好脱贫效应。例如，龙头企业带动发展模式下的桂林龙脊景区大寨村，2018 年旅游分红达 670.6 万元，并带动周边 10 个贫困村 821 户 3753 人实现稳定脱贫。要着力提升贫困地区特色产业品牌的影响力，用品牌经济帮助贫困户增收致富。强化扶贫企业以质量和信誉为核心的品牌意识，全面提升企业质量管理水平，靠产品质量赢取消费者认同。重视发挥新媒体对贫困地区特色产品品牌的传播作用，提高贫困地区农产品知名度。要推动绿色发展与产业扶贫有机结合，做好贫困地区生态资源评估和规划，积极探索扶贫产业生态化、生态产业化的发展方式，把绿色发展贯穿产业扶贫全过程。对生态已经受到破坏的地区要做好生态补偿和生态修复，确保扶贫产业可持续发展。

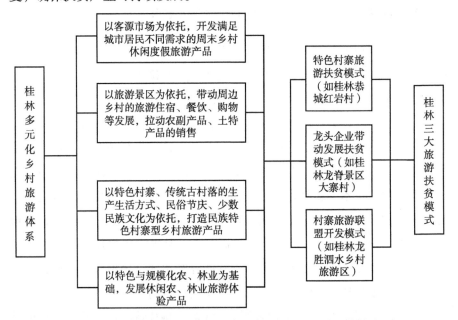

图 1　桂林市打造多元化乡村旅游体系与创新旅游扶贫模式

资料来源：根据调研资料与公开资料整理。

（三）坚持"内生"和"外引"共同发力，深入推进扶贫产业组织创新，实行适度规模经营，拓展产业扶贫带动模式，提升各类市场经营主体的脱贫带动能力

习近平总书记多次指出，发展现代农业、开发特色产业，需要一定经营规模，也需要农业合作社、家庭农场等新型经营主体引领。贫困地区强化实现稳定脱贫的产业支撑，必须充分创新产业组织模式、提高农户组织化程度，让各类新型经营主体带动贫困户一起发展产业。要坚持内生培育与外部引进同步推进，培育和发展一大批带贫能力强、具有社会责任感的新型经营主体。在内生培育方面，要壮大村级集体经济。通过专业合作社、特色产业联盟等方式培育新型集体经济经营主体，大力发展连片种植、规模养殖，优先吸纳贫困人口就业，带动贫困户发展生产。继续推动农村土地制度改革，支持贫困户以土地经营权、林权、扶贫贷款资金等资源要素入股集体经济，真正让资源变资产、资金变股金、农民变股东。要发挥家庭农场、种养大户等乡村能人大户的带动作用，支持发展规模适度的农户家庭农场，大力培养爱农业、懂经营、会管理的新型职业农民，带领贫困户共同发展特色种养业。在外部引进方面，要把握中国相对发达地区产业梯度转移机遇，加强区域间产业协作，发挥比较优势，引进带贫能力强、经济效益高的企业。广西在粤桂扶贫协作框架下，积极对接大湾区产业发展，推进跨省区合作园区建设，加快优势产业集聚，助力广西脱贫攻坚。深圳龙岗·百色靖西跨境合作产业园主要承担粤商跨境产业转移、跨境产业合作等口岸综合服务，引进年产值10亿元以上企业6家，提供超过1万个就业岗位，为边民当地就业创造平台。百色"深圳小镇"配套产业园是深圳对口百色扶贫协作标志性工程，建成后可吸纳1万人就业，有效承接搬迁群众就业。要引导更多企业家返乡创业，为扶贫产业发展增加人力资源和产业资金的投入。鼓励有所成就的农民工参与产业资源开发，带动特色种植养殖、农产品精深加工、乡村旅游等产业蓬勃发展，丰富脱贫致富新模式。同时，要着力优化贫困地区营商环境，改善产业发展基础设施条件，为培育与吸引更多经营主体创造良好的"软环境"与"硬设施"。精简企业投资发展审批事项、提高政府办事效率，落实好土地供给、减税降费等方面的优惠措施，让企业有实实在在的获得感。规范市场秩序，加强市场信用建设，为各类企业提供公平竞争、公平对待的市场环境。推进贫困地区功能齐备、便捷高效的物流配送等产业基础设施建设，提升电子商务服务站点密度和宽带普及率，发挥农村电商在拓宽农产品销售市场上的重要作用，提高产销对接水平，确保扶贫企业既能"产得出"，也能"卖得出""卖得好"。

（四）以产业发展需求为导向，完善职业培训服务体系，改进办学模式、培养方式，培养符合贫困地区产业需求的新型职业农民与产业工人

提高贫困地区劳动力对于产业结构调整的适应性，加快实现区域产业升级和劳动力结构调整相互促进，关键在于加强职业技能培训与提升职业教育发展质量。要加强对贫困地区劳动力的职业技能培训，量身定制培训内容。加强培训前的市场调研，根据贫困地区劳动力特征和区域产业发展的实际需求，优化技能培训项目，确保贫困劳动力能够学有所用。建立有弹性、多层次、可选择的培训机制，尽可能方便贫困劳动力参与技术技能培训。调研发现，近年来柳州市以各职业院校为主阵地，为当地贫困农民、进城务工人员、转岗待业人员等困难群体开发不同的职业教育"培训包"，通过送训下乡、集中办班、现场实训等多种形式开展技术培训，2016—2019 年共培训 14335 人，培训规模逐年扩大（见表 4），助力了精准

表 4 柳州市主要职业学校针对贫困劳动力产业技术技能培训人数

单位：人

职业学校	2016 年	2017 年	2018 年	2019 年	合计
柳州职业技术学院	1143	1322	2071	2486	7022
柳州城市职业学院	0	0	1521	1607	3128
柳州市第一职业技术学校	536	212	155	285	1188
柳州市第二职业技术学校	228	62	102	262	654
柳州市交通学校	76	0	87	0	163
融水苗族自治县民族职业教育中心	580	530	560	510	2180
合计	2563	2126	4496	5150	14335

资料来源：根据调研资料整理。

脱贫。要加大对贫困地区劳动力职业技能培训的投入，建立政府、企业、贫困人口多元共担的职业培训成本分担机制，调动贫困群众通过技能培训实现就业脱贫的积极性。

要以培养市场所需的技术技能人才为导向，提高职业教育教学的精准性，增强"一人就业，全家脱贫"的减贫效应。补齐深度贫困地区职业教育资源"短板"，改善学校办学条件，加强师资队伍建设，健全资助政策体系，不断提升职业院校发展质量，为贫困家庭孩子提供更多接受优质职业教育的机会。动态调整职业学校课程与专业设置，通过校企合作、订单培养等形式加强与企业需求的联系，培养与劳动力市场需求无缝对接的技术技能人才，精准服务区域产业发展需求。柳州市主要的 8 所职业学校①中，2019 年贫困家庭学生人数超过 2 万人，占比为 27.87%，并主要就读机电一体化技术、城市轨道交通运营管理等符合企业及区域发展需求的热门专业，2016—2019 年贫困学生就业率总体保持在 90%以上，帮助了贫困家庭实现教育脱贫。桂林市张艺谋漓江艺术学校以实景山水剧"印象·刘三姐"为平台，从生源选择到就业去向，从专业课程设置到教育教学实现校企一体化管理。2017 年 300 多名在校生中贫困生比例高达 80%以上，促进了扶贫对象与旅游产业职业人才培养的精准对接。

（五）加强财政资金的统筹整合，推动信贷资源向贫困地区产业发展倾斜，引导各类金融机构创新金融产品，支持扶贫产业发展壮大

加快扶贫产业发展壮大，要求提高贫困地区财税金融扶持政策的精准性，变"大水漫灌"扶持为"精准滴灌"、定向发力。要健全涉农财政资金统筹整合长效机制，提升财政资金配置效率，加强涉农资金监管。扎实做好深度贫困地区产业发展规划编制、项目库建设等前期工作，实现从"钱等项目"向"项目等钱"的转变。创新产业扶贫资金使用机制，促进扶贫资金在村、户及跨越村户的产业扶贫项目中精准配置，扩大基层在产业扶贫项目规划和资金使用规划等方面的权限，稳步推进涉农资金实质性统筹整

---

① 8 所职业学校包括：柳州职业技术学院、柳州铁道职业技术学院、柳州城市职业学院、柳州市第一职业技术学校、柳州市第二职业技术学校、柳州市交通学校、柳州市鹿寨职业教育中心、融水苗族自治县民族职业教育中心

合。优化产业扶贫资金配置的动态调整机制，简化产业扶贫资金拨付流程、缩短拨付周期，新增资金要聚焦化解贫困地区产业发展难题。强化产业扶贫资金绩效管理和分配使用监管，防止专项资金用于"盆景式""数据式"的产业扶贫，以扶贫结果为导向探索和推广资金竞争性分配机制。

完善金融扶贫政策，丰富贫困地区金融产品和服务供给，精准支持贫困地区产业发展。发挥好支农、扶贫再贷款、再贴现的政策导向作用，强化差异化绩效考核、风险分担补偿、尽职免责等激励，引导更多金融信贷资源配置到产业扶贫薄弱环节。落实好涉农贷款和产业扶贫专项贷款利率优惠，扩大小额信贷、涉农信贷实施规模，推动小额信贷向普惠性信贷转变，拓展金融支持扶贫产业的广度和深度。开发更多不同周期金融产品，提高资金额度、周期与不同阶段扶贫产业发展需求的匹配程度，既满足贫困户、专业户和小微企业发展的资金需求，也支持龙头企业发展。创新生产要素担保方式，探索开展大型农业机具、农业生产设施、应收账款、存货抵押担保等业务，完善贫困地区融资担保体系。要支持贫困地区开发特色产业险种，发挥保险在分散扶贫产业风险中的重要作用。鼓励商业保险机构创新扶贫产业保险业务，精准对接扶贫产业自然灾害保障需求，开发特色农业保险产品，提高化解自然灾害和市场风险的能力。在云南西双版纳等地开展的"粮食银行+场外期权"、玉米"保险+期货"和玉米场外期权项目，通过期货工具等市场化手段帮助农民有效规避价格下跌风险。

（六）推进易地搬迁后续扶持政策精准落实，优化安置地就业和公共服务供给，不断增强搬迁人口在新环境的生产生活适应能力

易地搬迁"挪穷窝"与"换穷业"并重，确保贫困人口在搬迁后尽快适应新的生产生活环境。夯实搬迁安置地特别是集中安置地的产业基础，是搬迁人口"稳得住""能致富"的基石。要将易地扶贫搬迁与工业园区建设、特色小镇建设、旅游资源开发及新型城镇化发展等多方面深度融合，加快安置地区的产业发展，为搬迁群众提供多样化的就业岗位。按照全国"十三五"易地扶贫搬迁规划，易地搬迁将集中安置与分散安置相结合，其中集中安置占76.4%，包括行政村内就近安置（39%）、建设移民新村安置（15%）、小城镇或工业园区安置（37%）、乡村旅游区安置

（5%）等。城镇地区或移民新村可以通过推进基础设施改扩建工程，为贫困人口提供更多非农就业机会。工业园区可依托龙头企业吸纳搬迁劳动力就业，逐渐将贫困人口引导至第二、第三产业就业，并就近建设移民新村安置点。旅游景区要积极开发旅游扶贫项目，推动更多贫困群众参与景区建设与运营，鼓励贫困户通过开设农家饭店、开展民族风情游、提供旅游特色产品等方式进行创业致富。[①] 完善配套设施建设与服务管理是减少搬迁群众顾虑、引导贫困人口加快融入新的生产生活环境的重要条件。要加快搬迁安置房建设与路网、水电及农贸市场、学校等基础设施建设，优化政务、就业、教育等各项配套服务。百色市在扶贫搬迁安置区新建学校、卫生室等公共服务配套设施，方便搬迁群众就医、就学。同时为了照顾上年纪的搬迁群众对农耕生活的感情，启动了"微田园"项目，让搬迁群众在城里也能有地可耕，有助于解决搬迁户的"菜篮子"问题。对于偏远山区搬迁出来的贫困人口，要积极开展社区文化活动及相关生活方式、安全卫生、公共道德等主题教育活动，提升其对市民身份的认同感和归属感。引导搬迁群众通过社会参与、信任构建等方式拓展新的社会关系网络，形成新的社会资本，尽快融入新环境、适应新生活，加快向市民转变。

四、结语

贫困现象具有复杂性和长期性，一直是制约人类发展的重大问题。打赢脱贫攻坚战，是让全体人民共享改革发展成果、实现共同富裕的重大举措，是体现中国特色社会主义制度优越性的重要标志与构建人类命运共同体的积极作为。习近平总书记指出，"发展是甩掉贫困帽子的总办法"。中国减贫的根本经验是通过经济发展带动贫困地区与贫困人口脱贫，当前要总结提升过去减贫的宝贵经验，努力构建更加科学有效的贫困治理体系，形成发展与减贫协同联动、相得益彰的良好局面。产业发展能够整合资源，增加就业和公共服务供给，形成可持续、大规模减贫的直接驱动力。依靠产业精准扶贫帮助贫困人口可持续脱贫，关键在于构建促进产业发展与

---

① 潘松刚、杨利春：《少数民族地区是乡村振兴的重点和难点——"少数民族地区人口可持续发展与乡村振兴"学术研讨会综述》，《中国人口科学》2018 年第 5 期。

减少贫困的良性互动机制，处理好政府政策推动和市场配置资源的关系，以更加市场化手段推动扶贫产业发展壮大，带动贫困人口融入产业发展过程。目前中国已经进入乡村振兴与脱贫攻坚叠加推进、周期转换的时期。产业发展是脱贫攻坚有效对接乡村振兴的"主干道"。产业扶贫实现了农村贫困地区产业的初步发展，乡村振兴战略对产业扶贫提出了更高要求。

产业发展是脱贫攻坚的基石，也是乡村振兴的关键。农民之所以是弱势群体，农村之所以是弱势地区，其根源在于农业是弱势产业。从发展的角度看，提升农村产业竞争力，必须调整产业结构，注重产业组织创新，培育新型职业农民，增强农村产业的竞争力和吸引力。从减贫的角度看，只有充分聚合各方资源，完善产业发展中风险分担与利益共享制度设计，调动各类主体的积极性与创造性，才能让产业发展成为贫困人口稳定脱贫和逐步致富的坚实支撑。多措并举提高产业扶贫的减贫成效，形成更具可持续性的产业发展模式，需要在产业扶贫资源配置上，协调好政府"有形之手"与市场"无形之手"的关系，以科学合理的政府机制确保扶贫产业的蛋糕"分好"，同时要灵活运用市场机制来优化资源配置、提升生产效率，将扶贫产业蛋糕"做大"。在扶贫产业提升上，要同步推进传统农业转型升级与新产业新业态发展，不断拓展产业扶贫的新模式。在市场经营主体培育上，要坚持"内生"与"外引""两条腿"走路，特别是贫困地区要优化发展环境、发挥比较优势，更好承接产业转移，壮大本地区市场经营主体。在劳动力供给上，要围绕产业需求推进存量劳动力的技术技能培训，优化职业学校教育的质量，不断提升贫困人口就业创业能力。在产业资金投入支持上，要统筹财政资金整合与金融产品创新，支持扶贫产业发展壮大。在易地搬迁人口的经济社会适应性上，要筑牢迁入地的产业基础，引导搬迁人口逐步建立新产业基础上的人力资本与社会资本，确保"搬得出"，同时"稳得住、能致富"。使脱贫攻坚建立在坚实的产业发展基础上，不仅有助于确保2020年减贫目标的顺利实现、如期建成小康社会，还将是加快农业现代化与促进农村经济可持续发展的重要方向。

（本文发表于《中国人口科学》2019年第6期，转载于《新华文摘》2020年第5期。）

—*18*—
乡村人口健康可持续脱贫
要用好发展这个总办法

一、引言

　　打赢脱贫攻坚战是全面建成小康社会和实现第一个百年奋斗目标的标志性指标和底线任务，是解决新时代发展不平衡不充分问题的关键之举，是推动整个人类减贫进程的历史伟业。脱贫攻坚有助于缩小收入分配差距，不断培育和壮大中等收入群体，进一步扩大和挖掘国内市场需求，增强中国经济抵御外部冲击的韧性和底气。同时，从世界减贫进程看，打赢脱贫攻坚战将使中国提前 10 年实现联合国《2030 年可持续发展议程》设定的"到 2030 年消除极端贫困、让所有人的生活达到基本标准"的减贫目标，为全球减贫事业贡献中国智慧与中国方案。党的十八大以来，以习近平同志为核心的党中央把脱贫攻坚摆在治国理政突出位置，纳入"五位一体"总体布局和"四个全面"战略布局，明确了脱贫攻坚目标任务，确立了精准扶贫、精准脱贫基本方略，构建了大扶贫工作格局。党的十九大将精准脱贫作为决胜全面建成小康社会必须打好的三大攻坚战之一，作出了新的战略部署，在完善顶层设计、强化政策实施和加强统筹协调上重点发力，力度之大、规模之广、影响之深前所未有。目前我国脱贫攻坚已经取得决定性进展。据国家统计局统计，按现行国家农村贫困标准，我国农村贫困人口从 1978 年的 7.704 亿人减少到 2018 年的 1660 万人，平均每年减贫人口规模接近 1900 万人，农村贫困发生率从 1978 年的 97.5% 减少至 2018 年的 1.7%。中国成为唯一实现快速发展和大规模减贫同步的发展中国家。

当前脱贫攻坚事业已经进入决胜阶段，解决农村贫困的存量与增量问题，任务依然艰巨繁重。据国务院扶贫办统计，截至 2018 年底，"三区三州"仍有 172 万建档立卡贫困人口，占全国现有贫困人口的 12.5%，贫困发生率 8.2%。全国还有 111 个贫困人口在 3 万人以上的县、98 个贫困发生率在 10% 以上的县。[①] 同时疾病、残疾、自然灾害等成为已脱贫人口再次陷入贫困的诱因，特别是因病返贫，在全国返贫人口中的占比长期在 30% 以上。[②]

习近平总书记深刻指出，发展是甩掉贫困帽子的总办法。[③] 打赢脱贫攻坚战、促进健康可持续脱贫，关键要通过优化提升扶贫脱贫系统工程，加快形成可持续脱贫机制，确保到 2020 年贫困地区与贫困人口同全国人民一道进入全面小康社会。同时，要立足发展与减贫的客观规律，努力转变贫困地区发展方式，不断提高贫困地区经济社会发展的质量和效益，实现好、维护好、发展好贫困群众的根本利益，不断增强贫困人口自我发展、自我脱贫的内生动力。

二、当前实现可持续脱贫面临的主要问题和挑战

脱贫攻坚战进入冲刺的关键阶段，积极正向因素不断积聚，同时问题和隐忧也不可小视，实现贫困地区健康可持续脱贫、减轻返贫压力面临较大挑战。

产业扶贫是实现稳定脱贫的根本之策。扶贫产业长效发展需要处理好政府"有形之手"与市场"无形之手"的关系。各级政府在促进贫困人口

---

① 习近平：《在解决"两不愁三保障"突出问题座谈会上的讲话》，《求是》2019 年第 16 期。

② 位林惠：《堵住因病致贫返贫的窟窿》，《人民政协报》2019 年 7 月 27 日。

③ 辛识平：《习近平贡献消除贫困的中国方案》，新华网，2017 年 8 月 17 日。

就业、加强扶贫成效监督、统筹协调扶贫资源等方面发挥着难以替代的作用。市场机制能够优化扶贫资源配置，传递市场信息，筛选创收产业，有利于产业长期稳定发展。市场在优化资源配置中的优势和政府强大的组织动员、资源投入能力充分配合，才能提高扶贫产业发展的效益性和可持续性。随着脱贫攻坚进入后期，产业扶贫中"强政府、弱市场"的问题在局部地区较为突出。一些贫困地区政府与市场有效联动的扶贫格局尚未形成，比政府更具有专业性的市场力量作用发挥不足，扶贫产业的选择、培育没有很好遵循市场规律。产业扶贫项目同质化、盲目化问题较多，产品缺乏市场竞争力，难以形成可持续带贫减贫机制与能力。

一些贫困人口参与扶贫产业发展的主体意识和市场意识不强，自身人力资本的质量与发展需求不适应。贫困人口能从扶贫产业发展中真正受益，归根结底要靠贫困人口的能力提升与思想观念改进。当前一些贫困人口缺乏必要的生存技能，就业能力与区域产业发展需求不匹配，难以通过稳定就业实现长期增收。同时，有些地区对人的发展重视不够，过度帮扶造成"福利陷阱"。贫困人口被"安排"到扶贫秩序之中，"等、靠、要"思想严重，通过发展生产实现脱贫的能动性与自主性不高。

贫困地区医疗卫生体系建设相对落后，医疗帮扶机制不完善，因病致贫、因病返贫压力较大。贫困和疾病往往通过多种形式、多种途径相互影响。贫困人口医疗健康知识相对匮乏，贫困地区公共卫生服务特别是疾病预防方面的供给不足，容易造成"贫困—不卫生—疾病—贫困"恶性循环，特别是大病、重病、慢病等长期以来都是我国脱贫人口返贫的主要诱因。目前贫困地区健康扶贫资源整合不到位，医疗扶贫资源"碎片化"的问题较为突出。医疗保障体系还存在资源分散、程序繁琐、职责不清、协调不足等问题。贫困人口难以获得医疗卫生公共服务。针对贫困人口的医疗保险、社会救助体系不完善，贫困人口看病负担较重，"预防—治疗—保障"的防止返贫机制亟待完善。

易地扶贫搬迁的后续帮扶措施乏力，帮助搬迁人口适应新的生产方式与生活环境、实现"安居乐业"存在不少挑战。易地扶贫搬迁是解决"一方水土养不起一方人"贫困问题的关键举措，旨在通过"挪穷窝""换穷业"，从根本上解决搬迁人口脱贫发展问题。易地扶贫搬迁的可持续性取决于迁移人口融入新环境的能力以及相应的制度衔接。搬迁后，贫困人口与原有成熟的生产环境脱离，高集中安置率导致很多搬迁户远离原有生产地，因此出现了农忙住老屋、农闲住新宅的"两栖"农民。部分搬迁户无法适应城镇的生活方式，"阳台种菜、居民楼里烧柴"的现象时有发生。在后续帮扶政策上，存在引导贫困人口转变生活方式、促进贫困人口就业增收等措施设计简单的问题。此外，部分迁入地区基础设施建设和公共服务供给滞后、社区管理服务工作不到位，也影响了搬迁群众的获得感与幸福感。

部分农村贫困地区的基础设施建设、公共服务供给与乡村治理体系建设存在短板，难以为对接乡村振兴战略提供有力支撑。打赢脱贫攻坚战是乡村振兴的前提和基础，实施乡村振兴战略是脱贫攻坚的巩固和提升。农村贫困地区基础设施体系相对落后，交通、电力、互联网等建设存在不足，不利于农村生产生活方式改善、加快实现脱贫致富。同时，一些农村地区基层自治不完善，共建共治共享的治理格局尚未形成，农村发展资源整合力量薄弱。不少农村生态环境保护意识较为薄弱，没有处理好"绿水青山"与"金山银山"的关系。

部分沿边贫困地区尚未充分利用自身独特的区位优势，对边境内外资源与市场的开发利用不到位。边境地区的贫困发生率一般较高，出于其战略特殊性，这些地区既不能简单实施易地扶贫搬迁，也不能大规模推动劳务输出。我国许多西南沿边口岸开放起步较晚、基础薄弱，通关基础设施建设相对滞后，口岸经济带发育不足。跨境互联互通的陆路交通仍存在"短板"，道路交通制约日益凸显，难以满足不断增长的对外联通需求。许多边境地区通关便利化水平仍有提高的空间。边境贸易"穿城而过"的现象较为明显，边贸加工产业链短、附加值低，脱贫带贫效应不高。

三、促进健康可持续脱贫的对策思考

为了进一步深入了解脱贫攻坚现状与问题，提出建设性建议，2019年以来课题组负责人带队深入云南多个贫困地区，聚焦巩固脱贫攻坚成果与边境地区开放发展和兴边富民开展调研。党的十八大以来，云南始终把脱贫攻坚作为第一民生工程，将扶贫开发摆在经济社会发展的重要位置。云南投入了大量的人力、物力、财力，扎实推进精准扶贫和精准脱贫各项工作，脱贫攻坚取得了显著成就，贫困人口数量大幅下降，贫困群众生活水平不断提升。云南脱贫攻坚的一些成功实践，能为全国重点贫困地区的扶贫工作提供重要经验与启示。纵向来看，云南省农村贫困人口从 2012 年的 804 万人减少到 2018 年的 179 万人，累计减贫 625 万人，农村贫困发生率从 2012 年的 21.7% 下降到 2018 年的 4.8%，累计下降 16.9 个百分点，较全国平均水平多下降 8.4 个百分点，脱贫成绩显著。同时，云南省贫困地区农村居民人均可支配收入从 2012 年的 4749 元提高到 2018 年的 9595 元，年均增长 12.4%，较全国平均水平高 3 个百分点。[①] 在重点调研的地区，德宏傣族景颇族自治州的贫困发生率由 2012 年的 14.9% 下降至 2018 年的 1.65%，西双版纳傣族自治州的贫困发生率由 2011 年的 17.5% 下降至 2017 年的 2.4%，为 2020 年全面脱贫奠定了良好的基础。云南高度重视沿边贫困地区的发展，2016 年至 2018 年，云南在 8 个州市 25 个边境县市的贫困地区投入了 720.43 亿元扶贫资金，同时通过财政资金的"乘数效应"撬动了大量社会资金与项目参与沿边地区脱贫攻坚行动。但与全国其他贫困地区进行横向比较，云南总体脱贫任务依然艰巨。截至 2018 年末，云南贫困发生率较全国依然高 3.1 个百分点。从贫困问题较为突出的部分省份来看，云南总体贫困发生率较甘肃、新疆等地区要低，但要高于同为西南沿边省份的广西（见图 1）。

在对当前全国脱贫攻坚工作及其存在问题总结基础上，结合调研发现，本文提出从六方面推进贫困地区脱贫攻坚，实现健康可持续脱贫。

（一）政府政策推动与市场力量驱动相结合，更好地发挥市场机制在产业扶贫资源配置中的重要作用，加快构建贫困地区脱贫致富的长效机制

要按市场规律运作扶贫产业，逐步形成政府"有形之手"与市场"无形之手"双手协同发力的扶贫格局。[②] 要充分结合当地自然环境、社会条件和产业基础等客观条件，通过市场机制筛选、培育经济效益好、解决就

---

① 林碧锋：《云南六年累计减贫 625 万人贫困发生率持续下降》，新华网，2019 年 8 月 3 日。
② 李静：《产业扶贫难在何处》，《光明日报》2018 年 4 月 24 日。

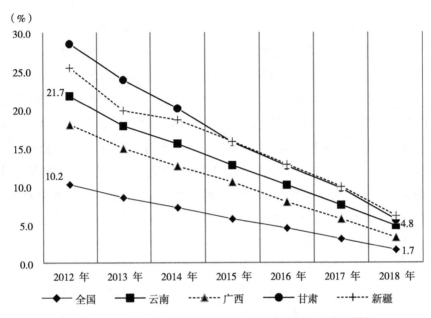

图1 2012—2018年全国及部分地区农村贫困发生率变化情况

资料来源：整理自相应年份的《中国农村贫困人口监测报告》和全国及各地区统计局公布的数据。

业多的区域化、特色化、个性化的产业项目。云南德宏傣族景颇族自治州坚持市场主导、政府引导原则，立足气候、资源、区位优势，选取并培育了蔗糖、烟草、蚕桑、茶叶、咖啡、坚果、肉牛、粮食、果蔬、中药材等10个重点产业，将脱贫攻坚目标与地域资源优势相匹配，实现了发挥政府职能与尊重市场规律相结合。要发挥好龙头企业等市场主体的引领带动作用，吸引具有较强实力及社会责任心的大型企业入驻贫困地区发展产业；调动家庭农场、种养大户等贫困地区能人大户的积极性，夯实多主体参与的扶贫大格局。云南香格里拉兰草药业有限公司依托维西傈僳族自治县中药材种植优势，充分发挥中药材产业化龙头企业的带动作用，在维西傈僳族自治9个乡镇建成了5万亩的中药材合作种植基地，直接辐射带动8000多户农户就业增收，其中包括3000多户的精准脱贫建档立卡户。

　　处理好政府与市场的关系对于扶贫产业长期可持续发展至关重要。只有"有为政府"和"有效市场"充分配合，才能兼顾扶贫产业发展的经济效率与分配公平，实现长期目标与短期效益的有机统一。随着脱贫进入攻坚期，要更加注重政策的稳定性、连续性，少"翻烧饼"，确保对贫困地区脱贫后的帮扶政策有一定的过渡期，既要"扶上马"，又要"送一程"。在深度贫困地区，一定期限内要维持其原有支持政策不变、扶贫力度不减，保证扶贫资金供给、产业支持政策等相对稳定，确保前期扶贫投入能够扎根并"开花结果"。加强对扶贫产业后期发展的监督检查，实现扶贫产业的精准化与动态化管理。综合考察扶贫产业的发展周期与产业脱贫效率，推动扶贫产业结构调整和发展动力转换，促进扶贫产业长效发展。

（二）坚持扶技与扶志相结合，围绕产业发展需求，加强贫困地区劳动力的技术技能培训，不断提高贫困人口参与扶贫产业发展能力和内生动力，确保贫困人口能从扶贫产业发展中真正受益，谨防贫困户"拉手能站，撒手就瘫"的局面

根据阿玛蒂亚·森的贫困理论，穷人不仅是收入贫困，更是能力贫困。[①] 产业扶贫不能仅仅局限于扶贫产业发展，更要与贫困人口能力提升相结合。"治贫先治愚、扶业先扶人"，要切实提高贫困地区劳动力人力资本质量，强化"产""人"之间的联结，推动劳动力素质提升与产业调整升级协调发展，形成"以产扶人，以人助产"的扶贫生态。

要强化产业技能培训，提高贫困人口技术技能水平，通过改善贫困人口综合素质为区域产业发展提供源动力。[②] 引导贫困劳动力参与就业技能培训与农村实用技能培训，特别是要加强与电商、信息化等新型产业形式有关的培训，帮助他们适应生产方式和产业格局变迁，增强就业的稳定性。大力发展贫困地区职业教育，建立职业学校学科专业动态调整机制，重点建设一批特色鲜明、面向就业、服务区域的专业，培养与产业需求相适应的技术技能人才。积极为贫困劳动力参与先进产业的生产实践创造机会，引导他们通过"干中学"掌握先进生产技术、培养组织管理理念、了解市场偏好及规律。

要着力解决部分贫困人口"精神贫困"的问题，调动贫困人口主动参与扶贫产业和通过勤奋劳动改善生活的内生动力。奥斯卡·刘易斯的贫困文化

---

① ［印度］阿玛蒂亚·森：《以自由看待发展》，中国人民大学出版社 2002 年版。
② 周立：《以"志智制立体扶贫"解决深度贫困》，《人民论坛·学术前沿》2018 年第14 期。

理论认为，贫困人群共享的价值观念、生活方式、行为方式等"贫困亚文化"一旦形成将难以改变。① 要创新脱贫政策的宣传方式，向贫困人口讲解强农惠农富农政策，树立产业扶贫典型。引导贫困人口甩掉"等靠要"思想，树立"宁愿苦干，不愿苦熬"的观念，激发贫困人口脱贫的内生动力。

产业扶贫的关键在于提高对贫困人口的带动力，让各类产业发展主体与贫困户间建立持续稳定的"利益共享、责任共担"的联结关系，使贫困人口真正成为产业发展的参与者与受益者。处理好各类经营主体和贫困人口之间利益分配关系，构建"贫困户+合作社+龙头企业"的帮扶模式，通过入股分红得股金、土地流转得租金、基地务工得薪金、出售产品得现金等方式，让贫困人口能参与到扶贫产业各环节的利益分配。同时，要充分尊重产业扶贫各个参与主体的生产经营规律，激发自主经营动力，推动扶贫产业的自主可持续发展。云南普洱市澜沧县南岭乡通过"政府+金融机构+企业+合作社+贫困户"的发展模式，鼓励鼎盛公司与安岭合作社构建利益联结机制，让贫困户入股参股挣股利，带动了 340 户贫困农民增收脱贫，实现了贫困人口收入从"零碎"到"稳定"的转变。

（三）要完善易地扶贫搬迁后续帮扶措施，解决好搬迁人口社会适应性问题，实现搬迁人口就业机会创造与生活环境改善同步推进

易地扶贫搬迁可以通过人口地理方位转移、生活空间再造，赋予贫困人口新的资源禀赋，为贫困人口提高劳动生产率、提升致富能力开拓了新空间。② 调研了解到，云南省德宏傣族景颇族自治州 2016—2018 年启动了易地扶贫搬迁项目 160 个，涉及 4362 户 17378 人次，建档立卡搬迁人口实现脱贫出列 15599 人，脱贫率达到 89.76%。

要科学评估扶贫搬迁的实际需求，加快建设安全适用的搬迁住房，同步推进配套的基础设施、公共服务建设，让搬迁人口搬得放心、住得顺心、过得舒心。从安置地的实际资源条件和环境承载能力出发，充分考虑贫困地区人口的生产方式和生活习惯，引导具有一定劳动技能、文化程度

---

① ［美］奥斯卡·刘易斯：《桑切斯的孩子们》序言，上海译文出版社 2014 年版。

② 何伟、张丽娜、阳盼盼：《易地扶贫搬迁应实现环境约束下扶贫开发与生态保护共赢》，《中国社会科学报》2018 年 5 月 29 日。

较高、缺乏可利用的农业资源的人口向城镇地区、工业园区搬迁。要做好搬迁人口农民和新市民"两种身份"、迁出地和安置地"两种利益"的衔接工作，消除移民的"后顾之忧"，促进搬迁人口融入新环境，实现稳定发展。云南省易地扶贫搬迁安置方式以"城镇化集中安置"为主，因地制宜采用"城镇安置""产业园区安置""旅游服务区安置""农民新村安置""插花安置"等多种方式，方便搬迁农户人员就近就业务工，贫困人口获得感、幸福感、安全感不断提升，同时加快了城镇化进程。

要立足于发展产业和扩大就业，因户因人施策，加强后续产业发展与转移就业工作，为搬迁人口创造灵活多样、增收效果显著的就业机会，真正让搬迁人口搬得出、稳得住、能发展、可致富。① 充分考虑搬迁人口的技能状况与安置地的资源供给能力，对长期适应农业生产的搬迁人口，要在安置地附近提供可开发的农业资源，吸引他们在安置点附近开展农业生产，防止安置点变成单纯的"居住点"。要通过多样方式开展技能培训和创业培训，引导缺乏农业资源的贫困人口进入非农行业、新兴产业就业。完善产业配套，提供公益性就业岗位，吸纳贫困人口参与城乡基础设施建设，为贫困人口提供更多就业机会，确保搬迁人口能够稳定就业、稳定增收。云南昭通市昭阳区靖安、鲁甸县卯家湾两个跨县安置区规划了2万多亩蔬菜基地，可以提供就业岗位1.5万个；同步配套加工企业，带动10万贫困人口脱贫。

（四）持续推进健康扶贫，改善贫困地区医疗卫生保障水平，降低贫困人口的患病风险，防止因病致贫、因病返贫，让贫困人口看得起病、方便看病和看得好病

实施健康扶贫是提升贫困人口健康水平的重要手段，能够帮助贫困人口拥有健康体魄，更高效地从事生产活动，降低因病致贫、因病返贫的发生率。

要完善贫困地区疾病综合防控体系，加强贫困人口健康管理。推动关口前移，提前进行检查、预防，让贫困人口尽量少生病、少生大病。重视

---

① 《全国易地扶贫搬迁后续扶持工作现场会在贵州召开　李克强总理作出重要批示胡春华副总理出席并讲话》，《宏观经济管理》2019年第5期。

贫困人口优生优育问题，提升贫困地区妇幼健康服务水平，落实孕前优生健康检查、新生儿疾病筛查，做到疾病尽早发现并及时治疗，避免因智力、先天疾病等因素导致的贫困。落实建档立卡贫困人口家庭医生签约服务，做好慢性病患者的规范管理，加大对传染病、慢性病、地方性疾病的防控力度，对包虫病、结核病、艾滋病疫情严重的地区人群进行重点筛查。加强对边缘贫困人口的疾病防控，建立健全边缘人口"监测—预警—应急救助"机制，为极易滑入贫困地带的边缘人口健康卫生情况提供及时预警与救助，减少新的贫困人口产生。[①]

要统筹利用医疗资源，提升贫困地区公共卫生服务能力。推动医疗资源下沉，建设贫困地区县域医疗共同体，探索市、县医院托管镇卫生院、村卫生室的管理模式，纵向整合医疗资源。加快贫困地区医院业务用房建设与设备配套，推进贫困地区乡镇卫生院标准化建设和村卫生室建设，力争构建以村卫生室为基础，乡镇卫生院为骨干，县级医院为龙头的公共医疗服务体系，提升贫困地区医疗卫生服务覆盖面。组织协调全国三级医院对贫困县县级医院对口帮扶以及县级医院与乡镇卫生院资源整合，推动医疗资源向基层贫困地区流动。云南省肿瘤医院通过搭建"肿瘤云医院"平台，实现了与德宏傣族景颇族自治州人民医院、西双版纳傣族自治州景洪市人民医院、保山市施甸县中医院等医院信息系统的互联互通、业务协同和实时远程会诊，改善了医疗资源在贫困地区的配置。要不断加强本土化和专业化医疗人才引进、培养及任用，强化内在素质。同时，提升贫困地区医疗人员的薪酬待遇、发展空间以及社会地位，吸引并鼓励优秀医护人才投身基层、扎根奉献。

要通过政策兜底减轻贫困人口看病就医负担。通过改革费用支付方式、完善住院治疗"先诊疗后付费"等政策措施，节省贫困人口就医治疗的时间及资金成本。落实贫困人口大病与慢性病精准分类救治，实行疾病分级诊疗，强化随访评估、适时转诊等工作，避免过度医疗引起的额外医疗消费负担。要加强综合保障，健全医疗保险与医疗救助制度。全面落实建档立卡贫困人口基本医保、大病保险、医疗救助、政府兜底"四重保

---

① 范和生：《返贫预警机制构建探究》，《中国特色社会主义研究》2018 年第 1 期。

障"机制,适当调整减低大病保险起付线、提高报销比例,逐步降低贫困患者治疗费用的自付比例。加大对特定病种患者的医疗救助力度,在基本医疗保险、大病保险后进一步分摊费用,尽可能降低患者就医成本。

(五)贫困地区基础设施"硬环境"的建设要与乡风文明、基层治理、公共服务等"软环境"改善同步推进,重视脱贫攻坚与乡村振兴的继起性,实现脱贫攻坚和乡村振兴的联动

做好脱贫攻坚与乡村振兴的有机结合、无缝衔接,要把打赢脱贫攻坚战作为实施乡村振兴战略的优先任务,保持目标不变、靶心不散、频道不换,以脱贫攻坚的扎实成果为乡村振兴战略的长期推进筑牢基础。同时要把乡村振兴战略思路贯穿到脱贫攻坚战的全过程,激活配套设施、技术和人才等乡村发展必备要素。[1] 要完善贫困地区发展"硬环境"与"软环境",不断巩固和扩大脱贫攻坚成果。

一方面要进一步加强基础设施建设,补齐贫困地区基础设施"短板",夯实贫困地区可持续发展根基。立足于地区特色,构建通村畅乡、客车到村、安全便捷的现代交通体系,加快同周边区域基础设施互联互通。推进深度贫困地区电网建设,加快解决网架结构薄弱、供电质量偏低等问题,保障电力供应。健全农村信息服务体系,拓宽贫困户信息获取渠道,加大对贫困地区网络基础设施建设的投入力度,提高贫困地区的网络覆盖率。加快贫困地区信息化服务普及,鼓励各大运营商面向贫困地区和贫困人口推出优惠套餐,降低网络使用成本,让信息流助力商品流、物质流、资金流等进村入户,给贫困人口带来脱贫致富新机遇。推进贫困地区环境卫生基础设施建设,加大"厕所革命"实施力度,完善垃圾站建设,改善供水体系,保障饮用水安全,改善贫困农村人居环境。

另一方面要着力增强乡村振兴的"软环境",用乡风文明、治理有效、生活富裕与服务有保障的乡村风貌吸引人、留住人,跑好脱贫攻坚与乡村振兴的"接力赛"。脱贫摘帽仅仅解决了现行标准下贫困人口绝对贫困问题,还需要形成支持乡村振兴的内在发展动力和自我发展能力。要完善乡

---

[1] 豆书龙、叶敬忠:《乡村振兴与脱贫攻坚的有机衔接及其机制构建》,《改革》2019年第1期。

村治理体系，完善村规民约，强化群众自治、自管、自律。培育良好村风民风，弘扬乡村公序良俗，革除农村生活陋习，让"法治"和"德治"相辅相成，促进农村地区形成遵纪守法、守望相助、崇德向善的文明乡风。[①]着力加强农村贫困地区社会保障体系建设，全面落实"两不愁三保障"，健全针对特殊贫困群体的最低生活保障与基本养老保险的制度安排。加强农村环境治理，推进农村生产生活方式绿色化，切实保护好农村的绿水青山和田园风光。正确把握脱贫和生态保护的关系，开发更多绿色生态产品或服务，将乡村生态优势转化为发展生态经济的优势，实现生态美和人民富的良性循环。云南保山市贫困县施甸县山邑社区依托美丽乡村项目资金扶持，完成山邑大河整治、村组道路改扩建和"三化"工程。同时依托湿地资源建设观光园、发展农家乐，将"绿水青山"变成了"金山银山"，实现了农民增收和村级集体经济同步发展，"山邑模式"也是云南唯一入选中组部发展村级集体经济案例选编的。

（六）沿边地区脱贫攻坚要坚持开放发展，打造沿边地区与周边国家、区域互联互通的交通体系，将口岸建设与国际大通道、边境经济合作区等有机结合，引导边境贸易商品落地加工，依托区位优势发展跨境旅游项目，筑牢边境地区脱贫致富的经济基础

我国西南沿边贫困地区的优势在区位、出路在开放，脱贫攻坚工作要开发与开放齐头并进。云南边境线长达 4060 公里，占我国陆上边境线总量的五分之一，与缅甸、老挝、越南接壤。习近平总书记考察云南时指出，云南要"主动服务和融入国家发展战略，闯出一条跨越式发展的路子来，努力成为我国民族团结进步示范区、生态文明建设排头兵、面向南亚东南亚辐射中心，谱写好中国梦的云南篇章"。沿边贫困地区开放发展要将加强与周边国家、地区互联互通摆在更为突出的位置。基础设施是互联互通的基石。[②] 完善基础设施建设可以便捷高效地连接不同区域的人力、物力

---

① 廖彩荣、郭如良、尹琴：《协同推进脱贫攻坚与乡村振兴：保障措施与实施路径》，《农林经济管理学报》2019 年第 2 期。

② 习近平：《齐心开创共建"一带一路"美好未来——在第二届"一带一路"国际合作高峰论坛开幕式上的主旨演讲》，新华网，2019 年 4 月 26 日。

等资源，为沿边地区、民族地区特色产品与服务"走出去"提供机会。云南利用面向东南亚、南亚、西亚"三亚"、肩挑太平洋、印度洋"两洋"的区位优势，积极参与国际大通道、陆海贸易新通道建设，推进云南与南亚东南亚国家国际公路、国际铁路等"五出境"通道、中缅"双 Y 型"国际铁路国内段建设，有望形成更为完备的互联互通的交通运输体系。

支持边境贸易发展，促进加工产业集聚与转型升级，助力边境地区工业化与城镇化的同步提升。加强边境口岸建设，完善口岸一体化监管方式，加强海关、边防、质检、工商、检疫、外汇等管理部门的协作，提高跨境物流和通关效率。以边境经济合作区、国家重点开发开放试验区、综合保税区、跨境经济合作区为辐射点，打造开放型经济合作平台。位于德宏傣族景颇族自治州内的瑞丽—缅甸木姐跨境经济合作区，大力推进了中缅跨境产能合作，打造集国际经贸、保税仓储、加工贸易、跨境金融、国际物流为一体的合作平台。推进边境口岸城镇建设，通过"前岸后厂""前岸后市""前岸后镇"等多种模式，打造边境线上串状经济带。加强边境地区工业园区建设，不断提高沿边边境地区的劳动力吸纳能力。重庆银翔摩托车有限公司通过在云南瑞丽设立摩托车产业园，把产业的"根"留在了国内。同时又通过雇佣缅甸籍工人（约占工人总数的80%）降低了用工成本，开拓了缅甸市场。银翔摩托车占据了缅甸摩托车市场份额的约60%，并借助孟中印缅经济走廊将摩托车销往印度等国家。引导边贸商品落地加工，发展有附加值的加工产业，做到"真加工""实加工"，变穿岸而过的"通道经济"为"口岸经济""加工经济"，实现"贴边兴业，以业聚人"。

发展边境跨境旅游项目，推进跨境旅游合作区、边境旅游试验区建设。盘活西南沿边贫困地区的文化和旅游资源，培育"丝绸之路"品牌文化旅游项目，带领周边国家和地区共同致富。云南红河哈尼族彝族自治州与越南接壤，是中国走向南亚、东南亚的陆路通道之一，具有得天独厚的中越边境旅游的资源和市场优势。近年来，云南红河哈尼族彝族自治州立足于优质的生态资源，开发跨境旅游、休闲度假、生态体验等特色旅游产品，打造面向东南亚的重要旅游集散地和目的地，通过发展跨境旅游推动了边境地区经济发展以及边境地区贫困人口脱贫致富。2019 年春节黄金周，红河哈尼族彝族自治州边境一日游游客达到近 3 万人次，同比增长 22.98%。

四、结语

脱贫攻坚一头连着贫困人口的热切期盼，一头连着全面建成小康社会与实现中国梦。行百里者半九十，我国脱贫攻坚工作进入"啃硬骨头、攻坚拔寨"的冲刺期，不仅要消除现行标准下的绝对贫困，而且要确保脱贫成果得到巩固提升，聚力于实现高质量脱贫，回应贫困人口的真正需求和发展意愿。打赢脱贫攻坚战是一项光荣而艰巨的历史任务，全面建成小康社会一个也不能少，共同富裕路上一个也不能掉队。这既是顺应中华民族几千年的向往与期盼，也是中国对世界减贫事业的应有担当。

发展是第一要务，贫困问题根本上需要通过发展的手段来解决。发展涉及资源的配置、人的发展与战略的统筹安排，需要政府、社会、企业、贫困人口等多元参与，实现"有为政府"和"有效市场"协同配合，让"中国特色社会主义的制度优势"和"高效配置资源的市场经济优势"相得益彰、形成合力。在扶贫思路上，要实现扶贫与扶业、扶技、扶志相结合，注重对脱贫人口"造血"能力的培育，提升贫困人口可持续发展能力。在扶贫手段上，要多管齐下、多措并举，让产业扶贫与健康扶贫、易地扶贫搬迁以及沿边地区开放发展等扶贫方式形成良性互动。脱贫攻坚既要着眼当下，更应立足长远。要坚持"以点带面"的战略思维，找准脱贫攻坚与新型城镇化、乡村振兴等的战略衔接点，以高质量的脱贫成果为经济社会高质量发展奠定坚实基础。对沿边地区而言，要利用好开放发展区位优势，以"大开放"引领"大发展"，将开放发展与脱贫攻坚紧密结合，统筹利用两个市场、两种资源，承接国内产业转移，吸引邻国劳动力就业，化边境局限为发展优势，助推边境贫困地区稳定长效脱贫。

云南既是面向南亚、东南亚的辐射中心，具有重要的战略地位，同时集民族地区、边疆地区、革命老区、集中连片特困地区于一体，是全国贫困人口和贫困县最多、贫困面最广、贫困程度最深的省份之一。从云南脱贫攻坚的实际出发，要实现决胜脱贫攻坚、兴边富民和开放发展的多重战略目标，既要求各贫困地区的地方政府敢当善为，也需要中央政府的大力支持。建议中央政府对沿边深度贫困地区要适当给与政策延续，进一步建立和完善东西部扶贫协作和央企对口援助长效机制，防止政策断崖造成大规模返贫和"二次伤害"；加大对云南等沿边地区脱贫攻坚民生工程项目的财政、金融等政策支持，加快推动和完善与周边国家互联互通的交通网络、陆路口岸等重大基础设施项目建设；针对陆地边境管理、土地资源开发利用、边境贸易管理，尽快出台相关法律和制度规范，协调推动与周边国家就跨境经济合作区、金融合作、现代农业合作、陆路运输等问题达成共识、签订协议，为贫困地区基层政府治理实践、市场主体开展经济社会活动提供更加充分的依据。

（本文发表于《云南民族大学学报（哲学社会科学版）》2019 年第 11 期。）

—19—
脱贫攻坚与乡村振兴战略的有效衔接

一、脱贫为乡村振兴奠定基础

当前，中国处于"两个一百年"奋斗目标的历史交汇期，"三农"工作重心发生历史性转移。党的十八大以来，党中央把脱贫攻坚放在治国理政的突出位置，将中国特色社会主义制度优势转换为治理效能，中国脱贫攻坚战取得了全面胜利。从全国层面看，绝对贫困历史性消除，深度贫困地区区域性整体贫困得到有效解决。2020 年 11 月，全国 832 个贫困县、12.8 万个贫困村全部实现脱贫（见图 1），现行标准下 9899 万农村贫困人口全部脱贫。原贫困地区农村居民人均可支配收入从 2013 年的 6079 元增加到 2020 年的 12588 元，年均增长高于全国农村居民 2.3 个百分点。[①] 各省份原贫困县在脱贫攻坚期间新增的企业数量均占该地区企业注册总量的 30% 以上。其中，贵州省新增的相关企业数量占比最大，超过 60%。[②] 原贫困县中超过 99% 的行政村实现通硬化路、通动力电、通信信号覆盖、通宽带互联网和广播电视信号覆盖，62.7% 的行政村建设了电子商务配送站点，超过 90% 的行政村实现全部或部分垃圾集中处理或清运。2012—2019 年，贫

---

① 《中国脱贫攻坚创造"人间奇迹""两不愁三保障"全面实现》，中国网，2021 年 3 月 2 日。

② 《新农村经济，你看得见的变化》，中国青年网，2020 年 12 月 8 日。

困地区中央水利建设投资 4726 亿元，是贫困地区水利投入最大、水利发展最快的时期。建档立卡贫困人口所在辖区县、乡、村三级医疗卫生服务体系健全，[①] 建档立卡户适龄少年儿童中，98.83% 在校就学。[②] 近千万贫困人口通过易地扶贫搬迁摆脱了"一方水土养活不了一方人"的困境。

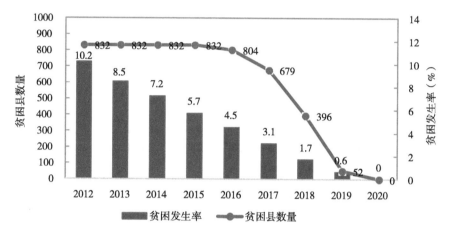

图 1　2012—2020 年全国贫困发生率和剩余贫困县数量

资料来源：2012—2019 年贫困发生率数据来自《中国农村贫困监测报告 2020》，中国统计出版社；2012—2019 年剩余贫困县数量数据来自《推动脱贫攻坚和特殊类型地区振兴发展》，中国计划出版社；2020 年数据均来自国家统计局《中华人民共和国 2020 年国民经济和社会发展统计公报》。

　　贵州省曾经是全国贫困人口最多、贫困面最大、贫困程度最深的省份，是全国脱贫攻坚的主战场之一。全省 88 个县（市、区）中，有国家级贫困县 66 个，有扶贫开发任务的县 83 个。2011—2020 年，贵州省贫困村由 13973 个减少至 0 个，建档立卡贫困人口从 1149 万人减少为 0 人，贫困发生率从 33.4% 下降至 0（见图 2）。[③] 贵州省在脱贫攻坚过程中采取一系列举措，如期全面消除绝对贫困，为乡村振兴战略良好开局打下基础。特别是贵州省具有交通红利、人口红利和数字经济红利，为更好实现全方位的高质量发展创造了良好条件。

---

　　① 《国家脱贫攻坚普查公报（第四号）——国家贫困县基础设施和基本公共服务情况》，新华网，2021 年 2 月 26 日。
　　② 《国家脱贫攻坚普查公报（第二号）——建档立卡户"两不愁三保障"和饮水安全有保障实现情况》，新华网，2021 年 2 月 26 日
　　③ 《谱写中国减贫奇迹的贵州篇章》，《学习时报》2021 年 2 月 6 日。

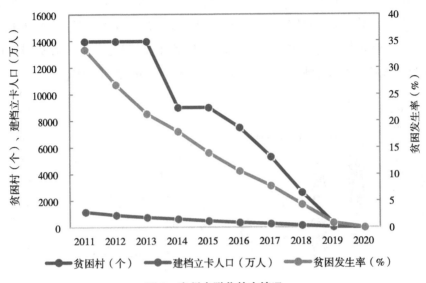

图 2 贵州省脱贫基本情况

资料来源：贵州省相关部门提供。

第一，补齐基础设施"短板"，夯实乡村振兴基础。贵州省持续加大对农村扶贫公路、农村饮水安全工程、骨干水源工程、农村电网改造、农村人居环境整治等项目、资金、政策支持力度，着力解决"路""水""电""讯""寨"的问题。2015 年底，贵州省成为全国第九个、西部第一个实现县县通高速的省份。① 2020 年底全省通车里程突破 7600 公里，公路总里程为全国第三，公路人口密度位居全国第六。②

第二，易地扶贫搬迁与推动新型城镇化有机结合。贵州省易地搬迁人口全国最多，"十三五"期间全面完成 192 万人的易地扶贫搬迁任务，带动全省城镇化率提升 5 个百分点。面对"人多地少"的省情，贵州省坚持新型城镇化发展战略，集中安置移民，极大地改善了易地扶贫搬迁人口的生产、生活条件。据统计，"十三五"以来，贵州共推进农业转移人口落户城镇386.19 万，共发放居住证 206.14 万张。截至 2019 年，贵州省常住人口城镇化率为 49.02%，比 2010 年提高近 15 个百分点，高于同期全国水平（见图

① 《贵州"县县通高速"今日收官通车里程达 5128 公里》，中国日报网，2015 年 12 月31 日。

② 《2020 年底贵州省高速公路通车里程将突破 7600 公里》，贵阳网，2020 年 12 月 3 日。

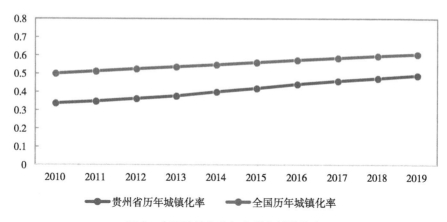

图3 全国城镇化率与贵州省城镇化率

资料来源：国家统计局数据查询系统。

3）。贵州省扎实推进以人为核心的新型城镇化，城乡居民基本保障水平大幅提升，城镇教育、医疗卫生、养老等基本公共服务供给能力进一步增强。2016—2020 年城乡居民基本养老保险参保人数年均增速为 2.9%，基本医疗保险参保人数年均增速为 34.4%（见表1）。据有关方面统计，2020年贵州省九年义务教育巩固率达 95%，义务教育阶段进城务工人员随迁子女在公办学校就读的比例为 81%，高中阶段毛入学率达 90%；每千常住人口医疗卫生机构床位数 7.08 张；基本养老保险参保人数为 2587 万人以上、累计增加 546 万人以上；城市社区综合服务设施覆盖率达 100%。

表1 贵州省城乡居民基本保障情况

单位：万人

指标	年份			年均增速（%）
	2015 年	**2019 年**	**2020 年**	
城乡居民基本养老保险参保人数	1649.03	1855.6	1904.49	2.9
基本医疗保险参保人数	955.45	1060.22	4195.33	34.4
失业保险参保人数	205.31	276.07	297.93	7.7

资料来源：贵州省统计局：《贵州数据概要》，2021 年 2 月。

第三，东西部扶贫协作，贫困地区劳动力外出务工实现脱贫增收。2016 年以来，7 个东部帮扶城市累计向贵州投入财政帮扶资金 113.99 亿元、帮扶项目 5900 余个。① 在产业合作和承接产业转移方面，东部帮扶城市在贵州省内投资和兴办 1336 家企业，② 将东部市场需求、研发优势等与贵州的产品供给、劳动力等资源优势有效对接。调研发现，贵州省外出务工脱贫户劳动力占比达 70% 以上，务工收入占家庭收入 70% 以上。贵州省贵阳市人口呈现净流入，其他市州均为人口净流出（见表 2）。课题组考察黔西县锦绣花都社区易地扶贫搬迁集中安置区劳动力就业情况时发现，易地扶贫搬迁的劳动力 58% 是县外异地转移，大约 27% 在县外省内就业，其中 21% 在贵阳市就业，其他地区约 6%；31% 在省外就业，超过半数前往浙江、福建、广东、江苏等地务工。

表 2 2019 年贵州省及各市州人口常年外出情况

单位：万人

地区	年末户籍人口数	年末常住人口数	净流出人数
贵阳市	427.83	497.14	−69.31（净流入）
六盘水市	353.21	295.05	58.16
遵义市	819	630.20	188.80
安顺市	307.07	236.36	70.71
毕节市	937.76	671.43	266.33
铜仁市	446.38	318.85	127.53
黔西南州	368.81	288.60	80.21
黔东南州	484.73	355.20	129.53
黔南州	426.65	330.12	96.53
合计	4571.44	3622.95	948.49

资料来源：贵州省统计局：《贵州统计年鉴（2020）》，中国统计出版社。

贵州省脱贫攻坚系列举措，有效拓宽了增收途径。城乡居民收入显著提高，城乡差距进一步缩小。贵州全省农村常住居民人均可支配收入年均增长 9.5%，2020 年，全省农村常住居民人均可支配收入增长 8.2%。2014—2020 年，贵州省城乡居民人均可支配收入比值从 3.38 降至 3.10，

① 《7 个东部城市影响贵州投入财政帮扶资金 113.99 亿元》，新华网，2021 年 1 月 12 日。
② 《贵州与东部对口帮扶省市因地制宜共谋发展　从单向帮扶走向互利共赢》，贵州省人民政府网站，2021 年 1 月 18 日。

下降 0.28 个百分点（见表 3）。同期全国城乡居民人均可支配收入比值从 2.75 下降至 2.56，下降 0.19 个百分点。贵州省城乡居民人均可支配收入比值下降幅度高于全国平均水平。

表 3　全国城乡居民可支配收入与贵州省城乡居民可支配收入

单位：元

指标	2014	2015	2016	2017	2018	2019	2020
全国历年城乡居民可支配收入							
城镇居民	28844	31195	33616	36396	39251	42359	43834
农村居民	10489	11422	12363	13432	14617	16021	17131
收入比值	2.75	2.73	2.72	2.71	2.69	2.64	2.56
贵州省历年城乡居民可支配收入							
城镇居民	22548	24580	26743	29080	31592	34404	36096
农村居民	6671	7387	8090	8869	9716	10756	11642
收入比值	3.38	3.33	3.31	3.28	3.25	3.2	3.1

资料来源：城乡居民可支配收入情况来自国家统计局；2020 年数据来自贵州省统计局：《贵州数据概要》，2021 年 2 月。

二、脱贫后乡村振兴的思路

（一）短期与长期目标的衔接

乡村振兴要在脱贫攻坚的基础上实现"升级"。脱贫攻坚着力消除绝对贫困，满足贫困线以下人口的基本生存需求，是全面建成小康社会必须完成的"底线"任务。而相对贫困是长期性、动态性的，需要在乡村振兴战略的框架下探索长效治理机制。脱贫攻坚的战略重点是通过阶段性强有力的举措解决局部贫困，特别是"三区三州"等集中连片的深度贫困地区，精准帮扶绝对贫困线以下的人口。乡村振兴实施的对象更广泛，更具普惠性。

消除绝对贫困后，一些返贫致贫的潜在风险依然需要长期关注。中国农业农村发展基础差、底子薄，长期以来城乡分割的二元经济社会结构导致农业农村发展滞后的状况尚未根本转变，现代化建设中最薄弱的环节仍是农业农村现代化。在实施乡村振兴战略过程中，要在巩固脱贫成果的基础上，进一步推动农业全面升级、农村全面进步、农民全面发展，围绕"产业兴旺、生态宜居、乡风文明、治理有效、生活富裕"的总要求，实现乡村全面振兴。

（二）农业农村优先发展与城乡融合发展的衔接

乡村振兴绝非"就农村谈农村，就农业谈农业"，不能将城乡割裂，需要强化城乡融合的理念，充分挖掘城乡两种优势、两种资源融合发展的潜力，带动乡村振兴。乡村能否振兴，在很大程度上取决于工业化和城镇化能否与农业农村现代化协调推进。城市与乡村是一个相互依存、相互融合、互促共荣的共同体。[①] 要让农村人口特别是相对贫困群体在城乡融合发展中增加机会，实现自我发展。无农不稳、无工不富，农业农村优先发展与城乡融合相衔接的关键是拓宽乡村产业发展渠道，实现城乡产业互补，要素对流。乡村不能单纯是一个农业产业、农业空间，要发展新业态，成为一个综合性的就业空间。通过乡村产业结构的优化，带动乡村功能的变化。

县城是农村之首、城市之尾，是城乡融合发展的关键载体。据国家发展改革委数据，2019 年县及县级市 GDP 体量为 38 万亿元左右，占全国 GDP 的近 2/5，县城和县级市城区常住人口占全国城镇常住人口的近 30%。县域经济是国民经济的重要支柱，推进以县城为载体的城镇化，通过做强县城促进城镇规模效应的发挥和集聚经济的形成，为实现乡村振兴奠定坚实基础。

（三）政府与市场角色功能转换的衔接

"有为政府"和"有效市场"高效协同，才能兼顾经济效率与分配公平。政府在脱贫攻坚的过程中占据主导地位，扮演引导者、资源筹集者和协调者的角色。[②] 政策是全面消除绝对贫困最宝贵的资源和最有力的支撑，

---

① 魏后凯：《深刻把握城乡融合发展的本质内涵》，《中国农村经济》2020 年第 6 期。
② 武汉大学国发院脱贫攻坚研究课题组：《促进健康可持续脱贫的战略思考》，《云南民族大学学报（哲学社会科学版）》2019 年第 6 期。

政策支持调动了大量资源和力量促进贫困地区发展。在脱贫攻坚与乡村振兴的衔接中，应继续发挥政府"有形之手"的作用，为乡村振兴创造良好的政策环境，通过制度供给释放乡村振兴的内生动能。要在保持政策总体稳定连续的基础上进行优化和完善，根据乡村全面振兴的要求重塑减贫政策体系。加快健全乡村振兴法规制度，加强农民权益保护、农村市场监管。围绕"治理有效"目标，建设乡村精神文明，推进社会管理和公共服务，在乡村构建良好稳定的社会秩序。[①]

实施乡村振兴要更好发挥市场机制"无形之手"的作用。在促进乡村产业健康可持续发展、实现要素资源在乡村集聚的过程中，过度依赖政府的强制力可能会适得其反。政府不恰当的直接干预可能让乡村的扶贫产业在"温室"中成长而缺乏必要的市场竞争能力，或者扭曲正常的要素利益分配机制，降低资源的配置效率。应充分运用市场机制，发挥价格信号的调节功能和市场机制的筛选功能，唤醒农村"沉睡"的资源禀赋，实现稳定、可持续的脱贫致富，最终实现"能放手"。比如，在强化东西部协作的过程中，应该更多采用市场化的引导手段，支持各类企业、组织和个人各展其长、各尽所能，积极参与到脱贫攻坚后续扶持和实施乡村振兴战略中。

（四）宏观战略规划与精准有效施策的衔接

巩固拓展脱贫攻坚成果同乡村振兴有效衔接要处理好顶层设计和基层探索的关系，在"实践—认识—再实践—再认识"的互动中不断推进。从党的十九大报告首次提出实施乡村振兴战略以来，中共中央、国务院印发了系列文件，从全局和战略的角度对乡村振兴战略的总体要求、目标任务、实现路径等进行宏观谋划，乡村振兴战略顶层设计基本形成，配套规划逐渐完善，绘制了乡村振兴的阶段性发展蓝图。各地在规划和实践过程中既要注重与宏观战略有效衔接，也不能照套，应精准施策、因地制宜，走特色发展的道路。鼓励各地科学把握乡村差异，积极谋划和探索适宜自身实际特点与需求的乡村振兴路径模式。注重对基层经验和发展模式的总

---

① 秦中春：《乡村振兴背景下乡村治理的目标与实现途径》，《管理世界》2020 年第 2 期。

结提炼，创造更多可推广的宝贵经验。发源于贵州的农村"资源变资产、资金变股金、农民变股东"的"三变"改革，有效盘活了乡村存量资源。2020年贵州省农村"三变"改革试点村13799个，占行政村总数的87.5%；推动1954.9万亩集体资源变资产、454.3亿元资金变成股金、479.6万农户变成股东，带动农民股东户均增加收益1509元、人均增加收益381元。①

三、对策建议

结合贵州省的实地调研情况，本文认为，推动脱贫攻坚与乡村振兴有效衔接，可以采取以下六方面举措。

（一）守住不发生规模性返贫的"底线"，保持帮扶政策在过渡期内总体稳定，加快构建易返贫致贫人口常态化监测预警机制

在5年过渡期内，保持主要帮扶政策总体稳定，对已经实施的帮扶政策进行梳理整合和优化调整，从由集中优势资源支持脱贫攻坚的短期目标逐步转向全面推进乡村振兴的长效机制，因时、因地制宜，把握好现行政策进一步调整的节奏、力度、时限。加强扶贫项目资产监督管理，厘清各类扶贫项目资产权属关系，明确资产运营管理主体和收益分配机制，对各级各类扶贫资金投入及成效进行全面统计评估，确保资产长期发挥效益。

扩大对现有脱贫人口中的易返贫不稳定户和易致贫边缘户的监测覆盖面，精准锁定监测对象。对农村低收入人口，包括农村低保对象、农村特困人员、农村易返贫致贫人口，以及因病因灾因意外事故导致基本生活出现严重困难的人口开展动态监测。完善监测预警平台和行业部门预警机制。用好全国扶贫开发信息系统，与各地现有脱贫攻坚数据库进行有效对接，利用数字技术打造大数据监测分析平台，提升平台对存在返贫风险家庭的智能预判功能，实现不同部门之间的业务数据相互调用、互相支撑，做到及时发现、快速响应、分级管理、动态清零。贵州省通过持续完善

---

① 《农村改革持续深化 发展活力不断激发——2020年贵州省农村改革再上台阶》，贵州省农业农村厅政策与改革处，2021年2月1日。

"贵州扶贫云"系统，充分利用大数据精准识别返贫对象及返贫原因，累计识别脱贫不稳定户和边缘易致贫户 10.59 万户、42.05 万人，为完善易返贫致贫人口快速发现和响应机制提供了强大助力。充分运用监测数据和比对核实结果，畅通农户自主申报渠道，完善走访调查和网格排查机制，对有返贫致贫风险的农户进行科学评估，分析其后续巩固需求，跟踪收入变化和"两不愁三保障"成果。

（二）筑牢产业发展"基石"，形成特色明显、多元协调、融合互补的现代乡村产业体系，以促产业实现稳就业

产业扶贫帮扶政策覆盖了 98% 以上贫困户，产业发展是中国大规模减贫的直接驱动力，[①]"产业兴旺"也是乡村振兴战略的首要目标。要在产业扶贫的基础上，进一步培育可持续发展的特色优势产业，扩大农村的就业容量和致富机会，实现已脱贫劳动力稳定就业，让更多农民可以就近就便就业。要加快培育农民合作社、家庭农场等新型农业经营主体，发展适度规模经营。全国农村户均占有耕地面积仅 10.5 亩，农业经营规模小、农地细碎化的问题突出，限制了农业效率和竞争力的提升，也制约了现代农业的发展。中国小农经济有几千年历史，"大国小农"是中国的基本国情和农情。既要推动适度规模经营，提升农业规模化组织化程度，也要重视完善小农户发展政策体系，支持小农户与各类新型经营主体通过订单式生产、股份合作等形式建立更加紧密的利益联结机制。

传统农业大多局限在效益较低、风险较大的种养环节，要通过产业链条延伸提高农产品附加值，促进三次产业融合发展。围绕农业优势特色产业，支持农民合作社、家庭农场和中小微企业等发展产地初加工，吸引龙头企业协同发展精深加工。推动优势特色产业连片性、集群化发展，推动产业环节串珠成线、连块成带、集群成链。推动乡村旅游产业提档升级，大力挖掘农业农村生态资源和景观功能，发展多种多样的绿色农业休闲康养产业，充分展示地方文化和民俗风情，带动农村文化消费。构建全程溯源监管的农产品安全保障体系和综合服务平台，打造一批高端、优质、安

---

① 武汉大学国发院脱贫攻坚研究课题组：《以产业发展保障贫困人口稳定脱贫的战略思考》，《中国人口科学》2019 年第 6 期。

全的农产品品牌，有针对性地培育一批农产品知名商标和老字号企业，支持龙头企业打造国际化农业品牌。

加强支撑乡村产业兴旺的载体平台建设，完善物流、金融等产业配套。优先支持具备条件的脱贫县继续完善或打造特色农产品优势区、现代农业产业园区、涉农科技创新示范区、农村电商产业园、农村产业融合发展示范园等，引导配套服务和关联企业适度集聚，实现项目集中、功能集成，强化示范效应。完善仓储保鲜、冷链物流设施建设，提升鲜活农产品产地仓储保鲜冷链能力，推动产业重点村镇形成集聚程度更高的田头市场，畅通产销对接。完善乡村金融服务体系。加强农村金融基础设施建设，完善农村市场主体信用评价体系。充分调动商业性金融机构积极性，丰富农村地区尤其是原深度贫困地区信贷、保险、期货等金融产品和服务供给。依法合规拓展农业农村抵质押物范围，探索发展农业供应链金融。发挥财政投入撬动作用，解决民间资本下乡"下不去""留不住""长不大"的体制机制障碍。

（三）加大人力资源开发，培育农村人才"生力军"，强化农村能人带动效应，培育新型职业农民

当前，农村空心化、农村人口老龄化问题比较突出，乡村振兴内生动力不够充足。随着城镇化工业化的快速推进，农村常住人口持续减少，课

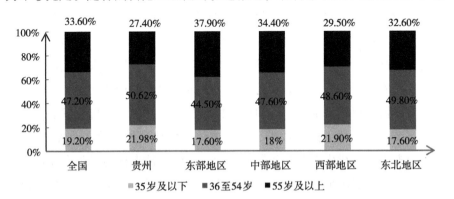

图4 全国和贵州农业生产经营人员年龄结构情况

资料来源：国家统计局：《第三次全国农业普查》；贵州省统计局：《贵州省第三次全国农业普查主要数据公报》。

题组调研发现，贵州省 2019 年人口净流出超过 900 万，其中绝大部分为农村人口。根据第六次全国人口普查的结果，中国农村 60 岁以上老年人口占农村总人口的比重为 14.98%。农业生产经营人员也逐步出现老化的倾向，2016 年末中国农业生产经营人员中超过 1/3 是 55 岁以上人口（见图 4），总数超过 1 亿人，而且老化程度与地区发达程度呈正相关。从贵州的情况看，贵州全省农业生产经营人员中 55 岁以上年龄人口占 27.4%，低于全国平均水平。

乡村振兴需要高素质的劳动力支撑。目前农业生产经营人员的受教育程度总体偏低。从全国范围看，只有不到 10% 的农业生产经营人员具有高中或中专及以上学历（见表 4）。贵州省除贵阳市、铜仁市、黔东南州和黔南州外，其他市州拥有高中或中专及以上学历的农业生产经营人员比重均在 4% 以下，每个市州小学及以下学历的农业生产经营人员占比均超过 50%，高于全国平均水平。

表 4　全国和贵州农业生产经营人员学历结构情况

单位:%

地区	未上过学	小学	初中	高中或中专	大专及以上
全国	6.4	37	48.3	7.1	1.2
贵阳	7.31	45.63	41.96	4.04	1.07
六盘水	15.83	48.6	31.59	2.87	1.11
遵义	9.7	46.81	40.06	2.86	0.58
安顺	13.67	45.37	37.2	3.09	0.66
毕节	15.69	51.11	29.64	2.79	0.76
铜仁	9.86	47.42	37.54	4.2	0.98
黔西南	12.56	50.96	32.61	3.07	0.79
黔东南	13.3	48.16	33.93	3.72	0.89
黔南	11.27	46.9	37.49	3.6	0.74

资料来源：国家统计局：《第三次全国农业普查》；贵州省统计局：《贵州省第三次全国农业普查主要数据公报》。

进一步优化乡村人力资源开发。通过振兴乡村教育提高农村人力资源素质。加大对农村教育的投资力度，完善面向农民的多层次教育培训体系，加强农村职业院校基础能力建设，扩大职业教育、成人教育供给，培养一批爱农业、懂经营、会管理的新型职业农民。特别是要加大新一代信息技术、新型农用机械使用技术、生物技术等实用技术培训力度。精准把握农村劳动力实际需求，创新培训形式、科学设计培训方法，让农民能够快速掌握、学有所用。

打造人才"生力军"，以"关键少数"引领带动"绝大多数"。鼓励能人回乡，推动有经济实力、有能力特长的农业转移人口或能人返乡投资兴业。能人返乡创业兴业在推动乡村经济社会发展中发挥了重要作用。据统计，2020 年，全国返乡创业人员已达 900 万，带动的就业人数达 3000 万。① 要激发有条件的农民工返乡的创业意愿，畅通能人回流的"绿色通道"。探索创建各类返乡创业孵化园区，在工商登记、创业培训服务、资金筹措、财税政策、厂房租赁、信息咨询等方面给予更大支持和便利。积极培养农村第二、第三产业发展人才、乡村公共服务人才、乡村治理人才、农业农村科技人才等，完善高等教育人才培养体系，满足多层次涉农人才培养需要。

（四）推进以县城为载体的城镇化，坚持以工补农、以城带乡、工农互促、城乡互补、实现共同繁荣，让县域成为推动城乡融合的关键"切入点"，深化东西部协作，推进产业转移

推进乡村振兴关键是改变中国经济社会发展过程中长期存在的"重工轻农、重城轻乡"的不平衡现象。核心要义是调整形成新的工农城乡关系，引导城市反哺乡村、工业反哺农业，建立健全有利于农业农村优先发展的城乡融合发展体制机制。要协调推进乡村振兴战略和新型城镇化战略，做大做强县城，充分发挥城镇辐射带动效应助力乡村振兴。

推动城乡基础设施一体化和公共服务全覆盖，畅通城乡要素双向流通渠道。以县域为整体对城乡基础设施进行一体化规划和建设，建立一体化管护机制，明确产权归属，解决因乡村分散导致的基础设施长期运营和养护成本较高的问题。推进城乡教育资源均衡配置，促进优质医疗资源下沉。推进养老保险、低保等制度的城乡统筹。要充分发挥市场作用，实现

---

① 《国家发展改革委支持农民工等人员返乡创业试点工作现场会在正安县召开》，正安县人民政府网站，2020 年 12 月 11 日。

城乡要素双向流动、高效配置。鼓励城市产业要素通过农业产业链的节点衍生新业态，利用已有的要素聚集空间打造城乡产业要素共生平台，吸引城市资金、技术和人才等产业要素。优化城市要素与农村要素的利益共享机制，完善产业组织形式，让农民所掌握的要素更好参与收益分配，得到合理回报。

统筹县域产业布局，抓住产业梯度转移机遇。推动城乡产业互补、协调发展，增强城市产业对乡村产业的辐射带动力，实现产业链有序衔接、价值链共同提升。依托县城和中心镇发展农业生产性服务业，构建有利于乡村产业的技术研发中心、人才培训平台和产品营销服务，为乡村产业发展打造有力支撑。推动东西部结对帮扶关系调整，在确保脱贫帮扶工作平稳过渡的基础上，适应乡村振兴任务形势变化，进一步深化产业合作、资源互补。充分利用中西部地区劳动力成本比较优势，吸引东部劳动密集型产业。建立产业转移的宏观协调机制，强化规模效益和集聚效应，避免产业转移资源散乱布局。支持邻近县城或中心镇以集群式、链条式、配套式承接产业转移，完善区域之间的分工协作。鼓励转出地和承接地完善共同开发和利益共享机制，探索"飞地经济"。要把产业转移与产业结构优化和产业升级结合起来。加大技术创新的投资力度，推动科技创新资源丰富地区将创新资源向中西部地区、基层地区下沉，实行跨域校地合作，引导科研院所到地方和企业建设研发中心或进行技术指导。加快推进基础设施提档升级和产业培育设施提质增效，提升承载转移产业和回流人口就业创业能力。

（五）兼顾"百姓富"和"生态美"，加强乡村生态资源保护，坚持人与自然和谐发展的农业农村现代化

生态环境优势是乡村的最大优势和宝贵财富。生态环境和人居条件既是从外部看乡村的"面子"，也是衡量乡村生产生活质量的"里子"。[①] 贵州是长江上游地区唯一的国家生态文明示范区，全省面积中有 65.7% 属于长江流域，88 个县市区中有 69 个属于长江防护林保护区范围。[②] 贵州省将

---

① 叶兴庆：《新时代中国乡村振兴战略论纲》，《改革》2018 年第 1 期。
② 《推动长江经济带高质量发展 贵州坚决扛起"上游责任"》，《贵州日报》2021 年 1 月 25 日。

生态和发展列为两条"底线"，充分开发生态环境资源的经济价值，实现生态环境保护与生态经济发展的有机融合、同步提升，有效地将生态资源优势转化为生态经济优势（见表5）。贵州省易地扶贫搬迁人口众多，在改变贫困人口生产生活条件的同时大大减轻了迁出地的生态环境承载压力，修复和增强了自然生态系统功能。在农村产业发展方面，贵州坚持因地制宜地统筹发展和生态，着力推动茶叶、中药材、精品水果等生态高效特色产业，大力发展林下中药材、林下养殖等产业，在增绿的同时增加农村居民收入。

表5 贵州省绿色发展指标情况

单位:%

指标	2015 年	2019 年	年均增加（百分点）
绿色经济占地区生产总值比重	33.3	41.7	1.7
每万元地区生产总值能耗下降	7.46	4.06	-0.85
城市水污染处理率	90	94.6	1.2
工业固体废弃物综合利用率	59.8	63.6	1
二氧化硫去除率	76.1	94.1	4.5
城市生活垃圾无害化处理率	84.7	93.1	2.1
森林覆盖率	50	59.95	2.5

资料来源：贵州省统计局：《贵州数据概要》，2021 年 2 月。

注重发展生态农业，积极发展节水农业，强化资源集约利用，提高生产效率。减少农产品生产、加工、运输等环节对生态的影响。实现化肥减量增效、农药减量控害，进一步扩大有机肥对化肥的替代范围。做好土壤污染治理和修复，对耕地进行轮作休耕。做好乡村污染源排查和防治工作，在源头上遏制污染蔓延。借助卫星遥感、无人机拍摄等新技术，对陆地、水生物种资源和山林、湖泊等自然资源进行有效监测。科学合理界定乡村资源开发的范围边界，对承担重要生态功能区域的开发活动提高准入门槛、严格审批程序。做好易地扶贫搬迁迁出地的生态修复，根据实际情况实施退耕还林、退耕还草。逐步完善相关法律法规，明确部门职能分工，建立健全农村生态环境监管机制，合理设定农村生态环境考核指标。健全乡村生态补偿机制，提高对破坏乡村生态环境行为的惩治力度。加大对乡村生态保护的财政补贴力度，着力发展绿色金融，用好排放权、排污权等机制，利用市场化手段调动各类主体维护乡村生态安全的积极性。

（六）推动数字乡村建设，利用好数字化、网络化、智能化发展机遇，释放乡村振兴新动能

推动农村信息基础设施建设，有效发挥农村通信网络在推动乡村振兴和数字乡村建设中的基础性作用。巩固农村光纤宽带建设，推动农村宽带接入能力升级，着力推进 5G 等现代通信往村覆盖、向户延伸，提升农村通信网络质量。

拓展涉农信息系统应用，促进涉农数据汇聚，提升数据共享支撑能力。着力打造一批服务农村、农企、农民的特色数字化平台，实现农业生产环境、生产管理、安全管理、产品溯源、资源协调、辅助决策及衍生实体服务等数据化、安全化、集成化，为政府部门决策管理、相关企业和农户生产经营提供支撑。据统计，贵州省数据共享交换平台汇聚国家农业农村部、商务部、国家乡村振兴局等 15 个部委和省内 14 个部门涉农数据 900 余项 3 亿余条，为有关部门和地区提供数据服务 1.2 亿余批次，在农村危房改造、农业产业监测调度、扶贫民生监督、医保扶贫、农村饮水安全等各类应用场景中提供了有力数据支撑。

加快新一代信息技术与传统农业深度融合，加大农业智能装备运用，实现农业生产过程的信息感知、精准管理和智能控制，探索发展"无人农场""无人牧场"，打造一批农业大数据分析应用和现代智慧农业产业园，以点带面，促进规模化推广。大力发展农村电商，打造电子商务进农村综合示范区，推进大数据+农产品销售服务新模式，通过"互联网+"推动农产品"出村进城"。加强农产品市场信息体系建设，加快线上与线下相结合、智慧化大型农产品交易基地与农业合作社相结合、农村电商与特色农产品直供直销相结合的农业智能供应链体系。推动乡村旅游数字化转型和智能化升级，促进现代服务业发展。

（本文发表于《中国人口科学》2021 年第 1 期。）

—20—

确保粮食安全是全面推动
乡村振兴的首要任务

全国政协十三届五次会议期间，习近平总书记在参加联组会时强调，实施乡村振兴战略，必须把确保重要农产品特别是粮食供给作为首要任务。我国是农业大国，重农固本是安民之基、治国之要。在当前全球不确定性增加、外部环境发生深刻变化的复杂形势下，夯实农业基础、保障农产品供给是我国应对各种风险的"压舱石"和"稳定器"。保障粮食安全，不能局限于粮食生产、储存和贸易，而应从全面振兴乡村的战略高度来认识。以习近平同志为核心的党中央始终从全局出发，统筹发展与安全，坚持农业农村优先发展，坚持把解决好"三农"问题作为全党工作的重中之重，在脱贫攻坚战取得全面胜利的基础上，要求全面实施乡村振兴战略，扎实推进城乡共同富裕。为深入研究如何全面推进乡村振兴战略，更好统筹农业农村发展与安全，2020年底以来，课题组赴贵州、湖北、福建、湖南、四川、江苏、甘肃、广东、青海、河北等地，深入村庄社区、田间地头、农村创业企业、产业园区、农业产业化基地、易地扶贫搬迁安置点进行考察调研，采取线下线上相结合的方式，与多地农民和农民工、基层一线工作者、各级领导干部、企业家、农村科技人员和专家学者进行交流，召开调研座谈会40余场。课题组着重围绕新时期"谁来振兴乡村""如何振兴乡村产业""如何统筹城乡发展""如何确保粮食安全"四个关键问题，在实地调查的基础上，提出一系列战略思考与对策建议。

一、"谁来种地""谁来振兴乡村"

乡村振兴，关键在人。人是生产力中最活跃的因素，是推动经济社会发展的基本动力，也是乡村振兴的主体。全面推进乡村振兴的各个环节离不开人的能动作用。在计划经济体制时期，我国农村有大量劳动力被束缚在有限的土地上，成为剩余劳动力。改革开放以来，我国逐步放宽了对城乡人口和劳动力流动的限制，大批农村劳动力和优秀人才以升学和外出务工经商等形式流向城镇，现在外出务工农民中愿意回到农村的越来越少，乡村就业人员中完全务农的越来越少，务农劳动力中种粮的越来越少。[1]我国农村地区一度用之不竭的劳动力正在快速枯竭，进入由过剩向短缺的转折点。许多农村已出现乡村空心化、产业空洞化、家庭空巢化和人口老龄化问题。

农业统计显示，我国农业从业人口不仅不断减少，而且人口老龄化的趋势越来越明显。表 1 表明，农业从业人员从 1996 年第一次农业普查的 4.34 亿人减少到 2016 年第三次农业普查的 3.14 亿人，减少了 27.65%。我国农业从业人员的老龄化程度日益加深，56 岁及以上从业人员的比重从 1996 年的 11.8% 上升到 2016 年的 33.6%（55 岁及以上），上升了 1.85 倍（见表 2），具有高中或中专文化程度的不到 10%（见表 3）。农村现有从业人员年龄普遍较大，受教育程度较低，且农业劳动力正在加速老龄化。各地已经出现"关键农时缺人手，现代农业缺人才，新农村建设缺人力"的现象[2]。"谁来种地""谁来振兴乡村"已成为未来我国农业发展和乡村振兴亟待解决的重大课题。

---

① 陈锡文：《"三化"同步发展总工程——评〈农业现代化——与工业化、城镇化同步发展研究〉》，《中国农村经济》2012 年第 7 期。

② 韩长赋：《科学把握农业农村发展新形势》，《求是》2013 年第 7 期。

表1 我国农业从业人员数量及从业结构

年份	农业经营户农业从业人员		农业经营单位农业从业人员		农业从业人员合计（亿人）
	数量（亿人）	占比（%）	数量（亿人）	占比（%）	
1996	4.25	98.04	0.09	1.96	4.34
2006	3.42	98.05	0.07	1.95	3.49
2016	3.03	96.52	0.11	3.48	3.14

资料来源：根据国家统计局公布的历次全国农业普查数据整理。

表2 我国农业（农村）从业人员年龄结构

1996年			2006年			2016年		
农村从业人员年龄段	规模（亿人）	占比（%）	农业从业人员年龄段	规模（亿人）	占比（%）	农业从业人员年龄段	规模（亿人）	占比（%）
35岁及以下	3.01	53.6	30岁及以下	0.70	20.2	35岁及以下	0.60	19.2
36—55岁	1.95	34.7	31—50岁	1.65	47.3	36—54岁	1.48	47.3
56岁及以上	0.66	11.8	51岁及以上	1.13	32.5	55岁及以上	1.06	33.6
合计	5.61	100.0	合计	3.49	100.0	合计	3.14	100.0

资料来源：1996年、2016年数据根据国家统计局公布的第一次、第三次全国农业普查数据整理；2006年各年龄段占比根据国家统计局公布的《第二次全国农业普查主要数据公报（第二号）》整理，各年龄段规模根据该公报公布的农业从业人员总量及各年龄段占比推算。

表3 我国各个地区的农业从业人员文化结构

单位:%

地区		全国	东部地区	中部地区	西部地区	东北地区
受教育程度	未上过学	6.4	5.3	5.7	8.7	1.9
	小学	37.0	32.5	32.7	44.7	36.1
	初中	48.4	52.5	52.6	39.9	55.0
	高中或中专	7.1	8.5	7.9	5.4	5.6
	大专及以上	1.2	1.2	1.1	1.2	1.4

资料来源：第三次全国农业普查数据。

在新科技革命的背景下，现代信息技术、生物技术被广泛地应用到农业领域，传统劳动密集型农业被改造为"以科学技术为基础"的现代农业。从长远来看，改造我国传统农业，全面振兴乡村，不仅需要引进包括良种、化肥、机械等物质要素，更重要的是加大农村人力资本投资，通过教育、培训和人才引进，建设一支职业化的新型农民队伍，使农民成为有吸引力的职业。

振兴乡村，首先要解决"谁来种地""谁来振兴乡村"的问题，让乡村人气旺起来、人才支撑强起来。这一方面要求加大农村人力资本投资和开发力度，培育更多跨界复合型人才和新型职业农民；另一方面要畅通城乡人才流动的渠道，构建灵活有效的激励机制，因势利导推动返乡入乡创业浪潮，实现乡村人才育得出、引得进、用得好、留得住，使乡村人才汇聚、人气旺盛，缓解乡村空心化、产业空洞化、家庭空巢化和农村人口老龄化。我国农村正涌现新的人口红利，农民依然是这场正悄然进行的人力资本革命的主力。[①]

（一）加大农村人力资本投资和开发力度，培养更多的"土专家""田秀才"

教育和培训是人力资本投资和开发的主要途径。农村地区要解决人才短缺、人力资本积累不足的问题，首先要加大对农村教育的投资力度，完善面向农民的多层次职业技能培训体系，提升农民专业技能。农村教育要彻底转变以往那种单纯强调应试升学，导致农村学生"轻农""离农""弃农"的倾向。促进教育资源在城乡之间更加均衡地配置，推动优质师资下沉农村基层并做好服务保障，充分利用互联网、人工智能等新技术来提高农村教育质量，使乡村学生更好共享优质教育资源。其次要进一步完善农村培训体系，精准把握农村劳动力实际需求，创新培训形式、科学设计培训方法，推行"点餐式"服务，发挥远程教育培训的功能，将远程教育搬到田间地头。注重培训的针对性，通过政府购买服务的方式，鼓励引导企业开办职业教育，开展岗位技能培训。鼓励多元主体在乡村建设实训

---

① 厉以宁：《农民工、新人口红利与人力资本革命》，《改革》2018 年第 6 期。

基地、乡村人才孵化基地和产学研用协同创新基地，让人才有所依、有所用。加强本土手艺传承人的挖掘与培养，通过"一技一训"等教学手段灵活施教，完善传统技艺、手艺等文化技艺教育培训，建立技艺传承的长效发展机制。

（二）畅通城乡人才流动渠道，吸引各类人才返乡入乡创新创业

要顺应城乡要素双向流动的规律，构建和完善城乡人才合作互动和双向流动机制，畅通人才流动和晋升渠道。一是要扩大农业农村系列职称评审范围，推广高素质农民职称评定制度，完善评审标准，综合考察新型职业农民技术水平、经济社会效益和示范带动作用。对符合条件的乡镇专业技术人才，进一步加大职称晋升倾斜力度，加强各类人才评价体系的互通衔接，突破单位岗位结构比例限制。重视青年人才的生力军作用，完善后备人才储备，让人才蓄水池更活、更满。二是要建立科技成果入乡转化与利益分享机制，允许农技人员通过提供增值服务合理取酬，吸引支持各类人才通过下乡担任志愿者、投资兴业、包村包项目、行医办学、捐资捐物、法律服务等方式服务乡村振兴事业。三是要破除束缚人才发展的体制机制障碍，为返乡下乡人员提供子女入学、就医等公共服务保障和适当的优惠政策。对有意愿返乡入乡、支持乡村振兴的退休人员要给予适当支持，充分发挥他们的余热和能量。四是要加强县乡干部队伍建设，拓宽上升通道。解决农村基层组织人才缺乏、待遇低下、交流渠道不畅通等问题，明确基层组织运转经费、人员经费比例或水平，改善农村基层干部的经济待遇。同时鼓励引导发达地区各类高层次人才到欠发达地区挂职或任职，组织欠发达地区乡村书记到对口合作发达地区研学培训。还要大力创建大学生实习实训基地，鼓励大学生到村级工作岗位实习和工作，对农科类毕业生给予一定程度的政策倾斜，通过定向培养的方式造就更多能够返乡入乡、支持农业农村发展的专业人才。

改革开放以来，我国有大量的农民工进城务工经商，他们中有相当一部分人在流动过程中，开阔了视野，增长了见识，也在务工经商中积累了资金和经营管理经验，推动在城市取得一定成就的农业转移人口、有经济实力的乡村贤达、社会名人等返乡创新创业，是实施乡村振兴的关键举

措。从全国看，2020 年返乡入乡创业创新人员累计达到 1010 万人。一个返乡创业创新项目平均可吸纳 6.3 人稳定就业、17.3 人灵活就业。[①] 各地政府要积极探索创建各类返乡入乡创业园区，对于返乡入乡创新创业项目加大政策支持，在工商登记、创业培训服务、资金筹措、用地政策、财税政策、厂房租赁、信息咨询等方面给予更大支持和便利，实现资金、人才、技术、品牌、营销经验的综合引进。农村基层政府要大力抓好营商环境建设，打好激发外出人才回乡创业"乡情牌"，通过新媒体定向发布创业就业机会清单、投资乡村项目清单、返乡考察计划，大力宣传返乡入乡创业典型，发掘一批乡村人才振兴案例，充分发挥返乡入乡能人的示范作用和影响力，营造返乡入乡创新创业的浓厚氛围。

（三）改善乡村人居环境，提高乡村生活品质和活力

我国许多农村环境优美、空气清新，但交通、供水、供电等基础设施还不完善，教育、医疗等公共服务数量不足、质量不高，限制了农村居民生活品质的提高，也是农村对年轻人吸引力不足的关键因素。我国要进一步转变政府职能，深化预算制度改革，以基本公共服务均等化为基本目标，优化公共支出结构，提高公共支出效率，把钱用在刀刃上，把更多的财政收入用在解决农村的民生问题上。同时，要提高农民的组织化水平和乡村治理水平，引导农民通过协商达成共识，采取集体行动，自我提供地方性公共产品。要以推进"厕所革命"为突破口，定期开展村庄清洁行动。对已建成的污水处理、农村公厕等项目设施要加大运营管护力度，明确和落实管护责任，多措并举拓宽运维资金来源渠道。对分散型污水治理要分类指导并进一步明确排放标准，综合考虑厕所污水处理与分散型生活污水的合理衔接，根据地域差异和经济条件选择行之有效的农村生活污水处理工艺，尽力实现低成本、高效率运行。进一步深化厕所排泄物资源化处理关键技术，将厕所粪污与禽畜养殖废弃物协同处理。在此基础上，全面推进农村人居环境整治，提升村容村貌，提高农村人居环境质量和生活品质，增强乡村的吸引力。

---

① 郁净娴：《去年返乡入乡创业创新人员超千万》，《人民日报海外版》2021 年 3 月 25 日。

二、如何振兴乡村产业

产业振兴是乡村振兴的基础，振兴乡村，必先振兴产业。大国小农、农民众多是我国的基本国情，小规模家庭经营是我国农业经营的主要方式。人均一亩三分地是我国人地资源关系的真实写照。据统计，目前我国有逾18亿亩的耕地，由2亿多的农户承包，户均耕地只有9亩多一点。2016年第三次全国农业普查数据显示，全国农业经营户中有98.1%是小农户，农业从业人员中有90%是小农户从业人员，总耕地中超过70%的面积是由小农户经营。在调研过程中，乡镇干部和群众普遍感到，农业生产面临的自然风险和市场风险都很大，小农经营与大市场的矛盾比较突出，经常出现"增产不增收"的情况，种地不合算，远不如打工收入多，吸引不了劳动力。再加上农民组织化水平低，市场经营能力缺乏，导致不仅农产品交易成本高，农户在市场交易中议价能力弱，而且广大农户的经营被限制在种植和养殖环节，难以分享农产品加工和销售等高附加值环节的收益。[①]

解决"如何振兴乡村产业"的问题，必须扭转农业比较收益低的现状，摆脱农业"小规模、高成本、低竞争力"的困境。这一方面要培育壮大新型经营主体，适度扩大农业经营规模；另一方面则要促进一、二、三产业融合发展，贯通产加销服、融合农文旅教、联通科工贸金，让农民特别是粮农更好地分享产业增值收益，避免"谁种地谁吃亏"，切实增强粮农参与度和获益能力，并深入把握数字化、网络化、智能化发展趋势，推动乡村新型服务业高质量发展。

（一）培育壮大新型农业经营主体，提高小农户的组织化程度

为了提高农业的劳动生产率，增加农民的收入，我国应继续创新农村土地制度，促进土地流转，适度扩大农地经营规模。一是要加快培育新型农业经营主体。各地可将部分产业发展资金用于扶持那些个人条件相对好、能力相对强的"能人"，让他们先行探索发展当地特色优势产业，努

---

① 成德宁、汪浩、黄杨：《"互联网+农业"背景下我国农业产业链的改造与升级》，《农村经济》2017年第5期。

力成为专业大户、建设家庭农场。通过各类"以奖代补"等方式支持各类新型农业经营主体建立标准化生产基地，发展"公司+基地+农户+标准""合作社+农户+标准"等模式，将小农户纳入产加销一体化经营，实现农业现代化和传统农耕文明传承的有效衔接。二是要支持小农户与各类新型经营主体通过订单式生产、股份合作等形式建立更加紧密的利益联结机制，通过土地股份合作社、土地托管、土地代耕、农业社会化服务等多样化的土地规模经营模式，把"小农户"和"大市场"联系起来。积极探索和深化"资源变股权、资金变股金、农民变股民"的改革，鼓励农户以土地经营权、林权、闲置农房、劳动力等多种形式入股企业，健全农民分享产业链收入的机制设计，切实提升农村和农民的组织化水平。

（二）拓宽农业产业链，提高农业比较收益和竞争力

为了提高农业的比较收益，增加农民的收入，我国当务之急是拓宽农业产业链，促进农业产业组织形式现代化，围绕农业生产发展仓储、冷链、运销配套产业，推动现代化的工业生产、商贸服务、金融保险等与传统种养业紧密结合，贯通"从田间到餐桌"的农业产业链条。通过拓宽农业产业链，既可以提高农业的比较效益和农民的市场地位，也可使农民能够分享农产品加工和销售等非农产业高附加值环节的收益，从而改造传统农业，打造出高效的农业产业体系。

目前发达国家农产品加工业产值与农业总产值之比大约为 3.5：1，而我国仅为 2.3：1。[①] 我国要着力在农村地区延长产业链条，可以以县或地市为单位进行整体规划，建立一批农产品加工技术集成示范基地，构建农产品加工产业集聚区，推进农产品加工向产地下沉，培育集生产、加工、流通于一体的上下游全产业链。要支持农民合作社、家庭农场和中小微企业等发展产地初加工，构建以种养业为基础、农产品加工为重点、商贸物流为引领的乡村产业有机整体。通过财税政策和农资补贴等方式支持各地农业龙头企业、农民合作社、村级供销合作社等新型经营主体发展，加快仓储保鲜冷链物流体系建设，推动产业重点村镇形成集聚程度更高的田头

---

① 《全国乡村产业发展规划（2020—2025 年）》，农业农村部网站，2020 年 7 月 9 日。

市场，更好对接农产品"最初一公里"。通过拓宽农业产业链，大力发展农产品加工业，以工促农，以工补农，让种地农民也能够分享农产品加工、销售等环节的收益，提高农业的比较收益。

此外，我国还可以通过培育特色产业和建设高质量农业产业带，构建打造一批知名农业品牌，提升农业竞争力。各地要把握区域特色，实现错位竞争，立足整个县域，加快农业区域布局调整，优化乡村产业布局，使某种农产品经营活动在特定地区聚集，形成高质量农业产业带。以农村非遗工坊建设为抓手，发展农村非物质文化遗产特色产业。在培育特色产品和建设高质量农业产业带发展的基础上，从体制机制和制度层面激励领导干部对特色农业资源整合、品牌打造、推广宣传等方面工作的重视程度和积极性，培育一批农产品知名商标和老字号企业，培育区域公共农业品牌，塑造全国驰名品牌，支持龙头企业打造国际化农业品牌，鼓励农业企业参加农交会、农博会，创响"珍稀牌""工艺牌""文化牌"等特色产业"金字招牌"。通过打造区域特色名牌产品，实现高价销售，提高农产品的附加价值和竞争力。

（三）推动新一代信息技术与农业深度融合，加快发展智慧农业

我国农产品市场上存在较严重的信息不对称现象，买方缺乏有关农产品的产量、质量、特性等信息，卖方则缺乏农产品的市场行情和价格等方面的信息。这使农产品的供给和需求难以实现有效的匹配，农民在缺乏准确及时的市场信息的情况下"盲目"生产，消费者即便有足够的购买力也难以获得优质的农产品，阻碍了农产品优质优价机制的形成，制约了农业高质量发展的内生动力。随着新的信息技术革命的来临，利用新一代信息技术改造传统农业，推动信息化与农业现代化的深度融合，为解决农业发展中的这些难题提供了新的途径。电子商务可以帮助小农户更好地嵌入农产品的流通和销售流程，减少农产品的流通环节，扩大交易范围，提高交易效率，从而增加农户收入。在农业生产中，利用传感器感知技术和信息通信技术，可以对生产过程和生产环境进行智能化监测与控制，实现科学高效、资源集约生产。提高乡村产业数字化、网络化、智能化发展水平，是新时期振兴乡村产业的重要途径。我国要着力提升农村"新基建"的发

展速度，建设人机协同的空天地一体化数据信息采集体系，建设国家级农业农村大数据收集与应用中心，提高农业生产调度、决策、管理和服务能力，发展农业物联网、智能农业装备等。加快改革农业科技体制，加强各层级数字乡村规划的全面衔接，支持创建农业技术转移机构和服务网络。加快打造一批智慧农业示范样板，推动农业数字化转型与智能化升级。在大力发展农村电商的同时，要着力健全更加畅通、覆盖面更广的农村现代物流网络，完善县（市）、乡、村三级物流体系，促进快递物流末端向农村基层延伸，解决好"最后一公里"配送的难题。加强对现有农民的信息技术培训，使他们了解"互联网+农业"的运作模式与操作方法，使传统种地农民逐步转变为会使用互联网的新农人。

（四）开发农业多种功能，推动农村一、二、三产业融合发展

农业具有为人们提供粮食、棉花、水果、蔬菜以及肉、蛋、奶等物质产品的物质性生产功能，还具有生态、观赏、教育、健身等非物质性功能。随着农业发展水平的不断提高，发掘利用农业非物质生产功能，拓展农业功能成为农业发展的新趋势，也是推动农村一、二、三产业融合发展的基础。要将农业与旅游业结合起来，发展生态农业、观光农业，推动乡村旅游产业发展。要鼓励农民保护好传统村落和乡村文化，保持"乡土味"，防止照抄照搬城市元素对农村生态和乡村风貌造成破坏。要做好整体规划和设计，把农民生活、农村风情、农业特色有机结合起来，开发建设形式多样、特色鲜明、个性突出的乡村旅游产品。要积极探索生态产品价值转化机制，激励农民封山育林，守好绿色"宝库"，让农村环境更加优美、空气更加清新、水源更加洁净，同时让茶叶、中药材、森林等自然资源创造出"绿色产值"，使"绿水青山就是金山银山"成为现实，让农民能够"靠山吃山、靠水吃水"，吃上"生态饭"。还可以依托农村良好的自然环境，瞄准人口老龄化的趋势，适度超前谋划发展乡村养老产业，重点支持各类新型经营主体改善服务设施，大力发展互助式养老服务。

三、如何统筹城乡发展

城镇地区由于人口的集中和生产要素的聚集，可以产生显著的聚集经

济效应，成为创造财富和知识的场所。伴随着工业化的发展，人口和劳动力会不断由农村向城镇地区聚集。在工业化和城镇化过程中，要避免城乡差距扩大、农村衰落，需要统筹城乡发展，建立起"工业反哺农业、城市支持农村"的机制，在城市快速发展的同时，发挥城市带动农村的作用，以实现城乡的平衡发展和城乡居民的共同富裕。有些西方发达国家在现代化过程中，城乡发展比较平衡，关键在于城市与农村之间的良性互动关系：首先是农业进步推动了工业化和城镇化，然后是工业化和城镇化又反过来为农业发展创造广阔的市场，通过工业反哺农业的方式，带动农业农村现代化。推进乡村振兴不能将城乡割裂，而要充分挖掘城乡两种优势、两种资源融合发展的潜力，乡村振兴的成败很大程度上取决于农业农村现代化能否与工业化、城镇化相协调。①

我国在计划经济体制时期，政府曾采取了一系列城市偏向的体制和政策，将农业剩余转移到工业部门，从而造成城乡差距和二元社会经济结构强化。改革开放以来，我国大幅度消除了城乡分割的体制，但城乡要素双向流动的机制还没有形成，城乡之间共享发展利益的机制尚未健全。农业转移人口融入城市的障碍依然较多，城市的资本、技术、人才等现代生产要素也不能顺利地流入农业农村，畅通城乡经济循环还面临许多障碍。这既影响城市的健康发展，也使城市带动乡村发展的功能难以发挥。近年来，城乡之间的差距尽管有所缩小，但依然维持在较高水平。如图 1 所示，1978 年我国城乡居民收入比为 2.57，1983 年曾缩小到 1.82，但在 21 世纪初期扩大到 3 以上，从 2009 年起，我国城乡居民收入比再次呈现下降趋势，但到 2020 年仍然维持在 2.56 的较高水平。

统筹城乡发展，就是要在推进城镇化进程中确保农村不衰落和萧条，城乡发展相得益彰、相辅相成。许多西方经济学家相信在市场机制作用下，存在"滴落效应"，即城市地区的发展利益会自动滴落到周边农村地区和贫困群体身上。但发展实践表明，实现城乡融合发展和平衡发展，不能单单依赖市场这只无形的手，还要充分发挥有为政府的作用，构建城乡发展利益共享的机制。

---

① 武汉大学乡村振兴研究课题组：《脱贫攻坚与乡村振兴战略的有效衔接——来自贵州省的调研》，《中国人口科学》2021 年第 2 期。

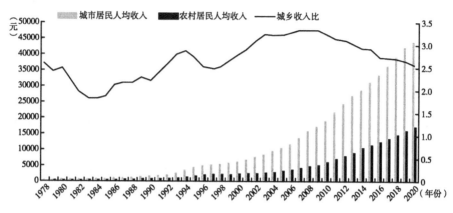

图 1　1978—2020 年我国城乡收入比

资料来源：根据国家统计局公开资料整理。

（一）加快推进以县城为载体的就近城镇化，强化县城和特色小镇的龙头作用

县城是联系城乡的纽带，是扩散城市文明、服务农村地区的关键节点。统筹城乡发展，要推进以县城为载体的就近城镇化，加强县城基础设施建设，提高公共服务水平和质量，增强县城的综合承载能力和引产聚人的能力，壮大县域经济，在当地创造更多有吸引力的就业机会，引导农村剩余劳动力就近转移，让当地人不用远离家乡，在家门口就能就业，实现赚钱、顾家两不误。遵循城镇发展和区域布局的规律，在对人口密度、经济发展基础和城镇格局等情况充分考量的基础上建设不同规模的城市。[①] 县城和特色小镇要用现代小城市标准进行规划、建设和管理，要围绕产业"特而强"、功能"聚而合"、形态"精而美"、文化"特而浓"推进建设"产、城、人、文"有机结合的居住及就业综合体。上级政府可以在分配和调整建设用地指标上进行倾斜，优先保障县城和特色小镇建设用地，市、县财政应通过统筹相关资金，对县城和特色小镇建设给予支持，可以将小镇征收的城市维护建设税、基础设施配套费用于镇区公用事业和基础

---

① 辜胜阻、李华、易善策：《推动县域经济发展的几点新思路》，《经济纵横》2010 年第 2 期。

设施的建设和维护。

（二）加强城乡融合规划，推动城乡基础设施一体化和基本公共服务均等化

我国公共品配置长期存在"重城市、轻农村"、城乡公共品配置失衡的现象，这是制约城乡融合发展和平衡发展的重要因素。在新的发展阶段，我国应进一步转变政府职能，改革公共支出体制，构建"政府保障基本需求，市场提供多样化选择"的公共品供给和配置新机制，并根据城乡人口迁移趋势和分布情况分析城乡的产品潜在需求，因地制宜、适度超前地合理规划并有效供给城乡公共产品，促进公共服务均等化。当然，乡村振兴也不能遍地开花、无序铺摊子和扩规模，要坚持重点发力、以点带面，防止盲目投入和重复建设。要以县域为整体对城乡基础设施进行一体化规划、建设和管护。着力改善农村路网结构，补齐县乡公路短板，推动路面改善提升工程，推动公共服务向农村延伸、社会事业向农村覆盖。要积极推动建立城乡教育联合体和县域医共体，推进城乡教育资源均衡共享，促进优质医疗资源下沉。通过定期举办文化活动等方式，加强优秀传统文化的保护与传承，搭建文化交流平台，在保护和传承中进一步丰富城乡居民文化生活。要创新和完善绩效考评机制，增加城乡公共服务均等化、城乡居民收入均衡化、城乡要素配置合理化以及城乡产业发展融合化等体现城乡协调发展程度的考核指标。各地可以在遵循农村居民的意愿、充分保障搬迁群众合理合法权益的原则下，通过合村并镇区划调整，因势利导对人口、产业进行重新配置，优化行政区划布局。可以选取一批基础条件好、区位优势明显、资源禀赋比较丰富等具备乡村振兴的示范带动能力的重点村，将资源集中向其倾斜，使之能取得较为明显的建设成果，实现"强村"带动"弱村"，以点带面，推动全域乡村振兴。

（三）提高土地出让收益用于农业农村的比重，构建城乡共享发展的机制

改革开放以来，我国工业化和城镇化快速推进，城镇地区聚集了越来越多的人口和产业，投入了大量的资金，创造出巨大的财富，从而带来城

镇土地的迅速增值，农地开发创造出惊人的增值收益。许多地方政府利用土地开发收益，为城市建设提供了巨额资金，而农村和农民却难以分享到土地增值收益。为振兴乡村，促进城乡平衡发展，国家已经明确提出各地要按照"取之于农、主要用之于农"的要求，调整土地出让收益城乡分配格局，稳步提高土地出让收入用于农业农村的比例。各级政府要加强土地出让收支考核监督，防止做大成本性支出，缩减出让收益，强化土地出让收入与一般公共预算支出的统筹管理，提升资金的使用效率。要发挥中央的统筹调剂功能，缓解区域间土地出让收入不平衡、乡村振兴任务不平衡的问题。

（四）畅通城乡经济循环，促进城乡要素双向流动

百年未有之大变局与世纪疫情交织演进，全球发展不确定性因素显著增多。党中央顺应时代变革的大趋势，提出加快构建以国内大循环为主体、国内国际双循环相互促进的新发展格局的战略决策，而畅通城乡经济循环、促进城乡融合发展，是构建国内国际双循环新发展格局的关键一环，也是在新发展阶段促进全体人民共同富裕取得实质性进展的重要途径。为畅通城乡经济循环，促进城乡要素双向流动，我国需要进一步深化改革，构建既有利于农业发展、城乡社会稳定，也有利于城乡要素流动，适应于我国工业化、城镇化和农业现代化发展趋势的新机制。

（1）建立健全城乡统一建设用地市场，进一步盘活土地资源

以适应乡村振兴新形势为目标，深化以产出为导向的土地资源配置制度改革，建立健全城乡土地要素市场化配置机制，加快实现农村集体经营性建设用地和国有土地同等入市、同价同权。完善农村土地征收制度，加快构建农民闲置宅基地和闲置农房政策，将零星分散的存量建设用地进行有效利用和整合。对整体搬迁的农民，要合理盘活其原有农地、林地资源以增加其资产性收入。

（2）建立健全城市工商资本下乡的体制机制，支持城市企业积极参与乡村振兴

城市企业拥有相对较为雄厚的资金和要素资源。引导城市企业投资乡

村发展的重点领域和关键环节，投资农民"办不了、办不好、办了不合算"的产业，让工商资本真正服务乡村发展。鼓励企业充分发挥自身专业优势，牵头建立农业科技联盟、农业科技应用转化中心等，打造产学研用融合平台，推动农业科技研发创新和成果转化应用。鼓励企业架起城市资金、人才、技术要素与乡村资源有效对接的桥梁，拓宽乡村发展的资金渠道，优化土地、劳动力等资源要素的配置效率，促进农业要素结构优化、农业技术进步和产出效率提升。要防止工商资本下乡可能带来的非农化、非粮化倾向，完善动态监管和风险防范机制[1]，防止资本"圈地"和游资炒作，防范下乡企业套取资金以及破坏耕地等问题发生。

（3）畅通金融"活水"，以金融科技赋能乡村产业振兴

加强农村金融基础设施建设，完善物理网点、服务平台等软硬配套体系。营造涉农金融机构与其他商业银行错位竞争环境，促其回归服务农业农村本源。发挥好政策性金融作用，进一步完善农村金融服务相关引导政策和统计口径，完善金融机构内部考核评价机制，引导更多信贷资源投入"三农"。给予金融便民服务网点场地建设补贴、县域农合机构相关税收减免，完善政府、金融机构、企业、农户多方风险分担机制，持续提高农业保险保障水平。健全农业信贷担保体系，充分发挥国有融资担保平台作用，依法合规拓展农业农村抵质押物范围。探索发展农业供应链金融，尽快建立新型农业经营主体信用数据库，构建数字化农村金融综合服务平台，通过减少信息不对称降低信贷门槛和成本，缓解乡村产业融资难题。

四、如何统筹粮食产业的发展与安全

尽管随着工业化、城镇化的发展，农业占 GDP 比重在下降、农业从业人员在减少，但对于一个人口众多的大国而言，粮食的供给是否安全、稳定、充足仍然决定着工业化、城镇化的成败，决定着经济高质量发展的基础是否牢固。未来，我国以粮食为代表的大宗农产品可能面临"总量不

---

[1] 张晓山：《辩证地看待工商资本进入农业问题》，《江苏农村经济》2015 年第 1 期。

足、品种分化"的供求格局①，确保国家粮食安全是当前我国统筹发展与安全的重大问题。

我国是一个人均农业资源严重匮乏的国家，用全球 9% 左右的耕地养活了近 20% 的人口。② 粮食生产和农业发展受到自然资源的严峻约束，我国的粮食供求也一直是一种紧平衡的状态。种粮的比较效益较低，而且呈现种粮成本持续升高、利润不断压缩的趋势，2020 年粮食生产成本每亩约 1119.59 元，相较于 2010 年上涨了 66.5%，利润率从三成左右下降至 4.21%，少数年份还出现净利润为负的状况（见表 4）。虽然我国谷物目前能够实现基本自给，但大豆和玉米等饲料粮的对外依存度仍然高居不下。根据海关总署数据，2021 年中国进口粮食 16453.9 万吨，相当于粮食总产量的 24% 左右，其中大豆进口 9652 万吨，占进口总量的 58.6%，大豆近

表 4   2010—2020 年三种粮食平均成本收益情况

年份	每亩						每 50 公斤主产品		
	总成本				净利润（元）	成本利润率（%）	平均出售价格（元）	总成本（元）	净利润（元）
	小计（元）	物质与服务费用（元）	人工成本（元）	土地成本（元）					
2010	672.67	312.49	226.90	133.28	227.17	33.77	103.78	77.58	26.20
2011	791.16	358.36	283.05	149.75	250.76	31.70	115.42	87.64	27.78
2012	936.42	398.28	371.95	166.19	168.40	17.98	119.86	101.59	18.27
2013	1026.19	415.12	429.71	181.36	72.94	7.11	121.13	113.09	8.04
2014	1068.57	417.88	446.75	203.94	124.78	11.68	124.38	111.37	13.01
2015	1090.04	425.07	447.21	217.76	19.55	1.79	116.23	114.23	2.05
2016	1093.62	429.57	441.78	222.27	-80.28	-7.34	108.39	116.98	-8.59
2017	1081.59	437.18	428.83	215.58	-12.53	-1.16	111.58	112.89	-1.31
2018	1093.77	449.55	419.35	224.87	-85.59	-7.83	109.66	118.97	-9.31
2019	1108.89	462.24	413.40	233.25	-30.53	-2.75	109.44	112.54	-3.10
2020	1119.59	468.01	412.76	238.82	47.14	4.21	122.48	117.53	4.95

① 叶兴庆：《迈向 2035 年的中国乡村：愿景、挑战与策略》，《管理世界》2021 年第 4 期。
② 国务院新闻办公室：《中国的全面小康》，新华网，2021 年 9 月 28 日。

五年平均进口依赖度超过 80%。大豆等一些农产品主要依赖进口的局面短期内难以改善，而且随着居民收入提高，畜产品需求将逐步扩大，保障畜产品安全稳定供给需要保障饲料粮安全。[①] 在全球气候变化和外部形势不确定性、不稳定性明显增加的背景下，我国应始终坚持底线思维，落实好"藏粮于地、藏粮于技"的战略，提高国内粮食生产和供应能力，以国内粮食稳产保供的确定性来应对外部环境的不确定性，真正做到"手中有粮、心中不慌"。

(一) 严守耕地红线，保障播种面积和种粮农民积极性

2019 年中国耕地总面积约为 19.18 亿亩，相比十年前减少了 1.13 亿亩。[②] 必须落实最严格的耕地保护制度，牢牢守住 18 亿亩耕地红线。除了要保障耕地总量，还必须努力实现粮食播种面积、单产和总产稳步增长。进入 21 世纪以来，我国粮食作物播种面积和亩产总体保持递增态势，少数年份有波动性下降。分类别看，谷物播种面积近年持续小幅下降，而对外依存度较高的豆类产品，其播种面积和产量呈现多年连续下降态势，近几年有所回升（见表5）。要着力扩大大豆和油料等油饲用粮的种植面积，因地制宜推广大豆、玉米带状复合种植等增产增效的新农艺。另外，要将管控型政策与激励型政策结合起来，完善高标准基本农田保护长效机制，提升耕地利用集约化水平。要坚决遏制耕地"非农化"、基本农田"非粮化"，全面压实地方各级党委和政府耕地保护责任，做到党政同责，中央要和各地签订耕地保护"军令状"。积极推广"田长制"，由地方主要党政领导担任"田长"，对任区内耕地和永久基本农田的监督管理与保护利用工作负责。耕地占补平衡要量质并重，不能占水田、良田补旱地、荒地，对耕地质量需要改善的要做好经费和技术保障，要保护好、利用好东北黑土地。要利用遥感手段对耕地变化进行动态监测，创新监督管理方式，及时掌握轮作休耕的任务落实情况，助力作物种植情况核查和面积统计分析。

---

① 黄季焜：《国家粮食安全与种业创新》，《社会科学家》2021 年第 8 期。
② 国务院第三次全国国土调查领导小组办公室：《第三次全国国土调查主要数据公报》，新华网，2021 年 8 月 26 日。

表5 2001—2021年全国粮食作物播种面积变化、产量变化和单产变化

年份	粮食作物			谷物		豆类		薯类	
	播种面积（千公顷）	产量（万吨）	亩产（公斤）	播种面积（千公顷）	产量（万吨）	播种面积（千公顷）	产量（万吨）	播种面积（千公顷）	产量（万吨）
2001	106080	45264	356	82596	39648	13268	2053	10217	3563
2002	103891	45706	358	81466	39799	12543	2241	9881	3666
2003	99410	43070	344	76810	37429	12899	2128	9702	3513
2004	101606	46947	405	79350	41157	12799	2232	9457	3558
2005	104278	48402	393	81874	42776	12901	2158	9503	3469
2006	104958	49804	404	84931	45099	12149	2004	7877	2701
2007	105999	50414	411	86388	45963	11708	1709	7902	2742
2008	107545	53434	437	87499	48569	11988	2022	8057	2843
2009	110255	53941	424	90383	49243	11785	1905	8088	2793
2010	111695	55911	424	92621	51197	11053	1872	8021	2843
2011	112980	58849	442	94615	54062	10367	1863	7998	2924
2012	114368	61223	451	97142	56659	9405	1681	7821	2883
2013	115908	63048	445	99288	58650	8893	1542	7727	2855
2014	117455	63965	471	101087	59602	8824	1565	7544	2799
2015	118963	66060	467	103225	61818	8433	1513	7305	2729
2016	119230	66044	457	102702	61667	9287	1651	7241	2726
2017	117989	66161	469	100765	61521	10051	1842	7173	2799
2018	117038	65789	449	99671	61004	10186	1920	7180	2865
2019	116064	66384	482	97847	61370	11075	2132	7142	2883
2020	116768	66949	467	97964	61674	11593	2287	7210	2987

资料来源：国家统计局。

保障粮食安全，光有良田是不够的，非常重要的是要保护和调动种粮农民的积极性。农民种粮的积极性与种粮的收益息息相关。调研发现，产粮大县往往是财政穷县，"粮财倒挂"的现象比较突出。要强化转移支付力度，进一步完善农业补贴政策，打好"价格—保险—补贴"组合拳，同时推进市场导向的价格形成机制和粮食收储制度改革，实现粮食产业的优

质优价，要让农民种粮有钱赚、多得利，让多生产粮食的农民多得补贴。促进三产融合，通过产业链延长、价值链延伸让农民更好地分享粮食产业收益。大力发展各类粮油专业合作组织，探索"龙头企业+专业协会+农户""公司+粮油购销企业+农户"等多种形式的利益联结机制，调动种粮农民积极性，夯实粮食安全基石。

（二）加强农业科技创新，确保种业安全

技术创新是提高农业投入产出水平和劳动生产率，实现绿色发展与高质量发展的根本途径。我国粮食进口中过半是超出国内产需缺口的，高产量、高进口与高库存并存，"过度"进口本质上反映了中国粮食产业国际竞争力不强，应当实现生产、进口和需求的"三元平衡"[1]，必由之路是强化科技创新对现代农业的支撑作用。有研究表明，在价格不变和市场完全开放条件下，我国每增加 1 元的农业科研投入，在 1997—2011 年总和收益可达到 36.2 元；在价格可变和不继续增加市场开放度的条件下，农业科研投资的总收益为 28.6 元。[2]

种筑粮基，目前我国种业创新投入水平离种业强国仍有差距，必须加大对基础研究的投入力度，建立以农业企业的投入为主体、政府部门投入为引领的多元化农业科技投入机制。构建以企业为主体的产学研协同攻关机制，在农业生产关键领域取得一批突破性科研成果。同时，要充分释放数字技术赋能的作用，促进传统育种技术、生物技术和数字技术的融合创新，加速向"种业 4.0"迈进，提高种业创新效率。要围绕优质水稻、优质小麦、玉米、大豆、白羽肉鸡、生猪等核心种源，强化育种研发和传统种业资源保护，促进开发利用，以生产应用为目标制定种业领域创新活动评价标准，强化良种联合攻关，加大知识产权保护力度。推动兼并重组，扶持和培育种业龙头企业，引导企业完善配套服务，加快实现种业科技自立自强和种源自主可控。种业创新要有"大作为"，就一定要有"大企

---

① 朱晶、李天祥、臧星月：《高水平开放下我国粮食安全的非传统挑战及政策转型》，《农业经济问题》2021 年第 1 期。

② 黄季焜、胡瑞法：《中国农业科研投资：效益、利益分配及政策含义》，《中国软科学》2000 年第 9 期。

业"，必须加快打造一批有国际竞争力的种业龙头企业，加快培育航母型领军企业、隐形冠军企业和专业化平台企业。要加快构建"育繁推"一体化的种子产业链，健全商业化育种体系，防范和抵制跨国巨头的粮食霸权。[①] 要强化农业科技的开放式创新，依托粮食贸易开展技术合作。

（三）"人防"与"技防"相结合，确保农产品质量安全

粮食安全不仅是指农产品的供应充足，而且还包括农产品的质量安全。现在我国已经解决温饱问题，进入全面小康的时代，居民从过去要求"吃得饱"转变成要求"吃得好"，对绿色有机的优质农产品需求不断增加。我国也必须优化农产品的供给，生产出更多绿色优质、安全健康的产品。农产品质量安全是"产出来"的，也是"管出来"的。要进一步加强监管体系建设，构建"地方政府负总责，监管部门各负其责，企业负主体责任"的农产品质量安全责任体系，改变监管碎片化现象。要深化机构改革，整合部门职能，利用大数据构建统一平台，改变多部门职能交叉、权责不清的现状，避免监管"真空"和多头重复监管。妥善解决基层农产品质量安全监管在职能划分、机构划转、人员队伍等方面出现的问题，充分重视部分基层监管能力和监管任务不匹配的矛盾，积极构建县、镇、村三级联动、责任明确和奖惩分明的网格化监管新机制，推动监管力量下沉。提升数智化监管水平，改进生产记录全靠手、巡查检查全靠走、隐患排查全靠瞅的传统"人盯人"的监管方式，推行"互联网+"监管模式，统一数据标准，利用物联网、大数据等新技术应用开展智慧监管，使农产品质量全程可溯源，实现有效追溯农药与化肥使用、添加剂使用及检验检疫信息等，将"人防"和"技防"结合起来。调研中有地方反映，网络销售农资、防腐保鲜添加剂使用等监管领域存在灰色地带，应采取有效措施，加强监管。

要强化生产者主体责任，推动"自律"和"他律"有机结合，规范和引导小农户的生产经营行为。要从内在意识和外部激励两端发力，逐步探索农业补贴从主要与数量挂钩转向"量质并重"，鼓励农产品生产者推广

---

① 张亨明、章皓月、朱庆生：《"双循环"新发展格局下我国粮食安全隐忧及其消解方略》，《改革》2021 年第 9 期。

农产品"合格证"制度，采用农业防治、生物防治、物理防治等绿色防治病虫害技术和产品。夯实流通环节的安全责任，加强农产品包装和标识管理要求，推进可追溯管理，压实监督责任。农产品监管与农产品生产主体监管并重，要对规模主体加强检测、执法，并纳入信用管理，形成长效机制。调研发现，有的省份通过督促农产品生产主体在加强自控自检的基础上开具合格证，做到农产品产地带证上市，取得了较好效果，值得推广。

（四）统筹考虑水、土、气农村环境治理，维护农业生态安全

从长远来看，保障粮食安全和农产品质量安全，必须要实现农业生态环境的涵养和保护，防止农业生态系统退化，使农业生产地区的水质、土壤、空气等产地环境要素质量明显提高，田园、草原、森林、湿地、水域生态系统更加稳定。过去，小农户由于对于绿色发展认识不足、信息和资源缺乏，为了谋求在短期内获得高产，对农地进行掠夺性经营，过量使用化肥、农药、塑料薄膜等化学品，或不遵守农药使用安全间隔期，已成为影响农产品质量安全的关键因素。通过绿色订单合同或者协议的契约约束，规范小农户的生产行为，使农户积极主动地将绿色发展理念贯穿农业生产全过程。要加强对小农户的宣传教育，增强绿色发展的意识和内在动力。要建立具有公信力的绿色农业标准体系和认证体系以克服农产品质量的信息不对称问题，同时应不断深化农业补贴制度改革，推动相关农业补贴与农业绿色生产行为相挂钩，加大对农业绿色生产技术的补贴力度，对秸秆还田、粪便资源化利用、生物农药、水肥一体化等技术、产品和设施加大补贴和支持力度，以激励小农户实现绿色标准化生产。政府要加强产地生态环境管理，恢复生物多样性，修复自然生态系统。加强水环境污染监测和监管，推动水环境质量改善。进一步压实耕地土壤污染防治属地责任，减少农业面源污染，探索废旧农膜多元回收利用处置模式；采取有效措施切断向耕地排放污水、污泥、矿渣等工矿业污染源，将土壤改良、提升有机质含量等作为高标准农田建设中的重要建设内容。从大食物观的角度出发，保障粮食安全不仅要向耕地要食物，也要面向整个国土资源开拓和丰富"饮食地图"，充分挖掘食物开发潜力。要积极推进农业供给侧结

构性改革，向江河湖海、森林、微生物等要食物，做到多元化食物开发与生态环境保护并重，充分评估资源环境的承载能力，保障食物资源永续利用。

（本文发表于《财贸经济》2022年第5期。）

—*21*—
乡村振兴背景下返乡入乡
"创业潮" 探究

一、引言

返乡入乡创业是指越来越多的农民工、城市企业家、高等院校毕业生、退役士兵和科技人员等到乡村从事创业活动。返乡入乡创业推动中国从"民工潮"向"回流潮"再向"创业潮"转变。让更多打工者成为创业者，让农民工返乡创业带动就业，进而推动县域城镇化。这是是中国农村劳动力转移形式的升级，也是新发展阶段出现的新现象。国内一些学者对返乡入乡创业的影响因素①②③及其在推动人才回流、促进农村三次产业融合发展、发展县域经济的效应进行了分析④⑤⑥，但现有研究大多偏重逻

---

① 陈文超、陈雯、江立华：《农民工返乡创业的影响因素分析》，《中国人口科学》2014 年第 2 期。

② 程广帅、谭宇：《返乡农民工创业决策影响因素研究》，《中国人口·资源与环境》2013 年第 1 期。

③ 周广肃、谭华清、李力行：《外出务工经历有益于返乡农民工创业吗？》，《经济学（季刊）》2017 年第 2 期。

④ 黄祖辉、宋文豪、叶春辉、胡伟斌：《政府支持农民工返乡创业的县域经济增长效应——基于返乡创业试点政策的考察》，《中国农村经济》2022 年第 1 期。

⑤ 刘祖云、姜姝：《"城归"：乡村振兴中"人的回归"》，《农业经济问题》2019 年第 2 期。

⑥ 王西玉、崔传义、赵阳：《打工与回乡：就业转变和农村发展——关于部分进城民工回乡创业的研究》，《管理世界》2003 年第 7 期。

辑推理，或是对某些特定因素、某种效应的实证检验，鲜有对新时期出现的返乡入乡"创业潮"的系统研究，尤其是缺乏基于实地调研、针对不同区域特征的政策分析。鉴于此，本文选择湖北省作为样本，重点考察枝江市、武汉市黄陂区和黄冈市，分析当前返乡入乡创业的动因、趋势与特征，提出相关建议。

湖北省是中国中部地区的人口大省，长期以来大量农村劳动力外出务工。近年来，湖北省经济增速相对较快，省内发展机会明显增多，越来越多的农村劳动力开始就近就业，跨省流动的比重不断下降。2007 年湖北省农村劳动力省外务工超过 500 万人，占全部外出务工者的 70% 以上；2020年省外务工 600 万人，占全部外出务工者（1100 万人）的 54%，下降 16个百分点。① 2017 年以来，湖北全省开展以"能人回乡""企业兴乡""市民下乡"为主要内容的"三乡工程"，取得显著成效。2020 年，全省累计超过 40 万人返乡入乡创业，并带动 350 万人就业。②

在"三乡工程"的示范带动下，湖北省各地市州在推动返乡入乡创业方面进行了诸多探索。本文重点考察的枝江市、武汉市黄陂区和黄冈市均是湖北省返乡入乡创业活跃地区和示范地区。其中，枝江市位于江汉平原，是返乡创业的国家级试点县（市），常住人口 44.74 万人，城镇化率为 58.5%，2021 年人均 GDP 高达 16.89 万元，是全国人均 GDP 的 2 倍多。③ 2021 年枝江市返乡就业创业 4351 人，比 2020 年的 3987 人增加9.1%，比 2019 年的 3448 人增加 26.2%，其中返乡创业 1154 人，占全市返乡人员（4351 人）的 27%。黄陂区是武汉市郊区，也是湖北省"三乡工程"的发源地和实践首创地，2020 年末全区常住人口 115.16 万，城镇化率为 53.22%，人均 GDP 为 8.81 万元，略高于全国平均水平。④ 黄冈市位于大别山南麓、长江中游北岸，是湖北省农业和劳务输出大市，据统计，全市常住人口近 600 万，其中超半数人口居住在乡村，城镇化率为

① 《湖北农村劳动力省外务工人数超过 500 万人》，中国统计信息网，2008 年 2 月 22 日。
② 《湖北省农业产业化暨农产品加工业发展"十四五"规划》，湖北省农业厅，2021 年 11月 8 日。
③ 《枝江市国民经济和社会发展第十四个五年规划和二〇三五年远景目标纲要》，枝江市人民政府，2022 年 1 月 17 日。
④ 《黄陂区 2020 年国民经济和社会发展统计公报》，黄陂区统计局，2021 年 4 月 20 日。

48.7%，低于全省平均水平，人均 GDP 仅为湖北省平均水平的 50.9%，2020 年外务工人员约为 120 万。上述 3 个地区分别代表大城市郊区、平原地区和山区，处在不同的经济发展水平，具有不同的地貌特征，是反映不同自然环境和经济发展水平地区返乡入乡创业情况的合适样本。

二、新一轮返乡入乡"创业潮"的趋势与动因

返乡入乡创业是激发乡村建设者创新潜力和创造活力，为乡村引入新业态、新动能的重要途径。对于中国近年来兴起的返乡入乡"创业潮"现象，有学者认为这是金融危机后出现的暂时性现象，也有学者认为这是"民工潮"向"创业潮"转变的长期发展趋势。为了准确判断和把握返乡入乡"创业潮"的未来趋势，需要深入分析返乡入乡创业的动因。

（一）返乡入乡"创业潮"的兴起与发展趋势

返乡入乡"创业潮"是在农民工"回流潮"基础上形成的。由于中国农民工大多以临时受雇形式在城市非正式部门就业，工作稳定性较差，当家乡有合适的发展机会，他们就会选择离城返乡。早在 20 世纪 90 年代，一些积累了一定资金和创业能力的外出务工人员开始看好农村农业发展机会，主动返回家乡开展创业活动。进入 21 世纪，中国总体上已经进入"以工促农、以城带乡"的发展阶段，一批掌握了一技之长的农民工随着产业转移向内陆地区转移而回流。2008 年全球金融危机爆发，城市不少中小企业倒闭，许多农民工失去城镇的工作，不得不返回农村，形成了一股"返乡潮"。农民工返乡创业不仅解决了自身的"就业难"问题，还产生了一人创业带动多人就业的"倍增效应"。[1] 随着脱贫攻坚战略和乡村振兴战略的实施，农村基础设施、公共服务以及生产条件、生活环境显著改善，农业农村发展和就业机会显著增加，越来越多的农民工开始返乡创业和就业，出现了新的一轮返乡入乡热潮。

为了促进返乡入乡创业和就业，2015 年 6 月，国务院出台了《关于支

---

[1] 辜胜阻、武兢：《扶持农民工以创业带动就业的对策研究》，《中国人口科学》2009 年第 3 期。

持农民工等人员返乡创业的意见》。2016 年 11 月，国务院出台《关于支持返乡下乡人员创业创新促进农村一二三产业融合发展的意见》，第一次提出"返乡下乡"。2020 年 1 月，国家发展和改革委员会等 19 部门出台了《关于推动返乡入乡创业高质量发展的意见》，为解决制约返乡入乡创业问题，提高返乡入乡创业质量提供政策指引。据农业农村部监测，2015—2021 年，全国返乡入乡创业人数从 450 万人增加至 1120 万人（见图 1）。2017—2019 年返乡入乡创业人数年均增长率约为 7.2%，新冠肺炎疫情发生后，返乡入乡创业者规模加速增长，2019—2021 年年增长率约为 14.9%。随着中国城乡差距的缩小，农业农村的发展空间不断扩大，返乡入乡创业的人数还将持续增长。据《"十四五"农业农村人才队伍建设发展规划》规划，2025 年全国返乡入乡创业人员将超过 1500 万人。

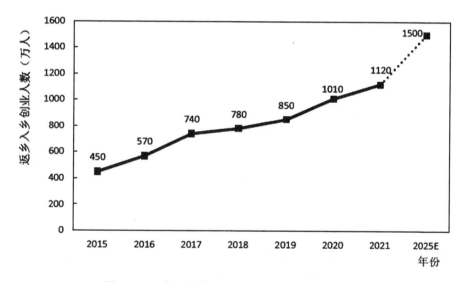

图 1　2015 年以来全国返乡入乡创业人数增长趋势

资料来源：2015—2021 年数据来自农业农村部网站（http：//www.moa.gov.cn/）；2025 年数据为《"十四五"农业农村人才队伍建设发展规划》规划目标。

（二）返乡入乡创业的动因

近年来，中国城乡发展条件正在发生变化，乡村发展机会不断增加，吸引力逐步增强，而城镇生活成本不断提高，竞争压力增大，阻碍城乡要素流动的因素逐渐消除，越来越多的人开始从在外务工经商转变为返乡创业；一批大学毕业生、科技人员和企业家能人也积极入乡创新创业，城乡间人口和劳动力出现双向流动的新趋势。

第一，创业机会日益增加，创业环境不断改善，返乡入乡创业的"拉力"增强。随着新型城镇化和乡村振兴战略的实施，农村地区的基础设施和公共服务投入增加，农村居民收入和生活水平明显提高。仅"十三五"期间全国就新改建农村公路138.8万公里。① 2020年年底，全国农村公路总里程已达438.2万公里，占公路总里程的84.4%；② 全国县级行政区全部接入国家大电网。湖北省在"十三五"期间也实现了农村公路"组组通"，全面完成农村电网改造升级任务，实现4G网络全覆盖。阻碍城乡要素流动的壁垒大幅减少，亿万农民可以在城乡之间双向流动，在农业和非农产业之间自主选择，自由转换。创业者在农村小城镇创业，无论是信息的获取，还是产品的运输和销售，与城市的差距显著缩小。为了推动乡村振兴战略的实施和"大众创业、万众创新"活动的开展，湖北省先后出台了《湖北省"三乡工程"三年行动计划》《全省农民工等人员返乡创业三年行动计划（2018—2020）》等政策措施，为返乡创业搭建创业平台，提供用地、用电、用工、融资等方面的优惠政策，使乡村创业"软环境"得到改善。随着农业产业化、组织化、信息化、乡村生态旅游、休闲农业、生态农业、特色种养业、农产品精深加工业、农村电子商务、信息服务等的发展，越来越多在外务工经商者选择返乡创业，从打工者转变为创业者。

第二，乡村"外引"产业兴旺，返乡入乡创业的"引力"增强。近年来，中国东部沿海地区的劳动力成本和土地成本持续上升，而中西部地区自然资源禀赋丰富，要素价格相对低廉，具备较好的硬件设施和制度环境，本地市场增长潜力较大。③ 东部产业向中西部的转移和劳动力回流导致乡村"外引"的产业兴旺，返乡入乡创业的"引力"增强。许多企业将那些需要大量信息和彼此频繁交流、以创新为基础的产前产后环节继续留

---

① 《我国农村公路总里程超过四百万公里》，中国经济网，2020年10月22日。
② 吴秉泽、王新伟：《我国农村公路总里程超过四百万公里 农村"出行难"成为历史》，《经济日报》2020年10月22日。
③ 孙晓华等：《产业转移、要素集聚与地区经济发展》，《管理世界》2018年第5期。

在大城市聚集发展，而把技术已经标准化、操作程序化的生产制造环节转移到中西部农村地区的县城或小城镇，把企业变成跨区域公司。企业在新的交通运输和信息技术革命背景下将管理职能（办公室）和生产制造（工厂）进行区位分离，推动了产业下乡，为中西部农村地区产业发展创造新的机遇。例如，湖北省枝江市引进总部位于深圳的某光电行业龙头企业，2018—2021年，该企业由产值1000万元增长到3.4亿元，税收由150万元增长到2300多万元。企业员工由最初的150余人增加到1380余人。产业转移带来劳动力的大量回流，为返乡人口创业和就业创造了机遇。乡村创业机会成本低、营商成本低、生活成本低的比较优势凸显。

第三，在流动中提升就业创业技能，积累资本。农民工在流动过程中通过"干中学"积累了就业创业技能。只要有合适的创业环境和条件，就会实现从"进城走他乡"到"创业跨城乡"的转变，把外出的"民工潮"变成引回的"创业潮"。例如，枝江市有过外出务工经商经历的返乡创业者中，32.91%来自珠三角，24.34%来自长三角，11.91%来自京津冀（见表1）。

表1 2021年枝江返乡入乡创业就业者返乡前区域分布情况

指标	珠三角	长三角	京津冀地区	西部地区	其他地区	合计
人数（人）	1432	1059	518	412	930	4351
占比（%）	32.91	24.34	11.91	9.47	21.37	100

资料来源：枝江市人民政府。

第四，城市生活成本提高、就业竞争加剧和城市工作不稳定成为部分劳动力返乡入乡创业的"推力"。中国近3亿农民工虽然实现了非农化，但没有真正实现"市民化"，无法享受与城镇居民同等的公共服务和社会福利，而且他们在城镇就业具有不稳定性。近年来，由于中国城市房价及教育、医疗等费用上涨，农民工在城市的生活成本持续增加，就业竞争加剧，推动部分农民工从城市回流农村。尤其是在新冠肺炎疫情发生后，城市经济受到强烈冲击，农民工就业比较集中的餐饮、酒店等服务业歇业及中小制造企业停产，一部分农民工失去了在城市的工作，不得不返回农村谋求生计。可见，农民工在城市就业的不稳定、社会保障的不可靠、社会网络关系的不健全，成为部分创业者返乡入乡创业的重大"推力"。单纯从收入看，外出务工人员收入高于在枝江市就业人员的收入，但对于外出务工人员而言，外地的创业环境不如本地，生活成本大大高于本地，居住条件也不如本地，特别是在本地可以更好地照顾家庭。这些"非收入"因素成为推动创业者返乡的"作用力"。

三、返乡入乡创业的特征与效应

（一）返乡入乡创业者职业背景多元化，男性占七成以上

目前返乡入乡创业人员中既有返乡农民工、退役士兵等群体，也有大学生、企业家、教授、科技人员等群体，既包括"返乡创业"群体，也有"入乡创业"群体。据人力资源社会保障部相关调研数据显示，返乡创业人员80%为农民工。根据对湖北省枝江市返乡入乡创业者来源构成的调查，枝江市2021年返乡入乡创业的1154人中，返乡农民工660人，占比57.2%；高校毕业生375人，占比32.5%；退伍军人41人，占比3.6%。农民工仍然是返乡入乡创业者最大的来源，而高校毕业生已经成为返乡入乡创业者新的增长点。

枝江市返乡入乡创业者中男性约占70%，远高于返乡人口中男性的占比。45岁以上的创业者为540人，占全部创业者的46.79%。而在全部劳动中，45岁以上的人员占比为37.02%，在全部返乡就业人员中，45岁以上的人员占比仅为18.33%。创业者群体中45岁以上的占比高，表明创业者中较大比例的人员是富有经验的中年人，而在30—40岁的返乡入乡创业者中大部分为独生子女。返乡创业能够就近照顾父母和满足孩子的受教育需求，在资金、技术、管理、人脉和市场资源等方面有一定积累，选择创业道路的条件更加成熟，成功几率更高。与枝江市劳动力人口及返乡人员相比，返乡入乡创业者文化程度较高，其中高中及以上学历的创业者占76.78%（见表2），这也是湖北省乃至全国返乡创业人群的一个缩影。

表2 2021年枝江市返乡创业与就业群体的特征比较

属性	劳动力构成（万人）	占比（%）	返乡就业人数（人）	占比（%）	返乡创业人数（人）	占比（%）
性别						
男性	11.46	51.00	1580	49.42	813	70.45
女性	11.01	49.00	1617	50.58	341	29.55
年龄（岁）						
16—25	2.92	13.00	610	19.08	19	1.65
26—35	5.84	25.99	1223	38.25	304	26.34
36—45	5.39	23.99	778	24.34	291	25.22
46—55	6.17	27.45	427	13.36	367	31.80
56—60	2.15	9.57	159	4.97	173	14.99
受教育程度						
初中及以下	9.55	42.50	995	31.12	268	23.22
高中（中专、中职）	9.17	40.81	1695	53.02	512	44.37
大专	1.38	6.14	151	4.72	227	19.67
本科及以上	2.37	10.55	356	11.14	147	12.64

资料来源：枝江市人民政府。

（二）返乡入乡创业多为较高收入者，绝大部分为个体工商户

外出务工经商收入水平较高且具备企业家精神的"能人"是返乡入乡创业的主力，他们在乡城迁移过程中积累了创业所必备的资源，赚取了创业的"本钱"，能将自身知识、技能、资金有效组合起来进行生产经营，具有较强的创业意愿和能力。枝江市80%的返乡创业者返乡前月收入在4000元以上，枝江市外出务工者这一收入群体比重为70%，而本地务工者这一收入群体比重只有43%（见表3）。

表3 2021年枝江市劳动力收入情况

	月收入			
	3000元以下	3000—4000元	4000—6000元	6000元以上
市内务工				
人数（万人）	1.24	3.16	2.19	1.12

	月收入			
	3000 元以下	3000—4000 元	4000—6000 元	6000 元以上
占比（%）	16.08	40.99	28.40	14.53
市外务工				
人数（万人）	0.52	1.45	2.35	2.32
占比（%）	7.83	21.84	35.39	34.94
创业者返乡前				
人数（人）	94	136	486	438
占比（%）	8.15	11.79	42.11	37.95

资料来源：枝江市人民政府。

返乡入乡创业者主要从事非农产业，且主要集中在资金、技术一次性投入不高、进入门槛较低的行业。不少返乡入乡创业者通过推动三次产业融合，延长了农业产业链条。调研发现，湖北返乡入乡创业项目大多利用本地资源禀赋，立足特色种植、养殖业，并与农产品深加工、生态旅游结合，积极培育乡村旅游、生态农业、文化创意等业态。武汉市返乡入乡创业者从事第一产业的占25.8%，从事第二产业占34.8%，从事第三产业的占39.4%；黄冈市黄梅县某返乡创业企业以生态大米为原料进行深度开发，研制出特色米奶、米酒等大米衍生产品，一亩田的收益是普通稻田的3—5倍。黄冈市能人回乡"千人计划"投资项目中，加工业为主项目占32.84%，其中，农产品加工占比40.55%，工业占比59.45%；服务业为主项目占19.1%。

目前，返乡入乡创业是由主动创业者引导的，更多采取的经营模式以个体工商户为主。例如，枝江市96.9%的返乡入乡创业者是个体工商户，2.3%创办的是有限责任公司，仅有0.8%创办的是农业合作社。

（三）返乡入乡创业者利用互联网从事电商行业创业活跃

"互联网+农业"有助于解决农产品销售过程中的信息不对称问题，帮助农户获得及时的市场信息，增强农户在市场中的谈判能力，农村电子商务成为返乡入乡创新创业的重要载体。有的创业者通过电商平台销售特色农产品，有的创业者配合国家数字乡村发展战略，兴办县域电商服务中心、镇村电商物流服务站等，实现农产品流通线上线下有机结合。商务部数据显示，2014—2021年，全国农村网络零售额从0.18万亿元增加至2.05万亿元，农村网店数量从163万家增加至1632万家。阿里研究院的数据显示，2009年，全国只有3个淘宝村，2018年增加到3202个，2021年达7023个。2014年全国仅有19个淘宝镇，2021年增加为2171个淘宝镇。①

近年来，电子商务创业成为湖北省乡村产业发展的新亮点。枝江市将"新电商"产业作为全市支柱性产业进行扶持培育，吸引年轻人返乡入乡创业，探索电商创业的"枝江模式"。另外，"特色优质农产品+电子商务"也为返乡入乡创业者提供了发展空间。湖北宜昌秭归县地处三峡库区，由于信息闭塞和交通运输条件的限制，脐橙销售难的问题一直没有得到解决。近年来，一批年轻人利用互联网，依托脐橙等特色农产品返乡入乡创业，推动了地方特色优势产业的发展。例如，秭归县目前有电商企业1620家，在电商平台开设网店3300家，不仅带动了全县5万多户种植户增收，还促进了加工、包装、物流运输、旅游等相关产业的发展，带动25000多人就业，网上销售脐橙成为当地农民致富的主导产业。② 许多创业者从耕作者转变为网络直播者。2020年，全国返乡入乡创业项目中有55%运用数字技术。许多创业者开办了网店，开展直播直销、云视频、无接触配送等，打造出"网红产品"。③

（四）返乡入乡者开展乡村旅游项目、三次产业融合的创业日益增加

许多返乡入乡创业者依托农村特色资源，扩展农业功能，在农产品生产、加工、流通、收储、贸易、消费等产业链，找到适合创业的项目，培育出现代种养业、农产品加工流通业、乡村休闲旅游业、乡村新型服务业等农村新产业、新业态。例如，潜江返乡入乡创业人员利用当地"中国小龙虾之乡"和"中国虾稻之乡"的品牌优势，将单一的农业产业进行延

---

① 《2021年淘宝村名单出炉　全国淘宝村数量已突破7000》，阿里研究院，2021年10月12日。
② 《湖北秭归：电商产业"加速跑"经济发展新动能》，人民网，2020年6月30日。
③ 《去年返乡入乡创业创新人员超千万》，中国政府网，2021年3月25日。

伸，吸引数千人返乡依托虾稻特色农产品种养、冷链物流、加工出口、电子商务、餐饮旅游等小龙虾产业链创业就业，打造小龙虾优势特色产业集群。据统计，2020 年，潜江市小龙虾产业从业人员逾 20 万人，全市近 20% 的常住人口参与。

农业除了提供粮食、棉花、水果、蔬菜、肉、蛋、奶等物质产品外，还具有生态、观光、教育等非物质性功能。乡村也兼有生产、生活、生态以及文化等多重功能，是具有自然、社会、经济特征的地域综合体。随着居民收入水平的提高，消费升级，拓展农业和乡村功能，将农业与旅游业结合起来，发展休闲农业、乡村旅游的前景广阔。引导返乡入乡创业者将自然生态优势转化为经济发展优势，是返乡入乡创业的重要方向。例如，黄冈市罗田县某返乡创业企业发展乡村旅游，在景区成立"乡村工匠学校"，吸引各种专业技术人才、能工巧匠展示手工艺术、制作旅游产品、开展民俗活动，为当地旅游注入了本土乡土文化内涵，促进农旅文养教融合发展。武汉市黄陂区结合"三乡工程"，吸引能人回乡，按照农村生产生活生态"三生同步""三产融合"，农业文化旅游"三位一体"的标准创建田园综合体，形成新的消费热点，促进三次产业融合发展，提升农业产业附加值，实现了生态效益和经济效益的统一。

（五）返乡入乡创业带动城市资本下乡和企业兴乡的效应显著

返乡入乡创业人员大多有在城市和农村工作和生活的经历，既具有现代的观念，也有对农村的了解，是联结城乡的"纽带"。地缘优势、亲缘优势和近似的文化生活习俗使返乡入乡创业群体更容易在县域内争取到劳动力、土地等优质资源，从而带动资本等其他创业要素的集聚。[①] 返乡入乡创业推动了工商资本和农村资源的结合，加速了生产要素在城乡之间的双向流动。例如，武汉市的一家建筑公司迁到创始人的家乡，成立旅游发展公司，大力开发农村空闲农房，通过合作社平台向外招租，引导社会资本参与乡村旅游开发建设。2014 年以来，该公司累计投入资金 5 亿元，吸引众多个体商户入驻，2018 年吸引游客近 70 余万人次，实现综合收入 1.2

---

① 孙武军等：《外出创业经历能提升返乡创业企业的经营绩效吗？——基于 2139 家返乡创业企业的调查数据》，《统计研究》2021 年第 6 期。

亿元，带动周边 1100 余名村民创业就业。2018 年至 2021 年 11 月，黄冈市能人回乡创业项目累计 4471 个，协议投资额累计 2914.33 亿元，开工项目 4217 个，实际完成投资额累计 800.41 亿元（见表4）。另外，通城县"回归老板"数以千计，回归创业资金达 160 亿元以上，兴办各类小微企业、实体 7300 多家，相关从业人员 2 万多人，返乡入乡创业企业在园区落户的占 55%。① 返乡入乡创业者成为带动资本下乡、推动城乡要素双向流动的先行者。

表4 2018—2021 年黄冈市能人回乡创业"千人计划"项目情况

年份	全市签约项目（个）	协议投资额（亿元）	动工建设项目（个）	实际完成金额（亿元）
2018	1314	1115.23	1214	253.04
2019	1165	797.26	1100	231.87
2020	1132	800.04	1067	187.95
2021	1016	525.54	984	127.55

注：2021 年数据统计截至 11 月底。
资料来源：黄冈市人民政府。

四、因势利导推进返乡入乡"创业潮"的思考与对策

返乡入乡创业要可持续发展，形成新一轮"创业潮"，除了要提高创业者的技能、激发创业精神、壮大创业者群体之外，还需要各级政府顺应返乡入乡创业的新趋势和新特点，制定合适的扶持政策，营造有利的创业环境和创业生态，降低创业的风险和成本，让更多的务工者转变成创业者。

（一）畅通城乡人才双向流动的渠道，围绕三次产业融合发展开展创业

目前，吸引本地在外能人返乡创业是破解乡村人才"瓶颈"、推动返乡入乡"创业潮"最现实的选择。各级政府要构建物质激励与精神激励相结合的创业激励机制，如减免税收、提供贷款、赋予荣誉称号等吸引本地

① 《湖北通城"乡情招商"掀起回归创业潮》，人民网，2015 年 7 月 10 日。

在外能人返乡创业。尤其要利用亲情和乡土文化，通过建立在外成功人士信息库、培育乡贤文化的多种方式，加强与本地在外企业家能人、能工巧匠等各类群体的日常联系和交流，让各类能人愿意回、留得住、发展好。各地政府要根据返乡农民工的不同需求、创业阶段差异和地域经济特色等，开展内容丰富、针对性强的创业培训、孵化。要扶持创业培训机构将创业培训延伸到农村，组建专业化的创业导师队伍，建立农村创业孵化机构，实施培训、孵化、服务"一条龙"帮扶。鼓励农业科研单位、农业高等和中等院校、农业推广和中介服务机构及农业产业化龙头企业建立创业培训实习基地与现代农业示范基地，为返乡入乡创业人员提供创业实训、咨询服务等，发挥返乡入乡创业成功企业的示范作用，让更多农民工在实训中掌握实用技能，找准创业项目，减少创业风险，从务工者转变成创业者。

国家应出台政策措施，进一步消除城乡人才流动的壁垒，畅通人才返乡入乡的渠道。一是创新农村专业技术人才评价机制，改革职称评定和职务聘任制度，适当放宽在基层一线工作的专业技术人才职称评审条件，并在工资待遇方面实行倾斜政策。二是落实好选调生和"三支一扶"（大学生支教、支农、支医和扶贫工作）等政策，鼓励和引导广大高校毕业生扎根基层一线。三是创新引进和使用人才机制，建立健全专业技术人员到乡村兼职和离岗创业制度，鼓励城市离退休专业技术人才和管理人才到农村服务于乡村创业创新。

目前中国农业产业链的利润率呈现"中间低、两头高"的特点，农产品种植环节往往处于无利可图的境地。为解决农业种植业比较收益低的问题，有必要把农业产业链不断向产业链前端和后端延伸，构建出一条完整的农业产业链，并要求把以农业农村资源为依托的第二、第三产业和农业产业链的增值收益尽量留在农村。

（二）加大财政与金融支持力度，创新农村土地管理制度，增加返乡入乡创业资源投入

目前绝大部分下乡的工商企业在发展中面临融资难、用工难、用地难等"多难"问题，需要政府从财税、金融、土地等政策方面入手，加大扶持力度，增加创业资源的供给，解决返乡入乡创业者在创办企业中面临的资金、用工、用地等资源约束问题。一是开发适合返乡入乡创业项目需求的金融产品和服务，打造多样化、差异化的乡村金融产品和服务体系。不同的投资者与融资者对金融服务需求具有异质性特征，农村创业企业贷款需求具有"小、急、频"的特点，正规金融机构对农村创业企业发放贷款的积极性不高。为解决返乡入乡创业的融资难题，应加快发展中小金融机构和小额贷款公司等机构，创新产品和服务模式，在贷款利率、额度和期限等方面给予返乡入乡创业者信贷支持。支持农业供应链金融发展，根据新型农业经营主体的融资需求，鼓励发展"一次授信、随借随还、循环使用"的小额信贷模式。支持金融机构简化贷款的审批流程，适当地延长还款的期限，增加农户贷款的可得性。支持民间资本设立专门支持乡村创新创业的创投基金、小企业投资公司。二是加大财税政策支持力度，降低创业成本。对不同行业、不同阶段的返乡入乡创业项目制定差异化的税收优惠政策和行政收费减免政策。支持成立返乡入乡创业专项资金，为返乡入乡创业企业提供专项创业补贴、用水用电补贴、场租补贴等，对返乡入乡创业人员引进项目、资金和技术的给予奖励。三是创新农村土地管理制度，解决好返乡入乡创业用地问题。中国已经完成了以"落实集体所有权、稳定农户承包权、放活土地经营权"为主要内容的新一轮农村土地三权分置改革，进行了农村土地确权，为土地流转、消除返乡入乡创业用地障碍创造了条件。各地要在新一轮农村土地改革的基础上，进一步创新农村土地管理制度，加快建立城乡统一的建设用地市场，盘活土地资源，扶持返乡入乡创业。一是要鼓励返乡入乡人员依法以入股、合作、租赁等形式使用农村集体土地发展农业产业，依法使用农村建设用地开展创业。二是要在年度建设用地指标中增加用于建设农业配套辅助设施的指标。三是支持返乡入乡创业者利用自有或闲置农房发展农家乐、乡村旅游等。四是进一步探索土地经营权融资和应收账款质押融资等抵押、质押融资模式，有效盘活农村资源、资金和资产。

（三）搭建返乡入乡创业园等创业平台，营造返乡入乡创业生态系统

创业和自然生物一样离不开生态系统，创业生态包含创业主体、资源要素、制度安排、营商环境和创业文化等要件，人才、资本、技术、市场是创业生态的关键要素。优化创业环境，打造创业企业的栖息地，营造良好创业生态是提振创业者信心、推动返乡入乡"创业潮"的重要举措。打造返乡入乡创业生态，不仅要降低返乡入乡创业者的风险，而且要为农村引入新技术、新业态和新动能，推动创业高质量发展。各地政府要强化服务意识，为返乡入乡创业者精准服务，着力改善营商环境。一是深化农村"资源变资产、资金变股金、农民变股东"的改革。完善"订单收购+分红""农民入股+保底收益+按股分红"等利益联结模式，鼓励农户以土地经营权、林权、闲置农房入股创业企业等多种形式参与合作创业。这既有利于解决返乡入乡创业用地问题，又能发挥创业企业联农带农效应，带动农户增收，从而强化当地农户对返乡入乡创业企业的认同和支持，减少返乡入乡创业的风险。成立由政府有关职能部门、企业界成功人士、专业技术人员及社会各界专家组成的指导团，为创业者提供个性化、精细化和专业化的政策服务、资金服务、法律服务、指导服务和后续扶持等方面的跟踪服务，协助解决创业中遇到的现实问题，提高创业成功率。二是积极搭建创业平台，打造功能完备、环境优良的返乡入乡创业园。政府可以依托现有各类合规的开发园区、农业产业园，进一步完善园区配套设施，改造提升一批乡情浓厚、产业集中、营商环境良好的产业园，将分散的创业者及小企业聚集到园区发展，有利于共享创业信息、创业资源，加强创业者与政府部门、金融机构及产业链上下游相关者之间的联系，拓宽返乡入乡创业者的资源网络。三是继续深化"放管服"改革，营造公平有序竞争的营商环境。进一步精简创业项目立项、审批等手续，为返乡入乡创业者就近就地提供一站式服务，降低市场准入门槛和制度性交易成本。各级政府要在生存型创业者积累了一定的创业经验和资源之后，引导他们突破单纯依靠自我积累，突破封闭、非正式组织获取创业资源的局限，鼓励他们依托市场获取更多优质创业资源，积极融入创业成功者和成功企业的网络之中，在更高的起点上进行"二次创业"。

(本文发表于《中国人口科学》2022年第4期。)

—— 22 ——
电商创业就业与
乡村振兴带动效应探究

随着新一轮信息技术革命的到来，以互联网、大数据、物联网、云计算为代表的新一代信息技术正在彻底改变人们的生活方式和生产方式，把人类带入信息化、数字化和智能化的时代。应用信息技术改造传统农业，加快互联网、物联网和智能装备在农业产前、产中、产后各环节的应用，已成为当前我国推进农村信息化、数字化乃至现代化的重要途径。电子商务（以下简称电商）作为数字经济中最活跃的部分，也成为各地促进乡村振兴的新方式。近年来，枝江市大力营造大众创业、万众创新的浓厚氛围，积极引导和支持各类人员开展电商创业，电商产业蓬勃发展，为农业发展和乡村振兴注入新的动能，取得了显著成效，形成电商创业带动就业、进而推动乡村振兴的"枝江模式"。"枝江模式"为中部地区探索通过返乡创业形成电商集群，并通过电商创业带动就业、推动乡村振兴提供了重要的借鉴和启示。

一、农村电商创业与发展的"枝江模式"

农村电商蓬勃发展为返乡创业提供了新的载体，也成为农民增收就业的重要渠道。近年来，地处我国中部地区的湖北省枝江市以创建"全国第二批支持农民工等人员返乡创业试点市"为契机，把发展电商作为吸引年轻人返乡创业的重要抓手，着力打造电商聚集发展的生态系统，形成电商创业活跃、电商产业蓬勃发展、当地农民就业增收效果明显的"枝江模式"。

（一）农村电商的发展

电子商务是通过互联网进行的商业交易活动。它在虚拟空间将广大顾客、销售商、供应商联系在一起，实现了交易活动的电子化、网络化、数字化。电商以网店代替实体店铺进行交易，突破了实体市场在时间和空间上的限制，可以减少交易费用和经营成本，是对传统商务模式的一次根本性革新。[①]"十三五"以来，随着农村地区互联网的普及以及交通、物流等基础设施的完善，我国农村电商实现了跨越式发展。《中国电子商务报告（2020）》显示，全国农村网络零售总额由 2016 年的 8945.4 亿元增长到 2020 年的 17945.9 亿元，年均增长率达到 19.01%。在 2020 年新冠疫情爆发后，全国农村网络零售仍然保持了平稳增长势头。2021 年我国农村网商网店数量超过 1632 万家，农村网络零售达 20500 亿元，同比增长 14.23%（见图 1）。

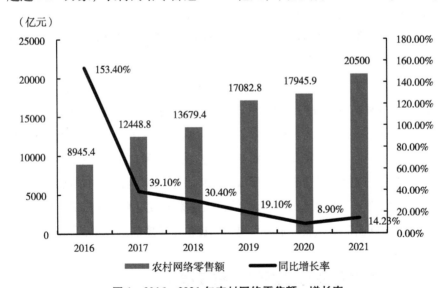

图 1　2016—2021 年农村网络零售额、增长率

资料来源：《中国电子商务报告（2020）》，商务部网站，见 http://dzsws. mofcom. gov. cn/article/ztxx/ndbg/202109/20210903199156. shtml，2021-09-15。

---

① 李晓东：《电子商务——21 世纪全球商务主导模式》，《国际贸易问题》2000 年第 3 期。

2020 年全国电商扶贫累计带动 771 万农民就地创业就业，农村电商在带动农民就业创业和增收致富等方面发挥了重要作用。应用互联网开展创业，发展农村电商，是新的信息技术革命背景下农村发展中出现的新事物，是新发展阶段推动乡村振兴的重要抓手。据农业农村部统计，2020 年返乡入乡创业创新人员达 1010 万，比 2019 年增加 160 多万。返乡入乡创业项目中 60% 以上具有创新因素，85% 以上的项目属于一二三产业融合类型，55% 运用"互联网+"等新模式。[①]

（二）电商创业带动就业的"枝江模式"

湖北省枝江市是我国中部地区的一个农业大市，拥有"十大优质农产品基地""全国产粮大县""湖北省水产大县"等称号。近年来坚持以"政府引导、市场主导"，积极扶持电商创业活动，营造浓厚的创业氛围和良好的创业生态系统，以创业带动就业，探索出一条电商产业蓬勃发展、电商促进乡村振兴的新路径。枝江市借助交通区位优势显著、资源禀赋和产业基础较好的比较优势，把发展电商作为吸引年轻人返乡创业的重要抓手，将电商产业作为全市的支柱型产业进行扶持，形成电商聚集发展的生态，并鼓励电商平台与鲜活农产品种养殖基地对接，推动电商与乡村产业的全产业链深度融合，培育出农产品区域公共品牌，打造出一批农村特色产业，为乡村振兴注入了新动能。截至 2022 年 4 月，枝江全市共发展电商企业 1200 多家，电商网店 9100 家，从业人员 2.4 万余人，其中返乡人员 4000 余人。[②] 据有关方面统计，2021 年全市电子商务交易总额达 120.6 亿元，网络零售额 25.2 亿元，其中农产品网络零售额 13.9 亿元。目前枝江市已建成 4 个淘宝镇、22 个淘宝村，成为湖北省唯一"全国淘宝村百强县（市）"，也是全国返乡创业试点市、国家电子商务进农村综合示范市、全国"互联网+"农产品出村进城工程试点县（市），创造出电商创业与发展的"枝江模式"。"枝江模式"引起政府相关部门和学界的关注。国家发改委在 2021 年印发的《关于推广支持农民工等人员返乡创业试点经验的通知》中曾将返乡电商创业的"枝江模式"作为引导返乡农民工等人员开

---

① 《乡村产业保持良好发展态势》，中华人民共和国农业农村部网站，2020 年 12 月 29 日。

② 《枝江电商硬实力和软实力"双提升"》，枝江市人民政府网站，2020 年 9 月 1 日。

展电商创业的典型进行了推广，指出枝江市"以扶持返乡人员电商创业为抓手，通过安排专项扶持资金、建设电商孵化器、开展电商培训、推进返乡电商创业试点等举措，强化政策支持，形成了返乡电商创业的'枝江模式'"。也有一些学者从"交通便利、特色产品、政府赋能、企业集聚和人才返乡"等方面对电商发展的"枝江模式"进行过探讨和经验总结。①

二、"枝江模式"的形成机理与带动效应

枝江市电商产业从无到有，由小到大，发展出若干有活力的电商集群，其成功之道在于有为政府和有效市场协同发力，政府为电商创业提供强有力的支持，同时不扭曲和弱化市场在资源配置中的决定性作用。枝江市位于鄂渝湘交界处，经济发展水平较高，产业基础较好，具备临铁、临空、临港、临江的区位交通优势。近年来枝江市积极为创业者提供创业就业培训服务，优化硬环境和软环境，吸引各类能人返乡创业，并分类施策拓宽创业融资渠道、降低创业门槛，打造出设施完善、机制健全、要素融通、主体协同、环境友好的电商创业与发展的生态系统。活跃的电商创业活动和电商产业的蓬勃发展使许多新产业新业态持续涌现，推动了农业产业链延长、价值链提升，在当地形成了一批特色产业集群，促进了经济发展，为当地公共服务和基础设施的改善奠定了良好的基础，从而显著增强了当地的就业吸纳能力和人才吸引力，为人口就地就近城镇化创造了条件。人才及人力资源供给的增加反过来又为产业发展壮大注入了强劲动力。电商创业与发展使当地的要素集聚、产业发展、城乡建设、居民生活进入良性循环。枝江市电商创业带动就业、促进乡村振兴的机理和效应主要体现在以下六个方面。

（一）因势利导推进返乡入乡创业潮，吸引了各类能人返乡创业，以人才流带动资金流和信息流，充分发挥创业"领头羊"的示范带动效应。

"枝江模式"的最大特点是积极引导各类能人返乡入乡创业，发挥他

---

① 杨赛迪、汪普庆、周德翼：《基于"枝江模式"探析中国淘宝村转型与发展之路》，《经济界》2021 年第 2 期。

们在电商创业就业中的"领头羊"示范效应。近年来，农村发展条件不断改善，发展机会不断增加，越来越多的外出人口开始返乡创业。许多打工者正在变成为创业者，"民工潮"正在向"回流潮"再向"创业潮"转变①。基于互联网与传统产业深度融合的电商创业是返乡创业最活跃的领域之一。枝江市顺应返乡创业的趋势，出台了"枝江人才新政"，开展了"资智兴枝"系列活动，吸引大学生、农民工、科技人员、企业家等各类乡贤能人返乡创业，产生了一批从事电商创业的"新农人"。2020 年，枝江市成为湖北省 7 个百强县市中唯一的人口净流入县市。枝江市政府还在每年的元旦、春节等外出人员返乡的重要时间节点，主动收集返乡人员信息，建立人才信息库，有针对性地出台优惠政策，搭建对接平台，千方百计吸引他们返乡创业。对入选宜昌市产业领军人才"双百"计划的，最高可获得 1000 万元资助；对新来枝江就业创业人才提供生活和购房补贴、创业贷款等系列优惠政策。凡是在枝江初始返乡创业人员带动就业 3 人以上的，发放 5000 元的一次性创业补贴；对新引进各类人才，从中专到博士按学历每年分别给予 0.6 万元到 30 万元的生活补贴；对新引进毕业 5 年内在枝江首次就业（含返乡创业）的中专及以上学历人才，3 年内购买首套新建商品住房按学历分别给予 2 万元到 15 万元的购房补贴。除了对人才实施经济激励之外，枝江市还给予各种类型的优秀人才相应的社会荣誉和政治待遇，选拔一批创业带头人成为宜昌、枝江两级人大代表、政协委员，一批返乡能人也被纳入村级后备干部予以培养。

能人"领头羊"的示范作用增强了潜在创业者开展创业的信心，也激发了他们的创新创业动力和活力，形成一轮创新创业的热潮。枝江市 2021 年返乡从事电商创业共有 458 人，包括大学生、农民工、退役军人、科技人员等。其中高校毕业生 178 人，占比 38.76%；男性 320 人，女性 138 人，男女性别比为 7∶3；年龄均在 55 周岁及以下，26—45 岁的人员为 444 人，占比达到 96.95%。在枝江市返乡电商创业者中，高中及以上受教育水平者占 94.98%；返乡创业前在长三角、珠三角、京津冀三大城市圈的就业的共 303 人，占比为 66.16%；返乡创业前月收入在 4000 元以上的

---

① 武汉大学国家发展战略智库课题组：《乡村振兴背景下返乡入乡"创业潮"探究——基于湖北省的调查》，《中国人口科学》2022 年第 4 期。

有 193 人，占比为 42.14%（见表 1）。返乡电商创业者的构成和特征表明，枝江市返乡开展电商创业的主要是学历较高、年富力强、以男性为主的劳动者，他们绝大多数有过在沿海发达地区务工经商的经历，积累了一定的资本和技能，能较快接受电商等新事物。表 1 表明，枝江市 2/3 的创业者有过在珠三角、长三角和京津冀等沿海发达地区就业的经历。这些返乡创业者不仅从发达地区带来了资金、信息和技术，也带来敢于冒险、宽容失败的创业文化，激发了当地人的创业意愿和企业家精神。这些电商创业者将互联网等信息技术与传统农业相结合，不断延伸农业产业链，拓展农业功能，不断创造出新业态、新模式，为农民增收创造了空间，为乡村振兴注入了新动能。有的返乡创业者通过各类电商平台拓展农特产品销售途径，有的返乡创业者围绕农村电商服务性环节开展创业活动，如承接本地的电商快递服务。[①] 这些电商创业者通过示范效应带动更多人开展创新创业；或通过创业带动相关产业发展壮大和就业机会增加，使当地产业分工协作趋于深化，产业体系更加完善，为振兴乡村奠定了坚实的产业基础。

表 1　枝江市 2021 年返乡电商创业者特征

	返乡电商创业人数（人）	占比（%）
受教育程度		
初中及以下	23	5.02
高中（中专、中职）	257	56.11
大专	93	20.31
本科及以上	85	18.56
年龄结构		
16—25 岁	5	1.09
26—35 岁	213	46.51
36—45 岁	231	50.44
46—55 岁	9	1.97
55—60 岁	0	0
返乡前月收入水平		
3000 以下	69	15.07

---

① 檀学文、胡拥军、伍振军等：《农民工等人员返乡创业形式》，《改革》2016 年第 11 期。

续表

	返乡电商创业人数（人）	占比（%）
3000—4000	196	42.79
4000—6000	162	35.37
6000 以上	31	6.77
返乡前区域分布		
珠三角	147	32.10
长三角	115	25.11
京津冀	41	8.95
中西部	23	5.02
其他	132	28.82
返乡前就业状态		
企业就业	360	78.60
创业企业家	1	0.22
自主创业	24	5.24
灵活就业	73	15.94
合计	458	100

资料来源：枝江市人民政府。

（二）优化职业技能培训，着力培养电商人才，以创业带动就业，培育出众多就业新形态

电商运营涉及设计研发、运营、生产、仓管、物流、营销、客服等多环节，需要技术、管理、营销等各类人才。当前，电商行业的技术和商业模式更新迭代快，新思维、新技术、新形态不断涌现，需要电商创业者和从业者具有较强的学习能力和创新能力。枝江市高度重视创业培训和职业技能培训，着力培育本土电商人才，解决就业岗位与劳动力技能不匹配的问题，以更充分发挥电商创业带动就业的效应。

枝江市定期召开专门会议部署职业培训具体措施，投入培训补贴，结合新型职业农民、农村实用人才、职业技能等培训计划。在培训内容上，始终强调针对性和实效性，着重对农户、农村合作社成员开展电商平台使用、农资网上经营策略等培训，提高他们应用数字技术和互联网开展生产

经营活动的能力。在培训对象上，主要通过摸排走访、数据比对、定向宣传等方式，精准梳理创业人员、失业人员、返乡农民工等重点培训对象的信息，建立培训人员信息库，了解他们的培训需求，分层分类组织开展"职业技能提升专项行动"等培训活动。自 2017 年以来，枝江市共拨付创业培训补贴 453.26 万元，培训了 5500 余名有创业意愿的人员，其中返乡创业人员 1600 余人。枝江市还依托国家电商进农村项目，开展千人网红培训，培养了一批网络主播。枝江市先后与华中科技大学、湖北工业大学、三峡大学签订校地合作协议，加大与本地重点企业、招商引资企业的对接力度，实施培训订单服务；在宜昌市第二技工学院成立创业学院，开设特色培训项目。在培训方式上，枝江市抓住元旦、春节等外出人员返乡的重要时间节点，针对不同人群因材施教，紧盯创业需求和就业需求因需施教，还创新线上线下相结合的培训模式，使一批电商学习者转变为创业者，为电商产业发展提供了优质的人力资源。

就业是民生之本，创业是就业之源，农村电商创业为枝江市注入了新业态、新动能，也拓展了当地就业机会。随着电商企业的聚集和发展壮大，直接创造出网店客服、营销推广专员、打包发货专员等岗位，这些就业机会具有多样、灵活、就近等特征，带动了当地就业机会和农民收入增加。据调研，枝江市仅从事鞋类产品销售的网店就有 3000 余家，日销售鞋类产品 10000 多双，吸纳枝江本地及周边地区创业人员 2000 余人，形成了国内最大的鞋类产品网上市场之一。同时，电商发展还会带动上下游相关产业的扩张，产生"一人创业成功，带动一群人就业"的乘数效应。①②2020 年常住人口不到 50 万的枝江市，电商行业从业人员达到 2.4 万余人，平均每 20 人中就有一人做电商。③

电商创业与发展不仅增强了传统岗位的就业吸纳能力，还创造出互联网营销师、电商主播等 20 余种新型就业形态。尽管这些新型职业农民虽然仍在乡镇或县城从事农产品生产和销售，但手机变成了他们的新农具，数

---

① 辜胜阻、武兢：《扶持农民工以创业带动就业的对策研究》，《中国人口科学》2009 年第 3 期。
② 辜胜阻、李睿：《以互联网创业引领新型城镇化》，《中国软科学》2016 年第 1 期。
③ 雷巍巍、黄丹梅、姚红：《电商产业如火如荼，枝江每二十人有一人做电商》，《湖北日报》2020 年 12 月 2 日。

据变成了新农资，直播变成了新农活。许多人从单纯的生产者逐步转变为生产的经营者，从种地的传统农民转变为利用互联网从事农业生产、流通、服务进行全产业链经营的"新农人"。

（三）建立多元化的创业融资模式，切实解决电商创业融资难、融资贵困境，分担创业风险，降低创业门槛

融资约束是电商创业和产业发展过程中一个普遍性的问题。创业者在企业初创之时，缺少抵押资产，难以满足银行等正规金融机构的贷款要求，而且农村电商贷款需求具有"小、急、频"的特点，银行也缺少向这类特殊客户提供信贷和其他金融服务的激励机制和动力。中小电商想要通过正规金融机构获得创业资金支持的机会不多，融资难度较大。调研发展，枝江市电商一般都是小微企业或个体工商户，这种方式成本更低、经营更灵活，能够很快适应市场变化，具有"船小好掉头"的优势，却也常常面临融资难、融资贵的困境。如表2所示，在返乡创业者创办的1232个电商中，个体工商户共计734个，占全部电商的59.58%，95.21%的电商

表2 湖北省枝江市返乡创业的电商类型及员工数量

指标		电商数量（家）	占比（%）
经营主体类型	个体工商户	734	59.58
	农村合作社	12	0.97
	有限责任公司	296	24.03
	其他	190	15.42
员工数量（人）	1—10	1173	95.21
	11—20	35	2.84
	21—30	10	0.81
	31—40	7	0.57
	41—50	3	0.24
	51—90	4	0.33
总计		1232	100

资料来源：枝江市人民政府。

企业员工人数不超过 10 人（含 10 人）。为了解决这些小微电商融资难、融资贵、融资慢等问题，枝江市积极探索"政府+投资机构+金融机构+社会资本"的多元化创业融资模式，充分发挥政府及相关机构的合力，多渠道解决电商创业与发展的资金问题。

首先，枝江市财政每年安排 500 万元专项资金用于扶持电子商务发展，主要投向重点示范工程和孵化器建设运营以及创业培训等项目。其次，枝江市面向电商创业和相关企业需求，创新信用贷款模式，丰富金融产品，为电商创业者提供便捷、高效的综合金融服务。枝江市还加大创业担保贷款扶持力度，着力降低创业门槛，将个人创业担保贷款额度提高到 50 万元，依据企业吸纳就业人数，梯次提高贷款额度，最高限额达 500 万。枝江市还积极鼓励银行给电商创业者提供低息贷款。如枝江市农业银行就为创业人群主动降低 1 个百分点的利息，赢得广大创业者的青睐。据统计，2022 年第一季度，枝江市农村商业银行为个体创业者和小微企业发放创业贷款 857 笔，金额达 1.99 亿元，同比增长 240%，有效缓解了小微电商创业的资金约束。再次，枝江市按照"政府引导、市场运作、科学决策、风险防范"的原则，引导社会资本对电商新创企业进行股权投资。支持农村电商初创企业通过发行债券等方式，实现债权融资。

（四）搭建产业园区载体，引导企业集聚发展，发挥平台型电商大企业作用，以大带小形成大中小企业协同发展的产业格局

成功的电商创业和乡村产业发展离不开良好的载体和平台型大企业的支撑。电商产业园是电子商务产业化与传统产业电商化的载体，产业园区为电商创业和发展提供了硬件设施和空间载体，既有利于政府产业扶持政策的有效执行，也有助于范围经济和规模经济效应的发挥。枝江市在培育和发展电商产业的过程中，并不是瞄准特定企业扶持，而是始终着眼于完善产业生态系统，同步推进硬件设施和软环境建设，营造公开、公正、公平的市场竞争环境，打造出上下游产业分工协作的产业集群。根据调研，目前枝江市政府已投资 2 亿元建成枝江市电商产业园，投资 8000 万元建设电商云仓，建起电商创业孵化基地。电商产业园区通过招商引资、自主创业，吸引了大批年轻人聚集，吸引优秀电商企业和创业团队入驻园区，推动了全市电商产业聚集发展，已累计孵化电商企业 75 家，带动全市发展电商企业 1500 余家，开设网店 9100 余家。枝江市还建立起"线上线下融合"的电商平台体系。在市级建立起包括电商展示中心、品牌建设中心、质量安全溯源中心和电商营销推广中心在内的电子商务公共服务中心，在每个镇（街道）建成和运营 1 个镇级创客中心，在村（社区）设置了电商服务站。

枝江市积极引进平台型大电商，以龙头企业为牵引，带动本地中小微企业的数字化转型，形成以大带小、中小企业与大企业共生共荣的良性发展格局。如枝江市与阿里巴巴、京东等电商头部企业合作，建设枝江服务中心和"中国特产·枝江馆"，建成 102 个村淘村级服务站、215 个京东推广点；同时还与蚂蚁金服等金融服务平台签约，引进"旺农贷"等农村金融服务业务；依托供销裕农网建成 174 个裕农合作站。同时，通过引进顺丰集团，建设集农产品预处理、初加工、仓储、集散分拨、运输配送为一体的现代化的新型仓储物流中心，带动创办快递公司 19 家，分布网点 290 多个，带动了一大批中小微经营主体。① 此外，枝江市组织龙头企业合力打造农产品区域公用品牌，将大企业成熟的营销渠道和市场网络分享给更多中小微企业，让更多小生产者找到了"靠山"。品牌效应不仅提升了产品附加值，也倒逼上游生产环节的标准化、规范化，带动了产品整体质量提升，从而进一步提高了区域公共品牌认可度。例如，枝江市以桔缘、绿健林为代表的 25 家农产品电商龙头企业以网络零售为切入点，共同打造出湖北省首个农产品区域公共品牌"枝滋有味"，高标准建设"枝滋有味"网络直播间，上架"枝滋有味"旗下特色农产品 20 余种，其中"枝江柑橘""枝江玛瑙米""百里洲砂梨"等都成为枝江网红农产品。平台型电商企业和当地的龙头企业一起带动了本地优势特色农产品的销售，把当地优势特色农产品品质切实转化成了市场竞争力和经济收益，增强了中小微企业在激烈市场竞争中生存发展的能力，不仅使电商平台更富活力，而且使大中小电商实现了多赢，电商产业链、供应链的韧性和竞争力增强。

---

① 卢平川、廖志慧：《8000 电商重塑"田园枝江"》，《湖北日报》2019 年 4 月 17 日。

（五）完善基础设施建设，提供良好公共服务，优化电商创业发展环境，为创业者提供全天候、全地域、全方位、全要素、全流程保障

电商产业的发展离不开基础设施和配套产业的支持。这些基础设施既包括交通运输、电力等传统基础设施，也包括信息网络、冷链物流等新型基础设施。过去，农村地区信息基础设施和物流基础设施相对薄弱，生鲜农产品的冷链物流设施短缺，致使农村物流运输成本高、配送时间长、顾客满意度低，农村物流的"最后一公里"问题较为突出。为了给电商发展创造条件，枝江市除了加强传统基础设施的建设外，还加大了对信息网络、物流配送等新型基础设施的投资和建设力度。

首先，枝江市加快了宽带网络的升级改造，通过实施"无线城市"工程，全市信息基础设施已实现100M光纤宽带网络村村通、移动4G网络全覆盖、城区公共场所WIFI全覆盖，宽带用户已达到7.3万户，其中农村光纤宽带用户1.1万户。[①] 目前还在加快建设千兆5G、千兆宽带、千兆WiFi，在进一步完善优化城镇区域5G网络覆盖的基础上，推动5G基站建设向重点行业、重点场景应用覆盖，为全市电商发展提供了有力支撑。其次，进一步完善了网络支付体系。全市银行机构拓展了数字化服务业务，强化了在线支付功能，推出适合电子商务特点的支付产品和服务，建立起由网上支付、移动电话支付、固定电话支付以及其他支付渠道构成的综合支付体系，为电商提供安全高效的资金结算服务。再次，枝江市还整合快递物流资源，构建"三级物流网络"快递配送体系，建设集农产品预处理、初加工、仓储、集散分拨、运输配送为一体的现代化的新型仓储物流中心，应用大数据智慧仓储管理，搭建智慧云仓系统，降低物流成本，提高物流时效，有效破解了"如何送"的难题，助力电商发展。

枝江市还高度重视建设服务型政府、优化创业软环境，从转变观念、改革体制、创新政策、完善法治、完善公共服务等方面入手，为电商等各行业创业者提供一个公平、公开、公正的竞争环境。枝江市近年来持续深

---

① 《枝江：多措并举拉动电商新发展》，《国际商报》2016年4月17日。

化"放管服"改革，加快转变政府职能，实现公共治理的法制化、制度化、规范化，建设服务型政府。枝江市围绕"高效办成一件事"，在全省率先建立"宜荆荆恩跨域通办"友好县市合作联盟，推动"一网通办、一窗通办、一事联办、跨域通办"。枝江市还常态化开展"五送一解一保"活动，为企业送政策、送资金、送人才、送技术、送订单、解难题、保发展，推行部门一把手"亲自办、陪同办、全程办"，为企业提供全天候、全地域、全方位、全要素、全流程"五全"服务保障。同时完善法治，规范电商竞争秩序，严格监管电商的各种交易行为，依法处罚那些网上销售假冒伪劣产品的个人和企业，要求所有电商从业者以诚信为本、合法牟利，为创建和保护当地自主特色品牌提供法律保障。枝江市已成功跻身全国营商环境百强县，获评全省营商环境评价先进县市、全省优化营商环境改革先行区。良好的营商环境已成为枝江市吸引返乡创业的"金字招牌"。

（六）推进电商发展与乡村产业振兴互促共进，实现分散小农户与大市场有效对接，推动一二三产业融合和城乡融合发展

农业农村现代化需要解决分散小农户与大市场的矛盾，需要实现乡村三次产业融合和县域城乡融合发展。枝江市是一个以小农户为主要农业经营主体的地区，广大农户不仅承包经营的土地规模小，而且过去农户的生产经营活动限于农业产业链的种植和养殖环节，难以分享到农产品加工和销售等高附加值环节的收益。农产品销售主要通过传统的农贸市场进行现货交易，或经过中间商收购，再转售给消费者，农民难以获得充分及时的农产品市场需求信息，及时调整种植结构以适应市场需求，消费者也由于缺乏关于农产品质量的信息，普遍存在着高价也买不到优质农产品的疑虑。小农生产与大市场的矛盾十分突出。电商通过平台实现去中间化，可以减少交易成本，拓展交易的空间和范围，解决了市场信息不对称的难题。近年来，枝江市积极发展农村电商，不仅打开了当地特色农产品的销路，而且使农民获得了更大的议价能力，分享了更多销售环节的收益。以枝江脐橙为例，在电商网络零售的带动下，枝江脐橙的当地收购价格逐年提高。据有关方面统计，2016年以来，枝江脐橙收购价格年均提高 0.5 元，全市脐橙产量 8.8 万吨，仅此一项，每年果农就增收 8800 万元。

乡村电商产业的发展，不仅带动了人力资源、资金、技术和信息要素在城乡之间的双向流动，疏通了工业品下行和农产品上行的流通障碍，推动了城乡市场的双向开放，还推动了城市文明向乡村的扩散，实现了新型工业化、城镇化、信息化、农业农村现代化协调发展。枝江市把农业产业化与信息化作为农村经济未来发展的方向，把电商作为改造传统农业的重要途径，鼓励电商平台与鲜活农产品种养殖基地对接，推动电商与农产品生产、加工、储藏、物流、商贸等全产业的相互融合渗透与交叉重组，实现一二三产业融合发展，在当地打造出农村特色产业集群。调研发现，枝江电子商务创业者所销售的产品来源中，大约 72% 是本地产品，特别是柑橘、生猪、稻米、白酒和火炉等乡村特色产品，约 28% 是外地产品或中间品加工后进行销售。枝江市还顺应"互联网+农业"的新趋势，以电商为纽带，建设农产品电商供应链基地，打造"一村一品，一乡一业"等特色产业，并将现代产业组织方式引入农业，把农业产前、产中、产后等环节联结为有机联系的产业体系，实现种养加、产供销、贸工农一体化生产。

三、结论与启示

枝江市作为我国中部地区的农业大市，抓住电商发展的新机遇，走出了一条利用信息化、数字化带动农业农村现代化的新路子。枝江以电商创业为中心，发挥能人返乡创业的示范效应，通过创业培训提升人力资本质量，建立多元化的融资模式，缓解创业资金约束，引导电商平台以大带小，共同发展，并加快推进服务型政府建设，营造良好的"软""硬"环境，借助"互联网+"带动产业振兴，实现创业、就业和产业集聚相互促进的格局，推进小农户与大市场、三次产业和城乡融合发展（见图 2）。

"枝江模式"给中部地区探索以电商创业带动就业、促进乡村振兴的道路提供了以下几个方面的有益启示。

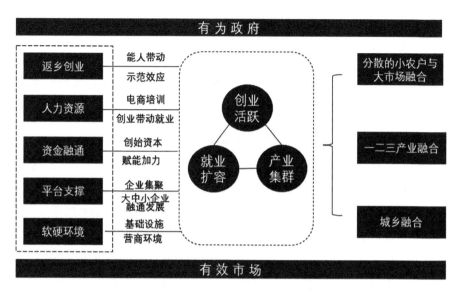

图2 农村电商创业及产业发展的"枝江模式"

（一）要坚持市场主导、政府引导，使有为政府和有效市场协同发力，推动管治型政府向服务型政府转变

电商创业不仅要靠无形之手的市场自发推动，更加需要有形之手的政府引导扶持。电商产业是互联网衍生出来的新业态和新产业，农村电商产业的培育和发展，是一个新知识和新技术创新和应用的过程，其中存在着不确定性风险。如果没有政府的支持，电商创业者往往会由于投入大、风险高的问题而裹足不前。在培育农村电商等新兴产业方面，存在着市场失灵的问题，需要政府主动作为，通过超前规划，进行理念创新、制度创新、组织创新，激发市场活力和社会创造力，并为农村电商发展提供良好的基础设施和公共服务。同时，也要避免政府不恰当的直接干预让乡村产业在"温室"中成长而缺乏必要的市场竞争能力，或者扭曲正常的要素利益分配机制，降低资源的配置效率。[①] 枝江市政府正是利用自身在电商产业发展方面的优势，依靠市场机制来推动农村电商的繁荣发展，同时发挥政府在动员和整合资源方面的优势，通过制定电商产业中长期规划，并加快转变

---

① 武汉大学乡村振兴研究课题组：《脱贫攻坚与乡村振兴战略的有效衔接——来自贵州省的调研》，《中国人口科学》2021年第2期。

政府职能，以"店小二"的服务意识为创业者提供全方位服务，实现了电商产业蓬勃发展。

（二）打造多要素集聚融通、多主体活力迸发、软环境和硬环境兼备、高效协同的创业生态系统

创业生态包含创业主体、资源要素、制度安排、产业环境和创业文化五大要件。市场主体是创业生态系统中的"物种"，人才、资本、技术、市场要素构成创业生态系统的"土壤"，制度安排和创业环境是生态系统中的"阳光雨露"，文化则是创业生态系统中的"空气"。完善创业生态系统要从培育创业主体、保障要素供给、规范制度安排、完善产业环境、营造创业文化氛围五个方面入手，构建共生共荣的企业生态群落。枝江市以产业园区为载体，持续促进要素集聚，推动不同主体协同合作，营造良好的创新创业环境，形成了多方共同推动电商产业繁荣发展的局面。

（三）持续推动电商迭代创新，使创业与创新互相促进，推动创业—创新—创富的良性循环

创业与创新是一对孪生兄弟。随着技术、环境的变化，电商经营模式也在不断演变，呈现动态化迭代创新的特征。[①] 为了实现农村电商的可持续发展和高质量发展，枝江市顺应技术和市场变化趋势，推动农村电商商业模式迭代创新，持续推动创业层次和水平的提升，使农村电商创新创业互促共进，帮助更多群体以创新创业致富。当前，新技术不断涌现，农村电商发展模式不应止步于网络零售，应积极探索"电商+合作社+基地+农户"的经营模式，引导电商深度嵌入合作社、龙头企业等新型农业经营主体，推动线上线下企业融合发展。电商服务企业专攻网络营销，合作社、龙头企业和农户则负责产品生产、品控溯源、成品分级、分拣包装等。通过线上线下企业合作建设农产品电商供应链基地，打造"一村一品，一乡一业"等特色产业，为消费者量身打造个性定制产品，以适应多元化、个性化需求，最终形成线上带动线下、电商带动实体经济的发展格局。同

---

① 王宝义、邱兆林：《新零售迭代创新的理论分析与原型观照》，《当代经济管理》2020 年第 8 期。

时，要借助数字化手段实现产品全程可溯源、绿色安全认证等，立足本地优势特色产业基础，因地制宜打造区域公共品牌、特色品牌，进一步提高顾客粘性和市场认可度，利用品牌的外溢效应，以品牌创新打造农村电商的"升级版"，助力农村电商走出同质化竞争的局面，实现农村电商可持续、高质量发展，创造出更广阔的创新、创业和创富空间。

（本文发表于《武汉大学学报（哲学社会科学版）》2022 年第 6 期。）

—23—
职业教育赋能乡村振兴的路径

职业教育肩负着培养多样化复合人才、传承技术技能、促进就业创业的职责，具有服务乡村振兴的独特优势。乡村振兴战略的实施赋予职业教育新的使命和发展机遇。2023 年中央一号文件强调，要加强乡村人才队伍建设，大力发展面向乡村振兴的职业教育。职业教育要顺应农业农村现代化发展的新趋势，为农村培养各类技术技能型人才，培育新产业新业态，为乡村增添内生发展的新动力，并在赋能乡村振兴中实现高质量发展。

一、问题提出

全面推进乡村振兴、加快建设农业强国，是党中央着眼全面建成社会主义现代化强国作出的重要战略部署。推动乡村全面振兴，关键靠人。当前的农业劳动力正在逐渐老龄化，高素质的年轻人才不断脱离农业农村流向城镇非农业部门。乡村振兴面临着人力资源匮乏、人才供给不足的难题。在乡村振兴中，必须树立"人才是第一资源"的理念，把人力资源开发放在优先位置，培育一大批新型乡村产业从业人员，打造一支强大的乡村振兴人才队伍，夯实乡村内生发展的根基。职业教育作为国民教育体系的重要组成部分，与经济社会发展紧密相连，是连接产业、科技和人才的关键环节，也是人力资源开发的重要方式，在乡村振兴中可以发挥独特优势和重要作用。目前，许多地区的职业教育尤其是涉农职业教育，存在着招生难、毕业生职业发展渠道不畅、社会认可度低、发展质量不高、多维度融合发展不够等问题。乡村振兴为职业教育发展提供了广阔的空间。大力发展面向乡村振兴的职业教育，通过职业教育赋能乡村振兴，对乡村振兴和职业教育高质量发展具有重要意义。

二、职业教育赋能乡村振兴的路径分析

推动乡村振兴，要在有效整合内外资源的基础上，着重激发农村居民的积极性和创造力，充分利用乡村自身的人才、产业、技术、资源等要素，增强农民自身发展能力，形成有活力的内生发展机制。职业教育是建设"人人皆学、时时能学、处处可学"学习型社会的重要途径，是实现教育链与创新链、产业链、人才链深度融合的重要环节，是变人口资源为人力资源，实现乡村振兴的关键[①]。涉农职业教育院校作为农村文化教育中心、农技培训推广中心、创业指导培训中心，能够把文化教育、技术教育与产业发展结合，在乡村振兴中发挥着不可替代的作用。无论是新农人和乡村创新创业人才的培养，新产业和新业态的培育，新技术的应用和扩散，还是新型农业组织的建立、乡村治理能力和水平的提高、乡村文化的繁荣发展，都离不开职业教育的支撑。职业教育可以提升农村劳动力的人力资本，培养大批高素质技术技能人才和各类乡村振兴所需的人才。发展职业教育还可以鼓励乡村创新创业，助力乡村产业升级，以产教融合推动乡村一、二、三产业融合发展。同时，职业教育也有利于促进现代技术的普及，提升普通农业生产经营者对新技术的接受与使用程度，从而推动农业高质量发展。

（一）职业教育是培育新型农民和各类人才的主要渠道

加快职业教育发展，可以促进农村人力资本投资和人力资源开发，破解乡村振兴人才瓶颈问题。农业劳动者是运用知识技能开展农村生产经营

---

① 祁占勇、谢金辰：《投资职业教育能否促进农村劳动力增收——基于倾向得分匹配（PSM）的反事实估计》，《教育研究》2021年第2期。

活动的主体，农业现代化和乡村产业振兴需要依靠高素质的农业劳动者才能实现。随着农业现代化的推进，农业部门开始不断引进现代装备和设施，许多先进的信息技术、生物技术等不断向农业领域渗透，成为推动农业高质量发展的重要动力。现代农业正逐步转变成资本和技术密集的产业。乡村振兴需要一大批"懂技术、会经营、有文化"的新型农民和各类人才。然而，由于农业比较收益低，农村劳动者收入不高，农业农村对高素质的劳动者缺乏吸引力。这导致农村人力资本数量不足、质量不高，一些农村出现乡村空心化、产业空洞化、家庭空巢化和人口老龄化等问题。2020年，农村16—59岁劳动年龄人口受过大学专科及以上教育的人口比重只有8.04%，显著低于城市（36.68%）和镇（20.05%）的占比（见下表）。农业农村部的抽样调查显示，从受教育程度来看，农业劳动人口在初中及以下文化程度的占83%，乡村文盲劳动人口是城市文盲劳动人口的近5倍，农业从业者仍停留在小学、初中文化水平。农村人力资源质量与农业农村现代化的要求之间存在较大差距，这成为制约全面推进乡村振兴的主要因素。

教育和培训是人力资源开发的主要方式。职业教育通过"以教促产、以产助教、产教融合、产学合作"，可以发挥其离产业更近、层次更多元的优势，对农业产业链种、养、加，产、供、销，农、工、贸一条龙生产经营的各个环节上的技术人员、组织管理人员进行职业培训，从而为农村培养产业发展所需的专业技术人才和管理人才。对于目前的农村而言，普通高校毕业生毕业后绝大多数留在城市，服务"三农"的毕业生不多，一定程度成了"离农教育"。而农村职业教育直接面向农村、对接农业、服务农民，与农村发展联系最为紧密。全国职业院校70%以上的学生来自农村，职业院校招收的学生或学员也大多数来自院校所在地的农村或城镇，所培养的毕业生也更多地选择在当地就业。发展职教，可以满足农民家庭不断增长的对人力资本的投资需求，促进农村地区人力资本存量的增长和质量的提高，有效缓解实施乡村振兴战略面临的人才短缺难题。通过职业教育和培训可以培养出具有多元化技能的高素质的新型农民，使他们与乡村振兴的各个领域深度耦合，为乡村振兴提供人才与智力的支撑。比如，职业教育可以为农村培养科技人员、乡村公共管理人员、教师和医生等各类专业人才，提高农村基层干部的政策水平和文化素养，推动乡村地区思想观念的现代化。

表1　全国分城乡的15—59岁劳动年龄人口受教育程度占比的比较

单位:%

	文盲	小学	初中	高中（含中专）	大学专科及以上				
					大专	本科	硕士	博士	合计
全国	1.19	13.35	41.80	20.13	11.99	10.34	1.06	0.14	23.53
城市	0.48	6.97	31.62	24.25	17.28	17.06	2.06	0.28	36.68
镇	0.65	12.59	44.12	22.27	11.34	8.22	0.44	0.05	20.05
乡村	2.29	22.61	54.06	13.00	5.22	2.65	0.15	0.02	8.04

资料来源：全国人口普查领导小组办公室：《中国人口普查年鉴2020》（上册），中国统计出版社2022年版，第365—380页。

（二）职业教育有助于促进乡村创业创新和产业振兴

发挥职业教育在创新创业教育方面的优势，推动形成返乡入乡创业潮，以创业创新促进农村一、二、三产业融合发展，丰富乡村产业生态，推动乡村产业振兴。产业兴旺是乡村振兴的基石。我国农业机械化程度、组织化程度和市场化程度还不够高，抵御农业自然风险和市场风险能力较弱，农产品生产者的市场地位和市场谈判能力弱，农业比较收益偏低，[①]农业还是一个先天的弱质性产业。由于产业本身的特性，传统的农业形态、单一的农业产业结构难以实现乡村产业繁荣。职业教育在乡村振兴过程不仅能够优化农村人力资本，还能提升生产要素的利用效率，[②]使农村地区形成人才、土地、资金、产业汇聚的良性循环，从而增强乡村内生发展能力，恢复乡村活力。振兴乡村产业需要将现代科技手段和现代产业组织方式引入农业，同时通过促进一、二、三产业融合，拓展和丰富乡村的产业功能，培育新产业新业态。这对劳动者的文化素养、科学技术水平提出了更高要求。只有为农村培养出一大批掌握科学技术和组织管理知识的

---

①　高帆：《中国农业弱质性的依据、内涵和改变途径》，《云南社会科学》2006第3期。

②　朱德全、杨磊：《职业教育服务乡村振兴的贡献测度——基于柯布-道格拉斯生产函数的测算分析》，《教育研究》2021第6期。

高素质劳动者，一、二、三产业融合才能顺利推进，乡村新产业新业态也才能不断涌现。职业教育是"以职业为导向"的教育类型。职业教育一头连着教育，一头连着产业。与普通教育相比，职业教育更注重社会实践。在脱贫攻坚的实践中，职业教育发挥了重要作用。目前在乡村振兴中，发展农村职业教育是培养知识型、复合型、技能型、创新型农村劳动者大军的现实选择。国家在推进职业教育的改革中，也把引导和支持学校开展就业与创业指导作为改革的方向，要求职业学校将教学与创业基地建设、创业与实践活动结合起来，大力开展创新创业教育，培养学生创业意识和创业能力，不仅要充分发挥职业教育"找饭碗"的功能，更要挖掘其"造饭碗"的功能。课题组实地调研发现，许多有乡村创业意愿的农民或返乡入乡人员，创业失败的重要原因是技能不足，创业知识短缺，对外部创业资源获取困难，特别是外源性融资能力十分有限。通过职业培训，可提升乡村创业者的知识技能，增强其获取外部创业资源的能力，通过"四两拨千斤"的方式激发乡村的创业热情。同时，职业院校还集聚了许多掌握农业技术的专业人才，他们对农业农村有较深入的了解，通过产学研合作，职业院校师生到农村创新创业，能够推动传统农业的改造，发掘乡村功能价值，将现代科技、生产方式和经营模式引入农业农村，为当地培育出更多的新产业新业态，促进一、二、三产业更好融合发展。

（三）发展职业教育可以助推科技赋能乡村产业

职业教育可以提高农民使用新技术的意愿和能力，加快技术扩散和应用，从而推动农业高质量发展。农业技术进步是驱动农业高质量发展的关键。舒尔茨（Schultz, T. W.）认为，农业如果不能增加现代生产要素的投入，突破技术发展的限制，农民世世代代只能沿袭古老的、传统的耕作方法；即便现有的农业资源已经被充分利用，农业资源配置已相当有效，农业生产力也不可能持续提高。只有不断的技术进步，才能从根本上改造传统农业。[①] 农业技术进步包括两个阶段：一是农业技术创新，即通过研究与开发，创造出新的农业知识和技术，培育出新的良种；二是技术扩

[①] 西奥多·W. 舒尔茨：《改造传统农业》，商务印书馆1987年版。

散，即新的农业知识、技术或新培育出的良种被广大农户或涉农企业应用推广。农业技术创新和技术扩散又是相互促进的。一项新的农业技术和新的品种，只有被农业经营者广泛应用推广，转化为现实的生产力，技术进步驱动农业高质量发展的效应才能体现出来。① 当前，制约我国农业技术进步的一个重要因素是农业科技成果转化率不高。有学者指出，我国农业科技成果转化率不足 40%，远低于发达国家的水平。② 而农业科技成果转化率低，原因之一是劳动力的技能素质较低，对新技术不了解，对新技术应用推广不积极。众所周知，农业新技术的应用推广，在给农业经营者带来较高收益的同时，往往也伴随着新的风险。新风险的出现，往往是由于农业经营者采用新技术后，其传统的农业知识和经验不再适用，需要更新知识。如果没有较好的文化和科学素质，缺乏对新技术的了解，对新技术应用推广就不积极。③ 许多研究表明，农民作为新技术的接受方和需求者，其自身素质的高低对农业新技术扩散具有重要影响。④ 在农村，一般是那些受教育程度高、具有较多社会关系、与外界联系紧密、经济基础好、具有一定威信的农民对农业新技术比较容易接受和采用。⑤ 当前，随着新一轮科技革命和产业变革，应用信息技术、数字技术在农村开展创业成为推进一二三产业融合发展的重要形式，也为乡村振兴注入了新的动力。发展职业教育，加强农业新技术培训，不仅可以培养出更多掌握科学技术和技能的劳动者，提高农村劳动力素质；而且还可以提高农民接受新技术的能力，增强农民采用新技术的意愿，加快新技术应用和扩散，把"科教兴农"落到实处。

三、职业教育赋能乡村振兴的思考与建议

习近平总书记指出，职业教育与经济社会发展紧密相连，对促进就业

---

① 张冬平、黄祖辉：《农业现代化进程与农业科技关系透视》，《中国农村经济》2002 年第11 期。

② 翟金良：《中国农业科技成果转化的特点、存在的问题与发展对策》，《中国科学院院刊》2015 年第 3 期。

③ 张淑辉、郝玉宾：《农业科技成果低转化率的主要原因探讨》，《理论探索》2014 年第 1 期。

④ 秦文利、王慧军：《农民素质对农业技术扩散的影响》，《河北农业科学》2004 年第 1 期。

⑤ 佟大建、黄武：《社会经济地位差异、推广服务获取与农业技术扩散》，《中国农村经济》2018 年第 11 期。

创业、助力经济社会发展、增进人民福祉具有重要意义。职业教育是与农村经济最密切的教育类型，二者相互促进、相互成就。[①] 数据显示，全国1.23万所职业院校开设的1300余个专业和12万余个专业点，基本覆盖乡村振兴各个领域。[②] 我国当前及未来的劳动力人口年龄结构及人口区域分布特点，决定了职业教育是我国人力资本开发体系的重要组成部分。基于第七次全国人口普查的人口发展预测显示，即使未来城镇化率超过70%，仍将有超过4亿人口居住在农村，这决定了职业教育，特别是面向农村产业从业人员的职业教育是乡村人力资本开发的重要形式。让职业教育赋能乡村振兴，实现农业农村现代化，建设农业强国，需要采取以下五方面的重要举措（见图1）。

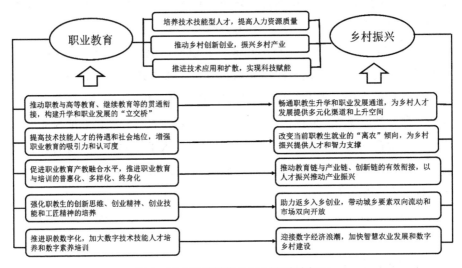

图1 职业教育赋能乡村振兴的路径图

（一）推动职业教育与高等教育、继续教育的贯通衔接，构建升学和职业发展的"立交桥"，畅通职教生发展渠道和上升空间

在推动小农户与大市场对接、促进一、二、三产业融合、农科教融合、城乡融合和在产融结合中释放更多机遇，改革培养选拔人才的机制，

---

① 王慧：《产教融合：农村职业教育发展方向》，《教育研究》2018年第8期。

② 杨昊：《推动涉农职业教育高质量发展》，《人民日报》2022年11月17日。

靠发展的机遇把人留在乡村振兴事业中，营造涉农职业教育良好发展环境，推进职普协调发展，实现高职院校与高等教育、继续教育的贯通衔接，打破职教生成长成才"天花板"。职教不进村，乡村难振兴。乡村要振兴，迫切需要实现"五个融合"发展。提高农业生产经营集约化、专业化、组织化、社会化程度，让分散的小农户融入大产业、对接大市场。推动农村三次产业融合，使农业"接二连三"融合发展，延长农业产业链、提升价值链，创造更多发展机会。推动以县城为载体的城镇化建设，在县域范围内促进城乡融合发展，畅通城乡人才、资金、技术等资源要素双向流动，打通城乡经济循环的"堵点"，缓解发展"痛点"，深入推进农科教融合，催生乡村发展内生动力，以科技创新和装备优化支撑引领农业产业转型和迭代升级，加快发展智慧农业和数字乡村。推进农村产业与金融融合发展，建立多层次、广覆盖、可持续、有序创新、风险可控的现代农村金融体系。与乡村振兴的重大任务相适应，需要推进教育的融合发展。要推动职业教育与高等教育、继续教育更好贯通衔接，将职业教育与普通教育摆在同等重要的地位，促进横向融通与纵向贯通，构建多层次、多规格、层层贯通的职业教育"立交桥"，畅通职教生职业发展通道，为有志于投身乡村振兴、有继续提高技能需求的职教生提供更丰富的教育供给，打破成长成才的"天花板"。完善职普协调发展政策，中职教育要多样化发展，高职专科教育要提质培优，本科职业教育要稳步发展，推进"职教高考"改革。要用好选人用人"指挥棒"，倡导"不唯学历凭能力"的选才用人观念，推动人才选拔标准回归到知识、技能和品德的本质上来，努力保障乡村人才与其他各类型人才享有平等发展机会，探索从优秀产业工人和农业农村人才中培养选拔干部机制。

（二）提高职业教育吸引力，改变职教生"离农"倾向，强化乡村振兴多元化人才支撑

提高乡村技术技能人才的经济待遇和社会地位，以"好就业"、"就好业"提升职业教育吸引力，切实解决"招不来、留不住、下不去、用不好"的堵点和痛点，建立健全农业农村专业人才支持政策，让职业教育"热起来"、"香起来"，改变当前职教生就业出现的"离农"倾向。长期以来，人们普遍认为职业教育是低层次、低水平教育，职业院校学生在社会地位、薪资待遇、工作环境、个人获得感和发展预期上都比不上普通教育。认可度低、吸引力不足是职业院校发展面临的重要问题，也是职业教育体系改革的重点难点。职业学校不被选择，一个非常重要的原因是职业教育的社会认可度低，技术技能人才的经济地位和福利待遇也有待提高。①《2021年中国高职生就业报告》显示，68%以上的被访者认为，当前职业教育发展面临的最大困难是社会认可度低。这导致职业教育吸引力不足，招生难问题依旧存在。教育回报是影响教育选择的关键因素，要发展职业教育，必须提升职业教育的吸引力，减少制约农村职业教育回报的体制机制障碍。2022年修订的《中华人民共和国职业教育法》，首次以法律形式提出"建设技能型社会"愿景，要动员各方力量落实法规要求，营造尊重技能、崇尚技能的社会氛围。宣传好技术技能人才和高素质劳动者的先进事迹和重要贡献，让高质量的毕业生成为职业教育的"活品牌"和"代言人"，提升职业教育美誉度和认可度。加大技术技能人才薪酬激励力度，提高技术技能人才社会地位，不断增进职业教育的吸引力，逐步改善社会大众对职业教育的片面认知。创新教育评价制度和人才评价机制，系统清理在就业、落户、机关事业单位招聘、职称评审、职级晋升等方面对技能型人才的各类歧视性政策，使职教生在升学、就业、职业发展等方面与同层次普通学校学生享有平等机会。政府要加大涉农职业教育经费支持，设立乡村振兴定向培养计划，使农村职业教育的经费投入与发展需求相适应，形成重点支持、地方主责的保障机制。乡村振兴需要多种层次的人才，要推进实施"三大人才工程"：一是完善各涉农部门"纵向联动、横向协同"工作机制，推进启动"涉农职教育人才工程"，每年培养30万名中职毕业生、10万名高职毕业生充实到农业一线；二是启动"农民学历和素质提升工程"，积极推进职业教育和农村成人教育工作的大联合、大协作、大发展；三是启动"智慧农民信息化工程"，用先进的信息化手段教育培训文化素质偏低的农民。

---

① 辜胜阻、吴华君、曹冬梅：《新人口红利与职业教育转型》，《财政研究》2017年第9期。

（三）推进职业培训普惠化、多样化、终身化，促进教育链与产业链、创新链有效衔接，实现乡村产业与职业教育互促发展

提升职业教育产教融合水平，把论文写在大地上，把专业设在产业上，鼓励"干中学""学中做"，培养更多"农创客""土专家""田秀才"，推进职业培训的普惠化、多样化、终身化，解决培养使用的"两张皮"问题。随着农业农村现代化进程加快，乡村产业加速转型升级，职业教育相关专业的调整却相对滞后，造成职业院校专业、课程设置与乡村产业不同步、不协调。要瞄准应对农业生产资源不足、比较效益不高等现实问题，从现实问题中寻找职业教育的时代课题，为职教生提供更多深入乡村基层实践的机会和场景，鼓励他们以解决乡村产业中的现实问题为动力，提高技能学习的针对性。深化产教融合和校企合作，坚持学校围着地方转、专业围着产业转、教学围着岗位转，因时因需因地制宜，推动教育链、人才链与产业链、创新链有效衔接。黄炎培认为，职业教育"须绝对地因地制宜、因材施教"。要围绕地方经济社会发展、农业布局、重点领域和特色产业，积极开展多层次、多领域的职业教育和技能培训，实现"产"中融"教"、"教"中寓"产"，实现本地技能人才的精准培养。基于农民需求和产业发展需要量身定制本土化、适农化的人才培养计划。职业院校要根据乡村振兴的政策导向、发展需求和产业结构，针对性地设计和提供职业教育课程和服务，积极开展实用技术技能培训和农民学历继续教育，加大力度培育地方新型职业农民，通过订单式、定向培养高层次复合型人才。鼓励校企共同搭建生产性实训基地和技术创新平台，集成生产、教学和研发等功能。建立专业目录动态调整机制，取消低端无效专业，压缩重复建设的同质化专业，淘汰老旧过时专业。结合乡村生产生活的实际需求开发设计课程，及时将新技术、新工艺纳入教学内容，按照地方特点、行业特征、专业特色改进教材内容、优化教学方式。推进职业教育和技能培训普惠化，扩大服务对象范围，提供全生命周期的职业教育服务。在黑龙江调研县域职业教育时，课题组发现，黑龙江省齐齐哈尔市甘南县在强化制度供给和优化保障条件的基础上，利用专家资源建立了230多人的专家库，培养高素质农民3978人、致富带头人约300人，创办经营

主体 1800 多个，为新型经济体提供种、养、加、运、销全产业链服务。面向二三产业开设培训班 33 个，涉及焊工、微商、育婴、养老护理、美容、西式面点等专业，培训学员 1429 人，新型学徒制 214 人。其推动职业教育与产教深度融合，打通了乡村技术技能人才精准培养的"最后一公里"，实现乡村产业和教育相互促进，打造县域经济发展的新引擎。

（四）推动职业教育与创新创业教育融合发展，助力返乡入乡创新创业，带动城乡要素双向流动和市场双向开放

让职业教育赋能返乡入乡创新创业，把创业创新精神融入职业教育培训，成就更多新农人"技能改变人生、技能成就梦想"的精彩故事。要以人的城乡迁移循环为纽带，促进经济循环的畅通和新型城乡关系的形成。营造良好的乡村创新创业环境，解决好返乡入乡创业融资难、融资贵等问题，营造鼓励冒险、宽容失败的创新创业文化氛围，激发职教生到乡村创业的积极性、主动性和创造性，为职教生分担创业风险和创业成本，降低门槛，使创业成本最小化。要通过回归创业和企业兴乡促进人才、技术和资金等要素更多向乡村集聚，充分激发各类市场主体在乡村产业振兴中的积极作用，优化创新创业生态。湖北省枝江市立足资源禀赋和区位优势大力发展农村电商，依托当地职教中心、技工学院开展丰富多样的电商创业培训和职业技能培训，吸引大批能人返乡创业形成示范效应，通过"内培外引"提升人力资本，以创业带动就业，为枝江发展引入新业态、注入新动能，创造形成了电商创业就业的"枝江模式"。[①] 2021 年，全国各类返乡入乡创业创新人员累计达到 1120 万人，70%以上的农民工学历在初中及以下，对返乡入乡创新创业人员开展有针对性的创新创业教育十分必要，而创业教育既是职业院校的重要职能，也是其优势所在。涉农职业教育要围绕乡村振兴发展战略，打造农村产业、科技、教育、金融深度融合的创新创业体系，把职业教育发展和做好乡村技能人才保障与推动以县城为载体的城镇化结合起来，在县域范围内统筹好公共服务供给，完善创业服务

---

① 武汉大学国家发展战略智库课题组：《电商创业带动就业与乡村振兴的机理及效应——基于湖北省枝江市电商创业与发展模式的调研》，《武汉大学学报（哲学社会科学版）》2022 年第 6 期。

保障体系。职业院校要把双创精神融入职业教育培训，更加关注职教生的创新思维、创业精神、创业技能的培养，不断激发创业金点子，要让更多创新创业者通过职业教育和技能培训习得"一技之长"，实现阶层流动。

（五）顺应数字经济新趋势，加大数字技术技能人才培育和数字素养培训力度，推动智慧农业和数字乡村建设

通过职业教育造就更多数智人才，打造数字乡村建设"助推器"，为智慧农业、数字乡村等新产业新业态发展赋能加力。在互联网时代，需要积极培育学生开放、平等、协作的"互联网精神"，传承和弘扬"工匠精神"，推广校企双元育人的现代学徒制。[①] 建设数字乡村，是催生乡村发展内生动力、推进乡村治理转型、提升乡村生活服务水平的现实需求，也是实施乡村振兴的战略需求。截至 2022 年年底，5G 网络覆盖所有县城城区，实现"村村通宽带"、"县县通 5G"；农村网民规模已达 2.84 亿。数字乡村建设取得一定成就，但城乡之间仍存在着"数字鸿沟"。弥合"数字鸿沟"，除了推动数字基础设施建设，还要大力提升居民数字素养与技能。农村职业教育要面向数字乡村和智慧农业发展的新趋势，增加互联网、农村电商、大数据等新业态的知识和技能，帮助广大乡村产业从业人员用好用活手机电脑的"新农具"，干好"农业+互联网"的"新农活"，以加快农业数字技术创新及应用，提高农业数字经济渗透率，发挥数字技术的赋能作用，为构建有序高效的农业产业价值链，延伸农业产业链条提供支撑。同时，要充分利用互联网等信息技术，积极探索革新培训模式，聘请专家学者、农业生产骨干、民间工业传承大师兼职，通过现场教学和远程教育相结合的方式，扩大技术培训覆盖面，增强农民利用数字技术掌握直播电商等新技术的能力，拓宽农民增收渠道。

（本文发表于《教育研究》2023 年第 8 期。）

---

① 课题组：《人工智能时代职业教育转型的路径选择》，《教育研究》2020 年第 6 期。

24

新型城镇化背景下
职业教育转型的思考

一、中国职业教育的现状与存在的问题

新型城镇化最大的特点是"四化同步"和以人为本。职业教育是中国国民教育体系的重要组成部分,[①] 肩负着传承技术技能、促进就业创业,为新型城镇化及工业化、信息化和农业现代化提供多样化人才的重任。中国从人口大国向人力资源强国和制造强国迈进、从农民工大国向技能型人才强国迈进需要实现职业教育和普通教育"双轮驱动",推进职业教育从整体数量规模发展向均衡质量内涵发展的转型。

"十二五"以来,职业院校已向各行各业输送近 5000 万的高素质技能型人才,释放了大量人才红利,对促进经济转型升级、改善民生有重要意义。[②] 然而,当前职业教育在院校办学定位、专业结构设置、教育质量、办学条件等方面存在诸多问题,难以完全适应当前社会经济发展的需要。

---

① 职业教育是指使受教育者获得满足生产劳动所需的职业知识、职业技能和职业精神的教育。职业培训和职业学校教育都属于职业教育。职业学校教育包括各种高等职业技术学院、职业高中、中专、技校等。职业培训是学生走向工作岗位或在职人员不断适应岗位工作的"桥梁"。职业培训比传统教育更能密切配合经济活动的动向。与普通教育相比,职业教育更侧重于实践技能和实际工作能力的培养。

② 刘延东:《深化改革创新推动职业教育发展实现新跨越》新华网,2015 年 6 月 1 日。

2015 年 6 月《全国人民代表大会常务委员会执法检查组关于检查〈中华人民共和国职业教育法〉实施情况的报告》认为，中国职业教育存在"对职业教育重要性认识仍然不足、职业教育不能满足社会对技术技能人才的多方面需求、职业教育经费稳步增长机制不够健全、教师队伍还不适应职业教育发展需要、企业办学的作用未能充分有效发挥、职业技能培训难以满足需求"六方面的问题。① 此外，生源逐年减少，轻视职业教育的观念未完全扭转，部分地方政府对发展职业教育的职责履行不足，人才评价标准及机制不健全等也是导致职业教育吸引力不足、影响其功能发挥的重要问题。②

在农民工的职业培训方面存在的问题是：面向农民工的职业培训标准不明确、针对性不强，培训质量有待提高，政府补贴性培训多为初级技能培训，缺少与行业技术发展同步配套的实习、实训设备，农民工参加实习、实训的机会少，缺乏以真实工作过程为导向的顶岗培训内容，难以将"所学"转化为"所用"，应用能力不强。据统计，中国新生代农民工平均受教育年限为 9.8 年，比上一代农民工的平均受教育年限提高 1 年，但 78%的新生代农民工受教育水平仍停留在义务教育（64%）和普通高中教育阶段（14%）。70%以上的农民工没有接受过职业培训。

在职业学校教育方面存在的主要问题是：（1）职业教育不能满足城镇化、工业化、信息化的人才需求。（2）职业教育教学内容陈旧，教学方式单一，理论与实践脱节，专业设置的滞后性和盲目性导致职业教育专业定位不清，教学内容更新缓慢，难以适应新兴产业技术知识的快速发展的需要。③（3）对职业教育的财政投入有限，大多只能维持办学，难以改善教学设施。部分学校特别是县级职业学校的条件更差，在教育技术、课程改革、专业创新方面处于落后水平。（4）师资队伍结构失衡，基础课教师多，技术技能课教师少，具有一线企业经验并从事技术技能教学的教师少，"双师型"教师队伍仅占教师总数的 25.2%。④（5）职业教育成为低

---

① 张德江：《全国人民代表大会常务委员会执法检查组关于检查〈中华人民共和国职业教育法〉实施情况的报告》，中国人大网，2015 年 6 月 29 日。

② 鲁昕：《现代职业教育不以升学为目的》，光明网，2015 年 6 月 25 日。

③ 辜胜阻等：《就业结构性矛盾下的教育改革与调整》，《教育研究》2013 年第 5 期。

④ 张德江：《全国人民代表大会常务委员会执法检查组关于检查〈中华人民共和国职业教育法〉实施情况的报告》，中国人大网，2015 年 6 月 29 日。

人一等的"弱势"教育，其吸引力不够，生源严重不足。全社会尚未形成有利于技术技能人才成长的氛围。职业院校的毕业生就业率虽高，但就业稳定性和专业对口率偏低，在大型企事业单位求职、考公务员、学历提升等方面存在诸多政策限制和歧视。（6）涉农职业教育成为"短板"中的"短板"，农业类职业院校遇到的招生难、涉农专业数量萎缩、生源严重不足等问题更为突出。

二、职业教育在新型城镇化过程中的作用

中国职业教育体系的规模位于世界前列，目前已建成各类职业院校超过 13 万所，拥有在校学生近 3000 万人，针对各类在职人员的职业技能培训累计达到 2 亿多人次。"十一五"以来，职业院校累计为国家输送了近8000 万名毕业生，占新增就业人口的 60%，年均培训进城农民工 2000 多万人。1996—2014 年，中国职业院校共培养超过 1.3 亿名毕业生，在电子商务、信息技术服务、现代交通物流等行业，新增技术技能从业人员有超过 70% 来自职业院校。[①]《全国人民代表大会常务委员会执法检查组关于检查〈中华人民共和国职业教育法〉实施情况的报告》显示，2013 年全国中等职业学校 1.2 万所，年招生 698.3 万人，在校学生 1960.2 万人，分别占高中阶段教育的 45.9% 和 44.5%；高等职业院校 0.13 万所，年招生 318 万人，在校学生 973.6 万人，分别占高等教育的 45.5% 和39.5%。《2015 中国高等职业教育质量年度报告》显示，分布在 14 个连片特困地区的高职院校近 300 所，占全国高职院校的 1/5，毕业生留在当地就业的比例为 53%，平均每所高职院校为当地提供的横向技术服务到款额为 150 多万元，非学历培训到款额为 250 多万元，公益性培训服务 1 万多人次。

（一）农民工职业培训是推进"人"的城镇化的重中之重

"人"的城镇化是新型城镇化的核心，绝非简单地引导农村人口进入

---

① 张德江：《全国人民代表大会常务委员会执法检查组关于检查〈中华人民共和国职业教育法〉实施情况的报告》，中国人大网，2015 年 6 月 29 日。

城市，而是涉及就业创业、公共服务、户籍政策、社会保障等问题，其中稳定就业是首要问题。农民工在城市的就业创业状况极易受经济波动等因素的影响，具有脆弱性和不稳定性的特点，[1] 其根源在于农民工的就业创业能力不足和职业素质较低，从企业用工的角度看，农民工的可替代性较强，其职业技术水平也与产业结构调整升级的要求不匹配。能否改变农民工职业技能低下的现状、提升农民工就业创业能力，成为决定城镇化成败的关键因素。

发展农民工的专项职业技术教育项目，聚焦服务农民工就业的技能培训，增加农民工接受职业教育的机会和时长，有利于提高其就业创业能力和职业素质，增强就业竞争力；有利于推动农民工转型为合格的产业工人，通过稳定就业保障社会服务的享有，实现农业转移人口市民化。但是，接受过职业技能培训的农民工仅占农民工总数的30%，缺乏就业创业的技术技能，使他们难以成为新型合格的产业工人，也难以融入城市。

（二）职业学校教育是满足城镇化、工业化、信息化和农业现代化"四化同步"人力资源供给的关键

新型城镇化必然要求区域经济转型和产业结构的优化升级，与之相适应的是劳动力结构的变化和对劳动力素质要求的提升。职业学校教育是以培养职业应用型人才为目标的教育，在提升劳动力综合素质方面，具有鲜明的职业导向性特点，能够较好地与社会需求对接。据统计，近年来职业学校教育的质量有所提高，高职毕业生的就业率稳中有升，且与本科毕业生的收入差距逐渐缩小（见表1）。高职院校毕业生的创业大多是主动抓住商机的机会型创业，而非因找不到工作被动进行的生存型创业。《2015中国高等职业教育质量年度报告》显示，2014届高职学生毕业半年后的自主创业比例为3.8%，其中85%为机会型创业。2011—2014年，该比例增长了1.6个百分点，增幅达72.7%。

---

① 吴江、田小宝：《中国人力资源发展报告（2011—2012）》，社会科学文献出版社2012年版。

表1　高职毕业生就业与收入情况

	2011 届	2012 届	2013 届	2014 届
高职生毕业人数（万人）	328.5	320.9	318.7	314.8
高职生毕业半年后就业率（%）	89.60	90.40	90.90	91.50
高职生毕业半年后平均收入（元/月）	2142	2731	2940	3200
高职生毕业3个月后收入与本科毕业生差距（%）	19	19	17	15

资料来源：《2015中国高等职业教育质量年度报告》，国家统计局网站；麦可思2012、2013、2014、2015年《中国大学生就业报告》。

发展现代职业教育，培养高端技术技能人才，有利于满足城市产业结构调整优化对劳动者的需求，夯实产业基础。当前，中国城市产业结构正进入调整优化的重要时期，劳动力结构亟待调整。《中国创新型企业发展报告2012》显示，在全球产业分工体系中，中国企业大多处于产业价值链的中低端，而且在核心设备与技术方面，对经济发达国家的依赖度较高，创新能力薄弱成为制约中国企业持续发展的"瓶颈"。从国际经验看，职业教育的发展水平与国家制造业发展水平及青年就业呈正相关。实体经济的健康发展和发达程度与本国职业教育密切相关，各国在应对经济下行压力、重塑实体经济优势、推进高端制造业发展和推广新兴技术等领域中，都将职业教育及其改革创新放在重要位置。[①] 产业结构优化升级需要调整生产要素投入比例，改变依赖大量廉价劳动力投入的发展模式，加大技术投入的比例。现代职业教育可以培养高级技术技能人才，填补高级工程师和高级技能人才的缺口，为产业发展提供更多的技术技能人才；同时，现代职业教育的发展也将从质量上优化劳动力的供给结构，促进劳动者职业素质与创新能力的提升，从而优化城市产业结构，加速产城融合，提高城市可持续发展能力。

发展信息化技术技能职业教育与培训，有利于提高城市人口的信息化素质和互联网思维，推进城镇化、工业化与信息化的深度融合。推进信息化与城镇化的融合，迫切需要通过职业教育和职业培训提高目前中国6亿

---

① 鲁昕：《教育改革突破口在现代职业教育》，《中国发展观察》2014年第4期。

网民的信息化素质和互联网思维。职业教育在推进信息技术及相关产业发展的过程中能够发挥重要作用。《教育部关于加快推进职业教育信息化发展的意见》提出，加快推进职业教育信息化，大规模培养掌握信息技术的高素质技能型人才，是适应国家信息化与工业化融合发展要求、提高在职职工和在校学生信息素养、岗位信息技术职业能力和就业创业技能的紧迫任务。可见，未来需要通过职业教育培养大量具有较高信息素养的专业人才。

发展农业职业教育，有利于培养新型职业化农民，加快农业现代化进程，释放更多转移人口。新型城镇化需要以现代农业为基础，与农业现代化同步发展。只有提高农业生产技术和经营模式，才能在解放农业剩余劳动力与农耕用地减少的同时不危及粮食安全；才能提高农民收入，为新型城镇化的推进提供经济基础。现代农业发展要求计算机和网络技术、绿色农业技术等新兴技术在农业中广泛应用，促进农工商联合企业的发展。如日本大力发展农业职业教育，除职业训练所、经营农场外，还在每个县开设一所附设农场的农业高中，并开设许多学习年限为 1 年左右的农业技术教育学校。美国通过加强农村地区职业教育设施建设和办学条件，实现了大部分乡村的教育公共服务与城市基本持平，并通过《史密斯—休斯法案》等来巩固发展成果。[①]

三、以市场需求为导向推动职业教育转型发展

为了适应新型城镇化和工业化、信息化的需要，职业教育应努力转型发展，一方面要强化对城镇转移人口的在职在岗职业培训；另一方面要以市场化需求和就业创业为导向，深化职业学校教育改革。

（一）加强针对农民工的职业培训，提升农民工就业技能、岗位技能和创业能力，助力农民工更好融入城市

当前职业教育普遍存在"重学历、轻培训，重职前、轻职后，重知

---

① 石伟平、陆俊杰：《城镇化市民化进程中我国城乡统筹发展职业教育策略研究》，《西南大学学报（社会科学版）》2013 年第 4 期。

识、轻能力"的观念误区，[1] 导致农民工职业技能培训的供给不足。据统计，接受过技能培训的农民工仅占32.7%，其中20岁及以下占31.0%，21—30岁占35.9%，31—40岁占34.1%（见表2）。农民工作为职业教育的"边缘人"，未受到足够的重视。当前职业教育仍以全日制学历教育为主，以在校学生和初、高中毕业生为主要招生对象，却将农民工群体排斥在外。

当前农民工职业教育缺乏实用性，内容与工作关联不足，重理论轻实践，与农民工需求不符。有调查显示，农民工对职业教育和培训的总体评价不高。其中，24.9%认为"只有理论无实际操作知识"，21.6%认为"主要是收费，然后走过场发文凭"，19.4%认为"教材与工作实际没联系"。[2]

表2 接受过技能培训的农民工比重

单位：%

	接受农业技能培训		接受非农职业技能培训		接受技能培训	
	2012年	2013年	2012年	2013年	2012年	2013年
20岁及以下	4.0	5.0	22.3	29.9	24.0	31.0
21—30岁	6.2	5.5	31.6	34.6	34.0	35.9
31—40岁	11.0	9.1	26.7	31.8	32.0	34.1
41—50岁	14.9	12.7	23.1	27.8	30.5	32.1
50岁以上	14.5	12.4	16.9	21.2	25.5	25.9
合计	10.7	9.3	25.6	29.9	30.8	32.7

资料来源：国家统计局：《2013年全国农民工监测调查报告》。

在城镇化进程中，农民工大多从事传统制造业、建筑业等工作。随着中国经济的转型升级，产业链会从低端向中高端攀升，这就要求农民工必须提高自身的技术技能，为他们提供一个具有弹性、多层次、多选择及多模式的持续进修机制尤为重要。在创新教育服务方面，可以借鉴澳门特别行政区政府推行的"持续进修发展计划"的做法，即凡年满15岁的澳门

---

① 唐文君：《职业院校开展农民工培训的现状、问题与对策研究》，《职业技术教育》2010年第1期。

② 周化明等：《中国农民工职业教育：需求及其模式创新——基于制造和服务业1141个农民工的问卷调查》，《湖南农业大学学报（社会科学版）》2011年第6期。

居民，可获上限为 6000 元澳门币的资助金额，资助限用于支付课程或证照考试的学费或考试费。创新农村地区劳动预备制培训模式，发给进城务工的应届初高中毕业生和农村籍退役士兵一定金额的学习券，引导新生代农民工学习掌握现代农业生产的技术知识和就业创业的技能。

（二）加快培养高端技术技能人才，为产业结构优化升级和城市信息化服务

目前，中国从"制造大国"迈向"制造强国"最大"瓶颈"是技能型人才严重不足。据统计，目前城镇企业工人约有 1.4 亿，其中技术工人 7000 多万，高级技术工人仅占技术工人的 4%左右，与发达国家 30%以上的比例差距很大。根据全国总工会的调查数据，中国仅有 30%左右的工人拥有技术等级认证资质，远低于德国 80%的比例。[1] 人力资源和社会保障部统计显示，中国普通技术技能型劳动者数量占就业人员的 19%，高级技术技能型劳动者所占比例低于 5%，技术技能型劳动者紧缺的问题日益严重，逐步从局部地区扩散到全国。将中国从制造业大国发展为制造业强国，既要持续推动科技创新和技术进步，也需要有大量的技术技能型劳动者。据预测，2015 年技术技能型工人需求量将比 2009 年增加约 1900 万人，这一数字到 2020 年将上升至约 3291 万人（见表3）。

表3 未来各等级劳动者需求增长预测

单位：人

	2009 年技能劳动者需求规模	2009—2015 年加权方式下技能劳动者需求增长	2009—2020 年加权方式下技能劳动者需求增长
高级技师	1141688	214314	401897
技师	5292948	963859	1781466
高级工	24236005	4269010	7759835
中级工	43368086	7364523	13130332
初级工	41734680	6069583	9836133
合计	115773408	18881288	32909662

资料来源：《高技能人才队伍建设中长期规划（2010—2020 年)》。

---

[1] 李兰：《加速职业教育发展推进技工大国建设》，《经济参考报》2014 年 4 月 30 日。

表4 2014—2020 年现代职业教育体系建设规划

目标	2012 年	2015 年	2020 年
中等职业教育在校生数（万人）	2114	2250	2350
专科层次职业教育在校生数（万人）	964	1390	1480
继续教育参与人次（万人次）	21000	29000	35000
职业院校职业教育集团参与率（%）	75	85	90
高职院校招收有实际工作经验学习者比例（%）	5	10	20
职业院校培训在校生折合为学历职业教育在校生的比例（%）	14	20	30
实训基地骨干专业覆盖率（%）	35	50	80
有实践经验的专兼职教师占专业教师总数的比例（%）	35	45	60
职业院校校园网覆盖率（%）	90	100	100
数字化资源专业覆盖率（%）	70	80	100

资料来源：《现代职业教育体系建设规划（2014—2020 年）》。

培养城镇化进程中产业升级各类人才需要加强统筹规划，推进现代职业教育体系建设（见表4）。对各类职业教育院校要进行办学体制、学历认证的改革，集中财政投入和优质职教资源在一些区域中心城市和大型产业集聚地区，扩大其服务区域和范围。同时要促进普通本科高等院校转型发展，加大地方高等院校结构调整力度，根据地方经济社会发展需要，及时调整培养方向，调整专业设置，向应用技术型大学转变，在调整转型中拓展新的发展空间和领域。对部分生源少、教育质量差、办学效益低的职业院校进行整合，实现职业教育规模效应和示范效应，扶优扶特，推动差异化发展。对职业院校分类制定统一的设置标准，搭建职业院校学生学籍信息管理平台；对完成国家规定学业的技工学校、技师学院的毕业生，应当按照国家规定颁发相应的学历证书；通过"互联网+职业教育"、开放大学、社区学院等平台开展职业教育，构建终身教育体系。

重点培养新型信息化技术技能人才，提升城市人口的信息化素质，促进互联网创业创新和城市信息化。通过职业教育培训加强信息化的应用推广，对于城镇居民，应以减免学费或奖励学习的方式，普及信息化知识，加大移动互联网应用、物联网应用、终端设备使用等知识的培训力度，同时鼓励信息技术企业与职业教育院校联手建设跨企业培训中心，把企业在职培训课程面向社会公开，推动信息化在城镇的应用推广。

（三）提高农业职业教育办学水平，着力培养职业农民，推进农业现代化和规模化经营，让更多农村人口转向城市

当前中国农业职业教育水平比较低，师资力量薄弱，教育资源不足，与城市职业教育有较大差距。据统计，农村成人文化培训学校的生师比高达 180.07，是城市职工培训学校的 2.7 倍，教育资源在城乡间的差距较大。[①] 落后的农业职业教育不利于农业现代化建设与城乡统筹发展，还会影响新型城镇化进程的可持续性。

国务院研究室课题组发布的《中国农民工调研报告》显示，没有接受过技术培训的农村劳动力高达 76.4%。[②] 为适应农业现代化和培养职业农民的需求，推进农村职业教育发展，可借鉴部分农村职教发展较好的地区的做法，如黑龙江省实施了农村实用技术培训工程、农村劳动力转移培训工程等"五培训"工程，并以涉农专业为突破口，进行"2+3"中职、高职衔接贯通培养试点，初步构建起"十个衔接"的贯通培养模式。据统计，2005 年以来，黑龙江省共培养培训初、高中回乡人员 102 万人次。2013 年全省中职涉农类毕业生占全国中职同类毕业生总数的 22%，居全国之首。

增加公共财政对农村地区职业教育的直接投入。由政府购买职业教育和技能培训产品，通过开设网络教育、社区培训、农民大学等形式向农民工免费提供就业创业的职业教育和技能培训。构建多区域学习中心，开展社区公益性培训，重点加强农村地区劳动预备制培训。新增教育点着力向农村剩余劳动力人口较多地区、边远贫困地区和民族地区倾斜。以职业需求为逻辑起点、以特色灵活的课程设置和教学方式为主线，建设多区域服务型学习中心。

---

① 孙小会、沈亚强：《社会转型时期农村职业教育资源配置的公平性探析》，《教育与职业》2013 年第 3 期。

② 郑风田：《如何打造职业农民》，《时事报告》2012 年第 5 期。

（四）推进国家城市群职业教育的国际合作，为打造具有全球影响力的大都市群服务

提高职业教育与国际接轨的程度，有利于培养具有国际化视野的都市企业经营者和高素质的技术技能人才。在这方面德国的经验值得借鉴，德国双元制教育模式学制为 2—3.5 年，教学在企业和职业学校间交替进行，以企业为主，大约 60%—70% 的时间在企业；课程设计以职业需求为核心，更注重实践技能的培养；学生和企业有了更多的相互了解机会，大大降低了毕业后的失业风险；以工人技术等级考核为培养标准的教育体系更适应企业和市场的要求；组织企业联合举办或者由行业主办跨企业培训中心，很好地解决了市场与职业教育发展的矛盾。[①]

国家城市群和经济发达地区职业教育要引入国际先进的应用技术、课程体系、评价标准及教师，增加学生海外学习和实习实训机会，积极探索国内外中高职院校相衔接的职业教育国际化模式。调研发现，北大方正与许多跨国公司都有着密切的合作，依据这一优势，北大方正教育集团与美国旧金山州立大学和康区考斯特学院、德国工商业联合会和手工业协会、加拿大堪那多学院等开展了教育合作项目，取得了一定的成效。与英国奇切斯特大学合作开展的专升硕项目，拓宽了职业教育的学历提升平台。职业教育要与"一带一路""走出去"等国家发展战略相结合，加强国际交流与合作，积极学习和借鉴先进的办学经验，不断提高中国职业教育的水平。

四、结语

新型城镇化给职业教育发展带来了机遇。现代职业教育作为产业支撑的核心人力资本要素，是城镇化可持续发展的基石，社会经济发展的支柱。新型城镇化需要不断提升城市劳动者的职业技能和信息化素质，化解大量求职者"就业难"的问题；农民工的市民化不仅要有职业转换、地域

---

① 危钰：《德、澳、日三国职业教育特色及其对我国高等职业教育改革的启示》，《武汉职业技术学院学报》2014 年第 2 期。

转移、身份转变，而且要有生活方式、行为方式和思维方式的转变；城镇化需要职业教育培养职业农民，推进农业规模化经营，释放更多农村剩余劳动力；需要通过国际合作培育一批具有国际竞争力的职业院校，服务于国家对外开放战略，建设开放型职业教育体系。

为了适应新型城镇化，职业教育必须进行一系列转型。一要转变教学模式，要把职业技能培养和职业精神培养相结合，不仅要培养学生"精确操作的双手，准确度量的眼睛和缜密计算的大脑"，还要培养爱岗敬业、精益求精的职业"工匠精神"。通过创业教育开发学生创业基本素质、培养专业技术能力、经营管理和社交沟通能力、信息接收和处理能力、把握机会和创造机会的能力等创业综合能力。二要完善现代职业教育体系，推动校企合作、产教融合、中高职衔接、职业教育与普通教育学历和师资的互通，再就业培训与在职教育衔接，建立人才培养的"立交桥"。三要培养与转型相适应的师资，建设一支学历高、技术素质过硬、实际操作能力强、理论与实际紧密结合的"双师型"教师队伍。

（本文发表于《中国人口科学》2015 年第 5 期。）

—25—

推进科教扶贫　增强脱贫内生动能

　　为了实现到 2020 年我国现行标准下农村贫困人口脱贫的目标，扶贫开发必须由单纯救济式扶贫向依靠科技和教育提升贫困地区自我发展能力的开发式扶贫转变。科教扶贫是科技扶贫和教育扶贫的结合，指的是通过发展教育和依靠科技进步转变贫困地区的发展方式，扶持弱势群体发展生产勤劳致富的一种反贫困举措。科教的发展带来劳动力素质的增强和社会生产力的提高，增强贫困地区的内生增长与可持续发展能力，有助于实现脱贫减贫成效的长期性和持续性，是贫困地区脱贫致富的根本途径。科教扶贫是坚持创新发展、共享发展的必然要求，也是扶贫开发的关键所在。推进贫困地区的科教扶贫，对于切断贫困的代际传递、调动贫困地区干部群众的创造性、激发贫困地区的内生动力、增强贫困人口的自我发展能力有着重要意义。

一、我国贫困地区科教扶贫面临的主要问题

　　穷在"天"、困在"路"、贫在"人"。贫困地区自然环境差，支柱产业弱，经济落后，信息闭塞，贫困人口重视教育和科技的观念薄弱，科教发展状况不容乐观。由于繁重的家务农活和经济条件的限制，贫困家庭往往无暇顾及子女的教育，对孩子采取"放养"方式，"重养不重教"现象

十分普遍。一方面留守儿童由于父母外出打工导致家庭教育缺失，厌学、逃学和辍学比重十分大。调查显示，贫困县村小、教学点学生厌学比例达35%，乡镇中心校学生逃学比例达 36.8%，学习被动比例高达 67.5%。[①]另一方面，由于受"读书无用论"思想的影响以及教育投入超出贫困家庭承受能力、毕业后就业难等现实问题的存在，贫困家庭不愿意支付高昂的教育成本来获取较低的教育回报，从而陷入"贫困—教育投入不足—劳动者素质不高—就业难收入低—贫困"的恶性循环。[②] 同时，贫困地区群众普遍存在"等、靠、要"的观念，学习新技术和探求发展新方式的积极性低，安于现状、一成不变的思维模式和顽固守旧的观念意识使得贫困人口难以走出贫困陷阱。当前，我国在科教扶贫过程中，仍然存在财政投入与教育资源不足、人才短缺、基础设施和公共服务不健全、科教扶贫工作机制不完善等问题，亟须予以解决。

（一）贫困地区职业教育和技能培训发展落后，专业技术人才缺乏且人才流失严重，人才引进机制不健全

在技术培训方面，贫困地区人才培育机制存在欠缺，劳动力素质较低。一是职业培训发展落后，职业院校少、师资匮乏、地方政府对职业培训的重视和投入不足，且贫困地区职业培训培养模式单一，培训内容与当地经济发展需求不一致，难以解决贫困地区专业性人才短缺问题。二是技术培训少、成效差。贫困地区存在培训资源分散、针对性和实用性不强，甚至是"假培训"坑农害农等问题，技术培训难以满足贫困地区群众需求，农民和工人很难获得真正适用的知识和技能；在人才引进方面，贫困地区经济发展水平落后，工资水平低、收入不稳定，社会基础设施建设和公共服务体系不完善，无法对外来优秀人才形成吸引力，也难以留住本地人才。人才短缺阻碍贫困地区治理水平的提高，制约农业的集约化经营和产业的转型升级，造成贫困地区发展后劲不足，从而难以实现贫困地区的高水平发展和贫困人口的脱贫致富。如重庆黔江区为推动扶贫开发，大量种植红心猕猴桃，但由于缺乏专业防治人才和技术，2013 年猕猴桃大面积

---

① 21 世纪教育研究院：《中国教育发展报告（2015）》，中国社会科学院文献出版社 2015 版。

② 王如鹏：《实现城乡养老保障一体化的路径及制度选择》，《理论探讨》2013 年第 2 期。

出现溃疡病，业主和农民损失惨重。如2014年甘肃省向贫困地区投入扶贫资金600多亿元，但贫困地区金融人才、互联网人才少，影响了资金使用效率，电商扶贫、金融扶贫的作用难以发挥。

（二）贫困地区教育资源匮乏，基础教育发展落后，贫困家庭子女无法接受到公平优质的教育，教育扶贫的作用难以发挥，造成贫困群体的固化和贫困的代际传递

一是贫困地区特别是山区，学校数量少，服务半径大，且学校寄宿条件不完备，"上学远、上学难"问题严重。如湖北恩施州一半以上的小学服务半径超过4公里，初中服务半径一般在50公里左右，[①] 且宿舍、食堂等生活设施无法满足学生需求，许多贫困学生因为离校太远及食宿问题，导致家庭负担加重甚至辍学。二是贫困地区教育基础设施落后，办学环境差。许多学校校舍面积不够，食宿、医疗、卫生、安全等生活设施匮乏，学生活动场地、图书馆、实验室等办学设施严重不足，课桌椅老化，体育、音乐、美术等学科教学仪器设备陈旧，电脑、宽带、多媒体等信息化教学设备缺乏。[②] 调查显示，贫困县村小、教学点中，超过95%的学校没有医务室，70%的学校没有开水供应，三分之一的学校没有开设音体美课程和综合实践，50%的学校没有开设信息技术课。[③] 三是贫困地区师资匮乏。由于贫困地区教师待遇差、生活补助低，大量年轻教师流失，数据显示，超过60%的农村小规模学校教师需要承担三门及以上的教学任务。[④] 同时，由于人才流失和教师培训"形式化"，贫困地区教师的专业知识水平较低。

（三）贫困地区科技发展基础薄弱，缺乏科技发展的"硬件"设施和"软件"环境，新技术引进和转化速度慢，科技成果难以入村到户

贫困地区基础设施建设较差，水利设施和交通道路建设严重不足，电脑、电视、广播、手机等信息设备普及度不高，物流体系和互联网平台建

---

① 《恩施州：实施精准扶贫　开创综合扶贫改革新局面》，湖北省人民政府，2014年8月29日。
② 凌茹等：《农村地区卫生资源配置公平性的实证研究》，《湖南社会科学》2013年第1期。
③ 李小云、唐丽霞等：《我国财政扶贫资金投入机制分析》，《农业经济问题》2007年第10期。
④ 《农村教师困境调查：工资平均2500元生存环境不乐观》，《光明日报》2015年4月30日。

设滞后。公共服务水平较低，对科研机构、企业创新的激励机制不健全，优惠政策落实程度低，科技配套服务缺失，科技信息不畅，知识产权得不到有效保护，且产学研脱节，造成科技研发积极性低、科技的传播和推广难度大。调研数据显示，广西有15%的村未通公路，村民仍处于"出门靠走"状态。秦巴山片区甘肃境内，52.27%的行政村未通水泥路，11.3%的行政村未完成农网改造，85%的行政村未通有线电视。在对秦巴山区连片特困地区中小企业创新发展的调查中，87%的受访企业认为贫困地区公共服务体系不完善，特别是技术创新中介服务机构发展滞后，片区内中小企业对人才培养、产学研合作、融资服务和技术咨询的需求最为迫切。①

（四）贫困地区对科技和教育的财政投入不足，且资金使用存在监管不力、效益低和"碎片化"问题，财政资金投入不能满足科教扶贫发展的需求

近年来，中国科教经费投入不断增加，但科教财政支出在财政总支出中的占比较低，且增长速度严重滞后于财政总支出的增长，对科教的财政投入力度仍然不够，中西部贫困地区的科研经费更是严重不足。此外，贫困地区科教资金的使用效益也偏低。一方面，我国的财政科技资金主要通过直接拨付现金给科研机构和对重大科研项目进行资助等方式直接投入科技创新活动，而贴息贷款、风险补偿、股权投资、绩效奖励等间接投入方式很少，②因而难以充分发挥财政资金对社会资本的带动作用和杠杆效应。另一方面，科教扶贫资金的使用缺少统筹规划，重复立项等问题突出，使得资金使用不够精准、效益偏低，难以形成资金合力。同时，科教扶贫资金的使用缺乏有效的监管，资金滞留、虚报冒领、挤占挪用等现象时有发生，造成了扶贫资金的损失浪费，没有充分发挥科教扶贫资金的作用。

（五）贫困地区科教扶贫的工作机制不健全，科教扶贫的精准性、针对性不强，金融等配套服务难以满足科教发展的需要

当前，我国科教扶贫的工作机制不健全，扶贫工作的精准性和针对性

---

① 刘冬梅、郭强等：《贫困地区中小企业创新发展的特征与需求研究——以秦巴山区连片特困地区为例》，《中国科技论坛》2016年第1期。

② 韩立生：《深入基层服务三农——安徽省科技特派员农村科技创业行动显成效》，《安徽经济》2014年第3期。

不强。一方面，教育扶贫存在着助学扶贫资金偏离贫困学生及教育经费偏离农村贫困地区的现象。科技扶贫由于项目审核标准和需要农户配套资金等问题，许多扶贫项目对贫困农户及贫困人口的覆盖度偏低。调查显示，科技培训项目的受益群体中贫困户占 17%，而科技示范项目的受益群体中贫困户所占比重更是低至 14%。扶贫工作在瞄准扶贫对象和选取扶贫方法方面缺乏精准性，严重阻碍了扶贫工作效率的提升。另一方面，贫困地区金融服务发展滞后，水平和层次较低，对科教发展的支持力度不够。扶贫贴息贷款政策存在可贷资金总体规模偏小、门槛高等问题，且风险分散、担保、补偿机制建设滞后，金融扶贫的力度和作用较小。同时，由于经济条件和法律政策的限制，农村资金互助社组织规模小、资金严重不足、监管缺失，无法为农业生产经营提供所需的资金。

二、多措并举推进科教扶贫，增强贫困人口脱贫内生动能

习近平总书记在 2015 减贫与发展高层论坛演讲中指出："扶贫必扶智，让贫困地区的孩子们接受良好教育，是扶贫开发的重要任务，也是阻断贫困代际传递的重要途径。"推进贫困地区的科教扶贫，既需要财政帮扶和支持，也需要提高贫困地区的内生发展能力；既需要政策支持和资金保障，也需要人才的引进培养和科技的推广应用。[①] 要多措并举，从而有针对性地解决我国科教扶贫中存在的问题。

（一）大力发展贫困地区职业教育和技术培训，使贫困人口获得"一技之长"，发挥能人带头示范效应，提高贫困地区劳动力素质，重视专业合作社和公司+农户的组织创新，加强实用技术推广，转变贫困地区的发展方式

首先，要通过加大对贫困地区职业技术学校的资金支持、加强"双师型"教师队伍建设，推动贫困地区学校职业教育的发展。要完善职业技术培训体系，构建职前教育和职后培训互相融通的职业培训网络，广泛开展

---

① 王荣党：《反贫困视角下效率与公平的历史归结和中国情结》，《江淮论坛》2014 年第 1 期。

与当地产业体系和经济发展相适应的职业培训，通过技术培训与当地优势产业、公共服务有效衔接，培养二、三产业的技术性人才，增强贫困人口的职业技能，提高贫困人口就业创业水平。要建立健全贫困地区实用人才培养方案，制定科学合理的培训计划，满足贫困人口自主选择培训项目和培训方式的需求，提高培训效果。要完善职业技术培训资助政策，为贫困人口免费提供技术技能培训，鼓励贫困人口积极参与技术培训，提高贫困人口参与技术培训的积极性。其次，要充分发挥能人的带动效应。要组织村干部定期参加业务培训，帮助村干部掌握科学的管理方法和实用技能、及时了解政策动向和各方面信息，从而更好地带动贫困地区发展。要加大对贫困地区农村专业人才、创业致富带头人的培养和支持，鼓励技术能人发展特色产业，充分发挥他们的模范带头作用，先富带动后富。最后，贫困地区要推进专业合作社、龙头企业及特色产业的发展。要通过"专业合作社—基地—贫困户"的模式加强农业技术推广。要通过培育龙头企业和发展特色产业，带动实用技术的转化与普及，促进贫困地区产业的技术升级和结构优化，提高贫困人口就业率和收入。[①]

（二）重视贫困地区教育问题，促进基础教育资源向贫困地区倾斜，切断贫困的"代际传递"[②]

一是要优化教育资源配置，完善贫困地区教育基础设施建设。要优化贫困地区各类学校布局，保障贫困地区学生就近上学的需要，解决贫困地区学生"上学远、上学难"的问题；要调整中央和省级财政教育支出结构，最大限度向贫困地区义务教育薄弱环节倾斜，使学校教室坚固适用，符合抗震、消防等安全要求；要建立现代远程教育平台，通过卫星、电视、互联网等信息化手段将教育资源输送到贫困地区，实现教育资源共享。二是要加强贫困地区教师队伍建设，重视对贫困地区教师的资金扶贫和智力扶贫。提高贫困地区教师待遇，完善贫困地区教师工资保障制度，保证工资按时足额发放；落实贫困地区教师生活补助政策，对支教贫困地

① 朱东国、熊鹏：《社区参与视角的红色旅游开发与新农村建设互动模式研究——以韶山为例》，《湖南财政经济学院学报》2016年第2期。

② 辜胜阻：《阻断贫困代际传递推进包容性增长》，《中国国情国力》2015年第9期。

区的教师给予一定的交通、食宿补贴；建立健全对贫困地区教师的编制倾斜、职称评聘放宽、荣誉奖励等措施以及各项专项特惠性政策，增强贫困地区教师工作的积极性，稳定贫困地区教师队伍；进一步推进特岗计划、国培计划，建立省级统筹乡村教师补充机制，通过订单式培养、就业政策倾斜如参考大学生村官政策等，为贫困地区学校定向培养扎根农村的优秀教师。三是要发展多层次的教育。通过充分利用中小学布局调整的富余资源及其他资源开展学前教育，建设普惠性幼儿园，形成县、乡、村学前教育网络；通过推动普通高中多样化发展，推进人才培养模式多样化，促进学生全面有个性的发展；通过定向招生计划和中西部高校建设，扩大贫困地区学生接受高等教育的比例；重视发展特殊教育，改善特殊教育学校的办学条件，建立普惠与特惠相结合的资助体系，加大对残疾学生的扶助力度。

（三）加大对贫困地区的人才支持，促进贫困地区人才的引进吸收，加强贫困地区专业人才与干部队伍的建设

一是要选派扶贫工作队，通过给贫困地区配备科技副镇长、科技副乡长等措施，让干部队伍下沉帮扶，有针对性地向贫困地区进行人才输送，做到每个贫困村都有驻村工作队，每个贫困户都有帮扶责任人。二是要深入推进科技特派员制度，组织科技特派员深入贫困地区，对贫困人口进行实地指导和技术培训，传授科技知识，帮助贫困人口解决生产生活中的技术问题和困难。三是要推进大学生村官计划，明确村官的工作内容和职责范围，发挥大学生村官在知识、信息、技术方面的优势，避免大材小用等人才滥用和浪费现象。同时，要切实提高贫困地区基层干部、教师、医护人员、大学生村官、技术人才等的待遇，① 提高工资和津补贴水平，完善落实社会保险制度和福利政策，使他们安心在贫困地区扎根，与当地群众一起攻关克难、脱贫致富。

① 辜胜阻、李睿、杨艺贤：《切断贫困代际传递实现全国同步小康的对策思考》，《社会科学家》2015 年第 4 期。

（四）促进贫困地区科学技术的吸收以及科技成果的转化，通过建立并完善配套的基础设施和公共服务，为科教扶贫提供良好的软硬环境，使科学技术能够进村入户、"落地生根"

在科教扶贫"硬环境"建设方面，要推进农村基础设施建设，加强基础设施建设项目的规划管理，保证配套资金的足额落实，定期调整更新基础设施建设项目，使基础设施建设符合当地经济社会发展的需要。增强农业的抗自然灾害能力，建设并完善贫困地区的物流配送、邮政、供销合作等配套体系，转变农业发展方式，从生产、流通、销售等各个环节提高农业发展的质量和效益，促进农业信息化和现代化。要加强信息基础设施建设，促进贫困地区信息化建设，推进互联网在贫困地区的普及，帮助贫困地区建立数字化的招商平台、电子商务平台，大力发展农业物联网和农业云计算等信息技术，使贫困地区能够及时、便利地获取信息服务，实现信息交流的规范化。在科教扶贫"软环境"建设方面，要完善贫困地区科技发展公共服务体系，构建良好的科技发展软环境。要大力发展科技服务产业，开展技术服务工作，构建完整的资金保障、科技应用与推广、专利指导与申请、技术普及与信息化等面向科技的配套服务体系，为科技的研发与应用提供信息咨询、贷款融资等服务。要完善竞争机制和科技奖励机制，加大对科技创新活动的奖励力度，通过风险投资、科技贷款等措施提高企业进行科技创新的积极性，促进科技成果的转化。要推动产学研合作，开展产学研重点项目，将教育科研优势与当地的资源优势、产业发展进行对接，实现产学研合作的常态化、科学化和实效化，促进科技成果转化为经济优势。[①]

（五）加大财政对科教扶贫投入，加强对扶贫资金监管和整合，改变扶贫资金"碎片化"局面，提升扶贫资金的使用效益，为贫困地区的科教发展提供资金保障

一是要建立和完善贫困地区科教扶贫资金倍增机制，加大对贫困地区

———————

[①] 宋振东、董贵成：《论钱学森关于科技和文艺相互作用的思想》，《湖南科技大学学报（社会科学版）》2013年第4期。

的转移支付力度，提高对科教扶贫项目的补助标准，从而为贫困地区的科教发展提供稳定充足的资金。[①] 二是要创新科教扶贫投资机制，充分发挥财政资金的带动效应，统筹企业、社会组织、个人等各类主体的力量，通过设立创投基金等技术创新投融资机构、对企业科技创新活动给予财政补贴和税收激励、完善科教贷款风险补偿机制等措施引导各市场主体参与贫困地区的科教扶贫，并鼓励社会力量捐资助学，拓宽教育经费筹措渠道。三是要完善财政扶贫资金管理机制，整合各部门投入的扶贫资金，按照"统一规划、集中使用"的原则对扶贫资金进行综合管理，提升资金使用效益。[②] 四是要加强对扶贫资金使用情况的监管，建立健全资金使用事前、事中和事后全方位监督机制，确保扶贫资金使用的公开性和透明性，防止资金的贪污和流失，杜绝扶贫资金"跑冒滴漏"等问题；要尊重和发挥贫困群众的知情权、参与权、选择权和管理监督权，充分发挥扶贫资源的效用，使扶贫资源真正落实到贫困人口，真正用于解决贫困人口和贫困地区发展的迫切需求。

（六）完善科教扶贫的工作机制，健全扶贫信息服务与区域协作平台，促进贫困学生的精准识别，加大金融扶贫与科教扶贫的联动

要进一步推进贫困人口识别和建档立卡工作，建立和完善贫困户的动态信息网络系统，使扶贫资金真正用到"刀刃"上。如甘肃省通过建设教育精准扶贫大数据平台，实现了贫困信息、主要措施、任务节奏、考核评估"四项精准对接"，为各项扶贫政策的落实提供了依据。[③] 要做好贫困学生及贫困学生家庭识别建档工作，加大助学体制精准扶贫的力度，建立长效的扶贫助学资金，建立健全学前教育资助制度，推动农村中小学生营养改善工作，对贫困家庭学生实施普通高中和中等职业教育免除学杂费，加大对家庭经济困难大学生的资助力度，加大对各级各类残疾学生扶助力度。要创新科技扶贫开发模式，建立资金竞争分配机制和奖励机制，提高

---

① 柴葳：《教育是最根本的精准扶贫》，《中国教育报》2016 年 3 月 3 日。
② 王刚、张蔚凌：《财政科技支出对区域自主创新能力的影响》，《重庆理工大学学报（社会科学版）》2014 年第 4 期。
③ 张萍：《安徽凤阳财政支农资金投入效能调研报告》，《当代农村财经》2016 年第 1 期。

贫困地区发展科技的积极性，提高科技扶贫资金的使用效率。要建立并完善对口扶贫协作机制和东西部扶贫协作机制，充分发挥富裕地区的人才、技术优势，加大对贫困地区的智力帮扶。同时，要建立健全金融机构体系，鼓励和引导各类金融机构加大对贫困地区科技教育发展的金融支持；要建立并完善税收优惠、贴息支持、财政奖补、过桥贷款、融资担保、风险补偿等机制，[①] 引导资金、技术、人才、管理等要素向贫困地区，聚集推动脱贫内生动能形成。

（本文发表于《江淮论坛》2016 年第 4 期。）

---

① 张萍：《安徽凤阳财政支农资金投入效能调研报告》，《当代农村财经》2016 年第 1 期。

—26—
城镇化背景下的城乡养老新命题

　　日益严峻的老龄化形势给我国养老服务体系带来了巨大挑战，构建科学合理的养老服务体系是应对人口老龄化的重中之重。国家"十三五"规划纲要提出，要建立以居家为基础、社区为依托、机构为补充的多层次养老服务体系，推动医疗卫生和养老服务相结合，积极应对人口老龄化。为了深入研究我国人口老龄化问题与养老服务体系建设，我们2016年以来到北京、河北、湖北、山东等地区对不同类型的养老机构进行了调研，与业内人士进行了广泛的交流，召开了多场专家学者座谈会。

　　立足于我国老年人口数量大、增速快、群体差异大，以及未富先老、未备先老等重大人口国情，我们发现构建我国科学合理的、多层次的养老服务体系，重点在于解决政府、家庭、市场三大养老服务供给主体和失能失智老年群体、农村留守老人、老年农民工等特殊养老服务需求主体的突出问题。一方面，科学合理的养老服务体系要求形成与落实各方共担的责任框架，实现合理分工、优势互补，推动养老服务供给方式、供给主体多元化，满足多层次的养老服务需求，保证我国养老服务体系的可持续性，这最重要的是科学界定政府、家庭、市场三者在体系中的职能边界，政府有责任兜底没有家庭依靠的老年人的基本养老服务供给、提供养老服务发展的制度保障，但不能介入太深、包揽一切。多样化、社会化养老服务供给要充分发挥市场在资源配置中的决定性作用。要弘扬家庭孝道文化，发挥好家庭在养老服务中的第一支柱作用。另一方面，要做好养老服务体系补"短板"工作，既要保障每一位老年人获得基本养老服务的权益，不断提高统筹层次和水平，又要转变思路、突出重点，解决好失能失智老人、农村留守老人、老年农民工等特殊老年群体养老服务保障的短板问题。基于此，本文分析我国养老服务供需体系存在的突出问题，探讨"十三五"时期我国构建科学合理养老服务体系的基本路径选择。

一、我国养老服务体系面临的人口老龄化形势

我国人口年龄结构金字塔正在发生显著变化，金字塔底部不断萎缩，中部青壮年人口最多，上部呈现扩大趋势，人口结构已由"正三角"型转向"梨"形，预计到 2050 年，老年人口的比重明显上升，尤其是 80 岁及以上的女性人口将成为数量最为庞大的人群（见图 1）。我国面临严峻的老龄化形势，发展养老服务是我国当前与未来很长一段时间的重大民生工程之一。

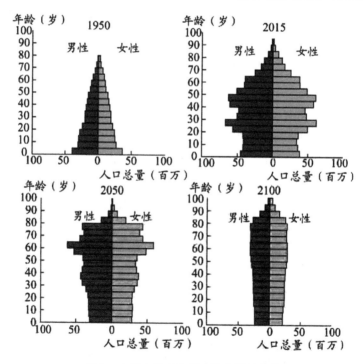

图 1 中国人口金字塔 150 年间的变化

资料来源：Population Division of Department of Economic and Social Affair, 2015, *World Population Prospects：The 2015 Revision.* NewYork：UnitedNations.

我国有着特殊的人口老龄化国情。一方面，我国老年人口基数大、占比高、增长速度快，目前增速和数量均为全球第一。近 20 年来我国老年人口一直保持着一个较快的增长速度（见图 2），到 2015 年，65 岁及以上的老年人口已增长到 1.44 亿，占总人口的 10.47%；据联合国估算，2015 年全球 65 岁及以上人口约有 6.17 亿，中国占 23.3%。目前，我国是世界上唯一老年人口超过 1 亿的国家。同时我国老年人口比例倍增的时间也远远短于西方发达国家，大部分的西方发达国家 60 岁及以上的老年人口比例由10% 增长为 20% 历时不少于 50 年，65 岁及以上人口的比例由 7% 变为 14%也花了超过 40 年的时间，而我国这两项人口比例指标的倍增时间预计分别为 27 年与 28 年，人口年龄结构老化的速度非常快。[1] 据世界卫生组织预测，到 2050 年，中国 60 岁以上的老龄人口将达到总人口的 35%。另一方面，"未富先老""未备先老""未富先骄"同时存在，人口老龄化超前于现代化，全社会养老负担重。[2] 日本、法国、德国等发达国家在人均 GDP超过 10000 美元时进入老龄化社会，而我国 2000 年进入老龄化社会时人均GDP 仅为 800 美元，到 2015 年我国的人均 GDP 也刚接近 8000 美元，具有明显的"未富先老"特征。养老服务体系滞后于养老服务需求，可谓"未备先老"。同时，中国家庭正在经历"少子老龄化"的进程，[3] 独生和少子化的家庭生态导致了"未富先骄"。近年来，我国的老年抚养比不断攀升（见图 2），2015 年已达到 14.3，即每 100 名劳动年龄人口要负担 14.3 名老年人，人口数量红利进一步减弱、养老负担不断加重。严峻的老龄化形势给我国养老服务体系带来巨大挑战，构建与完善适合我国国情的、可持续发展的养老服务体系，保障与扩大全社会的养老服务有效供给，已成为我国经济社会发展的紧迫任务。

---

[1] 邬沧萍、杜鹏：《中国人口老龄化：变化与挑战》，中国人口出版社 2006 版。
[2] 辜胜阻、方浪、曹冬梅：《发展养老服务业应对人口老龄化的战略思考》，《经济纵横》2015 年第 9 期。
[3] 彭希哲、胡湛：《当代中国家庭变迁与家庭政策重构》，《中国社会科学》2015 年第12 期。

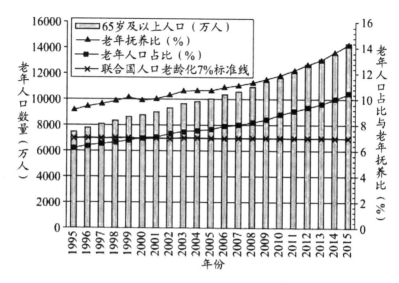

图 2　1995 年以来我国人口老龄化与老年抚养比走势

注：老年人口占比为 65 岁及以上人口占总人口的比例；老年抚养比为老年人口数与劳动年龄人口
　　数之比，即每 100 名劳动年龄人口要负担多少名老年人。

资料来源：国家统计局网站（http：//data. stats. gov. cn/）。其中，2000、2010 年数据为当年人
　　口普查数据推算数；其余年份数据为年度人口抽样调查推算数据。

二、当前我国养老服务体系存在的主要问题

　　总体而言，我国养老服务体系的基本框架逐步明确、养老服务的政策
法规建设不断推进、养老服务多元化投入格局日趋形成、养老服务体系的
覆盖范围逐步扩大、养老服务体系的能力建设不断增强，但经研究与调研
发现，当前我国养老服务体系仍存在诸多调整与改进空间，突出表现在政
府、家庭、市场三大供给主体在养老服务体系中的作用没有得到很好的发
挥，制约社会养老服务供给扩大，同时长期护理保障制度仍处于探索阶段，
失能失智等特殊群体的养老服务难以得到有效保障，农村留守老人、老年农
民工群体的养老保障对老龄化背景下的城镇化战略提出了重大挑战。

　　（一）政府在养老服务体系中的定位不清、职责不明，有效的制度供
给不足

　　目前，政府在养老服务体系中存在越位、缺位、错位等问题，支持与

保障养老服务发展的有效制度供给不足，主要表现在以下几个方面：

其一，政府没有完全做好养老服务"事业"与"产业"的区分，公办养老机构职能定位模糊。公办养老机构是政府为部分特殊老年群体提供"兜底性"养老服务的重要载体，但目前一些地方公办养老机构主要向一般社会老人开放，偏离了政府"保基本、保困难、兜底线"的方向，没有做到"雪中送炭"，反倒为富裕老人养老"锦上添花"，加剧了社会的不公平，这也导致一些公办养老机构出现"一床难求"的局面。

其二，养老服务发展的支持政策缺乏系统性，落实力度不够。政策支持系统性不足，在时间上缺乏连贯性，难以形成长效的支持体系，如相关的税收优惠政策多以"意见""办法""通知"等形式下发，规范性不强，制约性较弱，难以形成支持合力。部分地方政府往往因财政紧张等各种原因，难以落实支持养老服务发展的优惠政策，导致市场各主体参与养老服务发展积极性不高。

其三，多职能部门联动、合力参与养老服务发展的格局尚未形成。养老服务体系涉及多个职能部门，目前各涉老部门之间缺少有效的协调沟通机制，养老服务业的发展依然面临大量不合理的体制机制障碍，支持政策的协同效应难以发挥。

其四，养老服务评估制度尚未建立，养老机构标准化、规范化发展不够。政府尚未从政策、制度的高度对我国养老服务领域的市场准入、管理能力、人才队伍、服务水平、卫生条件和建筑设施等标准进行科学合理的规范与监管，相应的服务质量评估体系尚未建立，难以有效监管和认定养老服务机构的资质。

（二）传统的家庭养老服务功能不断弱化，居家养老服务发展不能满足实际需求

习近平总书记指出，家庭是当代中国社会转型与制度变迁的历史起点和给定条件，更是国家发展、民族进步、社会和谐的重要基点。家庭是我国养老服务体系的第一支柱，任何历史情况下都要重视家庭建设。

目前家庭的养老服务功能不断弱化，传统的家庭养老模式难以为继，构成了对我国养老服务体系的重大挑战。家庭规模小型化与结构简化直接

弱化了家庭的养老功能。我国户均规模由"五普"的 3.44 人减少到"六普"的 3.09 人（见表 1），家庭"核心化"、小型化特征明显。目前，"4—2—1"型家庭结构日益普遍，1 对夫妻照顾 4 个老人的局面已成常态。家庭内部的代际支持仍是我国老年人养老保障和生活照料的主要来源，家庭的"少子老龄化"将进一步加剧家庭养老困境，尤其是随着老年人逐渐高龄化，患病率、伤残率增加，每个家庭所承担的生活照料、经济支持等养老成本明显增加。[①] 不均衡的城镇化导致的大量劳动力人口异地迁移冲击着传统家庭养老模式。城镇化过程中大量的农村人口转移，以及城市中青年跨地域流动日益频繁，成年子女与老年长辈之间居住呈现出离散化趋势，由于时间、精力所限，成年子女对留守老人的照料普遍力不从心。

表 1 我国家庭户规模变动状况

	1982 年	1990 年	2000 年	2010 年
户数（万）	22537.9	28830	34049.1	40151.7
户均规模（人）	4.41	3.96	3.44	3.09
1 人户比例（%）	7.97	6.27	8.3	13.66
2 人户比例（%）	10.08	11.05	17.04	24.37
3 人户比例（%）	16.05	23.73	29.95	26.86
4 人户比例（%）	19.54	25.82	22.97	17.56
5 人户比例（%）	18.35	17.75	13.62	10.03
6 人及以上户比例（%）	28	15.38	8.11	6.63

资料来源：根据 1982—2010 年相应年份的人口普查抽样数据整理。

与此同时，居家养老已经成为我国最主要的养老模式，现阶段市场为居家老年人提供的养老服务内容单一，不能满足老年人多样化的养老需求。目前的居家养老服务内容主要集中在助餐、助洁、助急、助浴、助行、助医等"六助"服务，居家老人的健康管理、康复护理、文化娱乐等服务内容供给不足；居家养老服务网络设施建设滞后，各种养老服务设施和服务市场主体的资源共享衔接亟待完善。

---

① 彭希哲、胡湛：《当代中国家庭变迁与家庭政策重构》，《中国社会科学》2015 年第 12 期。

（三）民办养老机构面临用地、用人、融资和运营困境，床位空置率高

尽管近年来政府不断鼓励和扶持民间资本进入养老服务领域，但民办养老机构的运营依然面临着用地、融资、用人、运营等困难，难以真正扩大社会养老服务有效供给。

第一，民办养老机构用地困难。由于很难通过政府划拨获取土地，大部分民办养老机构主要通过招、拍、挂的竞价方式和租赁用地方式获取土地。随着近年地价房价的攀升，用地用房成本加重，由于缺乏土地保障，很多民办养老服务设施不得不建在位置偏僻、交通不便的郊区或农村。

第二，民办养老机构普遍存在融资难问题。养老机构投资大、周期长、利润低、风险大，加上民间资本的身份，民办养老机构很难从银行等社会融资机构获得贷款，很多民办机构的养老服务设施属于租赁性质，进一步削弱了抵押融资能力。

第三，民办养老机构招工难、留人难、用工缺口大问题突出。由于养老护理员工作量大、时间长、收入低，岗位的吸引力较低。加之近年人工成本上升进一步加剧了用人难题，高素质专业人员更加匮乏，大多养老护理员只能满足老年人基本物质生活层面的需要。民办养老机构的利润空间受到各项高成本挤压，赢利能力低、经营困难，也难以形成品牌及规模效应。根据全国老龄办的数据，2015 年 51% 的民办养老机构只能收支持平，40% 长年处于亏损状态。

与此同时，民办养老机构市场定位存在偏差。部分民办机构受限于经营成本高而涌入低端、保障型服务市场，与公办机构形成同质化竞争；有的追求利润而盲目投资、做大项目、走高端化路线，与市场实际需求严重脱节，市场上处于两端的豪华型养老机构和设施简陋的养老机构较多，真正符合大多数老年人的中档养老机构所占份额较低，社会需求很大的小微型社区居家养老机构、医护型养老机构发展不足，加剧了我国养老服务市场的结构性失衡，民办养老机构床位空置率一直居高不下。

（四）失能失智老年人口数量多，照护成本高，长期照护保险制度费用的合理分担机制尚未形成

我国失能失智老人数量庞大，且增长速度快。据中国老龄科学研究中

心 2015 年发布的《中国老年宜居环境发展报告》显示，失能和半失能老人快速增加，全国失能和半失能老年人口规模已突破了 4000 万人，到 2020 年失能半失能老年人估计将增加到 4500 万人，2030 年将达到 6168 万人，2050 年将达到 9750 万人。以北京市为例，需要护理照顾的高龄失能失智老人有 60 万人左右。[①] 失能失智老人的长期照护问题成为当前我国人口老龄化中一个突出的社会问题。

一方面，失能失智老人长期护理费用的日益攀升，与普通老年人和家庭的支付能力存在较大差异。由于失能失智老人康复周期长且康复难度较大，对护理水平要求很高，人员、硬件投入都要比自理老人大得多，医疗护理费用和人力照顾成本高，医疗保险难以涵盖。根据人力资源和社会保障部公布的数据，我国城镇退休职工养老金水平一般在 2000 元/月左右，而养老机构收住一个需要全护理的老人成本基本都在 3000 元以上。我国超 4000 万失能半失能老人的养老及医疗问题直接影响约 1 亿户家庭。

另一方面，我国尚未建立针对失能失智等老年群体的长期照护保险制度。当前，我国长期照护体系处于起步阶段，专项政策法规有限、专业长期照料机构缺乏、服务项目未成体系、养护型专业人员不足等问题的存在，制约了长期照护的发展。由于盈利能力弱，赔付风险大，失能失智老人的商业保险种类少、门槛高，一般的家庭难以支付，长期护理如果延续仅依靠国家福利系统来提供相关照护服务的传统模式，势必给政府造成沉重负担，不利于长期发展，也很难形成规模。

（五）农村养老服务体系建设滞后，留守老人和大批老年农民工面临严峻的养老困境

中国的老龄化呈现城乡倒置的特点，农村老龄化问题比城市更为严重。[②] 根据国家统计局人口普查数据，1982—2010 年间，农村 60 岁及以上老年人的比例从 7.8% 上升到 14.98%，上升了 7.18 个百分点；城市同期的比例从 7.4% 上升到 11.69%，上升了 4.29 个百分点；农村老年人口上升幅度比城市高 2.89 个百分点，其中城镇化是这一现象的重要推动力，有

---

① 郑莉：《4000 万失能失智老年人亟须专业照护》，《工人日报》2015 年 6 月 4 日。
② 翟振武：《人口新常态与人口政策》，《攀登》2015 年第 6 期。

学者测算 2000—2010 年城乡人口转移对农村人口老龄化的贡献率达 43.4%，农村老龄化程度高于城市地区这种现象预计将持续到 2040 年前后。① 同时，中国的城镇化进程中存在着严重的人口"半城镇化"现象，大量农民工劳动在城市、家属在农村，产生了大量的"三留"人员，带来了一系列社会问题，尤其是留守老人的养老问题。② 2014 年，中国外出农民工总量达 16821 万人，其中，举家外出的农民工仅有 3578 万人，占外出农民工总数的 21.3%，这背后存在着数以千万计的留守老人。

长期以来，我国农村养老服务的发展明显落后于城市，农民养老目前主要依赖传统的家庭养老和土地保障形式，保障程度极其薄弱。而农村家庭大量青壮年劳动力异地转移，农村家庭逐渐"空心化"，留守老人越来越无法依靠家庭养老，基本的养老照护难以获得。与此同时，大批老年农民工养老面临"融不进大城市、回不去农村"的困境，老年农民工养老问题形成了新型城镇化的重大挑战。国家统计局《2014 年全国农民工监测调查报告》显示，2014 年老年农民工已达 4600 万人。近年退休或正考虑退休的农民工，大约是 5000 万人的群体。老年农民工人数在今后十年内还会持续增长。一方面，老年农民工养老融不进大城市。由于城市基本公共服务与户籍制度挂钩进城农民工享有的基本公共服务覆盖面窄，难以实现从农民到市民的"身份转变"并真正融入城市。此外，农民工融入大城市的又一大障碍就是大城市飞涨的房价，农民工只能"望房兴叹"，安居梦难圆。世界银行研究显示，我国城镇户籍家庭的自有住房率达到 84%，但农民工在城市拥有自己住房的比例仅为 10%。另一方面，老年农民工养老回不去农村。老年农民工的子代很多同样远离农村（外出打工或者求学），跨地域流动导致老人基本的生活照料难以提供，这一代老年农民工很可能成为下一批留守老人。同时农村地区财政资金投入支持农村养老服务发展、养老服务设施建设不足，敬老院等养老服务设施陈旧，人员配备不齐，从对象覆盖范围与服务项目的数量质量方面来看，基本只能满足农村五保对象的集中供养，保障程度非常有限。

---

① 杜鹏、王武林：《论人口老龄化程度城乡差异的转变》，《人口研究》2010 年第 2 期。

② 辜胜阻、易善策、郑凌云：《基于农民工特征的工业化与城镇化协调发展研究》，《人口研究》2006 年第 5 期。

三、构建科学合理的养老服务体系战略思考与政策建议

面对严峻的老龄化形势，以及当前政府、家庭、市场在养老服务体系中定位不清，分工不明，失能失智老人、农村留守老人、老年农民工等特殊群体的养老服务供需矛盾突出等问题，构建科学合理有效的养老服务体系迫在眉睫。

（一）政府要做好制度供给，兜底没有家庭依靠的老年人的基本养老服务，但不能大包大揽

政府在养老服务体系的构建中发挥着非常关键的作用，但绝不是大包大揽。要厘清政府在养老服务体系中的定位和职能。政府要通过强化制度供给，实现与其他养老服务主体的优势互补，满足养老服务发展需求。具体而言，政府需要落实好以下 6 个方面的基本职责（见图3）。

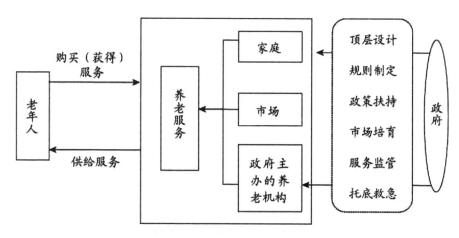

图3　我国养老服务供需体系

（1）做好养老服务体系的顶层设计，制定并组织实施养老服务规划。要更加重视顶层设计，将养老服务体系建设作为社会系统工程，统筹规划进行战略安排，实现养老服务领域内法律、法规、规范性文件和政策措施在纵向上相连贯、横向上相协调，保证政策规划的科学性、系统性。积极制定养老服务业发展规划，充分调动土地、规划、民政、发改等多个职能

部门联合参与养老服务发展的积极性。将养老服务体系建设与改革同步纳入经济社会发展规划和城乡建设规划，确保与社会保障、医疗、人口、产业等政策相协调。将养老事业的发展纳入地方政府政绩考核，建立养老服务发展绩效评估制度与有效问责机制，加强督促检查。

（2）制定养老服务政策和相关规则。结合各地区经济社会发展水平和养老服务需求实际，制定和完善养老服务质量、服务资质、服务规范、服务安全、环境卫生、设施、设备等行业标准，完善服务人才队伍的培训、考核与激励机制，完善养老服务质量评估制度，使养老服务机构规范发展。[①]

（3）积极引导和扶持养老服务产业发展。制定和落实在投融资、土地供应、税费优惠、养老床位补贴、建设经费补贴、水电优惠、人才培养等方面的扶持政策，着力解决机构经营成本过高的问题，改善经营发展环境，同时要积极培育发展社会服务团体和民间组织等第三部门，努力形成多主体、多元化的养老服务供给格局。

（4）做好养老服务市场培育，创新养老服务供给方式。积极探索与民间资本的多种公私合作方式，引导与培育养老服务市场力量壮大。积极推进政府购买服务，鼓励企业实体、社会组织为老年人提供多样性、针对性的养老服务和老年生活产品，激发各类服务主体潜力和活力，不断扩大养老服务市场。引导民众形成"花钱买养老服务"的习惯，为养老服务市场发展创造良好的社会氛围。

（5）加强对养老服务的监管，促进养老服务市场健康发展。要完善养老机构的准入、监管以及退出机制，推进养老服务发展评价与检测指标体系建设，定期对各类养老服务机构进行检查。重视市场监管和治理，积极构筑包括政府监管部门、企业、社会中介组织、新闻媒体、消费者等"社会共治主体"事中事后监管的网络体系，维护养老服务与产品市场的良好秩序。

（6）发挥政府托底救急的功能，政府要保基本、兜底线，保障弱势群体的养老服务，满足困难老年人的基本养老服务需求。政府要承担市场不

---

① 钟春洋：《完善社会养老服务体系的五个重点问题》，《经济纵横》2015 年第 1 期。

愿、不能生产的养老服务，保障所有老年人能获得最基本的养老服务。要办好公办养老机构，鼓励和指导各类公办养老机构的改革，着力解决形式单一、封闭运行、床位不足、效率低下等问题，大力发展养护型和护理型养老服务，实现"为谁服务""服务什么"的精准到位，保障好经济困难的孤寡、失能失智、高龄等特殊老年人的养老服务需求。

（二）大力发展居家养老，发挥家庭在养老服务中的第一支柱作用，推进居家智慧养老服务体系的建设

首先，要完善家庭能力建设与可持续发展的支持政策，支持和引导现代家庭发展。要落实家庭成员赡养和抚养老人的法律责任，明确作为赡养人的家庭成员对老年人经济供养、生活照料和精神慰藉的义务。[①] 要通过购房减税等优惠政策鼓励子女等家庭成员与老年人共同生活或就近居住。[②] 要保障子女或赡养人探亲休假和请假照护老年人的权利。要尽快推动家庭政策体系实现向明确型和发展型转变，明确家庭整体的福利保障、强化对家庭能力建设的投资、实现家庭政策的适度普惠。[③]

其次，要丰富居家养老服务内容，加快建设居家养老服务网络。居家养老服务不仅是家政服务，要大力培育居家养老服务企业和机构，鼓励与支持不断开发、完善不同形式的服务项目和服务模式，更加便捷灵活的为居家老年人提供涵盖生活照料、医疗卫生、精神慰藉、文化娱乐、社会参与等内容的定制化、专业化服务。[④] 要将家庭、社区和服务机构有机结合，建立以专业化企业或机构为主体、社区为纽带、满足老年人各种服务需求的居家养老服务网络。北京市海淀区已探索建立了新型的居家养老模式，社区可为老年人提供重症照护、家庭医生等医疗服务，日间照料、老年餐饮等生活服务，以及文化学堂、兴趣小组等文化服务，晚上和休息日主要

① 青连斌：《我国养老服务业发展的现状与展望》，《中共福建省委党校学报》2016年第4期。
② 靳东升、白景明、陈琍：《促进中国养老服务体系发展的财税政策研究》，《财政研究》2012年第4期。
③ 胡湛、彭希哲：《家庭变迁背景下的中国家庭政策》，《人口研究》2012年第2期。
④ 杨宜勇、杨亚哲：《论我国居家养老服务体系的发展》，《中共中央党校学报》2011年第5期。

是家庭看护，这既充分发挥了家庭的支柱作用，又发挥了社区和服务机构的专业作用。

最后，要整合政府、市场、社会组织与老人家庭和个人的资源，探索建立智慧养老服务体系，推动居家老年人实现个性化、专业性健康管理。智慧养老服务系统通过感知节点、数据分析、监管评价等技术手段（见图4)，能够无障碍感知老人身体特征，智能分析老人各层次需求，同时快速高效的根据老人实际需求提供匹配服务，将养老服务的供给方与需求方便捷的连接起来。借助于智慧养老云，实现对居家老年人位置信息、健康信息、监控提醒、保健服务、上门服务等多项功能，智慧养老云还可以根据居家老年人生活习惯、健康状况，自动匹配科学合理的服务内容及服务人员，实现个性化、专业性健康管理，保障老年人在家就能获得良好的健康护理与养老服务体验。智慧养老服务体系能够减轻机构、政府及社区养老服务供给压力，是解决未来"无人养老"困境的可行选择之一，也是居家老人实现医疗服务与养老服务结合的重要途径。

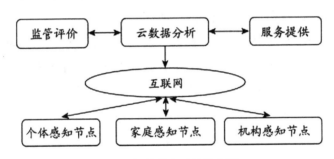

图 4　智慧养老系统示意图

资料来源：沈嘉璐：《福州市智慧养老服务体系研究》，《学术评论》2015 年第 3 期，第 126—133 页。

（三）进一步完善养老的政策支持体系，重点缓解民办养老机构用地、融资、用人等运营困境

如何激发民间养老机构的积极性对构建科学合理的养老服务体系至关重要。要多管齐下，缓解民办养老服务机构用地、融资、用人等运营困境，提高养老服务投资回报率，让民办养老机构"有利可图"。

要加强民办养老机构的用地用房保障。将养老服务设施建设用地纳入

经济社会发展规划、城乡建设规划、土地利用总体规划等，为养老服务设施建设预留土地空间，优先优惠保障民办养老机构建设用地供应；鼓励民办企业通过改扩建等形式，对废旧厂房、空余办公用房以及闲置校舍等房屋土地资源按照养老服务设施标准进行改造，减少对符合标准用房用途转化的人为障碍，① 缓解土地供应不足的压力；支持农村集体经济组织使用村级留用地兴办社会化养老服务设施。

要增强对民间资本参与养老服务业的金融支持，不断拓宽养老服务业的投融资渠道，化解民间养老机构融资难、融资贵、融资险等问题。促进金融机构和民间养老机构合作，引导金融机构加快金融产品和服务方式创新，不断加大对民间养老机构的信贷支持力度；② 允许民办养老机构利用有偿取得的土地使用权、产权明晰的房产等固定资产办理抵押贷款；支持民办养老机构通过股权融资等方式实现建设经营资金筹集；要放宽对符合条件的营利性养老机构的贷款担保条件。

要加强养老服务的人才培训。实施养老护理人员培训计划，加强专业化养老服务护理人员和管理人才队伍建设。建立合理的养老护理员薪酬待遇制度，明确一线养老护理员薪酬水平不低于社会平均工资水平，增加对养老服务队伍的培训补贴。

此外，要降低民间资本进入养老服务行业的投资经营门槛，放宽行业准入，简化和规范程序，减免行政事业性收费，提高民间力量进入养老服务行业的积极性。要完善现行财政补贴政策，充分发挥财政资金对民间资本的引导作用，要建立公平的补贴机制，对公办机构和民办机构一视同仁。要鼓励以公建民营、民办公助、购买服务、委托管理、股权合作、管理运营 PPP 等多种方式开展养老服务机构建设与经营，改善民间资本的投资经营环境。要鼓励专业社会机构、社会组织以输出管理团队、开展服务指导、进行行业自律等方式参与养老设施运营与管理，引导养老机构向规模化、专业化发展。

---

① 宏观经济研究院课题组：《"十三五"养老服务体系建设投资问题分析与建议》，《宏观经济管理》2016 年第 3 期。

② 包路林、李源：《推进养老服务业发展的政策保障措施研究——以北京市郊区县发展养老服务业为例》，《北方经济》2015 年第 11 期。

（四）建立以长期护理互助保险制度为主的长期护理保险制度，完善失能失智老人的长期护理服务体系

基于失能失智老人数量大、费用高的实际情况，我国迫切需要建立长期护理保险制度，当前最重要的就是要探索建立长期护理互助保险制度，互助共济、责任共担来解决长期照护的费用支付与服务供给问题。资金来源是长期护理保险制度的关键问题，要建立多元主体共同分担成本、多渠道筹资的长期护理互助保险制度。国外经验表明，构建以社会保险为主体、财政补贴为支持、商业保险为补充的长期护理保险制度，形成由家庭、社会、政府共担的多元、动态筹资机制，是提高老年人购买养老服务特别是护理服务支付能力的可行制度安排。

长期护理保险的需求大、历时长，跨医疗卫生、社会服务等领域，所以长期护理互助保险在制度设计上，要与经济社会发展水平和各方承受能力相适应，确保可持续发展；要与养老、医疗保险制度合理衔接，推行医养结合型的长期护理互助保险，使医疗养老资源进一步优化配置，更好的满足老年人长期康复护理和基础医疗需求。同时，长期护理互助保险要与商业保险制度有机结合，发挥好具有资质的商业保险公司在长期护理互助保险制度中的重要作用，提高长期护理互助保险的经办管理服务效率，鼓励部分商业保险公司发展与长期护理互助保险相衔接的、适销对路商业护理保险，[①] 满足多层次、多样化的长期护理保障需求。长期护理互助保险要与社会化护理服务相衔接，使保险基金投入与社会护理服务精准匹配，最大限度地发挥保险基金使用效率。

实践上，目前我国青岛、南通和北京市海淀区等地方分别开展了长期护理保险制度试点，但实际效果呈现一定差别。青岛长期医疗护理保险的资金主要来源于基本医疗保险统筹基金和个人账户，南通市的基本照护保险基金以个人缴费、医保划拨和财政补助相结合，分别占比 30%、30% 和 40%。这两个试点都是以政府补助为主要部分，从直接效果来看，存在着待遇要求高、降低难，同时财政负担重、提高难的两难困境。而北京海淀

---

① 付秋实：《长期护理保险制度轮廓初显》，《金融时报》2016 年 7 月 13 日。

2016 年推出的失能护理互助保险项目，在保险基金构成方面，主要由个人缴费，加上政府补贴和照护服务机构缴纳费用两部分共同组成。参保人不同年龄段实行差别化缴费（见表 2），且一次性缴纳全年度保费，个人缴费不少于 15 年，政府补贴也不会超过 15 年。在服务给付方面，参保老人在年满 65 周岁之后，如果经过专业机构评估达到轻度、中度、重度的失能，可以分别得到由服务商提供、由保险基金支付的每月 900 元、1400 元和 1900 元的基本护理服务。北京海淀区的失能护理互助保险项目还通过保险公司运作，发挥金融杠杆效应，放大互助保险的运作资金基础，有助于提高长期护理保险基金的可持续性。相比之下，长期护理互助保险制度强化了"一人为众，众为一人"共济互助性质，通过多数人、多渠道筹资共济少数失能失智老人的基本养老服务与医疗照护经济负担，在费基得到扩大、受益人群得到合理控制的条件下，不以赢利为目的、更强调社会效益，确保了各主体能共同承担长期照护成本，提升了失能失智老人的服务购买能力。推出具有互助共济、责任共担特性的长期护理互助保险制度是完善我国现阶段失能失智老人长期护理服务体系的合理选择。

表 2　北京市海淀区失能护理互助保险项目差别化缴费标准

年龄段（周岁）	个人年缴费额	财政补贴（年）	
		城镇户籍	农业户籍
18—39	1140 元 标准缴费基数	市、区：财政按照年缴费额的 20% 进行补贴	市、区：财政按照年缴费额的 20% 进行补贴 乡（镇）：财政暂按每人每年补助 120 元
40—59	1254 元 标准缴费基数增加 10%		
≥60	1368 元 标准缴费基数增加 20%		

资料来源：整理自调研材料。

（五）积极应对农村人口老龄化，大力发展五线小城市，推进老年农民工在就地城镇化中养老

解决人口"半城镇化"形成的养老困境，要坚持农村和五线城市共同发力。要进一步完善农村养老保障制度，加大财政资金的支持力度，积极

倡导家庭养老，加快农村养老服务体系建设，改善农村养老基础环境，鼓励养老服务机构不断丰富养老服务内容，充分发挥乡镇敬老院等供养机构保障特定老年群体养老服务的作用。要构建农村互助式养老服务体系，一方面，通过财政补贴，将农村老年活动室或闲置的校舍等设施改建成农村居家养老服务站，由村委会、有条件的家庭或村民提供养老服务并收取成本费用，最大限度地降低建院、入住、养老成本，做到老年人养老不离村，在村中享受养老服务；另一方面，应积极探索村集体集中土地、农民土地经营权自愿入股模式，扩大农村老人养老的资金来源，同时利用土地收益统筹建立农村互助型养老机构，进一步降低农村留守老人、空巢老人的养老成本。河北省肥乡县探索建立的"集体建院、集中居住、自我保障、互助服务"的农村互助养老新模式——农村互助幸福院，具有"村集体办得起，老人住得起，政府支持得起"的优点，其经验做法成为我国农村养老服务治理的范本，对发展适合农村实际的养老服务机构具有重要的借鉴意义。

要大力发展五线小城市，促进老年农民工在就地城镇化中养老。五线城市是指县辖县管在县以下的小城市和特大镇，是城市之"尾"，农村之"首"。五线城市在老年农民工养老方面具有非常明显的优势。相比于大城市，五线城市的房价、物价水平价低，生活成本更低；相比于农村，五线城市有更好的养老服务、医疗服务资源与条件，能使农民工在"家门口"享受城市的生活。因此，要以城市群为主平台，在城市群内要建立起直辖市或副省级城市和省会城市→地级市→县级市→县辖市（10万人口以上规模的县城和特大镇）的多层次城市体系，培育新生小城市，大力发展五线城市，改变当前我国小城市数量过少的局面，为老年农民工就地城镇化养老创造条件。要巩固五线城市的产业基础，促进老年农民工及其子代就地城镇化，更充分地发挥家庭在养老中的支柱作用。要依托五线城市的区位、资源、产业基础，抓住周边核心城市和大城市产业转移的重大利好时机，打造具有区域性特色的产业。一方面可以促进农业转移人口就地城镇化，缓解留守老人的养老问题；另一方面，也为老年农民工及其子代就近就业或者创业奠定坚实基础，保障家庭在养老中的支柱作用。要充分利用政府、家庭、市场机构、社会组织的资源完善小城市养老服务体系，增强五线城市对农民工养老的吸引力与保障力，重点改善老年人居环境，着力发展老龄产业，逐步将小城市打造成为吸纳老年农民工养老的理想之地，为老年农民工的"城市养老"梦提供可行选择。鼓励老年农民工选择五线小城市养老，必须有效保障老年农民工在农村老家以及在小城市养老的合理权益，有序推进让老年农民工就地城镇化养老落地。

四、研究结论

人口老龄化将成为决定未来 30 年中国社会经济格局的重大基础性问题，是我国中长期社会经济发展面临的最大挑战。养老服务已经成为政府和全社会关注的重大民生工程。应对人口老龄化必须构建科学合理的养老服务体系，加强未来人口增长与老龄化趋势的前瞻性研究。当前我国的养老服务体系建设面临着各种新老问题与挑战，在养老服务的供给方面，政府在养老服务体系中定位不明，传统的家庭养老服务功能不断弱化，民办养老机构面临诸多难题，政府、家庭和市场的协同作用没有得到充分发挥，养老服务供给总体不足且低效，人口老龄化加快势必形成养老服务供给巨大"缺口"。在养老服务的需求方面，失能失智老人、农村留守老人、老年农民工等特殊老年群体有着巨大的潜在养老服务需求，但其总体支付能力、保障程度低，是养老服务需求主体的短板。解决"中国式养老"难题，必须拿出中国式解决方案，关键在于构建具有中国特色的养老服务体系。

基于此，我们认为，构建科学合理、符合中国国情的养老服务体系，最重要的是要界定好政府、家庭与市场等主体的功能与边界，尤其是政府的职能边界要有科学的划定，形成与加快落实各方责任共担、合理分工、优势互补的发展框架，明确家庭为基础、政府兜底底线、市场定位中高端的基本边界。欧美等许多传统高福利国家，普遍存在由于政府介入养老等社会福利程度太深、管得过多，以至于财政不堪负重，要保证政府履行适当的养老职责和养老服务健康发展的同时，避免走发达国家的"老路"。构建科学合理的养老服务体系必须发挥好政府与市场之外的"家庭"主体功能，大力发展居家养老服务、改善家庭养老政策和科技支持环境是养老服务体系建设与改革的重点；大力支持与吸引民间资源进入养老服务领域、扩大社会化的养老服务供给是养老服务发展的主流；加快长期照护保障体系建设、重点探索建立以长期护理互助保险制度为主的长期护理保险制度是养老服务体系建设的重要补充。农村留守老人、城镇化进程中老年农民工的养老服务供给保障是我国养老服务体系建设的薄弱环节。要因地制宜，大力发展五线小城市，为老年农民工实现在城市养老提供可行选择，这是未来老龄化形势下城镇化战略的重要方向。构建科学合理的养老服务体系是一项功在当代、造福老人、惠及子孙的工程，不可能一蹴而就，应更新理念、长远规划、强化重点、攻克难点，从系统的、动态的视角重新思考应对我国人口老龄化的战略布局，积极稳妥的推进适合我国国情的养老服务体系发展与改革。

（本文发表于《人口研究》2017 年第 1 期。）

后　记

　　城镇化是现代化的必由之路。改革开放以来，中国经历了世界历史上波澜壮阔的城镇化进程，发展成就举世瞩目。党的二十大报告提出，以城市群、都市圈为依托构建大中小城市协调发展格局。城市群是在特定的地域范围内，由一个或多个特大、超大城市为核心，依托现代化的交通运输和信息网络，与周边大中小城市和小城镇形成的内在功能紧密联系、具有较高网络联通度的城镇集合体。这种集合体反映了经济紧密联系、产业分工与合作、交通与社会生活、城市规划和基础设施建设相互影响的特点。城市群是人口大国城镇化的主要空间载体，是推进新型城镇化的主体形态，已成为支撑中国经济高质量发展的重要引擎。以纽约、伦敦、巴黎、东京、上海等为核心的城市群都是当今世界上最具发展活力和竞争力的城市集群。根据国家相关规划，我国正在建设京津冀、长三角、珠三角、成渝、长江中游等 19 个城市群。统计表明，19 个城市群承载了全国 75% 以上的人口、贡献了 85% 以上的国内生产总值，已成为我国新型城镇化的主体形态和引领全国经济增长、参与国际竞争合作的重要平台。京津冀、长三角、珠三角、成渝、长江中游五大城市群，以约 10% 的国土面积集聚了全国超过 40% 的人口，创造了 50% 以上的国内生产总值。京津冀城市群以首都为核心，正在打造世界级城市群。长三角城市群面积大、经济活力高、创新能力强、有八城跻身中国 GDP "万亿俱乐部"。粤港澳大湾区城市群包括香港特别行政区、澳门特别行政区和广东省广州市、深圳市、珠海市、佛山市、惠州市、东莞市、中山市、江门市、肇庆市，是我国开放程度最高、经济活力最强的区域之一，城市群人均 GDP 居五大城市群之首。成渝城市群是西部高质量发展的重要增长极和内陆开放高地。长江中游城市群依托黄金水道，承东启西、连接南北，是推动长江经济带建设的重要力量。城市群不仅是城镇化的主平台，也是以创新驱动高质量发展的重要空间载体。城市群作为创业—创新—创富中心，吸引了大量的创新要素，推动了科技创新和产业升级，提升了国家的科技实力和产业竞争力。要发挥核心城市的辐射带动作用，优化城市群内的分工协作机制，在城市群中打造具有全球吸引力的创新生态，让创新源泉充分涌流，优化创新链、升级产业链、稳定供应链、激活人才链、畅通金融链，让城市群特别是核心城市在国内国际双循环中成为"创新发动机"。

习近平总书记指出，在现代化进程中，如何处理好工农关系、城乡关系，在一定程度上决定着现代化的成败。党的二十届三中全会强调，城乡融合发展是中国式现代化的必然要求，《中共中央关于进一步全面深化改革、推进中国式现代化的决定》把"完善城乡融合发展体制机制"作为深化改革的五个体制机制之一，明确了城乡融合发展在推进中国式现代化建设中的重要地位。城市与乡村是一个分工有别但又互促互进、共生共存的有机整体，城乡融合发展是与城乡分割或城乡二元相对应的概念，它是经济社会发展到一定阶段的产物。随着现代化建设深入推进，我国城乡之间的相互联系、相互作用明显增强，但城乡发展不平衡、农村发展不充分仍是我国社会主要矛盾的集中体现。解决这些问题，不能就农业谈农业、就乡村谈乡村，必须着眼于推进城乡融合发展。要把推进新型城镇化和乡村全面振兴有机结合起来，加快形成工农互促、城乡互补、协调发展、共同繁荣的新型工农城乡关系。既要注重发挥城市集聚人口、产业、资金和技术的功能，强化对农村的辐射作用；又要注重发挥农村农业生产、生态屏障、传承农耕文化等功能，强化对城市的支撑保障作用。从国际经验看，随着经济社会发展和城镇化的推进，城乡关系演变大体经历了从二元分割到城乡融合，从"农业支持工业、农村支持城市"到"工业反哺农业、城市支持农村"的重要转变。进入新发展阶段，城乡融合发展成为我国城乡关系演变的重要方向，必须统筹新型工业化、新型城镇化和乡村全面振兴，全面提高城乡规划、建设、治理融合水平。消除阻碍城乡之间各种要素平等交换和流动的体制机制，促进城乡要素平等交换、双向流动，缩小城乡差别，促进城乡共同繁荣发展，做到多方面的"融合"。从而改变

"一边是繁荣的城市、一边是凋敝的农村""一条腿长、一条腿短"的失衡局面。改变城市群内小城市发展严重不足的"短板",培育新生中小城市,以大带小地推动网络型城镇化,形成多中心、多层级、多节点的城市群空间格局。健全城市规划体系,引导大中小城市协调发展、集约紧凑布局。从粗放式、高物耗的发展方式转向集约、绿色、低碳的发展方式,推动城镇化可持续发展。促进人产城融合发展,从过去偏重土地的城镇化转向以人为核心的城镇化,着力实现城乡基本公共服务普惠共享、基础设施互联互通和一体化发展。以产业集聚引导人口集聚,因势利导返乡入乡创新创业,确保人口"流得出"和"回得来",以返乡创业带动就业扩容,以产业转移带动产业升级,实现人口异地转移和就近就地城镇化并重,为经济发展注入新活力。推动城乡之间市场双向开放、要素双向流动,畅通城乡人口、资金和技术流动渠道,加快推动城市资本、人才、技术下乡,改变"城市像欧洲,农村像非洲"格局。打通城乡经济循环的"堵点",缓解发展"痛点",开启城乡融合发展和现代化建设新局面。推动城乡产业融合发展,使农业"接二连三",延长农业产业链、提升价值链,创造更多发展机会。推动农业与电商物流、文化旅游、休闲康养等二、三产业深度融合,充分挖掘农业的多维功能,大力发展生态农业、休闲农业、创意农业和智慧农业,在确保粮食安全这个首要任务的基础上促进乡村经济多元化发展与农民收入持续增长。

武汉大学国家发展战略研究院(国发院)是依托武汉大学联合国及世界银行援助支持研究机构和发展经济学、政治经济学、产业(创新)经济学等优势学科基础,始创于 1997 年。研究院以研究现实国家发展战略和全球发展及治理战略为使命,用网络模式协同汇聚全国多学科的优秀研究力量,是集学术研究、建言资政和人才培养于一体的综合性高端智库。研究院创始院长、首席专家为辜胜阻教授,时任九届和十届全国人大常委会副委员长成思危教授任名誉院长。研究院始终坚持围绕中国经济发展改革的现实需求,秉持"背靠理论、面向现实"的理念,形成了一大批高质量的研究成果,产生了较强的学术影响力、社会影响力、决策影响力和国际影响力。辜胜阻教授作为履职 30 年的资深跨界的"两会"人物,联动切换于大学堂和大会堂,研究团队坚持以学资政、以政促学、政学互动,在国家级报刊和国际学术刊物上发表论文数百篇，出版著作数十部，主持国家及部省级和国际合作项目数十项，向高层报送一批基于深厚调查研究的智库决策咨询报告，受到高层领导和相关决策部门重视和采纳。在人才培养方面，研究院为国家培养输送了一大批优秀人才。

从城市群与城乡融合发展的角度开展深入的战略研究，具有重大的理论意义与现实意义。专著系统集成了武汉大学国家发展战略研究院课题组围绕"城市群与城乡融合发展研究"重大课题的系列研究成果。研究团队围绕城市群和城乡融合发展的重大理论、政策和实践问题开展了长期的研究和实践探索。本书共上下两篇26章。研究院创始院长辜胜阻教授为课题组负责人，执行主编赵烨旸博士协助参与本书第2、3、9、16、18、19、20、21、22、23章研究。其他主要参与者是：吴华君协助参与第5、11、12、17、18、26章研究；成德宁协助参与第20、21、22、23章研究；张涛协助参与第2、3、19、21章研究；曹冬梅协助参与第1、13、26章研究；李睿协助参与第15、24、25章研究；韩龙艳协助参与第11、13章研究；李文晶协助参与第16、18章研究；聂小丽协助参与第9、20章研究；杨嵋协助参与第1、4章研究；易善策协助参与第10、14章研究；李华协助参与第10章研究；吴沁沁协助参与第3章研究；李梦涵协助参与第22章研究；王景辽协助参与第23章研究；庄芹芹协助参与第4章研究。

在课题研究过程中，我们始终坚持理论联系实际的学风，通过多种方式开展了大量的调查研究，得到相关调查点和参与调研的有关成员的大力支持。本书从决定撰写到正式出版，始终得到人民出版社的关怀和支持，相关研究还得到了国家自然科学基金等基金的资助。在此，对全程支持调查研究和出版工作的各方面特致以衷心的感谢。

责任编辑:陈 登

封面设计:汪 阳

图书在版编目(CIP)数据

城市群和城乡融合发展的理论与实践/武汉大学国家发展战略
   研究院 著. —北京:人民出版社,2024.9
ISBN 978－7－01－026139－3

Ⅰ.①城… Ⅱ.①武… Ⅲ.①城乡建设-经济发展-研究-中国
   Ⅳ.①F299.21

中国国家版本馆 CIP 数据核字(2023)第 234738 号

城市群和城乡融合发展的理论与实践

CHENGSHIQUN HE CHENGXIANG RONGHE FAZHAN DE LILUN YU SHIJIAN

武汉大学国家发展战略研究院 著

人民出版社 出版发行

(100706 北京市东城区隆福寺街 99 号)

北京中科印刷有限公司印刷 新华书店经销

2024 年 9 月第 1 版 2024 年 9 月北京第 1 次印刷
开本:710 毫米×1000 毫米 1/16 印张:25.25
字数:396 千字

ISBN 978－7－01－026139－3 定价:80.00 元

邮购地址 100706 北京市东城区隆福寺街 99 号
人民东方图书销售中心 电话 (010)65250042 65289539

版权所有·侵权必究
凡购买本社图书,如有印制质量问题,我社负责调换。
服务电话:(010)65250042